陈先行讲古籍版本鉴定

陈先行 著

上海科学技术文献出版社
Shanghai Scientific and Technological Literature Press

图书在版编目（CIP）数据

陈先行讲古籍版本鉴定 / 陈先行著 . —上海：上海科学技术文献出版社，2023
 ISBN 978-7-5439-8686-2

Ⅰ.①陈…　Ⅱ.①陈…　Ⅲ.①古籍—版本鉴定—研究—中国　Ⅳ.① G256.22

中国版本图书馆 CIP 数据核字（2022）第 209601 号

组稿编辑：朱文秋
责任编辑：李　莺　栾　鑫
装帧设计：包于飞

陈先行讲古籍版本鉴定
CHENXIANXING JIANG GUJIBANBEN JIANDING
陈先行　著
出版发行：上海科学技术文献出版社
地　　址：上海市长乐路 746 号
邮政编码：200040
经　　销：全国新华书店
印　　刷：商务印书馆上海印刷有限公司
开　　本：890mm×1240mm　1/32
印　　张：11.25
版　　次：2023 年 1 月第 1 版　2023 年 1 月第 1 次印刷
书　　号：ISBN 978-7-5439-8686-2
定　　价：120.00 元
http://www.sstlp.com

陈先行

上海图书馆研究馆员
上海市文史研究馆馆员
国家文物鉴定委员会委员

1951年生于上海,祖籍江苏溧水。

1973年入职上海图书馆,从顾廷龙、潘景郑先生习版本、金石之学。长期司职古籍编目工作,先后参与《中国古籍善本书目》上图馆藏编纂、《中国丛书综录》修订,并主持上海图书馆普通古籍目录编校。

曾为美国柏克莱加州大学、日本国文学研究资料馆访问学者。

编著(包括合作)有:《中国古籍稿抄校本图录》《古籍善本》《柏克莱加州大学东亚图书馆中文古籍善本书志》《明清稿抄校本鉴定》《上海图书馆藏宋本图录》《上海图书馆善本题跋真迹》《上海图书馆善本题跋辑录附版本考》等。

"观止讲堂"
哔哩哔哩视频链接

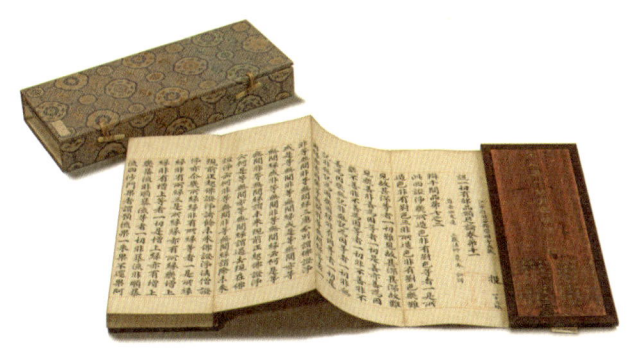

  我长期司职图书馆古籍编目,觉得该项工作最关键的是鉴定版本。

  读者在目录中找到想要看的书之后,最关注的也是该书相关版本著录是否准确。至于撰写藏书志、善本提要、影印古籍出版说明之类,如果不把版本交代清楚,而是讲一通无关痛痒乃至抄袭而来的常识,是要被读者笑话的。

  过去人们一讲到目录,往往聚焦其如何分类,重申章学诚强调"辨章学术,考镜源流"的重要作用。其实相对合理,为大众所接受的分类方法早在清乾隆时代编纂《四库全书》时已基本定型,后来清末的《书目答问》,乃至二十世纪六十年代完成的《中国丛书综录·子目》、九十年代完成的《中国古籍善本书目》,只是对《四库》分类法作了变通,未脱离其根本。而对于鉴定版本,虽然在以官修《天禄琳琅书目》为代表的版本目录形成风气之后有所重视,但为同样官修却影响更大的《四库全书总目》所忽略,其原因有多种,若不联系实际进行研究,难以有充分认识。不过有一个因素则古今相同,即要将大量古籍的版本逐种逐部搞清楚,洵非一朝一夕之事,难免令人望而却步,故《四库全书总目》能将古籍分类予以定型,其成就已足够伟大,如果脱离当时的客观条件,再苛求馆臣于鉴定版本也有大作为,似乎太不近人情。然而,这并不意味鉴定版本可以忽略,若版本面目不清,造成文本的来龙去脉不明,那"辨章学术,考镜源流"又从何谈起。

随着时代发展,版本学也在进步。为了解决《四库全书总目》以来公私书目存在的版本鉴定问题,《善目》作为有史以来最大的一部官修善本目录,为之作出很多贡献,取得了很高的版本学成就。故近三十年来呈现这样一种状况,人们只要执《善目》在手,之前其他版本目录几乎都不再也无需翻检了。可惜受历史条件限制,它不特著录有缺憾,在版本鉴定方面也不可避免存在不足,其中也包括前人悬而未决的问题。多年前,我曾提出政府应该组织人力对《善目》进行修订,使之与时俱进,以保持官修目录的科学性、严肃性与权威性。有朋友私下对我说,若没有前辈鉴定版本的高水平,不修订也罢,修订了反而错误更多。不得不承认,这种担忧并非多余,正是当今某些客观存在现象的反映。但事物总有两面,四十多年前《善目》编纂工作启动时,不也有包括本人在内的一拨初学者参与其中吗?而当今有志于版本学之道的年轻人,其才智优于向时吾等不啻倍蓰,一旦开展修订《善目》工作,他们定会脱颖而出，成为新时代版本鉴定专家。因此我坚持认为，步趋《善目》，利用今天无比优越的条件，对版本进行更为准确的鉴定与著录，是当前乃至今后相当长一个时期内编制古籍目录之要务，也是谋求版本学发展的重要途径。

话虽这么说，但与人讨论版本学总是很惶恐。为了应付本职工作，我每天只能是摸摸书皮，而且为完成一定的工作量，还不能慢条斯理，往往这本书皮尚未完全认清面目，又要急于摸另一本书皮，几十年如此，于是有人称之为"书皮学"，我不觉得是讽刺，甚至认为是一种抬举，好歹也有个"学"字，也算一门学问呢。更有长者为干我们这一行的打气壮胆，谓"只要把版本这门学问当作一门真正的学问，是并不低下于史学、古典文学之类的学问"的（注一）。当然，什么才算"真正的学问"，人们的认识可能并不相同。至少有一点我心里很清楚，海内外不曾见识的版本多了去了，现有的一些认知，只是相对的，有局限的，真要弄通这书皮之学，自如地把握版本鉴定，谈何容易。

不过，因为书皮摸得多了点，我眼里的版本学，便与有的说法不太一样了。我认为，版本学是一门揭示一种书不同版本的面目、性质与诸版本相互关系的学问。鉴定版本是版本学的主要功能，也是版本学与校勘学、目录学最本质区别的标志（校勘学的主要任务是发现与纠正书籍文字的讹误，力求文本的完整性；目录学的主要任务是解决如何对图书进行分类及目录组织问题，两者皆不承担鉴定版本的任务）。所谓揭示不同版本的面目、性质，就是要对版本作出明确鉴定：或真或伪，或原刻或翻刻，或重刻或增刻，或初印或后印，或修版或补版，或原稿或传抄，或旧抄或新抄，或原校（包括题跋）或过录，等等，其中鉴定真伪最为重要。尽管人们可以在纸上、网上漫无边际津津乐道各自眼中的"版本之学"，可是回到现实之中面对版本实物，头等要紧的是必须能够辨识，只有将不同版本面目搞清楚了，才能作出版本源流、版本系统、版本优劣的判断。

因此，研究版本，鉴定始终处于首位。是否将鉴定版本视为"书皮学"，人们的看法或有不同，本来不必较真，但如果轻视甚至撇开鉴定版本，那还有真正意义上的版本学吗？

或曰：鉴定版本重要的是要作考订，而不只是懂那么点书皮知识，考订才是真学问。于是有人将治版本学者分为鉴赏派与考订派；甚至有的学者提出不能再用"鉴定"这个词了，应当以"考订版本"取代"鉴定版本"。

尽管我也认为鉴定有的版本不能作简单的比较，还需要作深入的考订，但不清楚轻视书皮学的人泛泛而谈的"考订"究竟是什么，总觉得个中味道不大对头，似是而非。实践告诉我们，若看不懂书皮，就别侈谈考订。譬如，《第一批国家珍贵古籍名录》所收湖南师范大学图书馆藏《文章辨体》（图1）（注二），观风望气，便知是明嘉靖刻本，却著录为"明天顺八年刘孜等刻本"，莫名其妙地将正德嘉靖间方流行于苏州地区的刻书风格的产生时间往前推了五十年上下。如果连这样的书皮都看不懂，那还考订什么呢？

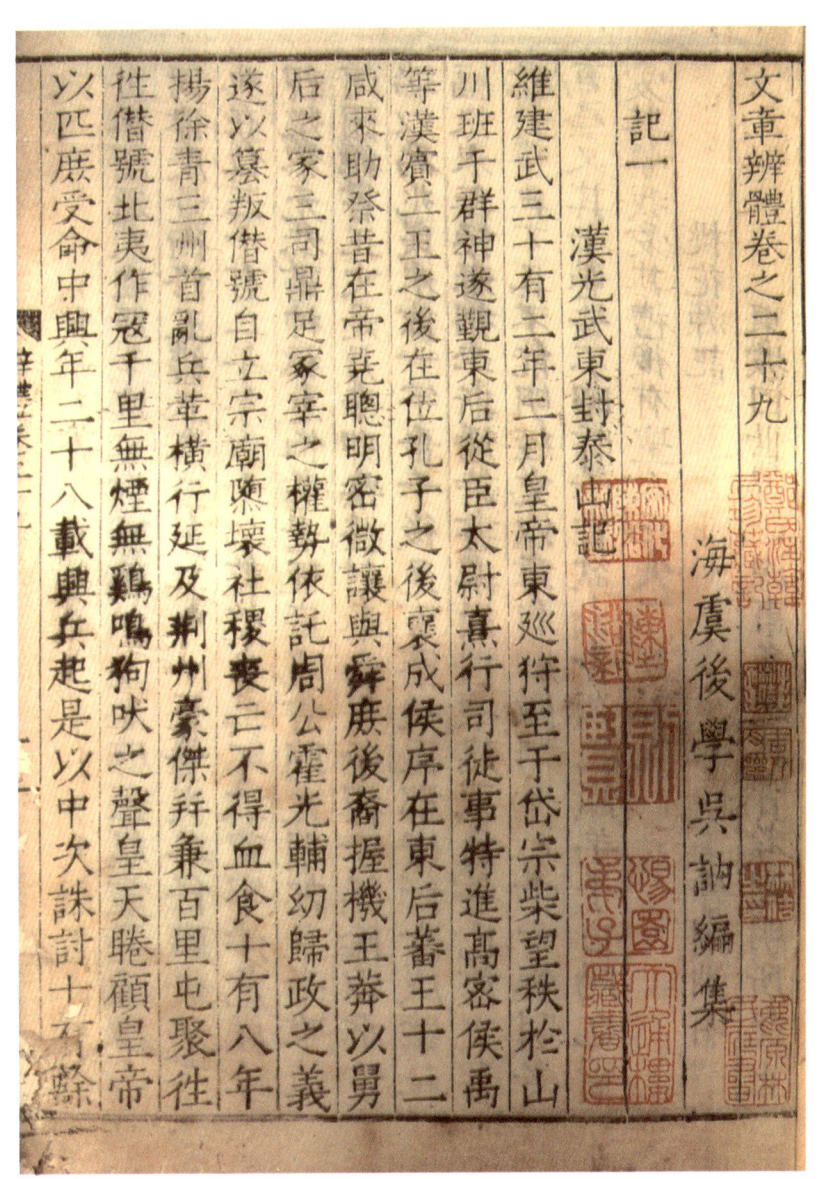

图1 明嘉靖刻本《文章辨体》

又如，山东省图书馆藏有一部《广韵》（图2），《善目》定作明刻本（注三），估计这不一定是前人对该本字体作出的判断，更可能是与北京大学图书馆所藏元泰定二年（1325）刻本校核之后（注四），发现山东省馆藏本牌记"泰定乙丑菊节/圆沙书院刊行"之叶的抄配是故意作伪，以明本冒充元本。孰料《第一批国家珍贵古籍名录》却无视这一现象而定为元刻本（注五）。此举引起了我的注意。因为我知道，评审国家珍贵古籍名录通常以《善目》为依据。那么，作出如此重要的改动，想必有人做过专门的考订。可是求教多方，不知所云。于是我干脆自己作了趟"考订"——日本宫内厅书陵部藏有同样一个版本，其长方形牌记所镌两行文字曰"永乐甲辰良月/广成书堂新栞"（图2）。将明刻本定作元刻本，已造成版本源流、版本系统的混乱，不知又能考订出个什么名堂来。

说到"观风望气"，有必要稍作解释。无论刻本还是抄本，每个时代都相对有一定的风气，譬如字体、版式、纸张、装帧等等，都有各自特点，尤其是字体。经眼版本既多，通过大量比较，悉心琢磨其特点，从中总结出若干规律性的东西，鉴定版本就较为容易把握了，这就是所谓的"观风望气"，本当是源自鉴定版本实践的科学经验，完全是看得见摸得着而非抽象的学问。但在有些未下过比较与琢磨功夫、脱离实际大谈版本学者的眼里，"观风望气"反倒变成了版本学家的故弄玄虚，受到了有违客观的批判，真是"秀才遇到兵"了。

内行都知道，"观风望气"是鉴定版本必须要掌握的本领，而

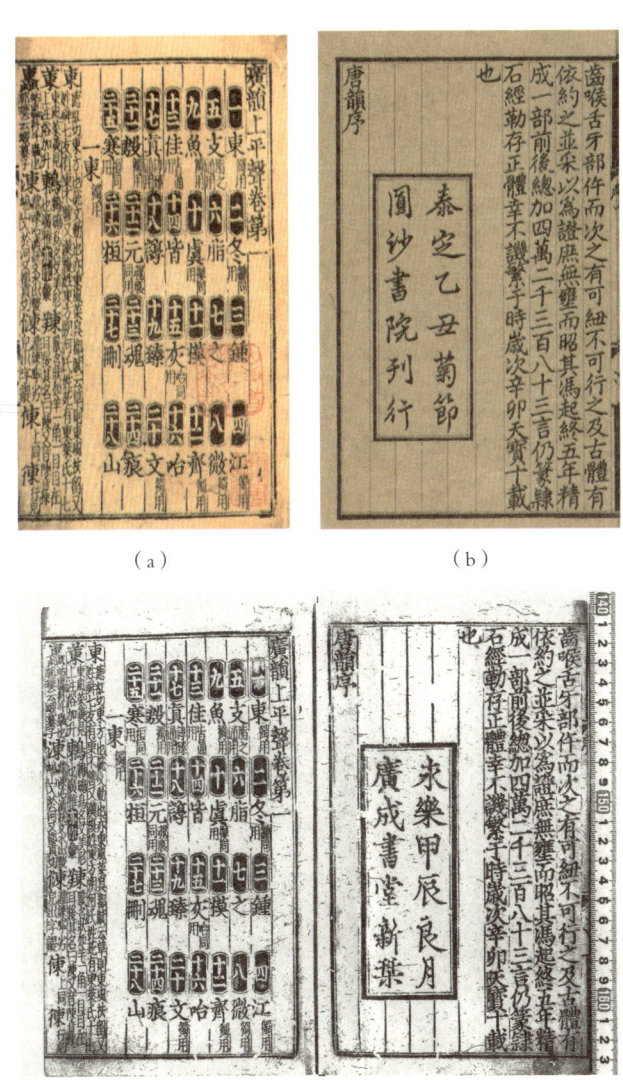

a- 山东省图书馆藏《广韵》卷端；b- 山东省图书馆藏《广韵》伪造牌记；
c- 日本宫内厅藏《广韵》。

图2 山东省图书馆和日本宫内厅藏《广韵》

这种本领又不是轻易能学到手、学得精的。前辈专家或称之为"书皮子功夫",有人便误认为是专家的自谦之词,硬找一堆说辞为之辩解,在他们心目中,好像这种流行于坊间的俗话不应出自专门学问家之口。殊不知此乃真正内行的大实话,没下过该功夫的人是难以领会的。近人叶德辉在人称第一部版本学著作的《书林清话》卷十"宋元刻伪本始于前明"篇中说道,鉴定版本,于"多见古本书之人,可以望气而定";在掌握"望气而定"的前提下,他认为鉴定宋、元本及其修版问题不大,"惟元末明初之书稍难分别,正统以后则又判然";并自信地说,"吾沉溺于此者三十余年,所见所藏,颇有考验"。然而,也就在这本书卷六"宋刻书之牌记"篇中,他沿袭杨守敬、缪荃孙等错误,将明嘉靖翻刻本《春秋经传集解》视为宋淳熙三年(1176)阮氏种德堂原刻本(注六);而其另一部名著《郋园读书志》也存在不少鉴定错误,如将元刻十三行本《朱文公校昌黎先生集》定为南宋麻沙书坊刻本,将明代铜活字印本《韦苏州集》定为北宋胶泥活字印本(注七),将清代后期慎思堂抄本《庄子成玄英疏》中的佚名朱笔批校定为彭元瑞亲笔(注八)等,可见"望气而定"诚匪易易。即使有丰富经验的前辈们尚且如此,那比他们书皮摸得少的人,又有什么理由轻视"观风望气"呢?

必须明白,版本学是一门强调实践的学问,无论是学习版本学抑或讨论版本学,都需要实践与经验。鉴定版本的本领只有从实践中才能学到,若纸上谈兵,一味想通过读几本版本学著作或参加若干次培训班而成为鉴定版本专家,难免误入歧途。君不见全国古籍保护工作已开展了十四年，开办了数不清的培训班乃至高级研讨班，但至今各方仍在大声疾呼鉴定版本人才缺乏，要加强培养。为什么会存在这样的情况，从未闻有人作过反思。我以为现实中至少有两个现象值得关注：

一、凡重视学习观风望气本领的地方，总会有鉴定版本人才冒出，反之则否；

二、凡踏实认真做古籍普查与编目工作，而不是视之为"政绩工程"做表面文章的单位，鉴定版本人才也会不断涌现，反之则否。

办短期培训班不能说没有一点作用，但难以从根本上解决问题；而"实践"，也是要讲究质量与情怀的。

同样能给人以启示的还有市场。远的不说，自从二十世纪九十年代古籍进入拍卖市场以来，无论拍卖行还是收藏者，买卖之间，便有鉴定版本高手应时而生。常有这样的情况：那些轻视流通领域行家、收藏家的人，一旦遇善本出现却看不明白，声称要回去再"考订考订"，等到"考订"完了，好东西早被别人拿走，留给你的只是被无情地嘲弄。显然，流通领域的行家与收藏家是值得尊重的，他们客观上在另一个层面为保护古籍作贡献；不同的是，他们不花公家的钱，不用宣传组织，基于兴趣爱好与市场磨炼，自会激励其于无形无声中提高鉴定版本的水平。

当然，有一种说法是可以接受的：将对古籍版本的字体、版式行款、版刻形态、纸张等的辨识称为"目鉴"，而将对刊记、封面、序跋、避讳、刻工、前人著录、藏印、相关文献资料等的认定、查核称为"考订"(注九)。这其实是对常用鉴定版本方法的一种别样诠释,其合理与否另当别论,至少这样的"考订",本来就属于鉴定版本不可或缺的组成部分,版本学家是不会忽略的。

此外,不能否认,鉴定版本需要熟悉、掌握多方面的知识,以便于准确解读某些版本特有的信息。但在实践中我们发现,即便是那些学问堪称一流、长于考订的《四库》馆臣,也会出现版本判断的低级失误(注十)。

平心而论,馆臣既非缺乏知识,也不缺乏考订手段,他们缺乏的是鉴定版本的敏感,往往一时反应不上来(有人将版本学家的帽子乱送乱戴,无端将纪晓岚捧为大版本学家,其实《四库》馆臣中重视版本并且能鉴定版本者只有彭元瑞、翁方纲等极少数人)。而版本学家则不然,在"观风望气"之余,会敏锐意识到对某些版本必须作进一步有针对性的考订。就鉴定版本方法而言,这样的考订往往出于特殊需求,而"观风望气"则具有普遍作用,两者不能偏废,因书制宜,灵活运用,若脱离实际,硬要以前者否定后者,便不是科学态度,也鉴定不了版本。

至于区分什么"鉴赏派""考订派"之说,显然是从清人洪亮吉那里批发而来的(注十一)。有前辈说洪氏"在乾嘉学人中只能算个二流人物"(注十二),我没有资格评说。但如果洪先生今天还活着,我一定会鼓起勇气向他老人家请教:"您有黄丕烈那样鉴定版本的经验吗?"我的言下之意是,凡从事古籍交易、收藏、整理、研究,鉴定版本是第一要务,你先把版本看明白了,然后再去分这个等、那个派,肯定还来得及。而倘若你真的也掌握了鉴定版本的本领,原来的想法或许会有所改变——过往哪个专通或兼通版本学者会轻视鉴定版本呢。换言之,历来视鉴定版本为雕虫小技者,此小技可能适为其学问之软肋,这种人每善于利用别人鉴定版本的成果夸夸其谈,做自以为不同俗流的新学问,而真的要让他来作鉴定、断版本,恐怕是靠不住的。

从本职所应尽的责任出发,我至今在上海图书馆(以下简称"上图",书名除外)依然积极倡导并身体力行做好古籍编目工作。我相信,等到将来上图的古籍基础整理工作完成以后,若有条件定下心来结合整理编目所获版本素材做细致深入的专门研究,对版本学的认知一定会更加深刻。而在目前,要我写一本鉴定版本之书,底气是不足的。何况从二十世纪八十年代以来,讲版本学与版定之书面世者已数不胜数,有从《书林清话》演化而出的,也有善于归纳他人见解为我所用的,更有专门讲自己心得的,不管怎样,或多或少都有可以学习借鉴的地方,那我现在来凑这个热闹,实在是有之不加多,无之不为少,很可能还要冒着因自己的浅薄而弄出笑话的风险,何必呢?

最费劲的是,你煞有介事地讲版本学,读者若没有一定摸书皮的经验,根本就听不进去,遑论与你产生互动交流,常常是你讲得口干舌燥,人家在那里昏昏欲睡;对此我深有体会,我年轻时失眠,就看《书林清话》(虽然我并不认为它是一部纯粹的版本学著作),一看便犯困,竟然比服安眠药效果还要好。当然,有的读者会顾及你的面子，竖起耳朵摆着样子听你自说自话，但就像学生在课堂上被动接受老师"阿宝背书"式的说教，哪有乐趣可言。

可是话又要说回来，我现在身处尴尬之境地，不得不硬着头皮以书面形式与读者讨论版本鉴定了。为了在"新冠"疫情防控期间采取多种形式为读者服务，我在哔哩哔哩网站由上图组织的一档"观止讲堂"节目中（必须声明，"观止"只是一个虚张声势的用词，若真视上图馆藏与该讲座为观止，不免令人嗤笑），奉执事之命做了若干次"先行说善本"的短小讲座，而其内容原定是要作为"观止讲堂"丛书之一出版的。本来搭搭豆腐架子来个"敬谢不敏"也无不可，但对读者至今不断的反馈意见却不能置若罔闻，图书馆的工作百种千样，归根结蒂，不就是为读者服务一条吗？

承蒙读者不弃，B站的讲座反响尚属正面，读者对出书也予以热情鼓励，并且提了不少意见与建议，我大致归纳为三个方面：

一、希望于鉴定版本能讲得再浅显些，并辅以图版佐证；

二、务求简明，能有所取法；

三、不求全面系统，但能分享经验就好。

这些意见中肯实在，深获我心。第一类意见，多半是初学的书友所提，我感受到了他们恳切的心情。应该坦白，我平素所写有关版本鉴定方面的文章或所作的讲座，表面上看似在做一些普及版本知识的工作，内心深处最在意的却是内行的反映，嘴上说雅俗共赏，实际上有所偏颇，许多话是讲给内行听的，所以初学者一下子可能会听不明白。此番则争取有所改进，因为各地图书馆的同行已换了几茬，新人很多；而民间收藏队伍也出现不少年轻或新加入的爱好者，我本来就支持藏宝于民，自然愿意为之提供力所能及的帮助。

而提第二类意见的人，估计是有相当经验并看了不少版本学著作后才对我有这样的要求。有同行向我直言：一部成功的讲版本之书应当是，读者既能一口气读完，又想常携身边随手检览，若只置于书架蒙尘积垢，则不写也罢。我闻之虚汗直流，却又不得不对曰"唯，唯"，无论是否能做到，起码这个道理我是懂的。

而最心平气和、充满实惠感的是第三类意见，我哪有才识与能力系统地讲版本学啊，充其量是野老献芹而已。现在居然有善良知心的读者先帮我卸掉沉重的思想包袱，感激之余，特别喜欢"分享"这个词，因为我压根儿未想过要将自己的一孔之见强加于人，而与人分享，你情我愿，多和谐啊。

如此这般，若径将B站讲座的内容结集以"先行说善本"的名称出版，就太过敷衍了事了，毕竟讲座是围绕拙著《古籍善本》修订版（注十三）展开的，虽然已有意将重点转到鉴定版本之上，仍难免被视为《古籍善本》的简单重复，意义不大。事实上读者的兴趣主要也是集中于鉴定版本，希冀对收藏、整理古籍（包括编目）有所帮助，于是改用现在的书名，在内容上作针对性的调整。大致划为五个部分：一、介绍鉴定版本应当了解的古籍版式、结构知识；二、解释常用版本名词；三、讲述鉴定版本的一般方法；四、选择过往若干鉴定版本的实例纂为札记供读者参考；五、作为附录，简介常见古籍用纸及装帧形式。

前两部分与附录粗看似乎都是些老生常谈，在他书中也能见到，若仔细比较，也有与众不同之处，譬如要求规范版匡尺寸的丈量，强调对仿宋刻本须作界定，提醒读者对"集版重编本""复本"应有所认识，明确《四库》底本与进呈本的区别等，都是基于鉴定版本实践提出，不可忽略。第三部分不作方法的琐细罗列以求所谓面面俱到（其实也无法做到，因为特殊案例会不断出现，鉴定方法则须应变而生，不可能都先事制定），而是从实用出发，择其要者，尤其强调辨识字体于鉴定版本的重要性。至于鉴定版本札记部分，则可视为第三部分的延伸，希望通过具有典型性或重要版本的鉴定个案介绍，使鉴定方法进一步具体化、生动化。如果读者从中受到启发，在实践中能举一反三，获得类似甚至更为丰富的经验，于鉴定版本多所发明，那此书的任务就算完成了，弃置可也。

为收鉴定之效，本书尽可能多配图版。为直截了当讲版本鉴定，也为简约篇幅，本书把与版本学相关但并非必要的一些书籍史、出版史、印刷史等方面的知识基本略去（注十四），请读者予以谅解。对于本书有关版本学理念、提出的鉴定版本意见若有不当之处，诚希读者不吝批评指正。

2021 年 9 月

注 一：见黄永年《戴南海〈版本学概论〉序》，1989年巴蜀书社出版。
注 二：见《第一批国家珍贵古籍名录图录》（02208号），2008年国家图书馆出版社出版。
注 三：见《善目·经部》4822。
注 四：见《善目·经部》4807，有杨守敬跋。
注 五：见《第一批国家珍贵古籍名录图录》（00371号），00370号为北京大学图书馆藏本。
注 六：参见本书第四部分"再谈不可迷信牌记——明嘉靖翻宋刻本《春秋经传集解》鉴定"。
注 七：此本今藏上海图书馆，边栏等处业经描润，或谓非活字本而是刻本者误矣。
注 八：参见本书第三部分中的"批校本鉴定"。
注 九：见李清志《古书版本鉴定研究》，1986年台北文史哲出版社出版。
注 十：参见本书第四部分中的"馆臣失考——元刻本《韵府群玉》与《新增说文韵府群玉》"。
注十一：洪亮吉《北江诗话》卷三有云："藏书家有数等：得一书必推求本原，是正缺失，是谓考订家，如钱少詹大昕、戴吉士震诸人是也；次则辨其版片，注其错讹，是谓校雠家，如卢学士文弨、翁阁学方纲诸人是也；次则搜采异本，上则补石室金匮之遗亡，下可备通人博士之浏览，是谓收藏家，如鄞县范氏天一阁、钱塘吴氏之瓶花斋、昆山徐氏之传是楼诸家是也；次则第求精本，独嗜宋刻，作者之旨意纵未尽窥，而刻书之年月最所深悉，是谓赏鉴家，如吴门黄主事丕烈、邬镇鲍处士廷博诸人是也；又次则于旧家中落者贱售其所藏，富室嗜书者要求其善价，眼别真赝，心知古今，闽本蜀本，一不得欺，宋椠元椠，见而即识，是谓掠贩家，如吴门之钱景开、陶五柳，湖州之施汉英诸书估是也。"

注十二：见黄永年《戴南海〈版本学概论〉序》，1989年巴蜀书社出版。

注十三：2020年8月上海人民出版社出版。

注十四：采取如此做法其实还有一个原因：我认为书籍史、出版史、印刷史等并不属于版本学范畴。举例而言，有的学者认为1960年代北京图书馆编纂的《中国版刻图录》，其版本学成就在于书首的那篇序文，至于图录部分，于明清两代多有欠缺，是其不足。我则认为，该序文通篇讲的是雕版印刷史，于版本学无多发明，真正作用于鉴定版本的是图录，体现了编者深厚的版本学功力。该图录虽属通代性质，但以宋刻本为重点，极具版本学意义，宋版是源，务必详尽，后来版刻是流，不妨简约。人之所以认为其存在不足，或许是受其序文影响的缘故。

目 录

一 古籍的版式与结构 / 1

1. 古籍的版式 / 2

版　匡 / 2　　　　　版匡尺寸的丈量方法 / 2
界　行 / 3　　　　　行　款 / 3
版　心 / 3　　　　　鱼　尾 / 3
象　鼻 / 3　　　　　书　耳 / 4
天　头 / 4　　　　　地　脚 / 4

2. 古籍的结构 / 4

书　衣 / 5　　　　　书　签 / 5
书　脑 / 5　　　　　书　脊 / 5
书　首 / 5　　　　　书　根 / 5
封　面 / 5

▼ 古籍内容编排的结构 / 7

序 / 7　　　　　　　目　录 / 7
凡　例 / 7　　　　　跋 / 8
正　文 / 8　　　　　卷　端 / 8
卷首、卷末、附录 / 8
牌　记 / 8　　　　　刊　记 / 9

常用版本名词 / 10

- ▼ 官刻本 / 10
- ▼ 经厂本 / 10
- ▼ 殿　本 / 11
- ▼ 私刻本 / 11
- ▼ 麻沙本 / 12
- ▼ 修补本 / 12
- ▼ 仿宋刻本 / 16
- ▼ 套印本 / 18
- ▼ 翻刻本 / 18
- ▼ 初印本 / 23
- ▼ 集版重编本 / 24
- ▼ 聚珍版 / 28
- ▼ 石印本 / 29
- ▼ 写　本 / 29
- ▼ 明抄本 / 36
- ▼ 毛　抄 / 39
- ▼ 精抄本 / 43
- ▼ 批校本 / 50
- ▼ 善　本 / 51
- ▼ 复　本 / 54
- ▼ 《四库》底本 / 55

- ▼ 监　本 / 10
- ▼ 藩府本 / 10
- ▼ 局　本 / 11
- ▼ 坊刻本 / 11
- ▼ 书棚本 / 12
- ▼ 三朝版 / 13
- ▼ 写刻本 / 16
- ▼ 原刻本 / 18
- ▼ 重刻本 / 19
- ▼ 公文纸印本 / 23
- ▼ 活字本 / 27
- ▼ 排印本 / 29
- ▼ 影印本 / 29
- ▼ 稿　本 / 30
- ▼ 影抄本 / 36
- ▼ 传摹影抄本 / 41
- ▼ 旧抄本 / 49
- ▼ 过录批校本 / 51
- ▼ 三性九条 / 53
- ▼ 《四库》进呈本 / 55

二 鉴定版本的一般方法 / 58

1. 刻本的鉴定 / 58

▼ 辨识字体是鉴定版本的首要方法 / 59

宋版的字体 / 59

元版的字体 / 82

明版的字体 / 91

清版的字体 / 106

▼ 鉴定刻本的其他方法 / 108

① 根据牌（刊）记、封面及序跋 / 108

② 根据避讳 / 116

③ 根据刻工 / 119

④ 根据行款 / 120

⑤ 根据刻印特点（包括版式、纸张等）/ 121

⑥ 根据批校题跋 / 121

⑦ 根据印章 / 121

▼ 借助文献鉴定 / 122

① 参考各类书目 / 122

② 利用书影图谱及有关电子资源 / 122

▼ 警惕作伪 / 123

① 撕去序跋，剜改牌记 / 125

② 染纸充旧，加盖伪印 / 126

③ 以残充全 / 128

2. 写本的鉴定 / 129

▼ 稿本鉴定 / 129

① 有该书作者批校题跋者应作稿本 / 130

② 誊清稿本误作抄本 / 136

③ "批校本"实为稿本 / 138

④ 编辑稿本误作抄本 / 140

▼ 抄本鉴定 / 142

① 书法字体 / 144

② 纸　张 / 158

③ 印　章 / 159

　　不辨伪印误将乾隆抄本作清初抄本例 / 162

　　不辨伪印而将明抄本误作毛抄例 / 164

　　不辨真印系后人钤盖例 / 170

④ 讳　字 / 173

⑤ 题识跋语 / 175

▼ 批校本鉴定 / 178

① 辨识字体 / 178

② 注重名家批校本 / 186

③ 根据印章、避讳、题跋鉴定 / 187

（四）版本鉴定札记 / 198

- ▼ 新发现的北宋本——日本东福寺藏《释氏六帖》鉴定 / 198
- ▼ 行字不等有玄机——北宋本《杭州西湖昭庆寺结莲社集》鉴定 / 202
- ▼ 宋本作伪典型——揭开十卷残本《金石录》的面纱 / 209
- ▼ 江西刻本新识——庐陵本《资治通鉴纲目》之鉴定 / 216
- ▼ 字体不同找原因——两种宋本《欧阳文忠公集》的初步鉴定 / 221
- ▼ 名家题跋只能参考——两种宋本《增修互注礼部韵略》刊刻地之辨 / 227
- ▼ 不失时机的鉴定——记回归中国的宋刘仕隆宅刻本《钜宋广韵》/ 233
- ▼ 俗体字不是鉴定元刻本的主要依据——宋刻本俗体字举例 / 238
- ▼ 牌（刊）记的迷惑——范氏岁寒堂本《范文正公集》与詹光祖本《资治通鉴纲目》鉴定 / 245
- ▼ 追求文物价值走极端——宋元本上钤伪印 / 254
- ▼ 馆臣失考——元刻本《韵府群玉》与《新增说文韵府群玉》/ 264
- ▼ 再谈不可迷信牌记——明嘉靖翻宋刻本《春秋经传集解》鉴定 / 268
- ▼ 重视刻本初、后印与原、翻刻现象——以两部明本《诗外传》为例 / 273

- ▼ "观风望气"——俄罗斯国立图书馆所藏《玄玄棋经》
  鉴定 / 281
- ▼ 清本充宋——汪亮采刻本《司马氏书仪》鉴定 / 291
- ▼ 误将稿本作抄本——明清名家著作鉴定二例 / 294
- ▼ 鲍正言抄本《近光集》《扈从诗》之价值
  ——兼论鲍抄之真伪 / 304
- ▼ 真迹抑或过录——名家批校本鉴定二例 / 313
- ▼ 真相揭示——上图藏黄跋本《石屏诗集》鉴定及其他 / 320

五 附　录 / 328

1. 常见古籍用纸 / 328

- ▼ 麻　纸 / 328
- ▼ 藏经纸 / 328
- ▼ 罗纹纸 / 328
- ▼ 桑皮纸 / 329
- ▼ 开化纸 / 329
- ▼ 毛太纸 / 329
- ▼ 硬黄纸 / 328
- ▼ 麻沙纸 / 328
- ▼ 棉　纸 / 329
- ▼ 竹　纸 / 329
- ▼ 毛边纸 / 329

2. 常见古籍装帧形式 / 330

- ▼ 卷轴装 / 330
- ▼ 蝴蝶装 / 331
- ▼ 线　装 / 331
- ▼ 经折装 / 330
- ▼ 包背装 / 331

一 古籍的版式与结构

鉴定版本，尤其是将两种以上版本作比较，常常会涉及古籍（这里主要指刻本、活字本等印本古籍）版式与结构特征及其相关术语。对初学者而言，了解古籍的版式与结构，是准确鉴定古籍版本的一个基本前提。

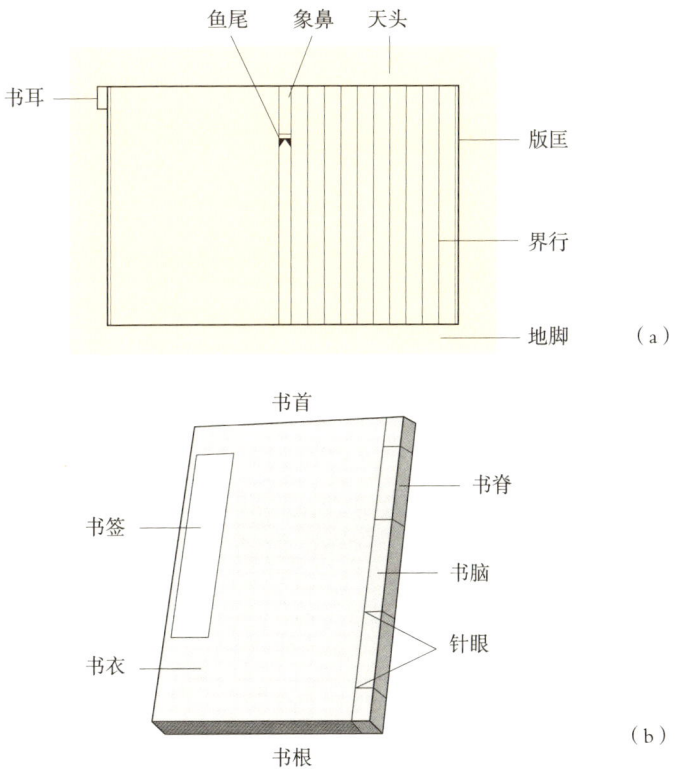

a – 古籍版式图；b – 古籍的外形结构图。
图3 古籍的版式与结构

1. 古籍的版式

古籍的每一版面的格式，称为版式。版式上的每一个部位都有特定的名称。

版匡 又称边栏，指围绕一版文字四周的线条。镌刻一条线的称四周单边（栏），镌刻双线的称四周双边（栏）。双边通常是外边粗内边细。也有上下是单线、左右是双线的，称左右双边。匡，或作框，涵义稍有不同。匡，是动词，意即将设计好甚至刊刻好的版面固定的行、字匡围起来。框，是名词，意即先刊刻一个框，然后分行，将文字填刻（写）进去。明代中期以后乃至清代藏书家的抄本，往往会仿照刻本先雕一块版，用刷印后的版格纸进行抄写。《中国版刻图录》以动词作名词用，用匡而不用框，有其道理。

版匡尺寸的丈量方法 版匡尺寸即指书版匡内的高度与广度。以版匡尺寸来辨别版刻之同异，是鉴定版本常用的方法之一。但如何丈量版匡尺寸，似乎从来没有见诸文字规范。由于编制《善目》时，各地上交的书目卡片对版匡尺寸的著录五花八门，难以凭信，失去了鉴定版本的功用，故不得不删削了事。

根据书版的特点，版匡尺寸的丈量之法应当是：一、以边栏的内沿为准（双边者以内边为准），因为外沿往往高低不平；二、以半叶为准，取前半叶，广度系从右边内沿量至版心右线外沿，即不包括版心；三、以卷端即正文卷一之第一叶为准。倘若是残本，则须注明所量的尺寸是依据哪一卷哪一叶，以备查核。

界行 又称行格，指版匡内用直线分成的行。一书每版镌刻的行数与每行镌刻的字数通常是固定的。也有每行字数不等的情况，应关注其原因，或可作为鉴定版本的依据。

行款 指每版镌刻的行数与每行镌刻的字数，通常以半叶计算。

版心 又称中缝，指一版居中较窄的一行。版心通常镌有书名、卷数、叶码及该叶字数、刻工姓名等。

有人将版心等同"书口"，或称"版口"，并不确切。因为宋代流行的蝴蝶装版心在内，没有"书口"之称，等到包背装或线装出现，版心向外，才成为书口。因此，称版心为书口，意味着装帧的变化，个中原本是有区别的。

鱼尾 指版心中镌刻形似鱼尾的记号，主要作印叶对折标记之用，也有装饰作用。镌刻一个鱼尾的称单鱼尾，两个鱼尾（或对鱼尾，或顺鱼尾）的称双鱼尾，也有刻三个鱼尾者。有的鱼尾中空白，也有的刻成各种花样图案，故又有白鱼尾、花鱼尾之称。至于有的本子在正文中镌刻鱼尾作文字提示或区分段落的标识，则另当别论。

象鼻 指版心的上鱼尾之上、下鱼尾之下到版匡为止的那一部分，形似象鼻，故称。象鼻中间镌刻一条黑线的俗称黑口，没黑线的称白口。黑线主要起书叶以版心为基准进行外折的标志作用，有细有粗，故又有细黑口或小黑口、粗黑口或大黑口之称。有的刻本虽为朱印或蓝印，描述该特征也称黑口，而不称红口或蓝口。宋代流行蝴蝶装，多白口，南宋末出现细黑口，意味着包背装的出现。因此，这种"白口""黑口"的名称，与由"版心"变为"书口"一样，因书籍装法变更而产生。

明代内府刻本的黑口镌刻齐整精到，凡线条歪斜者，多为翻刻本。

书耳 又称耳子，指左边栏外上端镌刻的长方格，内容一般是书的篇名或卷数、叶数。书耳是宋代书籍流行蝴蝶装的产物，因蝴蝶装版心朝里，镌刻书耳能方便检索。后来的包背装、线装版心向外，版心镌刻的书名、卷数、叶数等内容一目了然，书耳便失去功用。近代有人刻书也镌书耳，却以线装，颇为不伦。有的宋元版在书耳的位置只刻文字不镌格子，习惯上也称书耳，或称耳题。

天头 指版匡外空白纸的上方，亦称书眉。

地脚 指版匡外空白纸的下方。书经装修，天头地脚难免受到切损，故同一刻印之本，凡天头地脚留白多者，更接近原装面貌。

2. 古籍的结构

古籍的结构，是指一部装订成册的具体古籍（这里主要指线装古籍，因为现存的古籍大多为线装形式）的外在形式以及内容的各个组成部分。古籍结构的各种名称，是在古籍流传与发展过程中逐渐形成的。

书衣　又称书皮，指包装书册的封皮。书衣起保护书册的作用，一般采用质地较厚的纸张或织物。书衣上通常题有书名。

书签　指贴在书衣左上角的长方形签条。书签主要用题书名，也有题册次或卷数。书名往往请名人题写，因此有的书签署有题签者姓名及题签年月，有的还钤有印章。须注意，由于签条空间的限制，或出于私人留念及表示名人书法艺术而不重在反映书的实际内容，书签题名与实际书名可能不一致。

书脑　指书册右边被锥眼订线之处。

书脊　又称书背，指书的装订缝合处的侧面。

书首　指书册的最上端。

书根　指书册的最下端。书根往往写有书名、卷数、册数，以便检取。书根上的书名，除有的是出版时即印制者外，很多是藏书者所加，因书写空间有限，往往只题简化的书名。而书根上卷数与册数的记载，则是检核该书是否完整的信息。

封面　即书名叶，又称内封、扉叶，指书衣之后镌刻书名的一叶。书名而外，有的封面还镌刻著者、出版者、出版年月等。须注意，汇编或类编之书，其总书名每在封面反映。如今藏美国柏克莱加州大学东亚图书馆的明万历四十六年（1618）臧氏雕虫馆刻本《玉茗新词四种》，乃臧懋循删

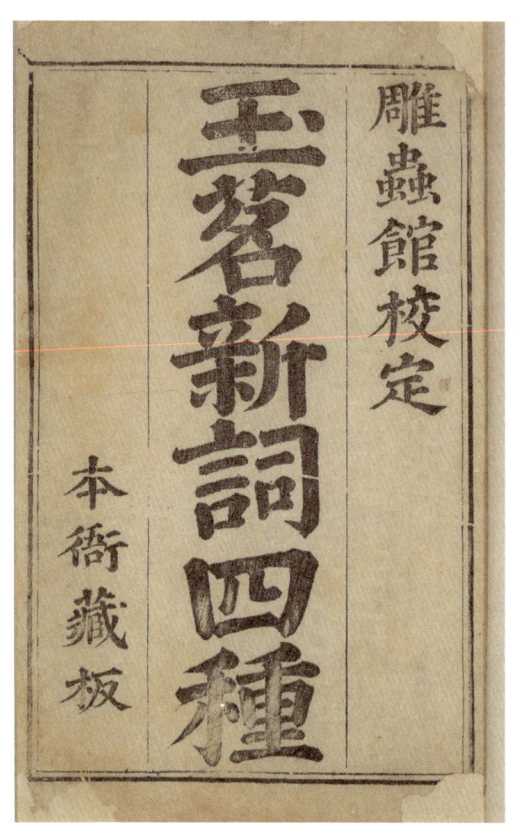

图 4 明万历四十六年（1618）臧氏雕虫馆刻本《玉茗新词四种》封面

订汤显祖《还魂记》《紫钗记》《邯郸记》《南柯记》四种传奇的原刻初印本，保存了原有封面（图4），所谓"新词"，盖经臧氏改编，相对汤氏原本而言。今人多不知有"玉茗新词"之名称，各家书目著录为"玉茗堂四种传奇"者，或因传本后印，失却封面，或为后来翻刻者自题书名，皆不准确。

▼ **古籍内容编排的结构**

序 即一部书的序言。一般有著者自序，著者师友之序，请达官名士撰写之序，刻书者之序。著者自序多述著书旨意；他人之序通常介绍著者生平及该书价值；刻书者之序（常见于翻刻、重刻之本）则主要说明该书流传情况及刻印目的。一部书刻印次数增加，其序文往往也就增多。若一书早期版本不详或残缺，或可从翻刻、重刻本之序（跋）文中探明实情。

目录 指正文前面所列的篇章名目，是全书的纲目，反映该书的章节体例、内容概况。早期的古籍目录也有置于正文之后者。古籍目录的编排，各书不尽相同。有些卷帙浩繁的著作，总目之外，各部分还有分目录；而一些有前后集或正续编的书籍，因陆续刻成，往往只有分目录而无总目录。须注意，有的书初印本与后印本之目录编排会有不同。如南宋嘉定六年（1213）淮东仓司刻本《注东坡先生诗》，各卷目录叶码独自起讫，初印本分置于各卷之首，而汇集各卷目录厘为二册一卷置于书首者，系后印时所为，上图所藏景定三年（1262）郑羽修版印本即如是。

此外，目录是检核一书存缺的重要依据，故凡以残本冒充全本者，往往会在目录上做手脚，使与全书残缺面貌相符。

凡例 即一书的编纂体例，一般列在目录之前。地方志、类书、总集、丛书等通常有凡例。凡例也是鉴定版本要注意的信

	息，凡例内容有无变更，可能是判断翻刻本还是重刻本的依据之一。
跋	又称后序，一般置于正文后面，也有置于正文之前者。跋文多为刻书者所写，主要叙述该书的版本源流与刻印经过。因此鉴定版本须重视跋文的阅读理解。
正文	即全书的主体内容。古籍的正文多按编次体例或内容篇幅划分卷次，各卷自为起讫，卷与卷之间一般用顺序号码表示。每卷的第一叶通常题有书名、著者姓名及校刻者姓名。有的多卷书各卷的题名不一，一般以卷端为准，也可参考择取目录、凡例及封面题名，但著录时须注明。
卷端	指全书正文的第一叶，亦即卷一的第一叶。鉴定版本往往首先以卷端作比较。若要提供比较版本的书影，如无特别指定，通常应提供卷端书影。如果是残本，卷端缺失，则要注明提供书影的卷次与叶码，以便校核。
卷首、卷末、附录	古籍除正文之外，常把序、跋、目录、凡例及有关著者的传记资料等另行起讫，单独分卷，置于正文前面的称卷首，置于正文之后者称卷末，也称附录。有的古籍刻有校勘记，或与正文不相联系的资料，或是著者的其他作品，或是他人著述，这些资料有时也称作附录。
牌记	又称牌子、书牌，一般是对一书出版时间、地点、刊刻者的记载，有的还对版本依据、校刻情况及刻书者等作介绍，文字繁简不等。牌记位置无定，经常出现在目录、序

文之间及卷末尾处，有的版本还出现两种以上牌记。牌记的形式多样，有长方形、圆形、鼎形、钟形、碑形、亚字形、葫芦形等，所用字体则篆、隶、楷、行皆有。

刊记　　指文字内容与牌记相仿，但不镌刻牌记形式者。

常用版本名词

▼ 官刻本

即历代官方所设各类机构刻印的书本。如宋代秘书监、转运司、茶盐司、公使库、郡庠及府、州、县学，元代的国子监、各路儒学、府学、兴文署，明代的内府、藩府、南北两京国子监，清代的武英殿、各官书局等。

▼ 监本

即各朝国子监刻印的书本。国子监是五代以后各封建王朝的最高教育机关。其刻书始于五代后唐，以刻印经、史及各经、史的注疏书籍为主。宋代以后，经史而外，也刻印了不少子书、医书、算书、类书和诗文总集。明代南京与北京都设有国子监，其所刻印的经史有"南监本"与"北监本"的区别。

▼ 经厂本

即明代经厂刻印的书本。明代内府刻书多由太监掌管的司礼监所属的经厂运作，刻有佛、道、经、史及童蒙等类书籍。其刻本特点是书品宽大，赵体字、黑口，刻印精良，初印本卷首多钤有"广运之宝"大方印。

▼ 藩府本

即明代分封各地的藩王府刻印的书本。藩府刻书因所据底本多为皇帝所赐宋、元旧刻，有些藩王、子孙及其门客颇有学问，校勘较精，刻印亦颇讲究，故版本价值较高。

▼ **殿本**

即清代武英殿刻印的书本。清代自康熙时起在武英殿设立修书处刻印书籍，所刻除经史外，多为官书巨帙。其刻本书品宽大，写刻俱精，多选用开化纸及上等墨刷印，华丽美观，文字校勘亦颇审慎，于历代刻本中别具面目。

▼ **局本**

即清同治、光绪间，官方在各省所设书局刻印的书本。同治三年（1864），曾国藩首先在安徽安庆创设冶山书局，后又于金陵设江南书局。不久，金陵、湖北等十几个官设书局相继成立。这些书局把刻印御纂、御定的本子放在首位，所刻书经史居多，诗文其次。其中除湖北崇文书局校勘较为粗疏外，浙江、金陵、淮南、江西等书局都请著名藏书家、校勘家主持事务，刻印质量较高。

▼ **私刻本**

又称"家刻本"，即包括个人、家族和家塾刻印的书本。宋陆子遹刻的《渭南文集》及廖莹中世綵堂刻的《五经》《昌黎先生集》《河东先生集》，为存世所见南宋私刻本的代表作。到了明、清两代，出现了一大批以收藏、校订、刻印书籍著名的个人和家族。

▼ **坊刻本**

即以刻印销售书籍为营生的书坊刻本。书坊刻书面向大众，多以出版实用、通俗书籍为主。为降低成本令书价低廉、物有所值，书坊动足脑筋，多所发明，如在书籍形制方面，紧缩版式以减少印刷用纸；在文本方面，编辑"纂图互注""重言重意"之书，使读者买一书而收获多部书之效。有的书坊急于刻印出售，疏于校勘，但也不乏校刻精良者，不能一概而论。

▼ 麻沙本

即南宋福建建阳县麻沙镇书坊刻印的书本。因该地盛产榕树，木质松软，易于雕板，故书坊聚集，刻书极多，流通亦广。宋朱熹《嘉禾县学藏书记》云："建阳麻沙板本书籍行四方者，无远不至。"祝穆在《方舆胜览》中说："建宁麻沙、崇化两坊产书，号为图书之府。"

▼ 书棚本

即南宋临安书坊刻印的书本。南宋中叶临安府书坊林立，位于棚北大街睦亲坊南由陈起、陈续芸父子相继的陈宅经籍铺，刊刻了大量唐宋人诗文集，雕印较精，后人称之为"书棚本"。因其刻本行款均为每半叶十行、每行十八字，故又称"十行十八字本"。

▼ 修补本

即版片经过修版或补版的印本。修版，指原刻本的版片出现局部漫漶、蛀损，予以修复；补版，则指原刻本的版片整块损毁或缺失，予以换版补充。修补之版的字体与原本往往不同；补版的版匡尺寸与原版也可能有差异。有的书在版片修补之时会先事校勘，故修补版的文字与原版可能有所出入；也有的修补版因仓促草率行事而出现文字讹夺，皆不能忽略。

根据修补版的某些特征，如避讳字、刻工等，可以对修补时间作出大致判断，但也有不易判断者。譬如今存上海博物馆与日本宫内厅书陵部的两部南宋绍兴间龙舒郡斋刻本《王文公文集》残帙，中有大量修补之版，且修版似不止一次，则其刷印显然在绍兴以后。由于修补之版未出现高宗以后皇帝的避讳情况，而修补版之刻工也暂无其他版本相同刻工可佐证，故该本的修补版时间尚未能确定。1962年中华书局上海编辑所予以影印时，赵万里先生撰写的出版题记只字不提该本修补版之事，意者并非赵先生看不明白该本业经修补，很可能是判断不了其修补版的年代，故意予以回避。或许受之影响，2018年日本汲古书院发行的宫内厅书陵部藏汉籍研究会编著的《图书寮汉籍丛考》，以及2020年12月中国市场上出现的三卷残本（即卷十七、十八、二十，原与上博藏本为一帙，旧藏清内阁大库），也没有人注意到或提及修补版情况（图5、图6）（注一）。

▼ **三朝版**

即明代南监刷印的那批宋刻元明递修本。南宋国子监所藏书版多有残缺，元朝时，将这些版片转入西湖书院，加以修补印行（参见元黄裳编《西湖书院重整书目》）；至明洪武八年（1375），书版复移至南京国子监，又数度予以修补刷印（参见明梅鷟撰《南雍志经籍考》），故称。"三朝版"传世虽然不少，但每一种书的印本之刷印往往并不同时，修补面貌不一，文字也可能有异同，对其文本的整理利用，应尽可能先将存世各本汇集校勘，不能轻率以复本视之而仅据其一为凭。

乞罷政事第一表

臣某言竊以使陪國論惟亮天功必用強明乃能協濟豈容昏瞀可以叨居進冒聰聞鼇陳危悃 中謝 伏念臣遽侍先帝列官外朝晚以喪歸因為病廢伏遇 皇帝陛下召還辭禁擢豫經筵收於衆惡之中諏以萬幾之事 御名 譏誣而並至輒賜辨明推孤拙以直前

於榮祿寖官若此即罪為宜唯此實於嚴科乃大符於公論臣等無任祈天俟命激切屏營之至

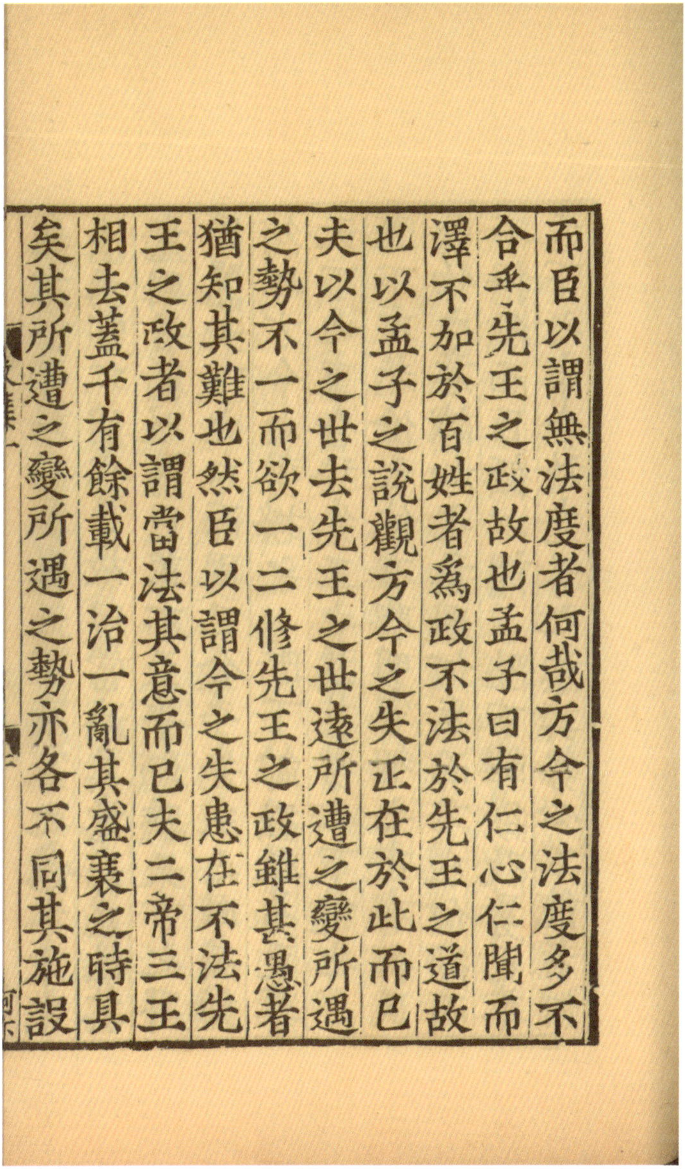

常用版本名词

而臣以謂無法度者何哉方今之法度多不
合乎先王之政故也孟子曰有仁心仁聞而
澤不加於百姓者為政不法於先王之道故
也以孟子之說觀方今之失正在於此而已
夫以今之世去先王之世遠所遭之變所遇
之勢不一而欲一二修先王之政雖其愚者
猶知其難也然臣以謂當法其意而已夫二帝三王
王之政者以謂當法其意而已夫二帝三王
相去蓋千有餘載一治一亂其盛衰之時具
矣其所遭之變所遇之勢亦各不同其施設

图6　宋刻本《王文公文集》补版

▼ 仿宋刻本

即刻意摹仿宋版刻印的书本。创造自明代中期苏州地区，力求从形式到内容保持宋版原貌，诸如版式、字体、避讳、刊记等，都一依原本。而要做到版式、字体等不失真，只有采用精心影摹的办法，所以又有"影宋刻本"之称。

过去人们在缺乏文献实证的情况下推测，明代仿宋刻本的出现，与当时文坛上"前后七子"掀起复古运动，倡言"文必秦汉，诗必盛唐"的背景有关。而实际主要原因是，苏州地区的文人对宋版书率先有了文物性的认识。在他们眼中，日趋稀见的宋版书与法书名画等艺术品一样，是不可多得的珍贵文物，仿宋刻本的目的，就是要为宋版续命。

以往对明代仿宋刻本的认定比较宽泛，只要采用嘉靖时期流行的一种起笔轻落笔重、便于雕版的规范化宋体字，不分刊刻精粗高下，一律称为仿宋刻本。但真正的仿宋刻本应当是：一、刊刻精美、与影宋抄本一样堪称"下真迹一等"者（按今人的说法即"高仿"），就如吴元恭刻本《尔雅》那样（图7）。二、直接从宋本仿刻；而辗转翻刻，或更易原本行款、文字者，只能称之为翻刻或重刻本。该两条同样适用于清代仿宋刻本的界定。

▼ 写刻本

又称"软体字本"，即按照手书字迹雕版付印的书本，相对成型并盛行于明代万历以后横细直粗的仿宋硬体字刻本而言。从明万历直至清代，软、硬两类字体刻本一直并行，只是各有变化而已。

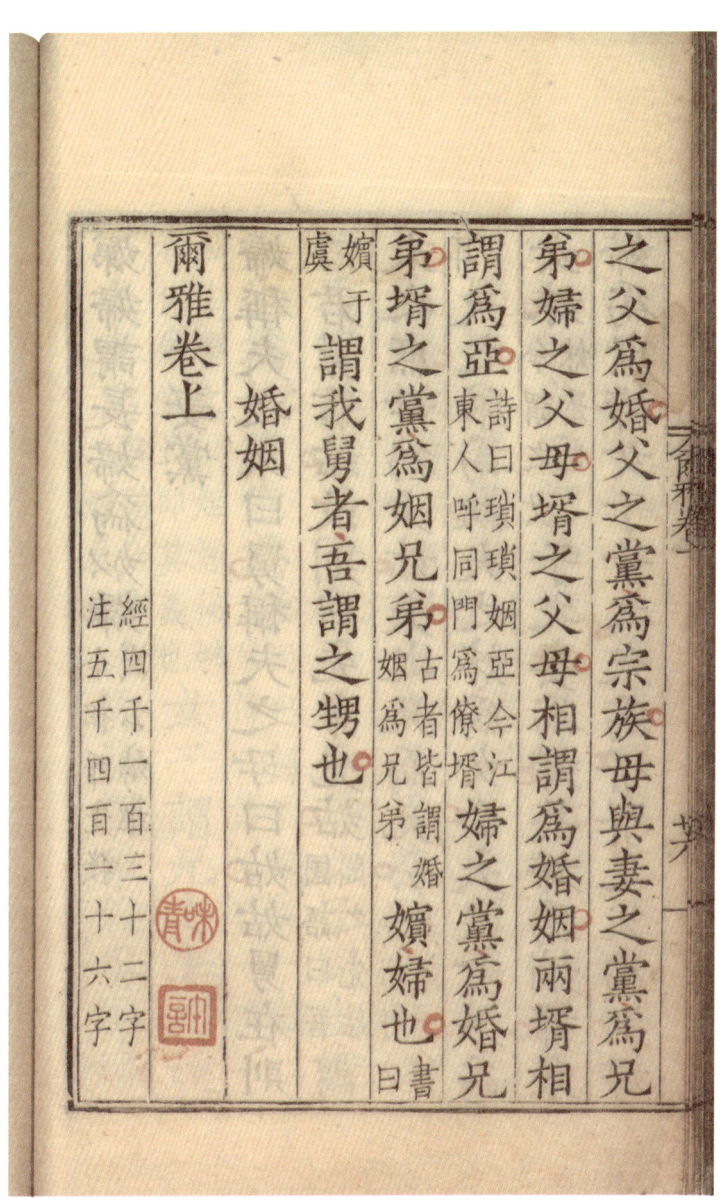

图7　明嘉靖十七年（1538）吴元恭刻本《尔雅》

▼ 套印本

即用两种以上颜色套印的书本。今藏台北"国家"图书馆的元至元六年（1340）湖北江陵资福寺刻本《金刚般若波罗蜜经》是现存最早的单版套色印本，其卷首《无闻和尚注经图》与经注文，均用朱墨两色套印。到了明万历、天启年间，吴兴闵齐伋、凌蒙初家族改进技术，采用两版或多版套色刷印，由朱墨两色发展至兼用黛、紫、黄五色套印，"闵、凌刻本"几乎成了套印本的代名词。清代刻书也有用套印者，其中以乾隆内府所刻五色套印本《劝善金科》最为有名。

▼ 原刻本

又称"初刻本"，即一书首次刻印的书本，相对翻刻、重刻而言。原刻本接近原稿面貌，可用以校正翻刻本中可能出现的文字讹误。须注意，原刻本与存世最早刻本是两个不同的概念。譬如北宋以前著作的原刻本大多已经亡佚，有的著作幸存南宋刻本，而后世传本又往往源自南宋本，于是南宋本易被误认为原刻本，实际上可能也是翻刻本。

▼ 翻刻本

即根据原版文字内容翻刻的书本。一般在内容及版式等方面照旧，而另加序或跋，说明翻刻的目的与经过。也有只注重翻刻原本文字，不在意版式行款是否一致者。

有的翻刻本与原刻本面貌相似，极易搞错。如明末毛氏汲古阁所刻《十七史》既通行，翻本迭出，然过往鲜有留意者。上图藏有一部《汉书》翻刻本（图8），《善目》即以毛氏原本著录（史部347）。粗加比较，除此本字体较劣者外，毛氏原本匡高21.5厘米，广14.7厘米（图9），此本匡高21.3厘米，广14.7厘米。又见另一翻本，匡高21.1厘米，广14.6厘米，封面镌有"琴川毛氏订正/前后汉书/汲古阁藏板"字样，并有"江南省城状元境内二南堂周氏书林发兑记"戳记，如不加辨别，亦有误作毛氏原本之虞。

又有的翻刻本，并非翻自原刻初印本，则须先弄明白原刻不同印本的面貌。如明万历间方氏美荫堂刻本《方氏墨谱》，原刻本卷一目录末行初印本镌有"歙黄守言刻"五字（图10），稍后印本则"歙黄"二字失去，仅存"守言刻"三字；后印本则"守言刻"三字一并失去。翻刻本系据原本稍后印本所刻，故亦仅有"守言刻"三字，而"刻"字结构松散，若同置几案，当不难辨识。又，所见原刻后印本溢出王世懋、王穉登与方于鲁札各一通，以及潘之恒万历二十四年丙申（1596）所撰《受光室画一墨序并铭》一篇，当为后来增刻。或以为卷一目录无"守言刻"三字者为另一翻本，其实此三字乃后印时剜去。

▼ **重刻本**

即对原刻本进行整理后重新刻印的书本。相对而言，不仅字体、版式与原刻本不同，而且往往对原刻本的文字进行校正，同时还在内容上有所增删。前人也有不加区别，将翻刻本统称为重刻本或将重刻本统称为翻刻本者，并不确切。明代嘉靖元年（1522）汪谅刻本《文选注》附有其刻书目录之广告，凡分翻刻之书与重刻

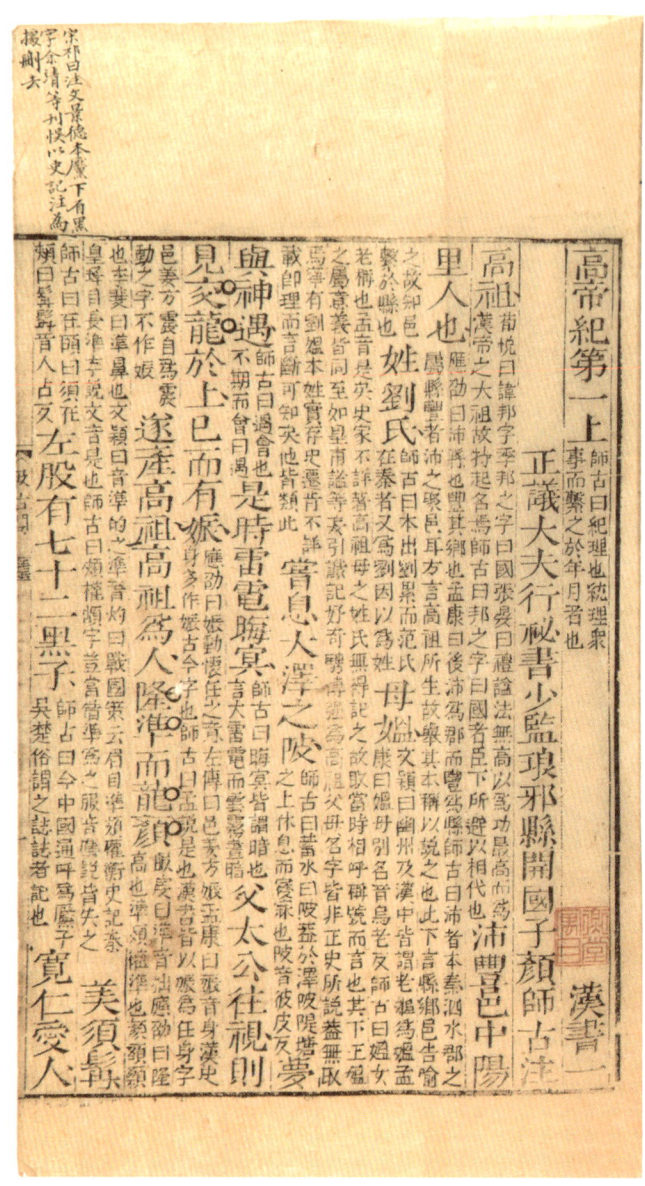

图8　清翻刻明崇祯十五年（1642）毛氏汲古阁刻本《汉书》
（清姚衡堂过录清何焯批校，姚芬跋）

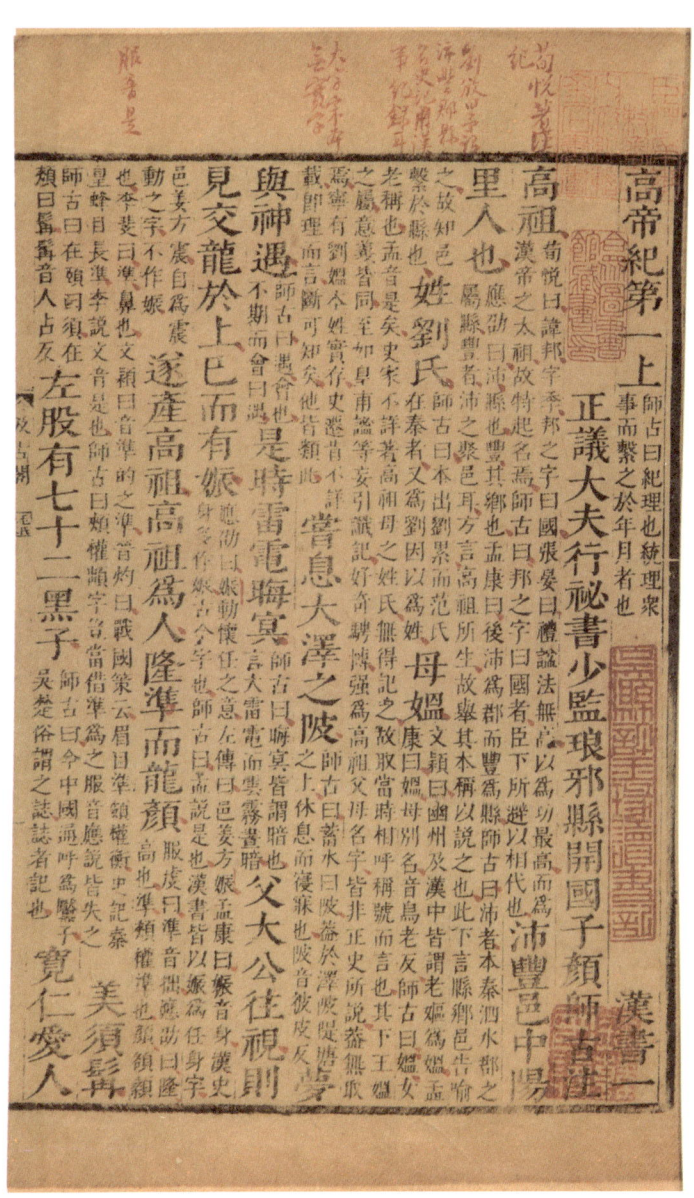

图9　明崇祯十五年（1642）毛氏汲古阁刻本《汉书》（清沈钦韩校并跋）

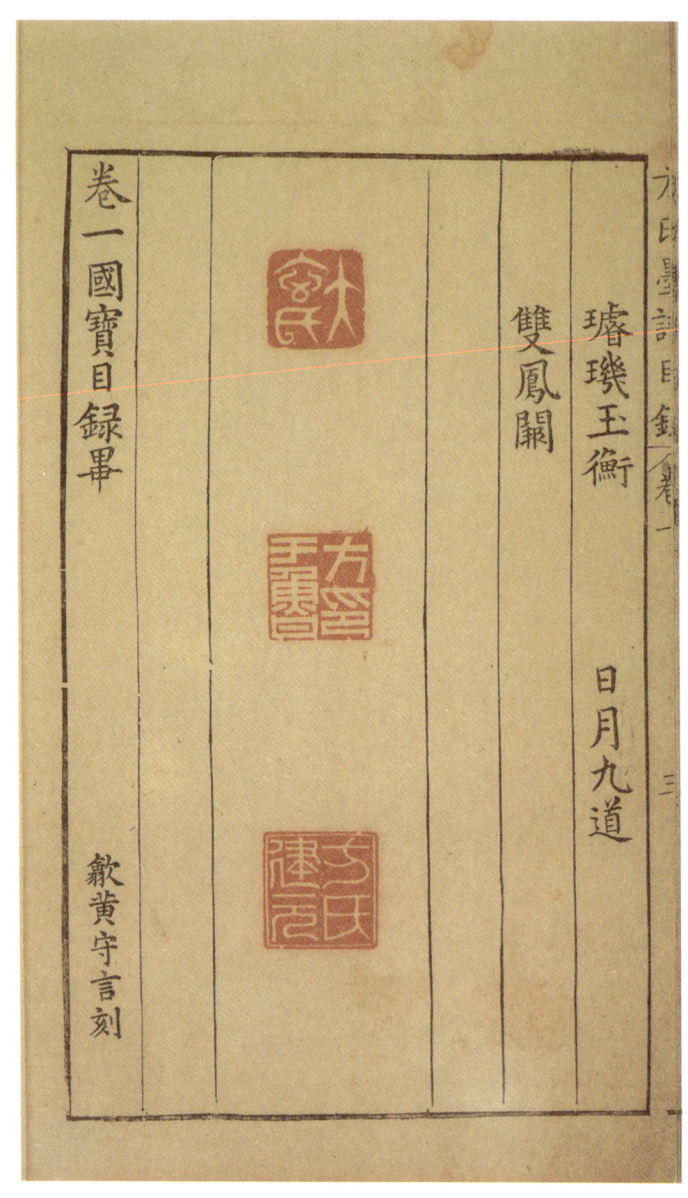

图10 明万历间方氏美荫堂刻《方氏墨谱》初印本

之书两类，翻刻类注"俱宋元板"，重刻类注"俱古板"；而于《文选注》，汪氏标明"古板校正新刊"，属重刻类，则"翻刻本"与"重刻本"固自不同。

▼ 初印本

即雕版初成试印的书本。这种本子往往以朱色或蓝色刷印，又称朱印本或蓝印本，仅作校正雕版文字之用，正式出版则用墨印，故这种初印本数量无多。至于类如明万历万岳山人刻本《历代钟鼎彝器款识法帖》皆以朱印；近代以来有的人出于玩书兴趣，以朱色或蓝色大量刷版，则已非原来初印本性质。

版本学所谓"初印本"还有另外一层含义，即相对后印本而言，一书如有两个以上不同印本，有必要区别其刷印先后，揭示可能存在的异同。有人称之为早印本与晚印本、前印本与后印本，说法不一，意思相同。这个意义上的初印本，不必是朱印或蓝印。

▼ 公文纸印本

即利用旧时公文纸的背面印刷的书本。这种印本原为节约用纸，但其纸背公文所记的年代与内容，除可作为鉴定版本的参考，本身亦具有文献价值，颇为人所重。

有的公文纸印本十分著名，如上海博物馆所藏南宋绍兴间龙舒郡斋刻本《王文公文集》残帙（包括2020年12月中国拍卖市场上出现的三卷残本），人们多认为其中一部分是利用公牍纸背、另一部分是利用宋人信札的纸背刷印，上博曾编有《宋人佚简》出版。但我心存疑惑：六七十人、三四百通的信札用纸几无不同，与公牍用纸亦相一致，该现象本来就难以解释得通；而两宋文人的信札，在宋代就已得到珍视，南宋曾宏父据家藏包括信札在内的宋人墨迹辑刻《凤墅帖》以使流传（上图藏有残本），便是最有说服力的证明，那么，一边当文物珍藏，另一边却视如废纸利用刷印刻本，怎么也不合逻辑。由于这些人的信札大多无其他作品可作比对，是否真迹难下定论，但至少有一位名人别存墨迹可作鉴别，那就是洪适。在上博所藏著名北宋绘本《睢阳五老图》的部分题跋中，就有洪适题跋一则（图 11），与《王文公文集》纸背之洪适信札相较（图 12），书法字体自是不同。因此，《王文公文集》纸背之信札很可能是抄录的副本而非真迹。同理，我对 2016 年出现在市场上的曾巩《局事帖》，也怀疑其只是一个抄录的副本，否则，用曾巩等名人手札刷印刻本《三国志》，不也太过奢侈？

▼ **集版重编本**

即搜集利用各种旧版编纂成书的印本。明末纂辑丛书成风，每有书坊集旧版汇印。其版片大都为明末（天启崇祯间）武林地区刊刻者，编者或隐其名，或托名某名士，根据所需或所得版片，汇而印之，别标名目。其版片或借用或转让，同一本子见诸多种丛书者所在多有。譬如佚名辑《五朝小说》，便是其中之一。各篇序名与目录名皆经剜铲，痕迹明显，各序名仅存"魏晋""唐人""宋人""皇明"，目录名仅存"魏晋""唐人百家""宋人百家""明人百家"，乃致后人不知书名究竟。上图藏一印本于"唐人"部分首镶封面，题"冯犹龙先生辑/正续太平广记"，眉端又题"五朝纪

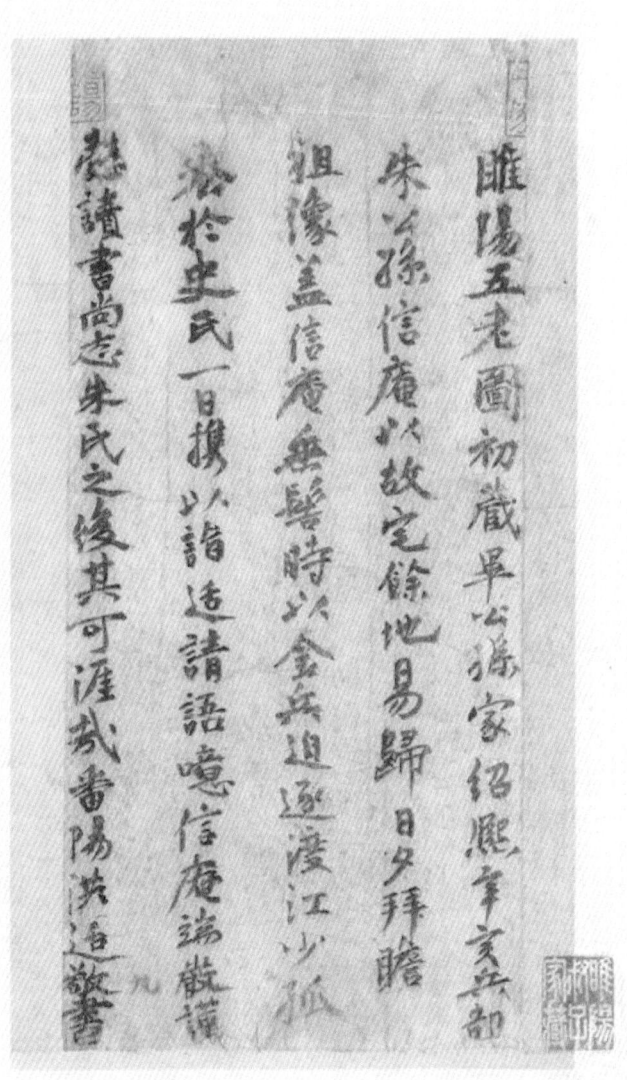

图11 《睢阳五老图》洪适题跋手迹

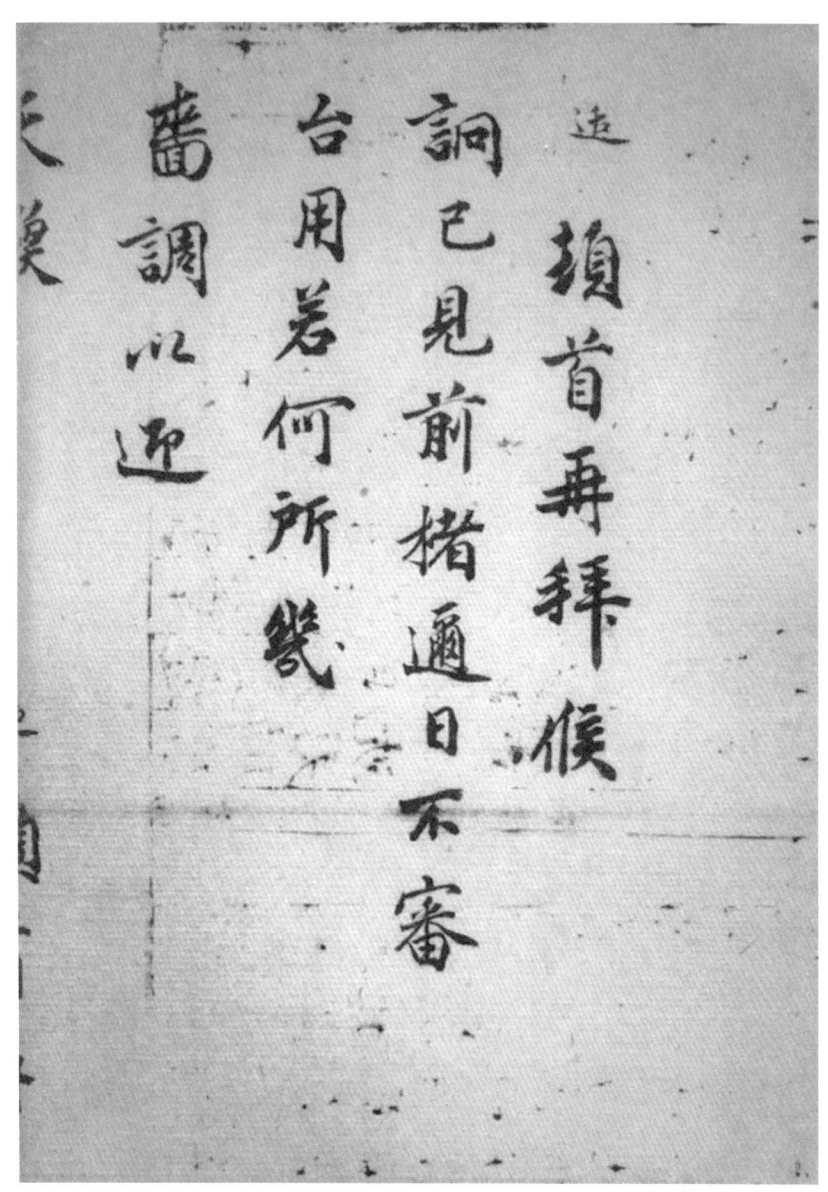

图12 《王文公文集》纸背之洪适信札

事",并钤有"读书坊图章"白文方印,显然是出于书坊作伪。因此本版式、行款、字体与题明陶珽校辑之《说郛》《说郛续》相同,故《中国丛书综录》著录为"清据说郛说郛续刊版重编印本"。但《说郛》及《说郛续》并非清顺治三年(1646)刊刻,亦为清初书坊汇集明末版片印成。与《说郛》印本相类似,《五朝小说》各印本皆呈断版漫漶面目,无一具初刻初印特征;刷印既不同时,则版片有所增损,故各印本之品种、卷数每多寡不一,序次参差颠倒,目录与正文不符。欲获其全,须将存世各本汇校厘订。

顺便指出,《中国丛书综录》将《五朝小说》中的《水经》置于《魏晋小说》之"艺术家类";将本属《魏晋小说》"艺术家"之《梦书》《鼎录》《尤射》《儒棋格》置于《唐人百家小说》"偏录家",实出手民排版之误。因《综录》出版时以卡片发排,匆促失校,遂致"错简"。《综录》1982年新一版及后来重印本未能改正,延误至今。

此外,汇集明末武林所刻书版编为丛书者还有《水边林下》《绿窗女史》《居家必备》《雅说丛书》《续百川学海》《广百川学海》《唐宋丛书》等,《善目》于相关版本(包括丛书零种版本)之著录错误甚多,如将郑文焯批跋之《燕翼贻谋录》著录为"清刻唐宋丛书本"(史部2444)、将叶树廉校跋本《述异记》著录为"明何允中刻广汉魏丛书本"(子部8624)等,皆应改为明末刻本。

▼ 活字本

即用活字排版印刷的书本。活字印刷为宋仁宗庆历年间(1041—1048)毕昇所发明。其法,用胶泥刻单个文字,火烧使坚,排版印刷。元代又创木活字。可惜的是，宋元两代的活字版印书已经亡佚。我国现存最早的活字本，是印制于明弘治、正德间的铜活字本，大都出自江南苏州、无锡、南京等地区，其中以无锡华氏会通馆、尚古斋、兰雪堂及安氏桂坡馆制作的活字本最为知名。不过，华、安两家所印的活字本（乃至明代其他金属活字本）究竟是铜质还是锡质活字，又或是合金活字，在学术界有不同说法。此外，有一批汉魏至唐代诗文别集的铜活字本，版式字体相类，虽然没有明确的印制年代，但以字体观之，当印制于正德嘉靖年间，因其大多源出宋本，与仿宋刻本有异曲同工之妙，且流传甚少，弥足珍贵。

活字本往往有几个明显特征：版匡四角栏线的拼接、鱼尾与界行的拼接每有缝隙；排字或不齐整，甚至出现倒置；排版不平整，版面文字墨色呈浓淡不匀状；字型大小、笔画粗细不一；字与字之间笔画不交错；无断版裂版现象。

▼ 聚珍版

即清代武英殿以木活字排印的书本。乾隆三十九年（1774），武英殿用木活字印刷一批《四库全书》中的善本（主要为《永乐大典》辑佚书），高宗以活字版名称不雅，改称"聚珍版"。凡排印之书，首有高宗题诗十韵，每书首页首行之下有"武英殿聚珍版"六字，世称"武英殿聚珍版书"。由于其活字排置在木雕套格之中刷印（详见《钦定武英殿聚珍版程式》），故没有通常活字本因栏匡、鱼尾拼接而出现缝隙的情况。

乾隆四十一年（1776），颁发聚珍版于东南各省，并准所在刻板通行。先后承命开雕者有江宁、浙江、江西、福建等地。这些仿聚珍版刻印的本子，通称为"外聚珍"，而武英殿本称为"内聚珍"，以示区别。

▼ **排印本**

即用活字排印的书本。为区别版本，通常称铅字排印的书为"排印本"（如《中国丛书综录》著录的"排印本"便是），而把其他活字排印的书分别称为"泥活字本""木活字本""铜活字本"等。

▼ **石印本**

即以药墨书写于特种药纸上，用石制版印刷的书本。若用摄影制版石印的书本，则称"大石印本"。

▼ **影印本**

即根据原书用照相制版方法印成的书本。有大石印、珂罗版（即玻璃版）印、铜版印、胶印等。或有以影印本伪造宋元旧刻者，可视其纸背，若边匡无明显刷版或深或浅木纹者，多半是影印本。

▼ **写本**

有广义与狭义之别。广义的写本相对印本而言，包括稿本与抄本；因彰显版本特点与价值的批校之本，其批评校勘之语也出于手写，所以人们通常将批校本也纳入写本范畴。狭义的写本即抄本。宋人习惯称抄本为写本，以与雕版印本相区别。如楼钥嘉定三年（1210）《春秋繁露跋》云："始得写本于里中，亟传而读之，舛误至多，恨无他本可校。已而得京师印本，以为必佳，而相去殊不远。"这种称抄本为写本的说法一直延至清代。如《四库全书总目·春秋传》谓刘敞"所作《春秋权衡》及《意林》宋时即有刊本，此《传》则诸家藏弆皆写本。相传近时通志堂刻入《经解》始有板本，故论者或疑其伪"。

近现代的公私目录，每将唐五代以前的抄本、明清两代官修书抄本及名家手抄本以"写本"著录。称唐五代以前抄本为写本，或有与宋代雕版印刷盛行作一时代区分，以示其珍贵的文物价值；而称官方及名家抄本为写本，或有以示尊重之意，同样起强调文物价值的作用。这种著录似乎已约定俗成，不影响对版本的鉴定。但其中也有一种情况，即对稿本（主要指誊清稿本）抑或抄本未能加以辨别定夺时，版本目录家们每每权以较为模糊的"写本"著录之。这是在利用前人目录时须加留意者。

▼ **稿本**

即书籍的原始记录，是一部图书的最早版本。根据性质，一般有初稿、修改稿与定稿之分。初稿即作者首次撰写的书稿，也称草稿；修改稿指经过修订改写的书稿；定稿则往往经过重新誊录呈清样面貌，除校正极少讹字外，不再作文本修改。因书稿修改往往不止一次，故有前后不同的版本区别。过往各家公私书目因为受客观条件限制，难以对各稿本进行深入的校核辨识，只能就其形态，每以"手稿本""稿本""誊清稿本"等名称予以客观著录。即全文皆为作者亲笔书写者称"手稿本"，由他人誊录之后再经作者亲笔修改者称"稿本"，全文为他人誊录者则称"誊清稿本"。如果由作者亲自誊录，当然亦称"手稿本"。此外，有一种根据雕版格式写在专用纸上准备付刻的本子,或因写样不符要求未用,或因某种缘故未刻,也是一种稿本形式,俗称"写样稿"或"写样待刻稿"(图13)。要注意的是:

一、作者对其著作之修改,不仅在誊录本或初稿本上进行,还有在未正式发布的刻本上进行的,也应视为修改稿本。所谓未正式发布的刻本,即渐次撰写成文,随刻随校,并未厘定全书卷次之本,仅供校改修订之用(这种本子往往还会刷印若干部分呈师友征求意见,目的也是为了修改)。如王引之的《经义述闻》(图14),有不分卷本与分卷本的不同,不分卷本即需作修改尚未厘定卷次之本,存世既少,各本篇帙与文字也有差异,与最终通行的分卷本更相出入,从中可窥王氏成书经过,故不分卷本颇见珍贵。

二、有的作者甚至在已经刻印的本子上再作文字修改,仍属修改稿范围。譬如章太炎的名著《訄书》,清光绪二十五年(1899)在苏州刻印后,章太炎在刻本上曾数次修改,上图即藏有其修改并重订目录之本(图15)。光绪三十年(1904)重新出版铅印本,而在宣统二年(1910),他于日本又在铅印本上作大量增删,最后连书名亦作了更改,题为《检论》,今国家图书馆藏有稿本。

三、誊清稿本虽或请他人代抄,但每钤作者印鉴,或以作者专用稿纸誊录,要留意鉴别。有的学者认为誊清稿本就是抄本,这不仅会忽略稿本的特有价值,还会在编目上造成版本源流的混乱。譬如《上海图书馆地方志目录》著录清抄本焦循撰《邗记》六卷(图16),钤有"焦循学""里堂草稿"印章,书中偶有勾乙改正之处,

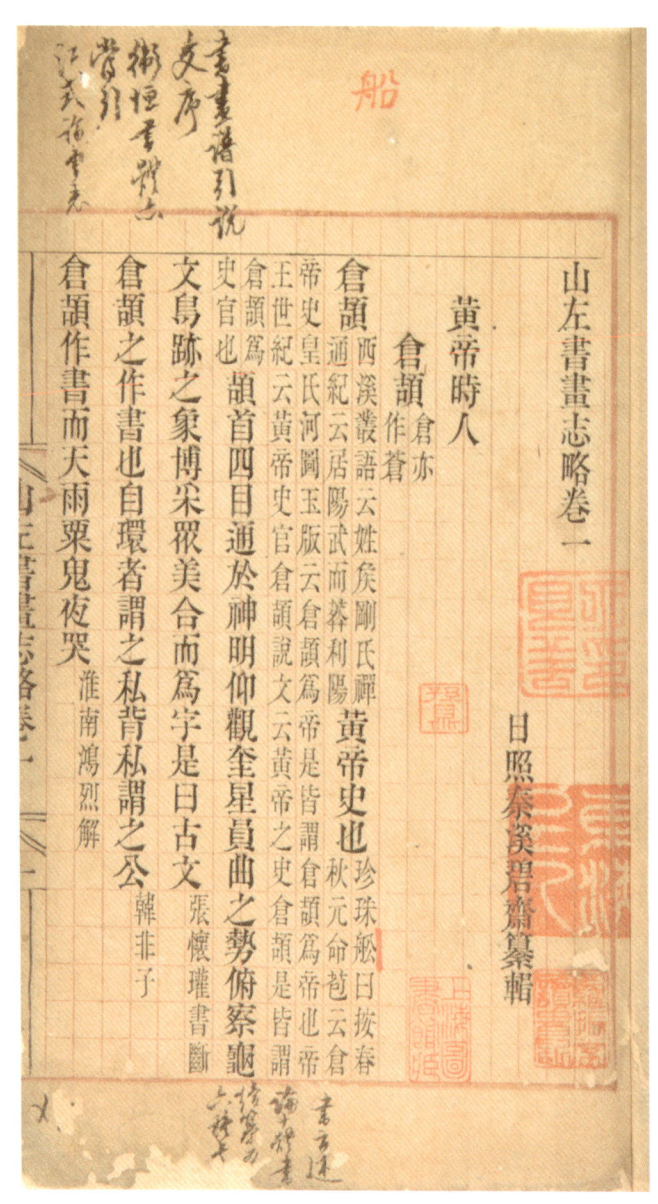

图13 清秦溪辑《山左书画志略》写样待刻稿本

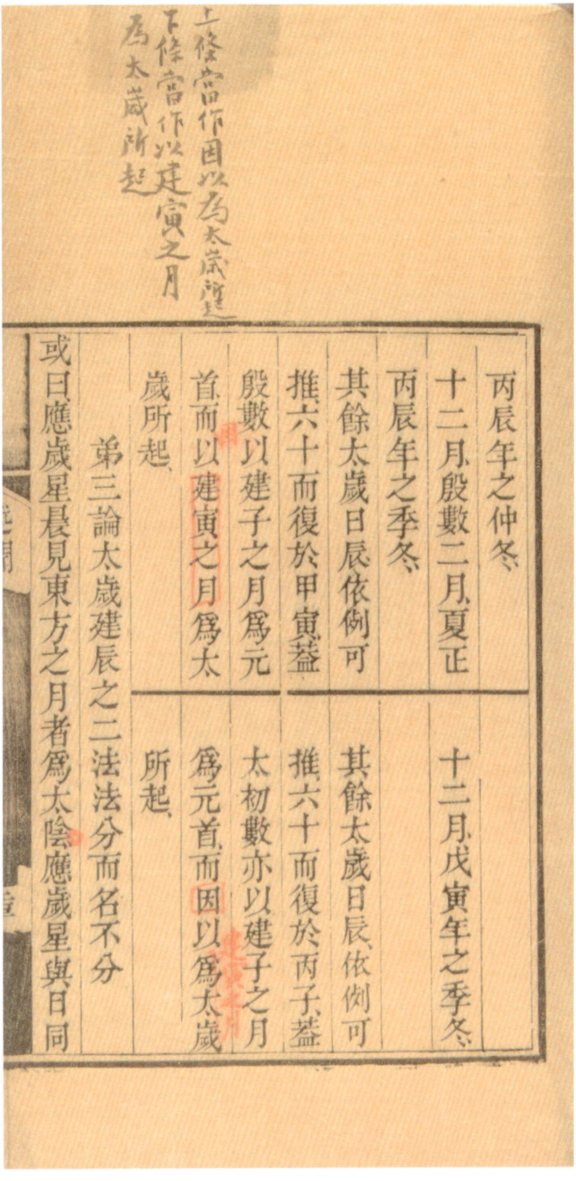
上條當作因以爲太歲所起
下條當作以建寅之月
爲太歲所起

丙辰年之仲冬
十二月殷數二月夏正
丙辰年之季冬
其餘太歲日辰依例可
推六十而復於甲寅蓋
殷數以建子之月爲元
首而以建寅之月爲太
歲所起

十二月戊寅年之季冬
其餘太歲日辰依例可
推六十而復於丙子蓋
太初數亦以建子之月
爲元首而因以爲太歲
所起

第三論太歲建辰之二法法分而名不分
或曰應歲星晨見東方之月者爲太陰應歲星與日同

图14　清王引之《经义述闻》稿本
（修改于嘉庆初刻本之上）

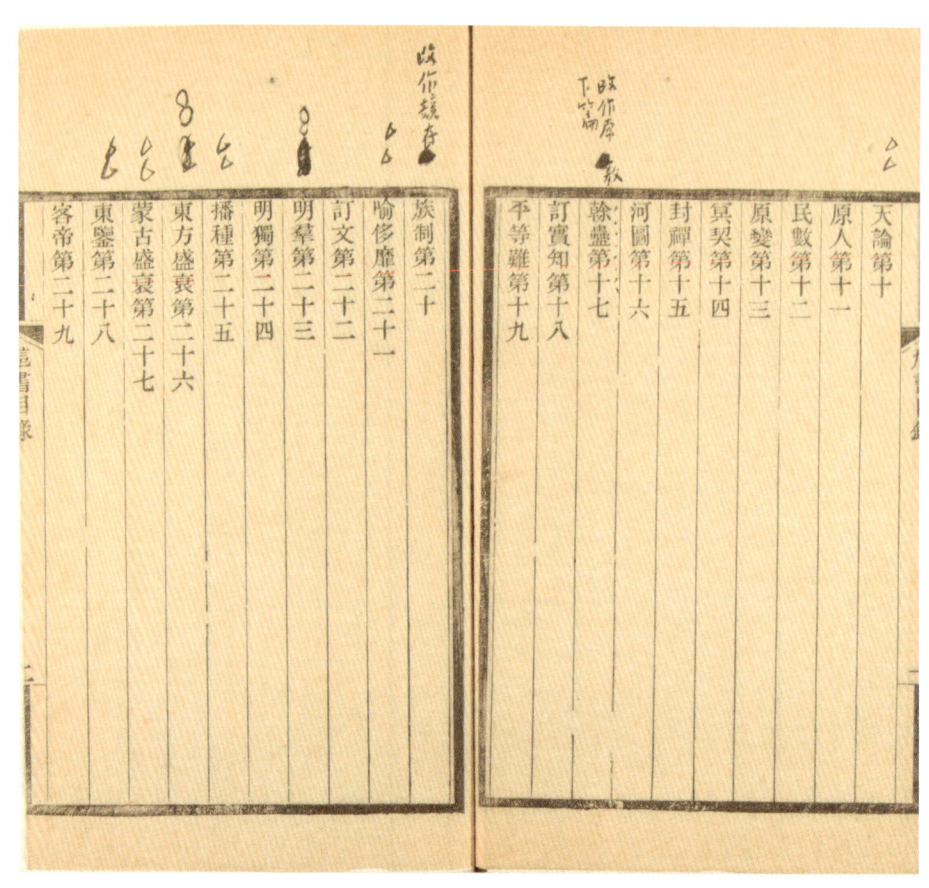

图15　章太炎《訄书》稿本

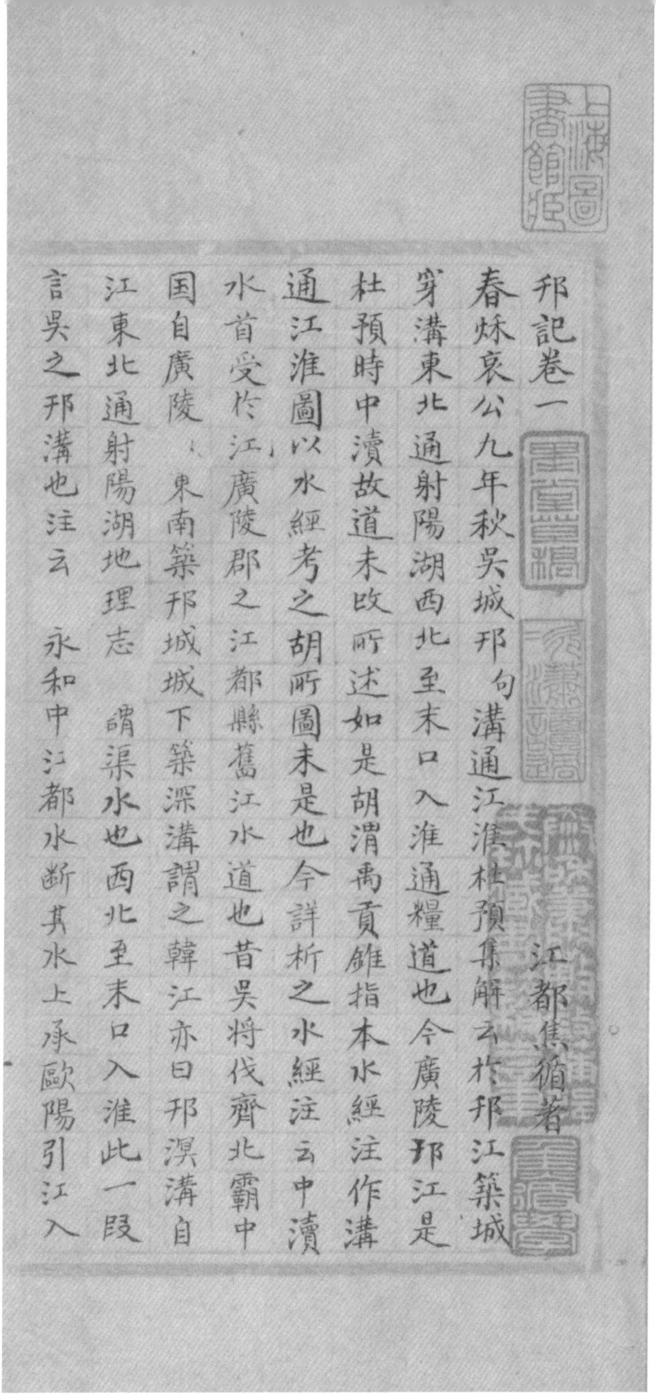

邗記卷一　　　　江都焦循著

春秋哀公九年秋吳城邗句溝通江淮杜預集解云於邗江築城穿溝東北通射陽湖西北至末口入淮通糧道也今廣陵邗江是杜預時中瀆故道未改所述如是胡渭禹貢錐指本水經注作溝通江淮圖以水經考之胡所圖未是也今詳析之水經注云中瀆水首受於江廣陵郡之江都縣舊江水道也昔吳將伐齊北霸中國自廣陵東南築邗城城下築深溝謂之韓江亦曰邗溟溝自江東北通射陽湖地理志

哨渠水也西北至末口入淮此一段言吳之邗溝也注云

永和中江都水斷其水上承歐陽引江入

图16　清焦循《邗記》謄清稿本

实为誊清稿本,《善目》失收,仅著录国图所藏二卷初稿本与六卷修改稿本,就文本而言,上图藏本乃该书定本,价值最高,却被视为寻常抄本,殊为可惜。

▼ 明抄本

即明代抄写的书本。宋代雕版印刷兴盛之后,除极少数官修大书或出于个别文人怡情之需尚保留抄写方式外,整体上抄本已经式微。然而,在沉寂了大约四百年之后的明代中期,抄本突然劲兴,不仅持续了之后明代的一百六十余年,并且影响整个清代而与印本并行不悖。过往学术界多认为这是因为明代刻书追求形式与数量而不讲究校勘质量,尤其是"书帕本"泛滥的缘故(注二),这当然有一定道理。但主要原因则是,因宋本稀见,为使宋本能在最短时间内得到绵延流传,及时抄写是重要且又实用的手段。显然,这样的明抄本具有抢救宋本为宋本续命的性质。随着斗转星移,许多明抄本当年所依据的宋本已杳无踪迹可寻,它们已替代宋本而成为当今研究两宋以前历史文化的第一手资料,具有重要的文献与文物价值。

▼ 影抄本

又称"影写本",即用薄而细洁透明纸张覆盖在原本之上,按照原本样式,一丝不苟地将文字、版匡、栏线、鱼尾乃至刻工等影描下来,力求保持原本面目的书本。影抄本主要是指影抄宋元本,由于宋元本稀见,甚至后来失传,影抄本绵延一线之传,故为世人所珍重,有"下真迹一等"之誉。清代藏书家亦仿而效之。

清代孙从添《藏书纪要》、官方的《天禄琳琅书目》乃至当今学术界许多学者都认为影抄本为毛晋所发明，"毛抄"也成了影抄本的代名词。但这样的认识并不确切。检览毛晋之子毛扆所辑《汲古阁珍藏秘本书目》，著录影宋抄本多达四十余部，有的还著录出处与旧藏物主。如《李卫公文集》下注"史臣纪家影宋抄本"；《徂徕文集》下注"宋板影抄，周石安收藏"；《广陵先生集》下注"影宋板旧抄，吴方山藏，前有王履吉印"。方山名岫，履吉名宠，皆嘉靖时苏州人。而在《杜工部集》下毛扆称，"先君当年借得宋板，影抄一部，谓扆曰：'世行杜集几十种，必以此为祖，乃王原叔本也。'"可见该目所著录的影宋抄本，大部分为前人旧物，只有个别当时底本难得的自家所抄，才予以著录，否则该书目难称"珍藏"，遑论"秘本"。除了知道吴岫、王宠等已藏有影宋抄本者外，从理论上说，早在毛晋之前的明代正嘉间既行影刻宋本之风，那么其时必定也有影宋抄本，只不过时至今日缺少实物佐证罢了。但也并非没有蛛丝马迹可寻。根据钱曾《读书敏求记》、黄丕烈《士礼居藏书题跋记》等文献记载，明正德间有苏州藏书家柳佥字大中别号安愚者，曾摹写宋本唐人诗数十种（见叶昌炽《藏书纪事诗》）；《汲古阁珍藏秘本书目》有《睽车志》五卷，下注"后有沈与文跋，谓此书柳安愚在宋刻本临摹者"；而上图藏有柳氏手抄宋刻书棚本《渑水燕谈录》（图17），其虽未影摹版匡形制而专抄文字，但行款则一依宋本，抄写诚不若毛氏精当，而目录后"临安府太庙前尹家书籍刊行"那条刊记抄写得却也神似宋本。黄丕烈题跋明确指出，观其行款及避讳处，当是

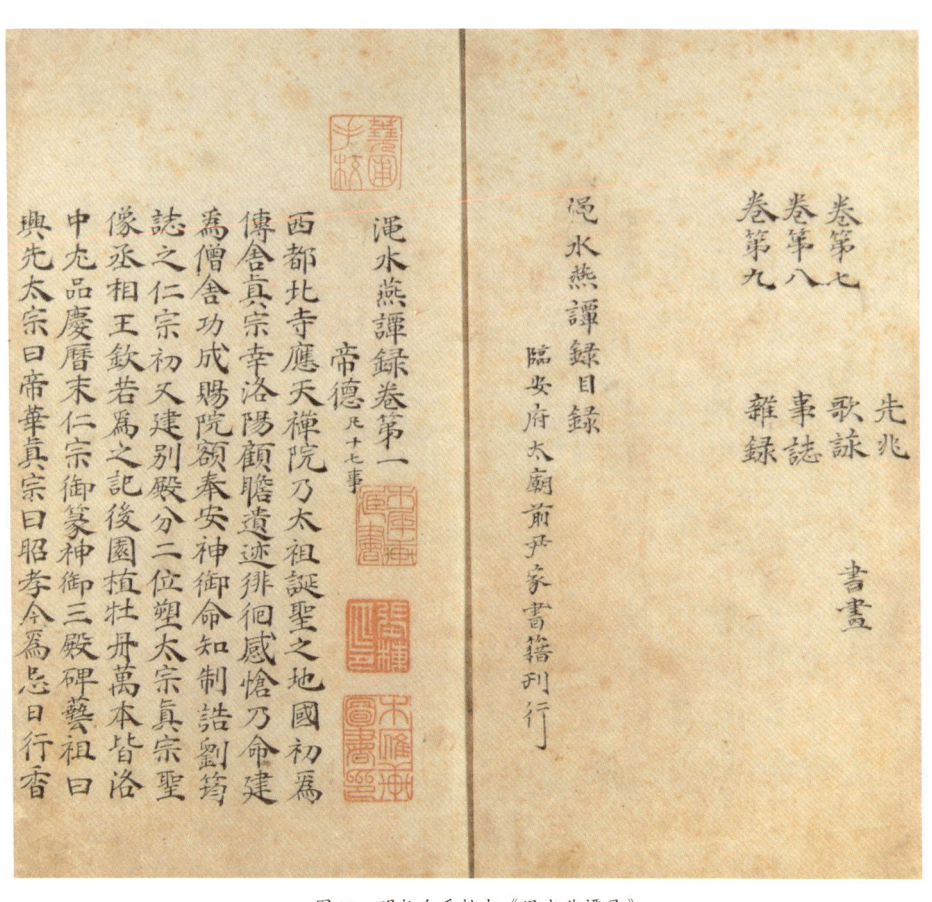

图17 明柳佥手抄本《渑水燕谭录》

宋本影写者。在没有更早文献发现的情况下，可以说柳氏是开了影抄风气之先。因此，影抄本的产生当在明代中期苏州地区，与仿宋刻本发明同时，目的也是为绵延宋本一线之传。

在毛晋之后，较为著名的当推钱曾述古堂影抄本，其品质堪与毛氏比肩。也有至今未知名之影抄本，如旧藏祁阳陈澄中、今为国家图书馆收藏的影宋抄本《离骚集传》（图18），同样精妙绝伦。至于徐乾学传是楼、黄丕烈士礼居等也承袭遗风，名头虽大，精工却相去毛氏甚远。

必须指出，《善目》对"影抄本"的认定过于宽泛，盖不辨直接影抄抑或传抄，凡与旧刻行款相同、抄写稍工整者，每以"影抄本"著录，此实有欠严谨。如韩应陛校跋本《韩集举正》十卷《外集举正》一卷《叙录》一卷，《善目》著录为"清影宋抄本"（集部1307）。而韩应陛题跋明言系据胡心耘所藏抄本影抄并校勘，非直接影抄自宋本；卷内凡涉异文校字皆用朱笔以醒目，则胡心耘藏本亦未必真从宋本影抄。又如孙潜跋本《禅月集》二十五卷，《善目》亦著录为"清初影宋抄本"（集部2125）。但据孙氏跋谓"假得钱宗伯家旧钞本印写，钱本盖宋本印钞者也"，则此本并非直接影抄自宋本，当属传抄本。若著录为影宋抄本，与国家图书馆所藏径据宋本影抄之明末毛氏汲古阁本混同，显然不妥；况且钱谦益旧藏本是否直接影抄宋本也未能确定。

▼ **毛抄**

即常熟毛晋、毛扆父子汲古阁的影抄本。在明清影抄本中，要

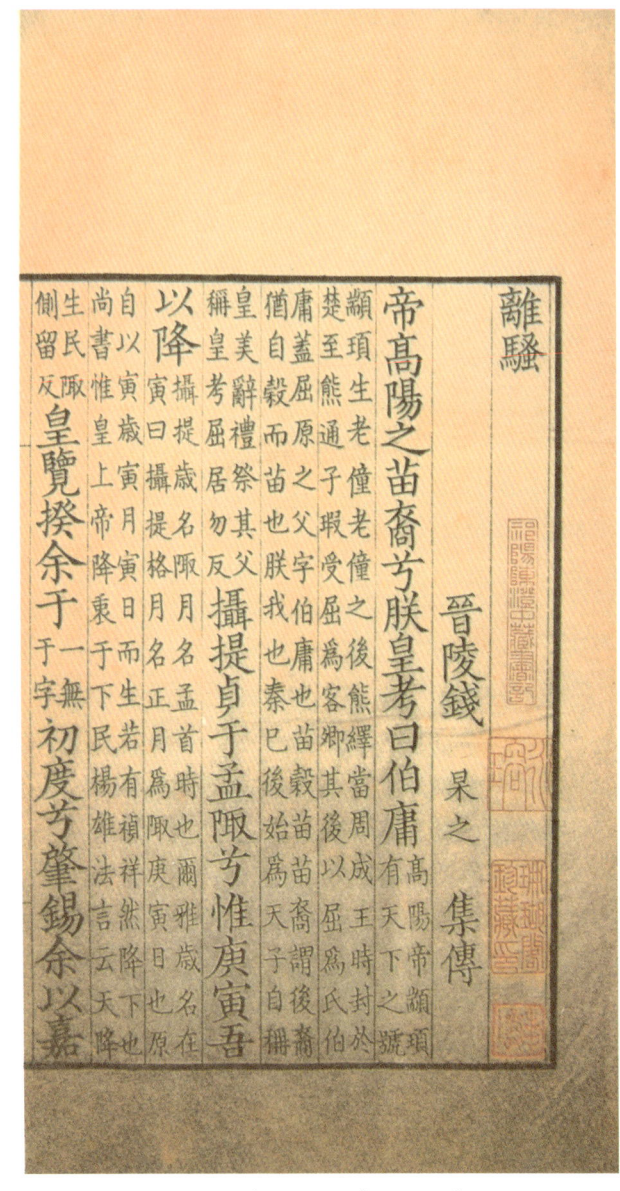

图18 清影宋抄本《离骚集传》

数"毛抄"最为有名,传世品种相对也多。存世"毛抄"因非出一手,相较而言,或有精粗之别。精美者如国家图书馆所藏《鲍参军集》(图19),当属毛抄中之白眉。当然,影抄之精粗,与底本刊刻之精粗也有关系。有一点要指出,"毛抄"存在白粉填改的情况,譬如宁波天一阁所藏的《集韵》便是如此。大家千万别误解成这是抄工笔误的改正,而是有人(很可能就是毛扆,国家图书馆藏毛扆校明抄本《宣和奉使高丽图经》就有白粉涂改)根据别本校改所致,问题在于这种校改往往不作任何说明,使人摸不着头脑;而该本有段玉裁、阮元题跋,两位大名家对此白粉填改现象居然也未置一词,可能也未看明白,以致在当今学术界曾一度造成该本与上图所藏钱氏述古堂抄本非出同一底本之误解。因此,遇到这种情况,须引起注意,搞清其校改的来龙去脉。此外,毛氏汲古阁也有非影抄形式的抄本,与"毛抄"不能混为一谈。

▼ 传摹影抄本

即以影抄本为底本进行摹写的书本。因旧本亡佚,影抄本遂成孤本,为使流传并尽可能保持原本面貌,于是对影抄本再作影抄。已故版本学家黄永年先生曾收藏一部《李商隐诗集》三卷抄本,就是民国时期徐乃昌据清初钱兴祖旧藏之影宋抄本传摹的。这种本子若不加辨认,或无法与其底本比较,很可能会误认传摹本直接据宋本影抄。譬如人们都知道宋本《营造法式》已无完帙,其影抄足本便成珍贵之物,但许多人并不清楚在清代真正的影宋抄本其实只有清初钱曾述古堂所藏那一部,其他的所谓影宋抄本都是传摹述古堂

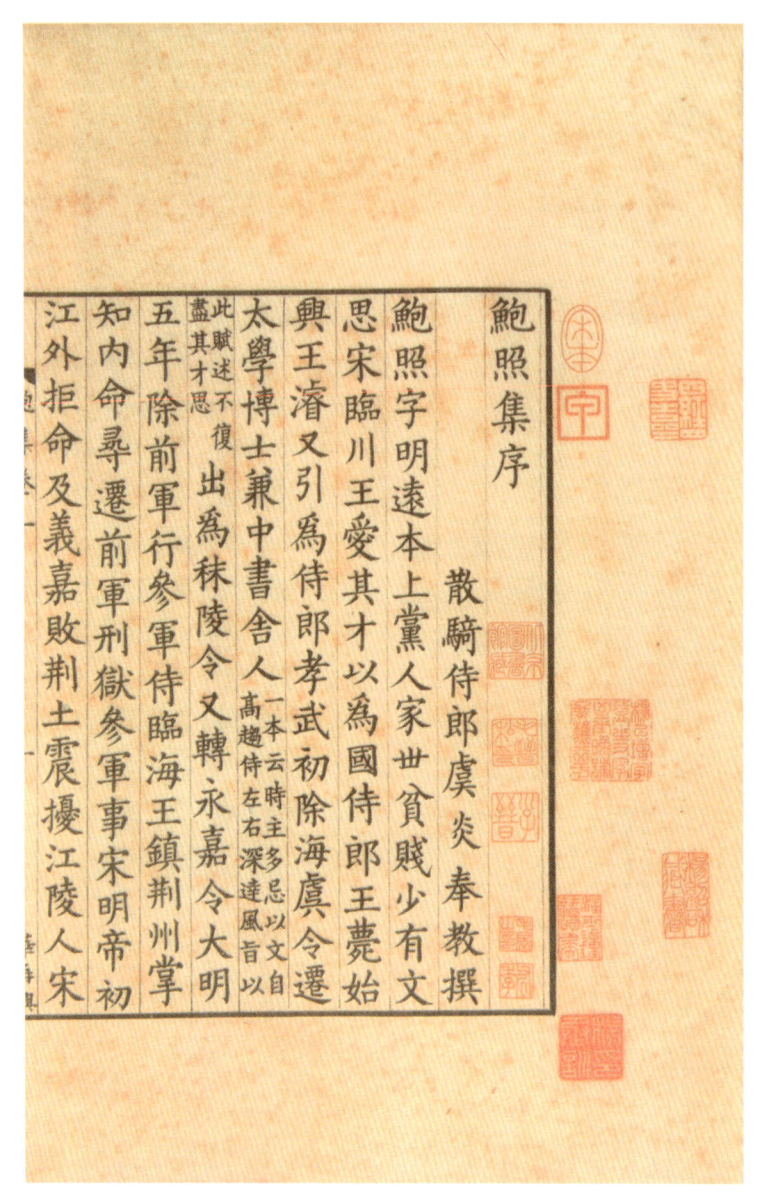

图19　清初毛氏汲古阁影宋抄本《鲍参军集》

本，甚至是辗转传摹本，是第三、第四代的复制品。清道光间常熟著名藏书家小琅嬛福地主人张蓉镜，曾借得同里张金吾爱日精庐所藏传摹述古堂本，专请良工再事影写，由于从业者系画家毕琛之高足，图样界画描绘得比张氏藏本来得精细工致，于是孙原湘、黄丕烈、陈銮、褚逢春、邵渊耀、钱泳乃至张金吾等名彦先后题跋，使该本名声大振，价值陡升（图20、图21）。四方藏书家闻风而至，复据张蓉镜本争相传摹，今藏上图（朱氏结一庐旧藏）、南京图书馆（丁氏八千卷楼旧藏）与台北"国家"图书馆的抄本，实皆从此本传摹而来。由于不明就里，这些本子过去皆被认为是直接据宋本影抄者。尤其是结一庐旧藏的那一部，原是张蓉镜根据孙原湘、黄丕烈诸人题跋本传摹的，钤有"蓉镜珍藏"朱文方印，扉叶孙原湘题署系双钩描摹，逼肖原本，结果鉴定版本老手徐乃昌也看走了眼，以为就是张氏最初影抄之本（图22、图23、图24）。

▼ **精抄本**

即抄写精美、文字无误的书本。清初毛扆所辑《汲古阁珍藏秘本书目》即有"精抄"名目，如《关氏易传》下注"精抄"，《系辞精义》下注"宋本精抄"，《九经字样》下注"影宋板精抄"等。这个名称可从形式与文字内容两方面解释。就形式而言，纸墨讲究（包括用纸风格独特）、书艺精妙（或抄写工整不苟）的抄本，人们每视为精抄，如官方与著名学者、艺术家、藏书家的抄本。又因为藏家重视，插架珍庋，钤印题识，流传有绪，复为之生色。以文字内容而论，经三复校正，令文字无讹、内容勿缺之抄本，相对普通

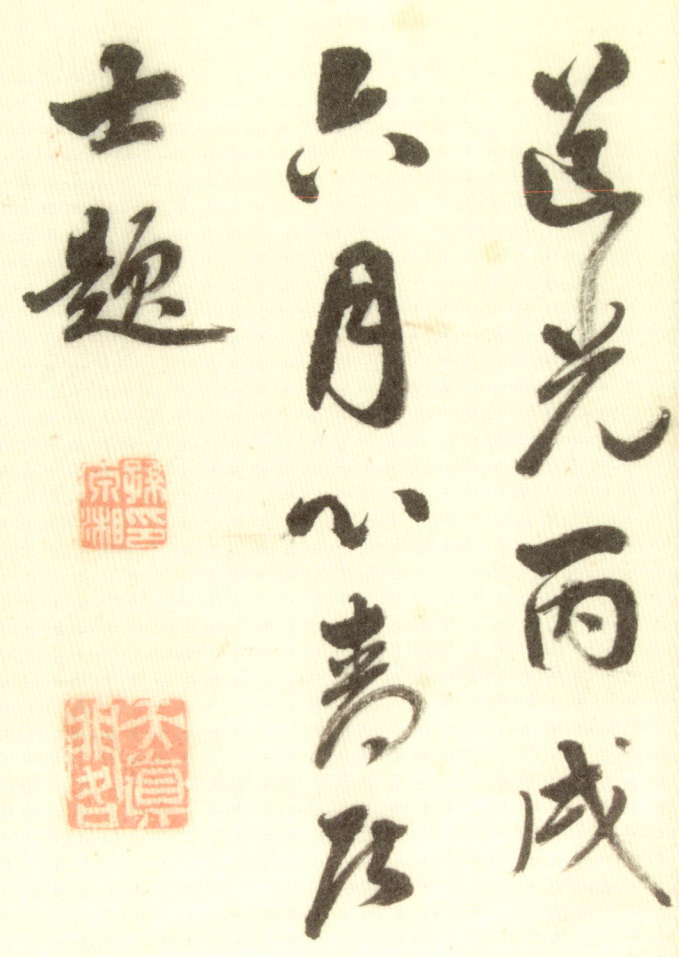

图21　清孙原湘题署影抄本《营造法式》(一)

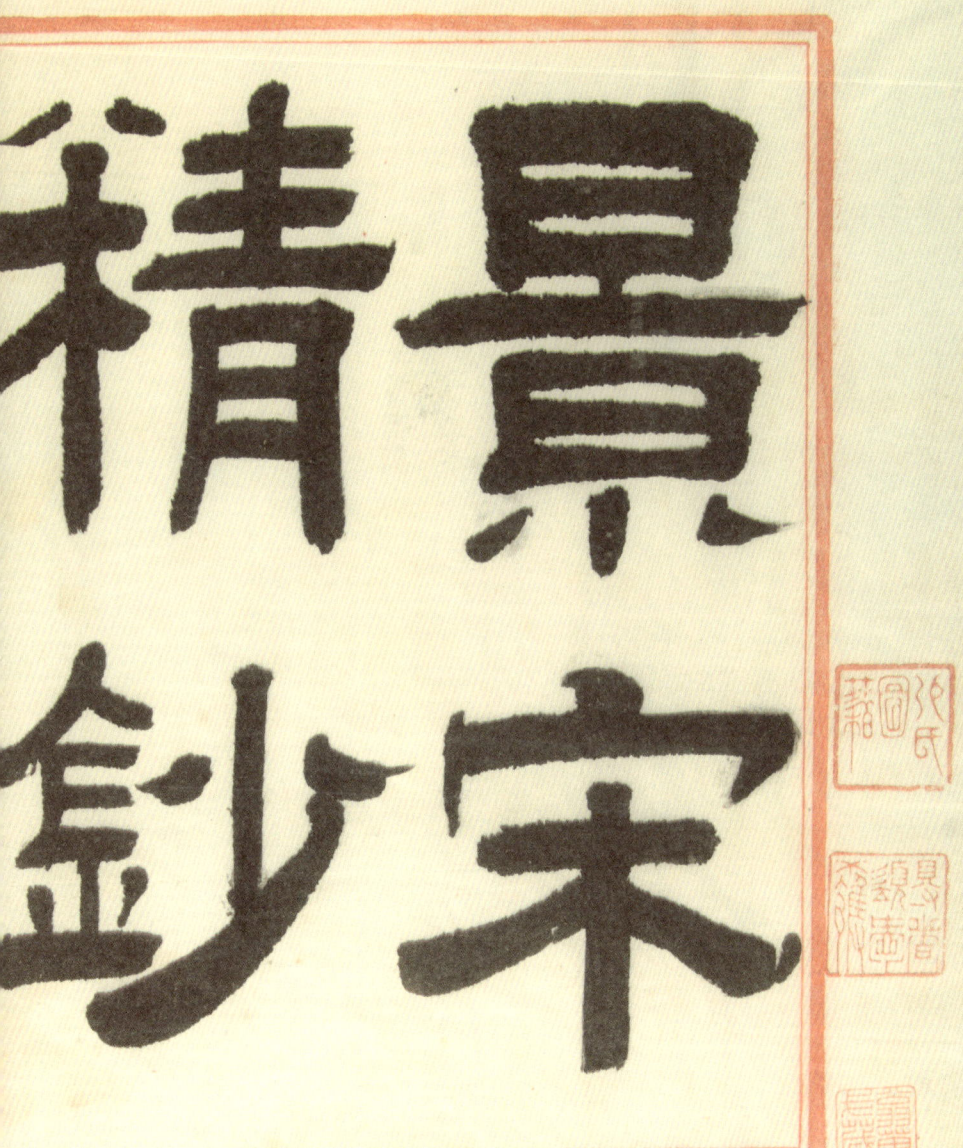

图21　清孙原湘题署影抄本《营造法式》(二)

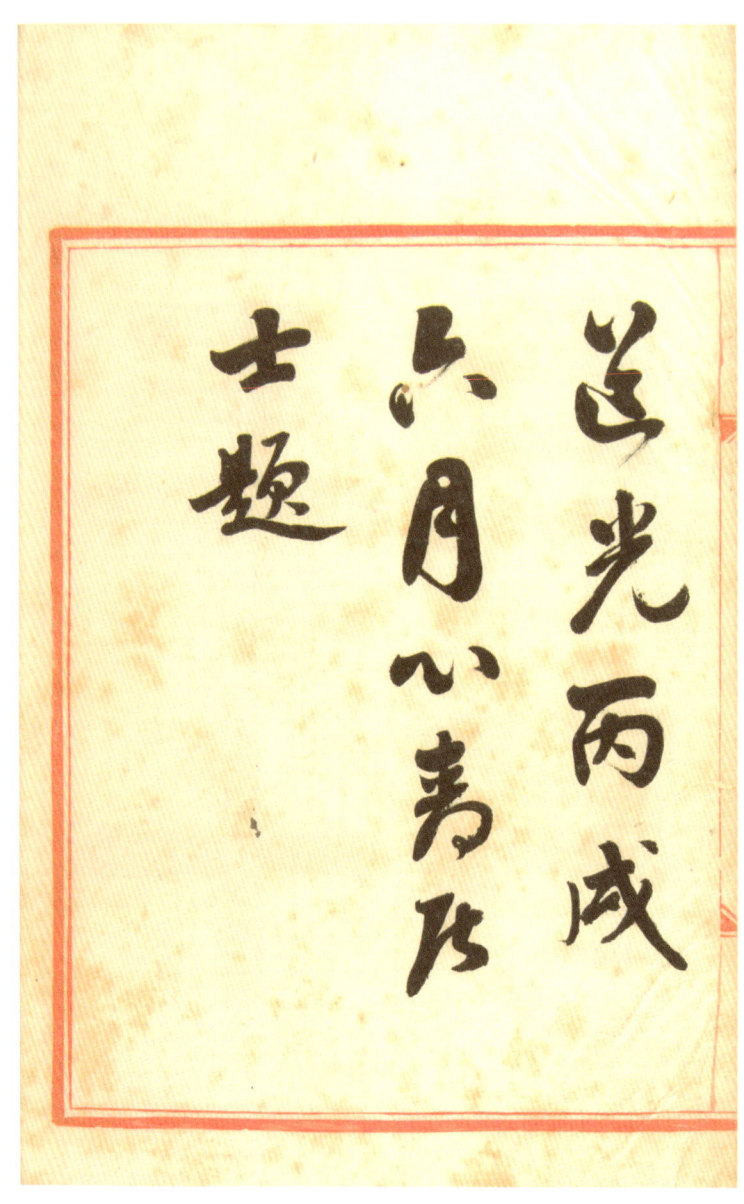

图22　传摹孙原湘题署影抄本《营造法式》(一)

图23　传摹孙原湘题署影抄本《营造法式》(二)

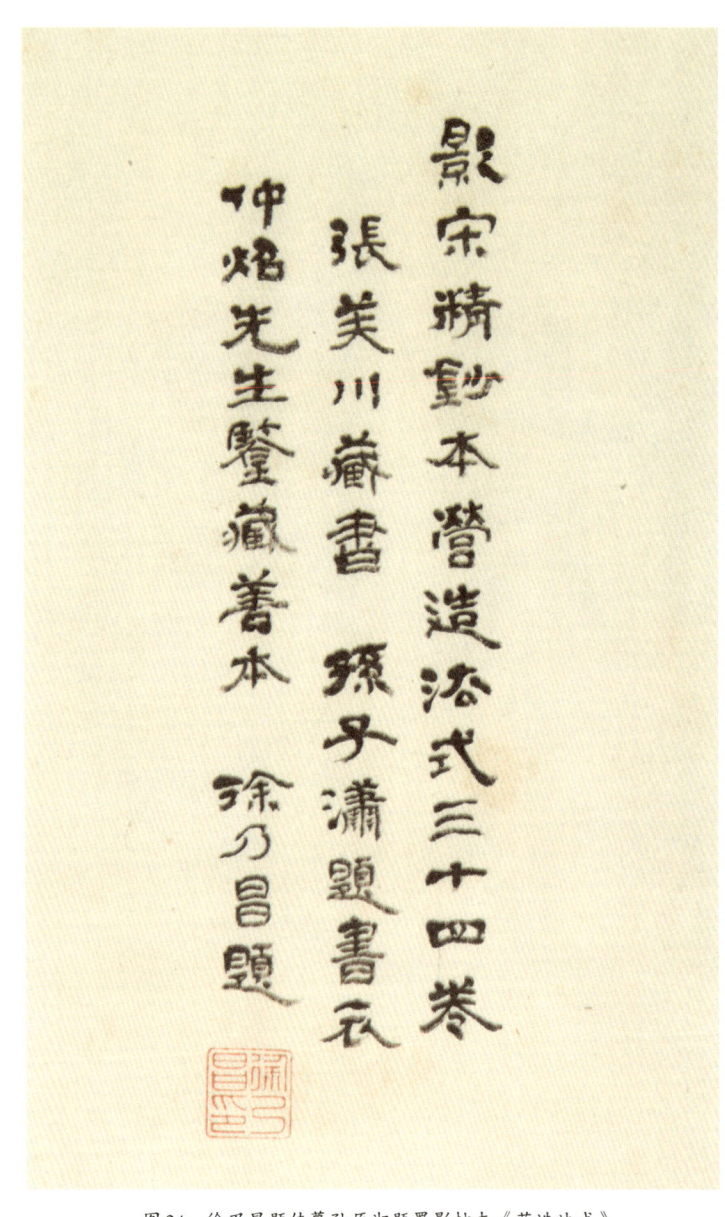

图 24 徐乃昌题传摹孙原湘题署影抄本《营造法式》

传抄之本，自然堪称精抄。

不过，要从文字内容评价抄本之精粗，需觅他本费时费力校勘，并非一时所能获知，故编目者往往是从形式上予以认定。但这种认定对读者而言，很可能会起误导作用，因为有的读者其"精抄"理念往往与编目者不完全一致，他们主要是从文字内容角度理解抄本之精粗。台北"央图"的善本编目规则有云，凡写本之书法工整而精致，可题为"精抄本"。虽然说得很明白，但编目者的眼界既异，认知亦不相同，要统一把握，诚非易事。所以在编制古籍目录时要慎用"精抄本"这个名称。

▼ 旧抄本

即清代乾嘉以前抄写的书本。"旧抄本"的名称，为过去藏书家所惯用。清初如《述古堂藏书目》《汲古阁珍藏秘本书目》即有"旧抄"名目。如《述古堂藏书目·孔子集语》注"吴方山藏旧抄本"；《汲古阁珍藏秘本书目》更有"绵纸朱砂格旧抄""旧纸旧抄""携李项药师蓝格旧抄"等著录。他们所指的"旧抄"，乃明万历以前抄本，甚至有元代或更早的抄本。而他们仅著录为"抄本"者，则应理解为与其时代相近或相同之清初新抄。民国以来，大凡对不详年代之抄本，约抄于乾嘉以前者通称"旧抄"，在鉴定著录上并不严谨。与之相对，抄于晚清者称"近抄"，抄于辛亥革命以后者称"新抄"。这与金石界著录碑帖拓本的传统习惯相仿。不过，由于历代藏书家对所谓"旧抄本"很少做过切实的考订，需要今人予以求证者尚多。如果现在通过考据能确定为明代或清代某朝抄本，应直接著录之，如果约略知道抄于康熙以前，则著录为"清初抄本"。而没有把握，便以"清抄本"著录者，实在也是当今各类书目编纂者的无奈之举。这样的著录不能说错，但有清上下近三百年，仅以"清抄"定版本，终究失之宽泛。倘若编制目录，同一种书有多部"旧抄本"或"清抄本"，因不详其抄写先后，排列难免失次，"考镜源流"便无从谈起。

虽然现在编目著录已很少用"旧抄"这个较为含混的名称，但我们了解了这种情况，就可以在利用旧时藏书目录时较好地理解与把握有关信息，从而作出恰当的判断。

▼　批校本

即写本或印本在流传过程中，经藏书家或读者手书其批校的书本。从注重手书批校角度出发，一般而言，批校本的版本价值在于批校文字而不是被批校版本本身，所以版本学家们每将批校本纳入写本的范围加以研究。

批校本的"批"，主要指对书籍内容所进行的笺论评说；"校"，则是对文字的比勘改动。虽然人们习惯上对有批或校的本子笼统称为批校本，但根据实际情况，有批无校者称"批本"，有校无批者称"校本"，既有批又有校者才称"批校本"。编制各类古籍目录理应持严谨的态度予以明白准确地著录，否则会误导读者。

明代中期以前批评家与校勘家们的手书批校，幸存者廖廖，其主要原因是人们早先并未意识到包括批校本在内的书籍所具有的文物价值。于是出现这样一种现象：直接在宋元本上书写批校文字

(包括圈点句读），大多是明代中期以前人所为，后人尤其是清人不会如此，因为旧本日趋贵重，他们或将批校文字写于白纸条上，以薄浆浮签粘贴于原书相关文字之天头；或取一通行本书写相关批校文字。

▼ 过录批校本

即过录原作者批校文字的书本。批校作为一种学术成果，必然会产生影响并传播，因而在版本形式上会出现过录原作者批校本子的情况，在编制目录的著录项上须严格加以区分，因为过录批校的文字或许与原作者批校相同，其价值毕竟是不一样的。但不能由此而轻视过录批校本，因为：一、如果原始批校本已失传，甚至那些原始批校的学术成果不曾发表，那么过录批校本的价值几乎等同于原本。二、即使原始批校本存在，或原本的成果已发表，但现存的过录本未必出自该原本，则其别有文献价值。譬如清人汪由敦过录他的老师何焯批校本《文选》（图25），虽然何焯的批校文字已收入《义门读书记》，但与汪氏过录的文字相出入，那么入《义门读书记》者可能已经过何焯的修改，或者何焯还有另外一个批校本，则汪氏的这个过录本应有其自身价值。故于过录批校本的价值，每须通过校核方能作出恰当的评估。

▼ 善本

即既有文献价值又有文物价值的书本。"善本"一词，出现在雕版印刷开始兴盛的宋代，宋元人眼中的善本，主要指文字正确与内容完整的本子，属于校勘学范畴。到了明代中期，"善本"的概

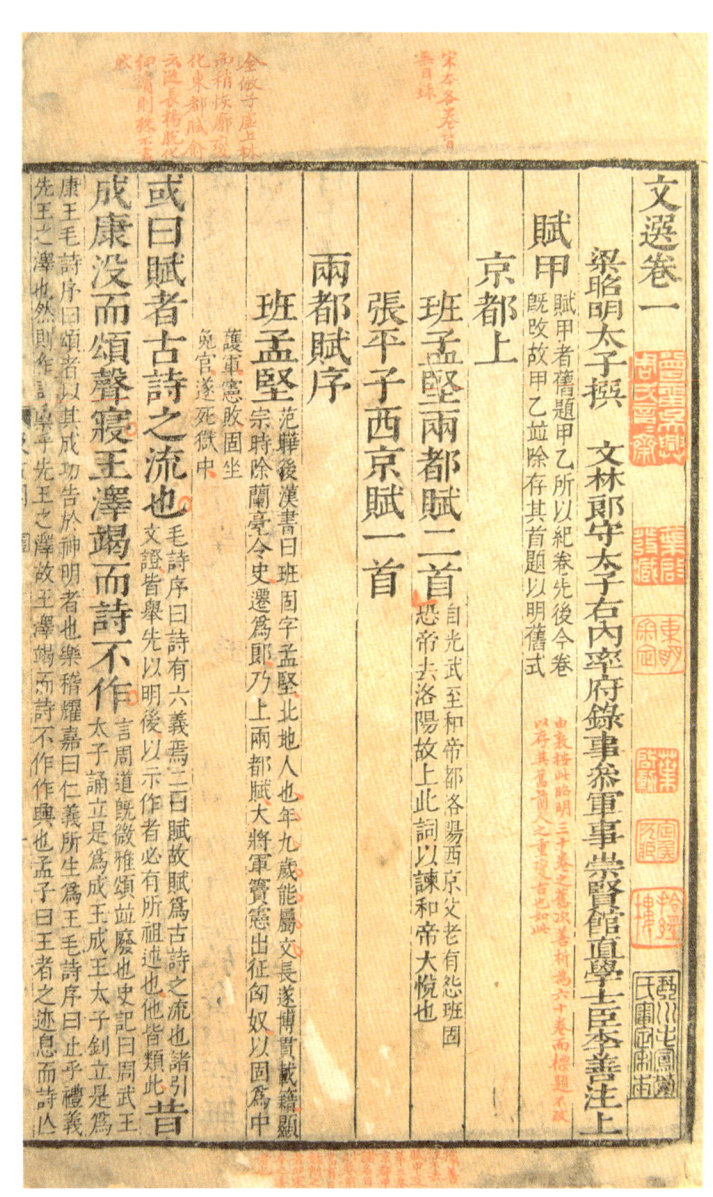

图25 清汪由敦过录何焯批校本《文选》

念在版本学的影响下，逐渐向突出版本的文物价值嬗变。清代乾隆间勅编的《天禄琳琅书目》，主要收录从内府藏书精选而出宋金元旧本、影宋抄本及较为稀见的明本，是有史以来第一部官修善本书目，表明以文物价值的高低为主要标准来评判版本的善与否不仅已深入人心，并且得到了官方的认定。这种善本观与属于校勘学范畴的善本观是有明显差异的，尽管在清代即有人持保留态度甚至予以反对，但阻挡不了其影响之大之深远，乃至当今诸如《善目》以及各家善本书目与藏书志，对善本的理解大要不出其藩篱。

▼ 三性九条

二十世纪七十年代末至九十年代中期编纂《善目》时，有关涉"善本"之所谓"三性""九条"说。"三性"，指历史文物性、学术资料性、艺术代表性，是当时有的学者对什么是"善本"所作的解答，谓凡于文物、学术、艺术价值三者只要居其一的版本都属于善本。"九条"，是入选《善目》的标准，实际上是对什么是"善本"作了具体明确的诠释。据1977至1978年间颁行的《〈全国古籍善本书总目〉收录范围》，其九条收录标准为：

1. 元代及元代以前刻印、抄写的图书（包括残本与零页）。
2. 明代刻印、抄写的图书（包括具有特殊价值的残本与零页）。但版印模糊而流传尚多者不收。
3. 清代乾隆及乾隆以前流传较少的印本、抄本。
4. 太平天国及历代农民革命政权所印行的图书。
5. 辛亥革命前，在学术研究上有独到见解或有学派特点或集众说较有系统的稿本以及流传很少的刻本、抄本。

6. 辛亥革命前，反映某一时期、某一领域或某一事件资料方面的稿本以及流传很少的刻本、抄本。

7. 辛亥革命前的名人学者批校、题跋，或过录前人批校而有参考价值的印本、抄本。

8. 在印刷上能反映我国古代印刷技术发展，代表一定时期技术水平的各种活字印本、套印本或有较精版画的刻本。

9. 明代印谱全收。清代的集古印谱、名家篆刻印谱的钤印本，有特色或有亲笔题记的收，一般不收。

从上述标准可以看到，"九条"与"三性"是有抵牾之处的。因为"九条"除珍贵的宋元本、旧抄本、稿本或名家批校题跋的手迹本而外，特别强调以流传稀少为前提，尤其是清代中后期的本子，哪怕再有学术性或艺术性，如果流传较多，该目录是不会收入的。因此，只有文物性才是《善目》奉行的唯一宗旨。

▼ **复本**

即重复的本子。同一种印本（指刻本、排印本、影印本）不止一部，相对特指的一部而言，其他若干部便称为复本。但须注意，古籍版本颇为复杂，未可轻言复本。譬如雕版印刷之本，虽出自同一版刻，但刷印有先有后；有据原版刷印，有据修补版刷印（修补还可能多次），版面、文字等每有差异。而在流传过程中，又会出现收藏、批校题跋等不同，不能简单以复本视之。过往的古籍简目即使是案头必备的《善目》，也难以做到对各种版本面貌进行细致的辨别著录，因此，其在某一种版本之下著录多家单位收藏，只能说是提供一个大致的参考，在没有逐种经眼比对的前提下，径以为是复本，难免盲目。

《善目》还有一个问题是，未反映一馆所藏"复本"，即仅著录了馆藏中的一部，由于未注明馆藏登录号或索书号，故其著录是抽象的，存在不确定性。譬如上图善本书库中《玉台新咏》有多部著录为明崇祯赵氏小宛堂刻本，其中有一部是民国徐乃昌翻本，上图的善本卡片目录却误作赵刻，如《善目》将"复本"一一著录，则此徐刻便可剔除。当然，《善目》的缺陷可通过编制馆藏善本目录予以弥补，但使用《善目》者于此不能忽略。至于写本，种种不同，几无复本可言。

▼ 《四库》进呈本

即清乾隆间编纂《四库全书》初期各地进呈的书本。《四库全书》的底本主要来源于三个方面：一是内府藏书；二是《永乐大典》辑佚书；三是各地进呈之书。进呈之书数量最大，其特征是，每在书皮盖有长方形朱色进呈木戳记，于卷首钤翰林院满汉文大方印。

▼ 《四库》底本

即被用作《四库全书》誊录依据的书本。因多从进呈本择取，自然也有进呈本的特征，但进呈本并不等同于《四库》底本，不能混为一谈。譬如今藏上图的宋绍兴三十一年（1161）陈辉刻本《古灵先生文集》，即当年浙江藏书家寿松堂主人孙宗濂之子仰曾进呈之书，书皮有"乾隆三十八年十一月浙江巡抚三宝送到孙仰曾进呈陈古灵集一部计书拾本"戳记，书中钤有翰林院满汉文大方印。通过校勘，发现文渊阁《四库全书》的底本其实是宋福建翻刻本而非陈辉刻本，《善目》将陈辉刻本著录为《四库》底本并不确切。此外，《四库》底本通常经由馆臣校改，但经馆臣校改的本子也未必是《四库》底本。如上图所藏清鲍廷博校本《胡澹庵先生文集》，曾经馆臣修改，统一格式，已为最后的誊录做好了编辑工作，却最终更换了马裕家藏抄本作为文渊阁《四库全书》的底本。因此，是否为《四库》底本，须校核后方能定夺，不可轻言。

注 一：《王文公文集》的修补版面貌大致有以下几种情况：

  1. 修版。如目录下第四十八叶，刻工孙右，该叶只有第十九、二十两行为原版，其余皆修版补刻。

  2. 补版。除图六外，他如卷一第二叶，刻工何下；第三叶，刻工吴辉；第六叶，刻工胡祐；第二十九叶，刻工潘明；等等，字体与原版明显不同，写、刻皆劣。

  3. 在补版之上再事修版。如卷八十一第三叶，该叶原属补版，而在第五至第十行上方即每行的前三字更有修版，是知该本至少经两次修补版。

  4. 原版形制多为左右双边，单鱼尾或无鱼尾；间有刻工，无刻工者亦复不少，如目录下第四十九叶，系原版，左右双边，无鱼尾、刻工。但补版则多为双鱼尾，大都有刻工；甚至还在原版上补镌刻工名。如图五,即卷十六第十八叶,系原版,末行避讳"构"作"御名",左右双边,单鱼尾,但该叶刻工却是从事修补版的何下,实乃修版时所增刻。

注 二:陆容《菽园杂记》有云,"今士习浮靡,能刻正大古书以惠后学者少,所刻皆无益,令人可厌。上官多以馈送往来,动辄印至百部,有司所费亦繁"。先行案:所谓官吏用以应酬馈赠之书,即俗称"书帕本"。

三 鉴定版本的一般方法

古籍先有写本再有刻本。但从实用出发，在此先讲刻本鉴定，再讲写本（稿、抄、校本）鉴定。

鉴定古籍版本，至今没有一种现代化手段能完全解决问题。有人寄希望于大数据分析，或许有可能，但前提是，这些原始数据本身就需要经过准确的鉴定，否则难能成功。而在当下，用碳14进行纸张制造年代的测试是一种可行的手段；也有一些单位与个人对各时代不同纸张的成分等进行深入分析研究，具有积极意义，但其所得信息只能提供一种相对参考，不能作为直接或唯一的鉴定凭据，因为其只能测试出纸张的大概年代，却无法断定刻本的刊刻年代或写本的抄写年代。譬如宋刻元公文纸印本《增修互注礼部韵略》，不能据其纸张而定为元刻本；清代扬州八怪之一金农刊刻《冬心先生续集自序》，据说有用宋纸刷印者，则不能定作宋刻本。因此，鉴定古籍版本，目前仍然主要采用从古籍形制入手的传统方法。

1. 刻本的鉴定

古籍刻本的形制包括：字体、牌记、刻工、避讳、版式、行款、纸张、装帧等。真正以形制鉴定版本，而且最先落实于对宋版的鉴定，发生在明代中后期（这是我一直持"版本独自成学始于明代中后期"及"版本学发端于宋版鉴定研究"观点的一个重要依据，在此不展开讨论）。起初人们仅注意字体、版匡、纸墨，至明末清初又注意到避讳字，后来更注意到行款、刻工，总之，鉴定方法在辨别版刻的实践中不断发展、完善。这些都是前人鉴定版本的经验总结，十分可贵。这些鉴定方法见诸文字似乎很简单，但要掌握却并不容易。这是因为，倘若自己没有一定的实践，是难以领悟前人这些方法的。

▼ 辨识字体是鉴定版本的首要方法

鉴定版本固然不能仅仅根据版刻形制，往往还要从版本源流、书的内容等方面作相关考订。但根据版刻形制作出大致判断是鉴定版本的首要步骤。如果连形制都看不明白，还谈什么考订呢？而书一开卷，最夺人眼球的就是字体，因此，辨识字体乃鉴定版本第一要紧之事。仅以字体鉴定版本，或许不够准确，但倘若不辨字体而曰鉴定版本，则是无稽之谈。

宋版的字体

唐五代刻本存世没几件东西，难作比较总结。北宋刻本相对南宋本虽存者也无多，但多少能够看出点名堂。总体而言，两宋刻书推崇唐楷，较多采用欧阳询、颜真卿、柳公权字体，这固然是三家楷书登峰造极的影响所致，可能也是宋代缺乏与之媲美的楷书大家的缘故。不过也有特殊情况，有的佛经刻本采用苏轼行楷，如上图收藏的北宋崇宁刻本《妙法莲华经》（图26），一式苏体小字，极为神似。

现存的北宋本，刊刻于四川的《开宝藏》字体虽不尽相同，或

新發於三藏三菩提轉法輪轉法輪[...]
師子法座上普賢若於後世受持讀誦是經典者是人不復貪著衣服
卧具飲食資生之物所願不虛亦於現世得其福報若有人輕毀之言
汝狂人耳空作是行終無所獲如是罪報當世世無眼若有供養讚歎
之者當於今世得現果報若復見受持是經者出其過惡若實若不實
此人現世得白癩病若輕笑之者當世世牙齒疎缺醜唇平鼻手脚繚
戾眼目角睞身體臭穢惡瘡膿血水腹短氣諸惡重病是故普賢若見
受持是經典者當起遠迎當如敬佛說是普賢勸發品時恆河沙等無
量無邊菩薩得百千萬億旋陀羅尼三千大千世界微塵等諸菩薩具
普賢道佛說是經時普賢等諸菩薩舍利弗等諸聲聞及諸天龍人非
人等一切大會皆大歡喜受持佛語作禮而去

妙法蓮華經卷第七

此經手將諸本按勘重開並無
訛謬
錢塘丁忠開字

四千天女作衆伎樂而來迎之其人即著七寶冠於采女中娛樂快樂
何況受持讀誦正憶念解其義趣如說修行若有人受持讀誦解其義
趣是人命終為千佛授手令不恐怖不墮惡趣即往兜率天上彌勒菩
薩所彌勒菩薩有三十二相大菩薩衆所共圍遶有百千萬億天女眷
屬而於中生有如是等功德利益是故智者應當一心自書若使人書
受持讀誦正憶念如說修行世尊我今以神通力故守護是經於如來
滅後閻浮提內廣令流布使不斷絕爾時釋迦牟尼佛讚言善哉善哉
普賢汝能護助是經令多所衆生安樂利益汝已成就不可思議之功
德深大慈悲從久遠來發阿耨多羅三藐三菩提意而能作是神通之願
守護是經我當以神通力守護能受持普賢菩薩名者普賢若有受持
讀誦正憶念修習書寫是法華經者當知是人則見釋迦牟尼佛如從
佛口聞此經典當知是人供養釋迦牟尼佛當知是人佛讚善哉當知
是人為釋迦牟尼佛手摩其頭當知是人為釋迦牟尼佛衣之所覆如
是之人不復貪著世樂不好外道經書手筆亦復不喜親近其人及諸
惡者若屠兒若畜猪羊雞狗若獵師若衒賣女色是人心意質直有正
憶念有福德力是人不為三毒所惱亦不為嫉妬我慢邪慢增上慢所

有颜书意蕴，而刊刻于江浙一带者则多为欧体字，如今藏日本名古屋真福寺的《礼部韵略》（图27）、宫内厅书陵部的《孝经》《通典》（图28）、国会图书馆的《姓解》、大阪杏雨书屋的《史记集解》、静嘉堂文库的《白氏六帖事类集》、京都东福寺的《释氏六帖》及上图所藏《长短经》（图29）等，它们有一个共同的特点，即都是字形略长的欧体字，与南宋中期以后浙刻本呈方整的欧体字有明显不同。而在南宋初期，或有翻刻本与北宋原本之欧体字形非常相似，譬如日本天理图书馆所藏南宋初期刻本《通典》（图30），与宫内厅书陵部所藏的北宋本形同孪生，我认为这很可能是当时为解决战乱造成的一时书荒，采用了覆刻之法，即以北宋印本直接覆于木版雕刻，使之能迅即化身千百（有人说该覆刻之法始于明代正德嘉靖间，则绝无可能，因彼时宋本已成极为珍贵之文物，不可能毁掉一部宋本，只能是影写上版）。这种版本案例，如果没有比对，颇难辨别，若光凭一两张书影，也不易有清楚的认识。我曾有幸获观宫内厅书陵部藏本与天理图书馆藏本，以书影结合原本谛审，感觉天理本的字型结构点画已显松软，少了宫内厅本那种生动隽美之气韵。

引起我高度关注的是数年前市场上出现的若干北宋版，如《妙法莲华经入注》（2014年西泠印社拍卖公司秋拍）（图31）与《杭州西湖昭庆寺结莲社集》（2015年北京卓德拍卖公司秋拍）（图32），两书之刊刻地都在杭州，前者刻于北宋末年，后者至迟刻于北宋大中祥符二年（1009），皆以正宗颜真卿字体写刻，而后者卷首那篇

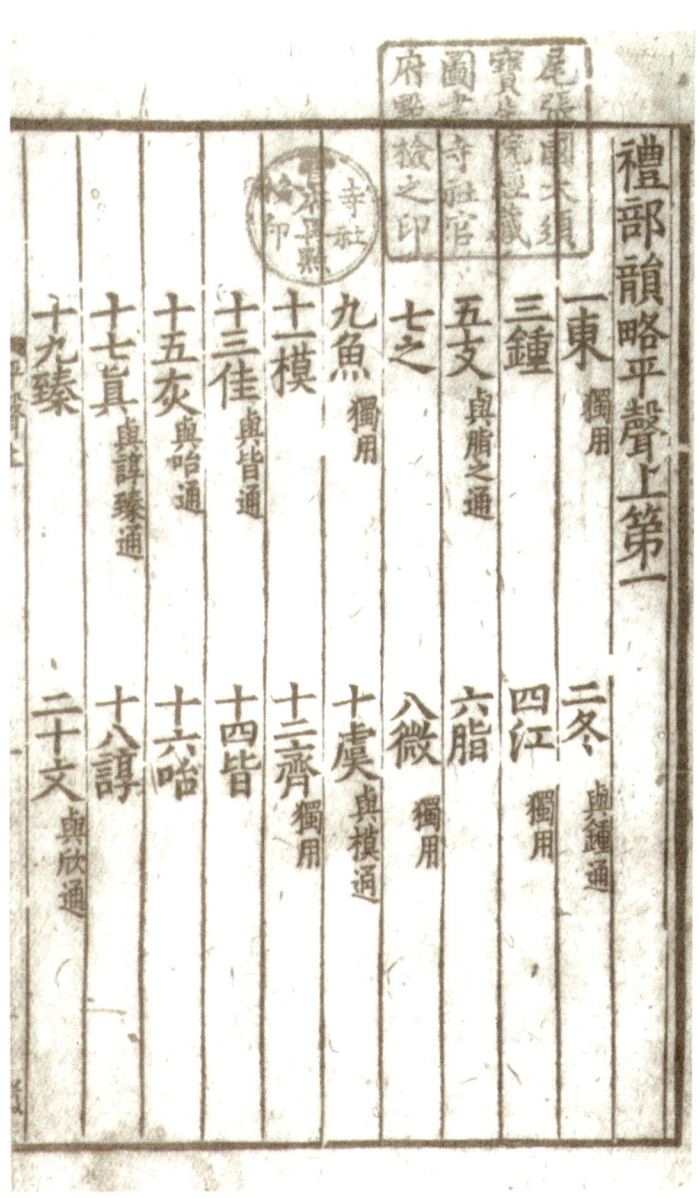

图 27　日本名古屋真福寺藏北宋刻本《礼部韵略》

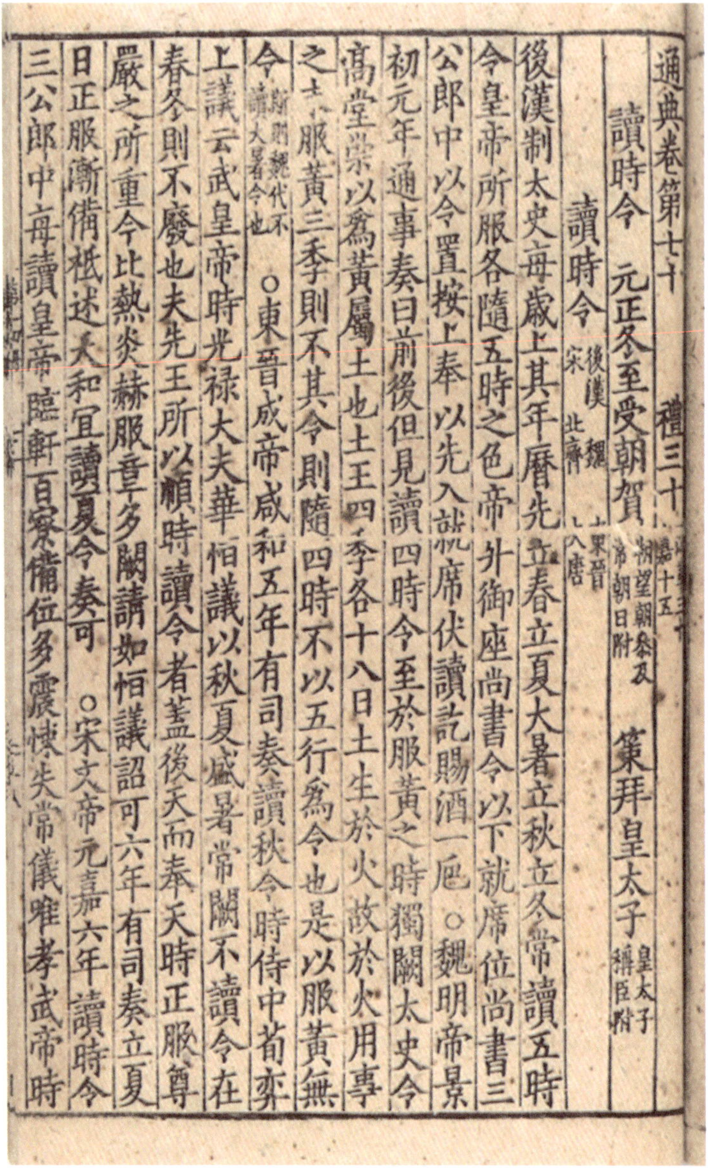

通典卷第七十　禮三十

讀時令　元正冬至受朝賀　策拜皇太子 皇太子 朔望朝參及 諸臣附 帝朝日附

讀時令 後漢 魏 晉 宋 北齊 後周 隋 大唐

讀時令 宋

後漢制太史每歲上其年曆先立春立夏大暑立秋立冬常讀五時令皇帝所服各隨五時之色帝升御座尚書令以下就席伏讀訖賜酒一厄○魏明帝景初元年通事奏曰前後但見讀四時令至於服黃之時獨闕太史令高堂崇以為黃屬土也土王四季各十八日土生於火故於火用事之主服黃三季則不其令四時不以五行為令也是以服黃無令

○東晉成帝咸和五年有司奏讀秋令時侍中荀弈之議云武皇帝時光祿大夫華恒議以秋夏盛暑常闕不讀令在春冬則不廢也夫先王所以顧時讀令者蓋後天而奉天時正服尊嚴之所重令中每讀皇帝臨軒百寮備位多震慄失常儀唯孝武帝時三公郎中每讀皇帝臨軒百寮備位多震慄失常儀唯孝武帝時三公郎中每讀皇帝衛備抵述天和宜讀夏令奏可○宋文帝元嘉六年有司奏立夏日正服備衛讀述天和宜讀夏令奏可○宋文帝元嘉六年有司奏讀時令

图28　日本宫内厅书陵部藏北宋刻本《通典》

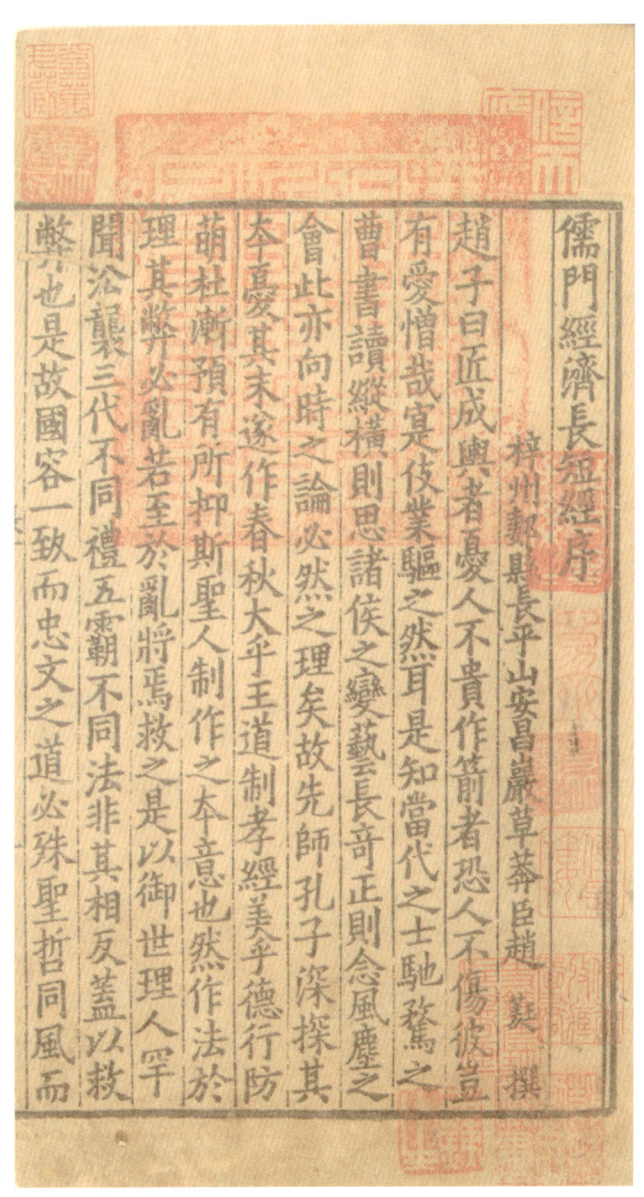

图29　北宋刻本《长短经》

通典卷第七十 禮三十 沈章三十

讀時令 元正冬至受朝賀朔望朝參及京朝日附

讀時令 後漢 宋齊 北齊 大唐

策拜皇太子 皇太子 釋奠附

後漢制太史每歲上其年曆先立春立夏大暑立秋立冬常讀五時令皇帝所服各隨五時之色帝升御座尚書令以下就席位尚書三公郎中以令置案上奉以先入就席伏讀訖賜酒一厄○魏明帝景初元年通事奏曰前後但見讀四時令至於服黃之時獨闕太史令高堂崇以為黃屬土也王四季各十八日土生於火用事之末服黃三季則不其今隨四時不以五行為令是以服黃無今斯則魏代不今讀大暑令業也○東晉成帝咸和五年有司奏讀秋令時侍中首弈上議云武皇帝時光祿大夫華恒議以秋夏盛暑常關不讀令在春冬則不廢也夫先王所以順時讀令者蓋後天而奉天時正服尊嚴之所重令比熱炎赫宜讀夏令奏可○宋文帝元嘉六年有司奏立夏日正服朝儀祗述天和宜讀夏令可三公郎中毎讀皇帝臨軒日察備位多震悚失常儀唯孝武帝時

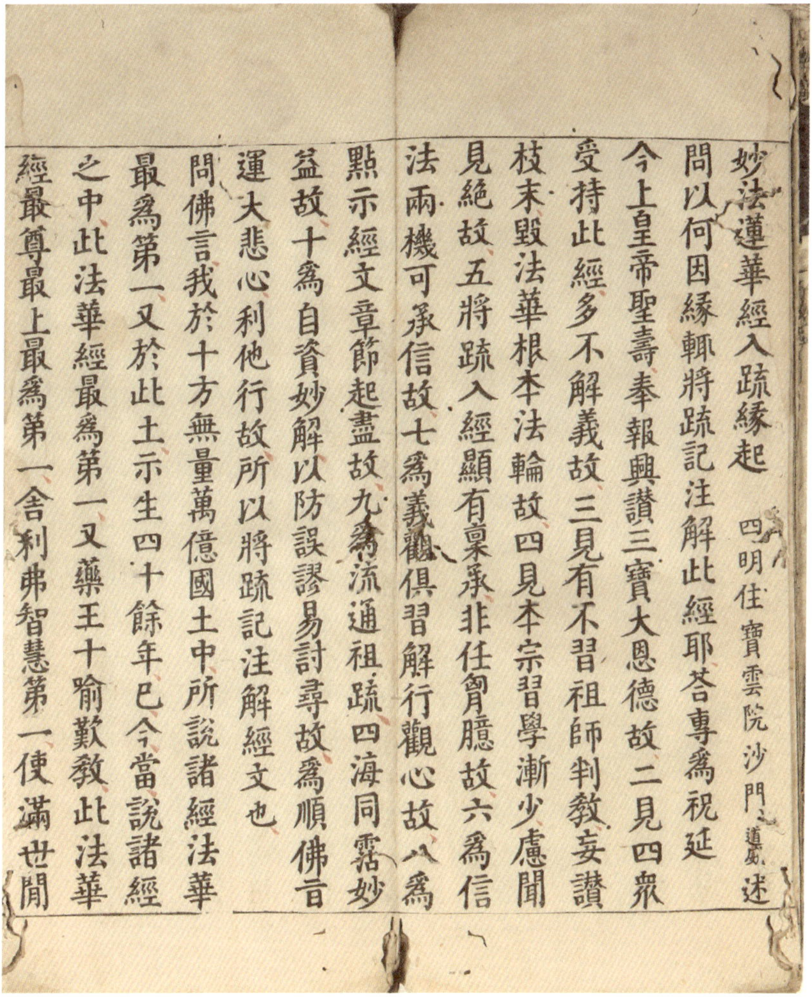

妙法蓮華經入疏緣起　四明住寶雲院沙門遵述

問以何因緣輒將疏記注解此經耶答專為祝延今上皇帝聖壽奉報興讚三寶大恩德故二見四眾受持此經多不解義故三見有不習祖師判教妄讚枝末毀法華根本法輪故四見本宗習學漸少慮聞見絕故五將疏入經顯有稟承非任臆說故六為信法兩機可承信故七為義觀俱習解行觀心故八為點示經文章節起盡故九為流通祖疏四海同露妙益故十為自資妙解以防誤謬易討尋故為順佛言運大悲心利他行故所以將疏記注解經文也問佛言我於十方無量萬億國土中所說諸經法華最為第一又於此土示生四十餘年已今當說諸經之中此法華經最為第一又藥王十喻歎教此法華經最尊最上最為第一舍利弗智慧第一使滿世間

图31　北宋刻本《妙法莲花经入注》（颜体字）

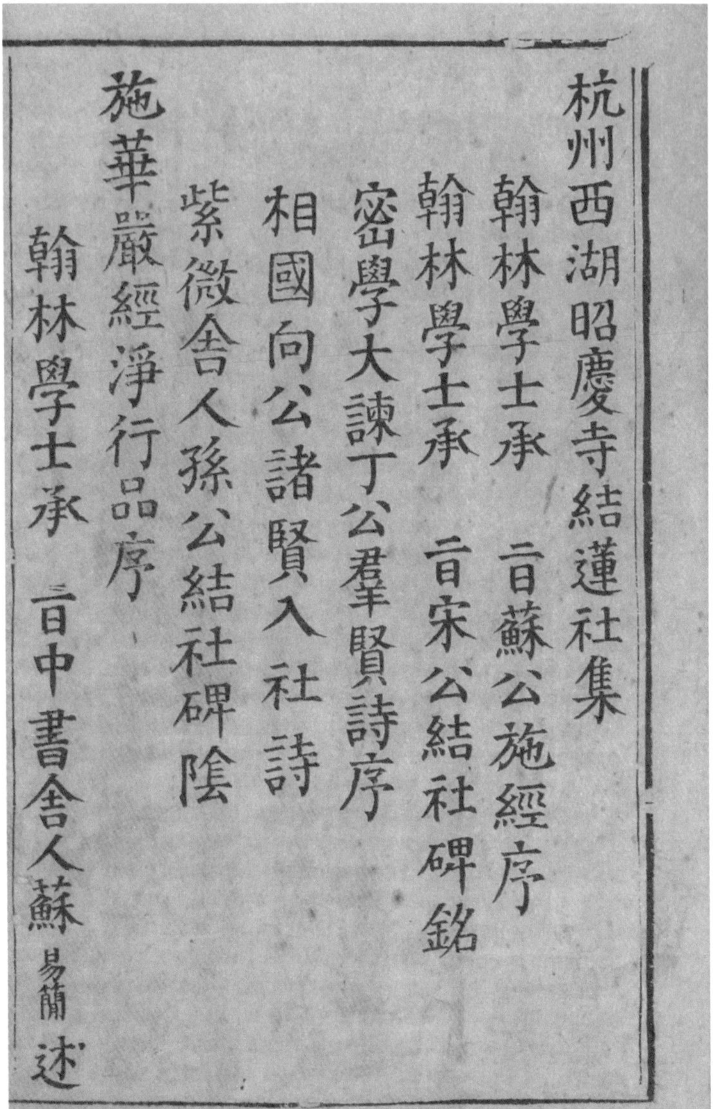

杭州西湖昭慶寺結蓮社集

翰林學士承 旨蘇公施經序

翰林學士承 旨宋公結社碑銘

密學大諫丁公羣賢詩序

相國向公諸賢入社詩

紫微舍人孫公結社碑陰

施華嚴經淨行品序

翰林學士承 旨中書舍人蘇易簡述

图32 北宋刻本《杭州西湖昭庆寺结莲社集》(颜体字)

大中祥符二年太常博士通判信州骑都尉钱易撰写的《钱塘西湖昭庆寺结净社集总序》（图33），又是正宗的柳公权字体。之前，我曾于2010年初在日本宫内厅书陵部看到绍兴三年（1133）明州奉化刻本《四分律删繁补阙行事钞》（注一），同样是非常精美的颜体字。由此我认识到，在北宋至南宋初年，刻书的字体并没有明显的地域性。

由于受客观条件限制，前人对北宋版的鉴定研究几乎缺如，但他们就所见存世南宋本，总结出其字体具有浙欧、蜀颜、闽柳的地域风格，相对而言是符合实际情况的。因此，有必要对欧、颜、柳之书体特点，相应的对宋代浙、蜀、闽三个最有影响的刻书中心的字体有一个大概了解。

浙刻

欧字为主。欧阳询（557—641）是由隋入唐的书法大家，其楷法严谨而不刻板，峭劲而不妩媚。代表作有《九成宫醴泉铭》（图34）、《化度寺塔铭》《皇甫诞碑》《虞恭公碑》等。版本学家们所谓"字体方整"，多指南宋浙刻欧字本（图35）。以我的理解，辨别宋版是否欧字，看其弯钩处最为分明，其弯钩曲圆较长，外方内圆，即所谓欧字融隶于楷的鲜明特点所在。

蜀刻

颜字为主。颜真卿（709—785）是盛唐时期的书法大家，作品多且富于变化。其43岁所作的《多宝塔碑》结体严密，端庄秀丽，但不是颜书典型（图36）。63岁所作的《麻姑仙坛记》，以圆代方，

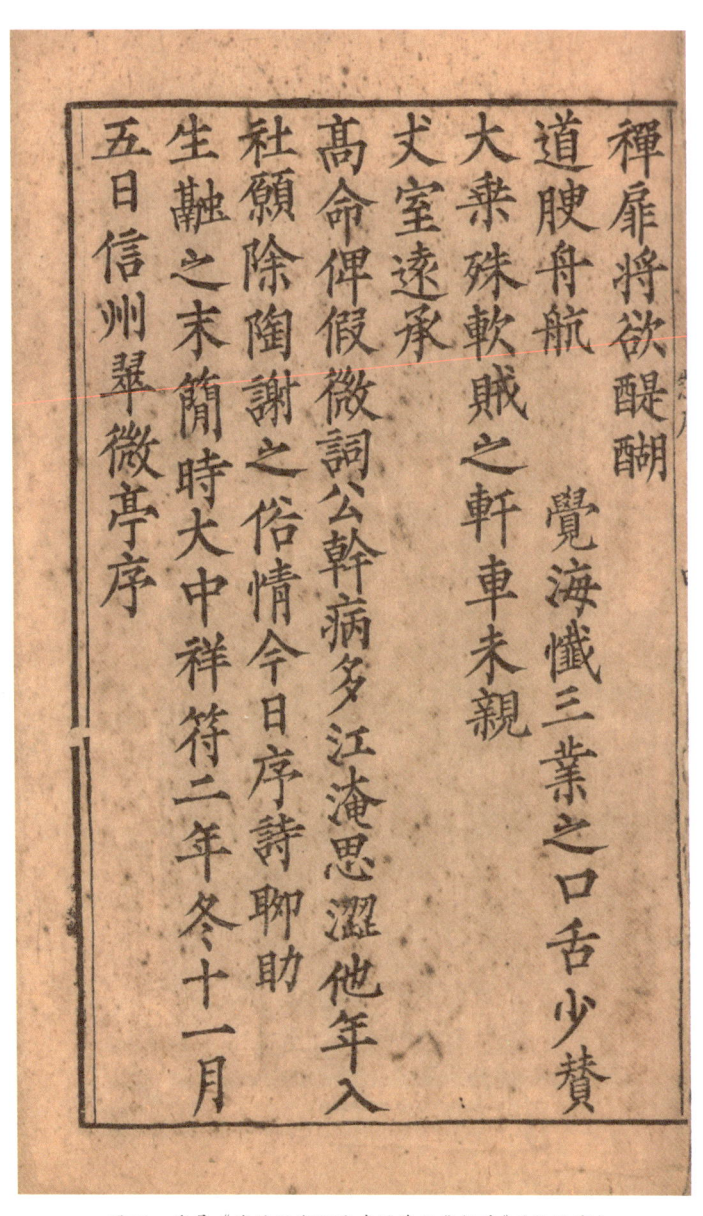

图33　钱易《钱塘西湖昭庆寺结净社集揔序》（柳体字）

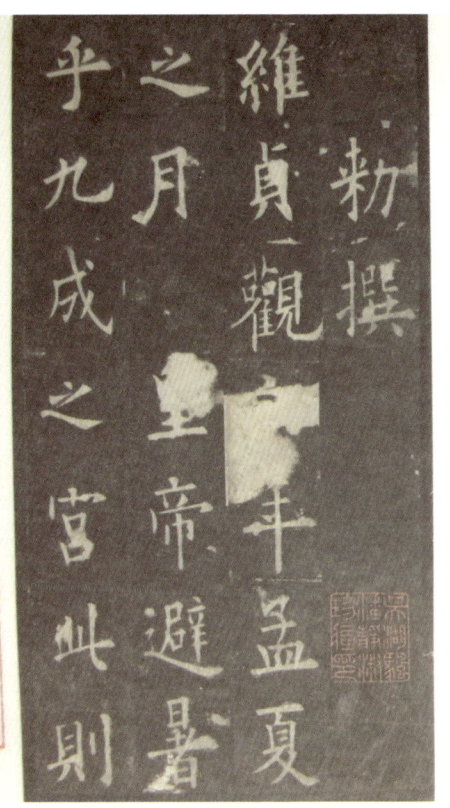

图34 《九成宫醴泉铭》

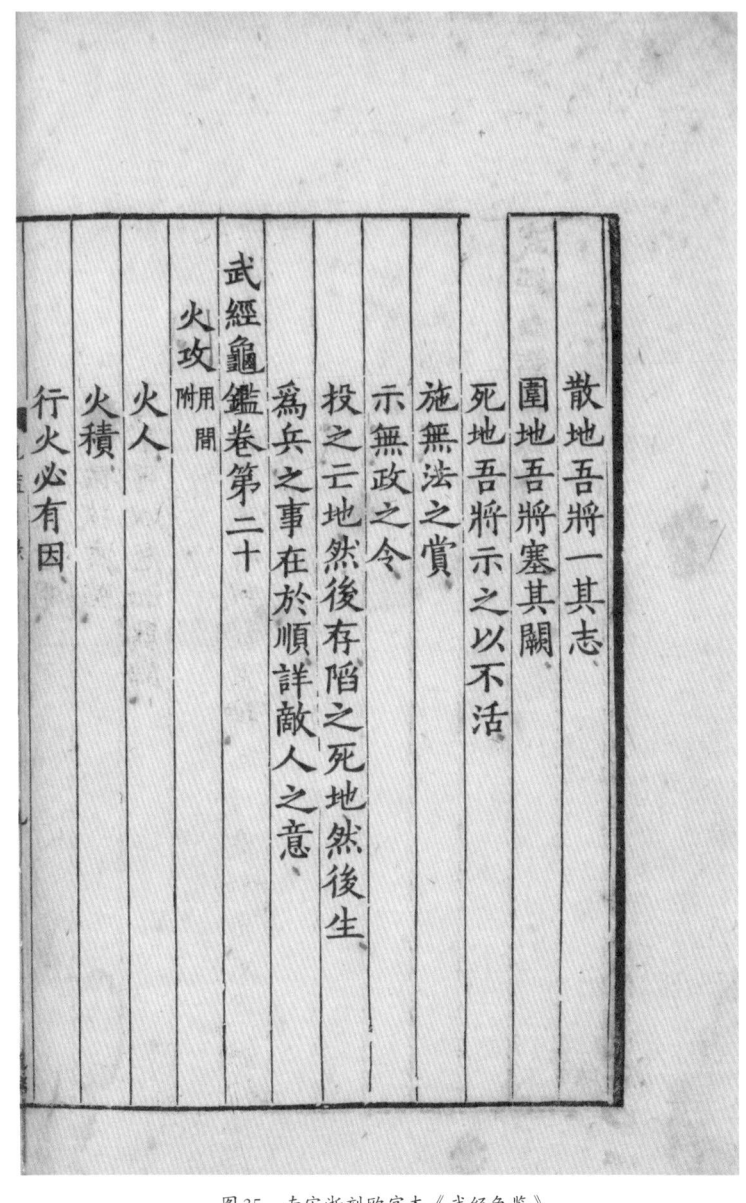

图35　南宋浙刻欧字本《武经龟鉴》

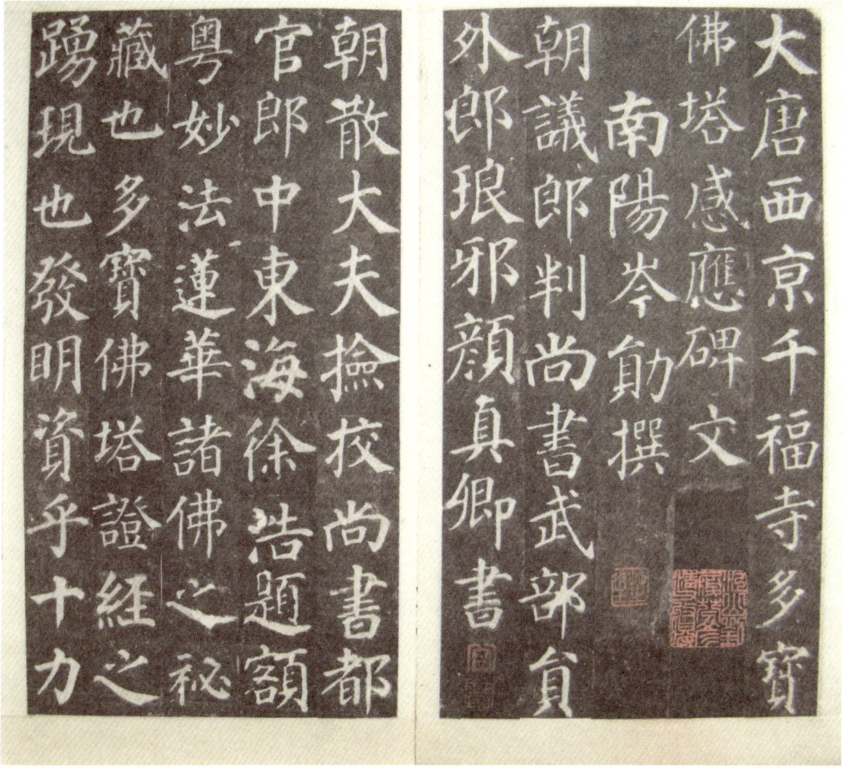

图36 《多宝塔碑》

肥瘦匀称，庄严大气，被称为颜书之冠，也是其代表之作（图37）。过去有的版本家描述宋版字体有所谓"蚕头燕尾"之说，应当是指南宋蜀刻颜字本（图38）。但"蚕头燕尾"是否为颜字特点，在宋代就有不同看法（参见米芾《海岳名言》及《宣和书谱·颜真卿》）。若就蜀刻本的面貌而言，其起笔并无"蚕头"现象。我认为辨识宋版颜字可注意两个特征，一是其重点的竖划略呈圆弧状；另一就是捺脚收笔出锋处分成叉式如燕尾状，今存《杭州西湖昭庆寺结莲社集》《妙法莲华经入注》等北宋浙刻本最为典型，而南宋蜀刻本之燕尾状已不明显，但意蕴犹在。

闽刻

柳字为主。柳公权（778—865）是唐代最后一个书法大家，代表作有《金刚经》《神策军碑》《玄秘塔碑》（图39）等。他的字吸收了欧的严谨、颜的遒劲，点划挺秀，均匀瘦硬，自成一体。版本家们所谓"字体隽丽，锋棱峭厉"，就是指南宋建刻柳字本（图40）。我觉得柳字取法颜字更多，尤与《多宝塔碑》相近；甚至偶尔还有颜字"燕尾"痕迹，所以要细加分辨。鉴别宋版是否柳字，就要抓住挺秀、瘦硬这两个特征，这是与颜体颇为鲜明的区别。

赣刻

宋代除浙江、四川、福建为三大刻书中心外，江西也是刻书重镇。回顾过往，学术界于江西刻本的研究相对粗疏，有的学者讲版本学，几乎不涉及江西刻本；而有的将江西刻本笼统归于浙刻欧体字系统，其实并不那么简单。大家只要检览《中国版刻图录》与

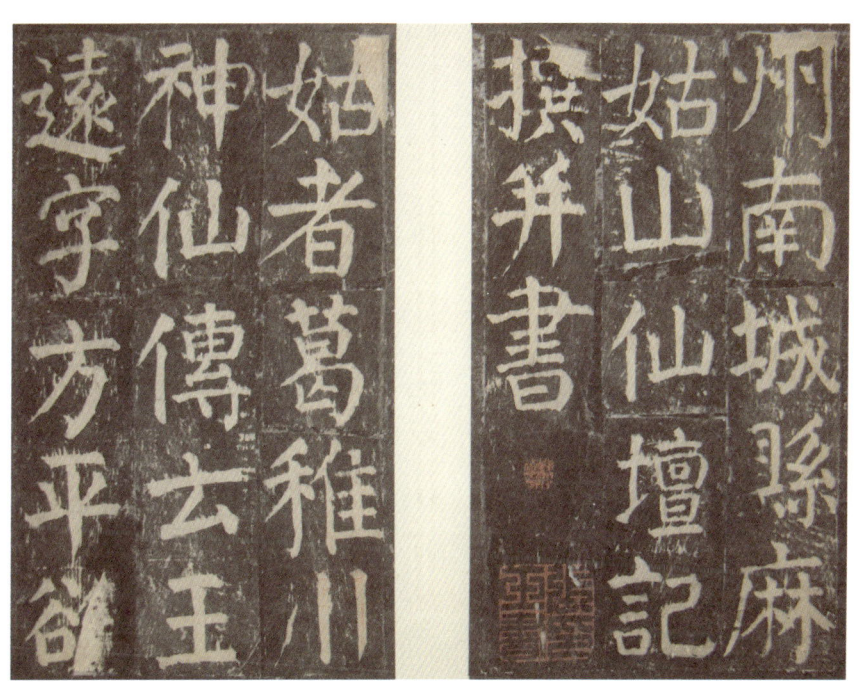

图37 《麻姑仙坛记》

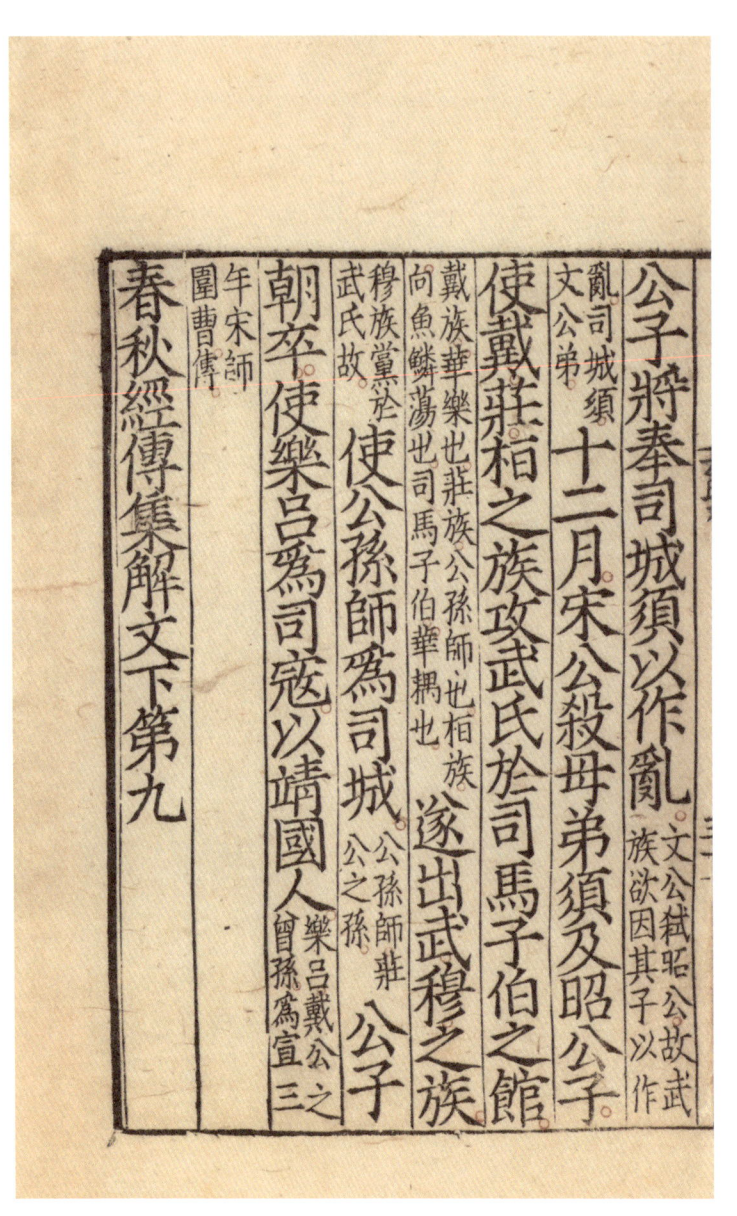

图38 南宋蜀刻颜字本《春秋经传集解》

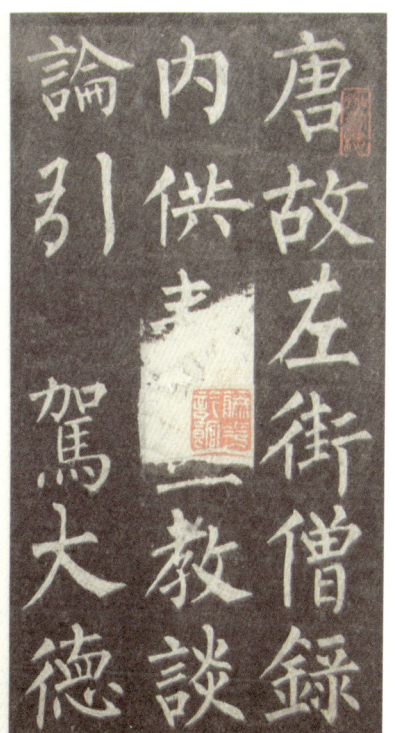

图39 《玄秘塔碑》

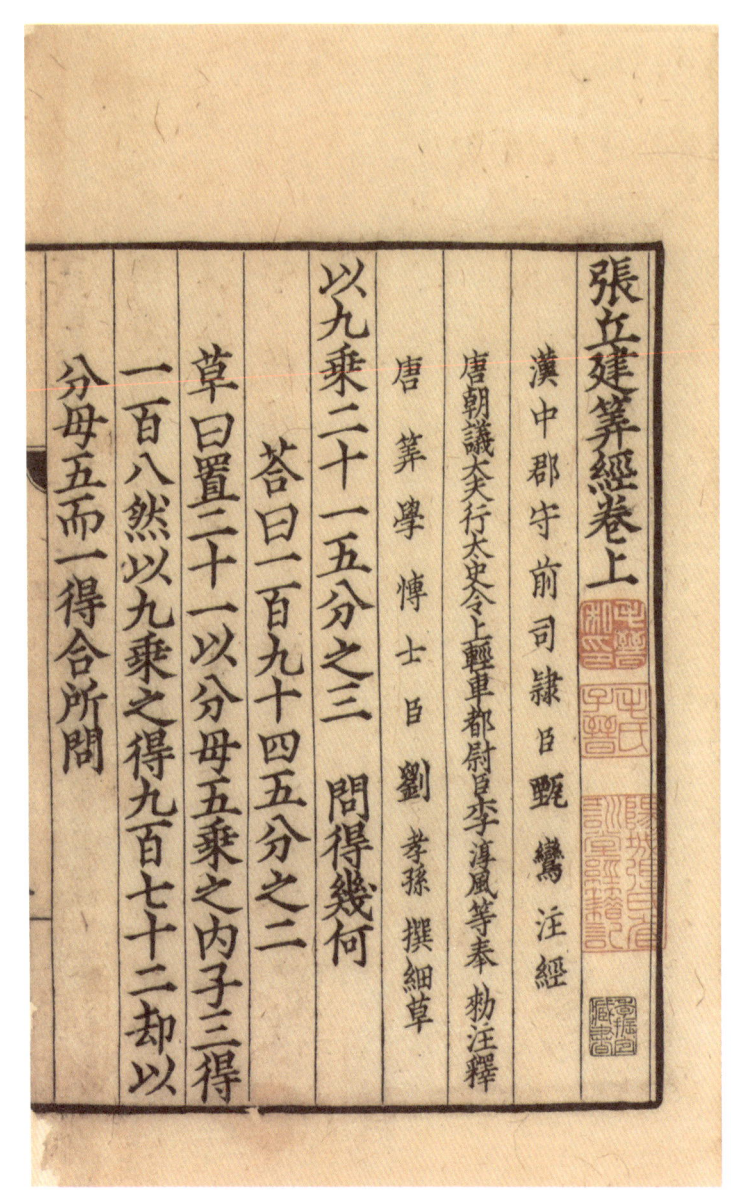

图40 南宋福建刻柳字本《张丘建算经》

《上海图书馆藏宋本图录》收录的诸种江西刻本，就可知道宋代江西刻本面貌多所不同，其字体风格比浙江、四川、福建刻本来得复杂，既有像《古灵先生文集》那样一种笔锋内敛，类似褚遂良早期作品《孟法师碑》结字拙朴的字体（图41），也有欧体字，甚至有出入颜柳的字体，不太容易把握。举例而言，1999年上海朵云轩拍卖公司曾上拍过一册宋嘉定江西庐陵刻本《资治通鉴纲目》残本，其字体即在颜柳之间，该本是由天津一家老牌旧书店卖出，竟然当作明刻本。后经了解，此册书是由天津图书馆落实政策发还物主的，而该馆还藏有一册，在前几年申报《国家珍贵古籍名录》时也误作明刻本，表明早先这两册都是作为明刻本收藏的。这个案例在一定程度上说明了鉴定宋代江西刻本难度较大（注二）。

按碑刻虽是据书法家手书上石，但一经凿刻，与墨迹多少会有出入；而拓本有早晚，拓手的技术有优劣，难免又有走样。至于雕版，字体虽曰仿自欧、颜、柳云云，其实已经是宋代写工与刻工的作品，何况其水平既有高低，刊刻遂有精粗之不同，所以我们看到的版本字体大多与书法家的原迹存在差异，只能去领会其有无某一书法家的特点与意蕴，而不能刻板地与碑帖硬作比对。如果你所见的碑版拓本是一个拙劣的翻刻本，那更会跌入云里雾里。

当然，倘若你有点书法基础，便可发现宋本字体多以露锋或半藏锋起笔，因而观其横划，每呈起笔轻落笔重之状。该特点于南宋福建刻本尤为明显（图42），故与当地元代及明代前期书坊刻本的字体不难区别。

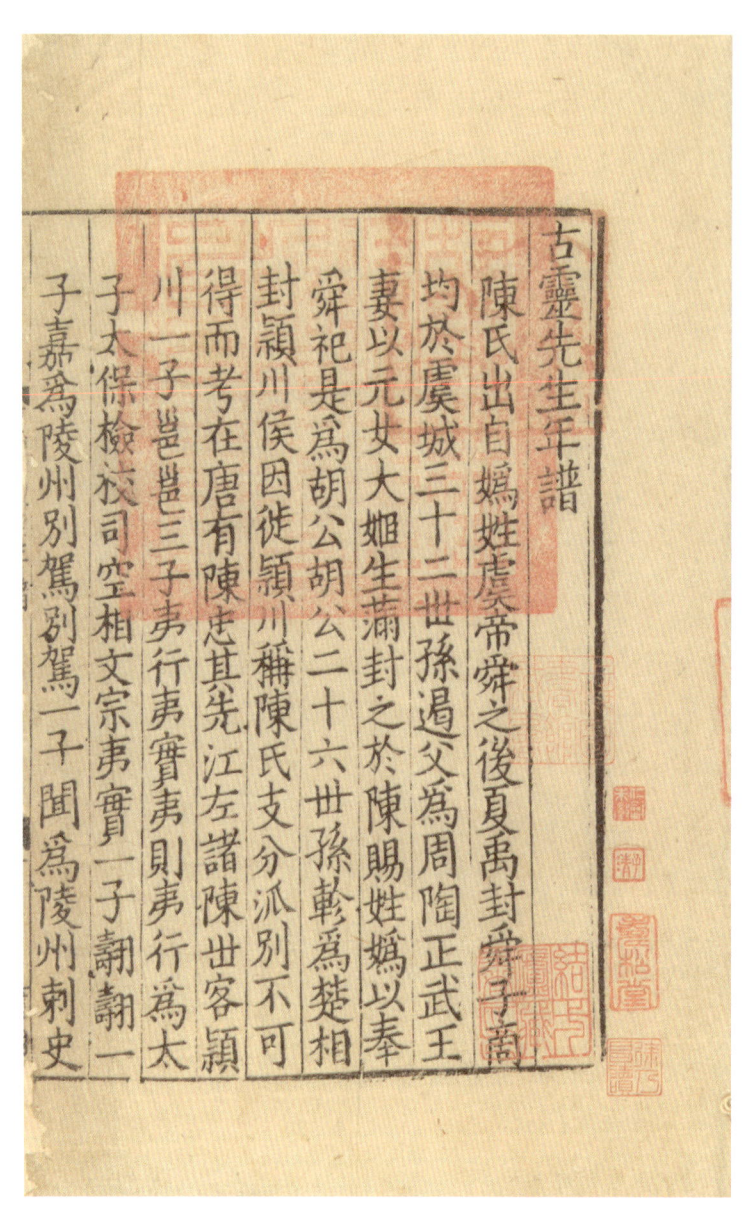

古靈先生年譜

陳氏出自媯姓虞帝舜之後夏禹封舜子商均於虞城三十二世孫遏父爲周陶正武王妻以元女大姬生滿封之於陳賜姓媯以奉舜祀是爲胡公胡公二十六世孫軫爲楚相封潁川侯因徙潁川稱陳氏支分派別不可得而考在唐有陳志其先江左諸陳世客潁川一子邕邕三子夷行夷行爲太子太保檢校司空相文宗夷實夷一子䜣䜣一子嘉爲陵州別駕別駕一子閏爲陵州刺史

图41　宋绍兴三十一年（1161）陈辉赣州刻本《古灵先生文集》

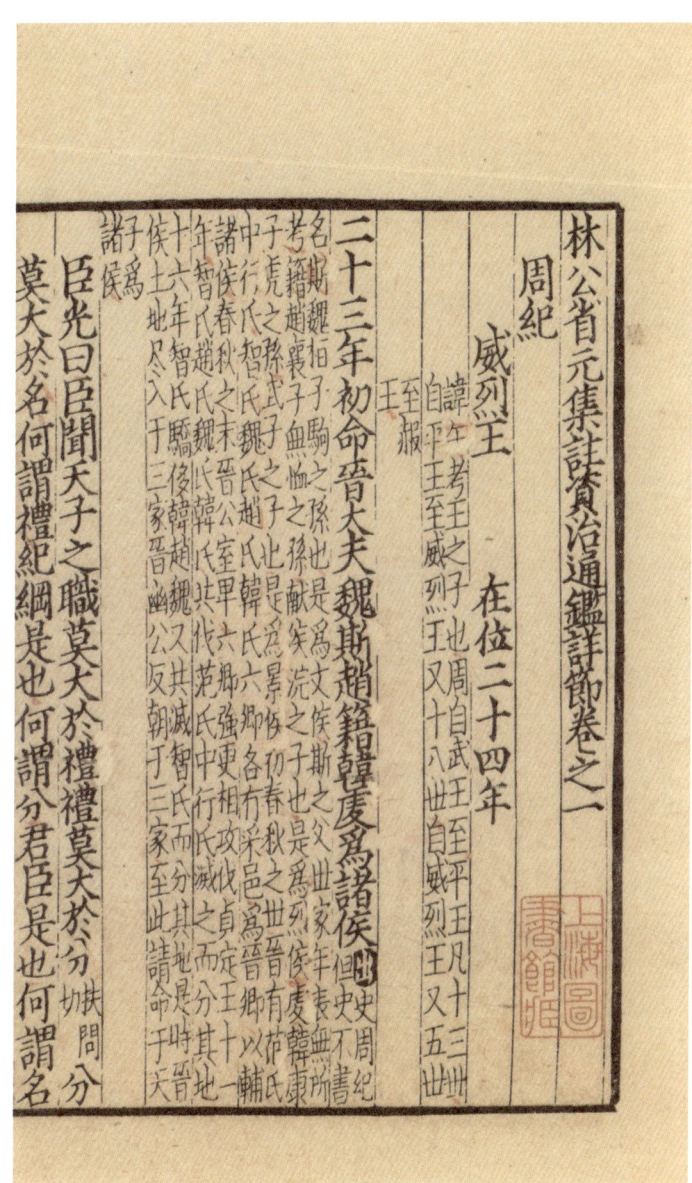

图42　南宋福建刻本《林公省元集注资治通鉴详节》

元版的字体

元代推崇赵孟頫书法（图43），风气之盛，于官私刻本中多所流行。官刻本如至元五年（1339）刻本《农桑辑要》（图44），私家刻本如至正十年（1350）《顺斋先生闲居丛稿》（以上藏上图）、至正刻本《师子林天如和尚语录》（今藏南京图书馆），皆为元刻赵体字本之上乘之作（图45）。但须注意：赵孟頫书体从唐人李邕书法演化而来，故学赵字要结合研习李字，《李思训碑》《麓山寺碑》是李氏代表之作（图46、图47），其书体在元刻本中

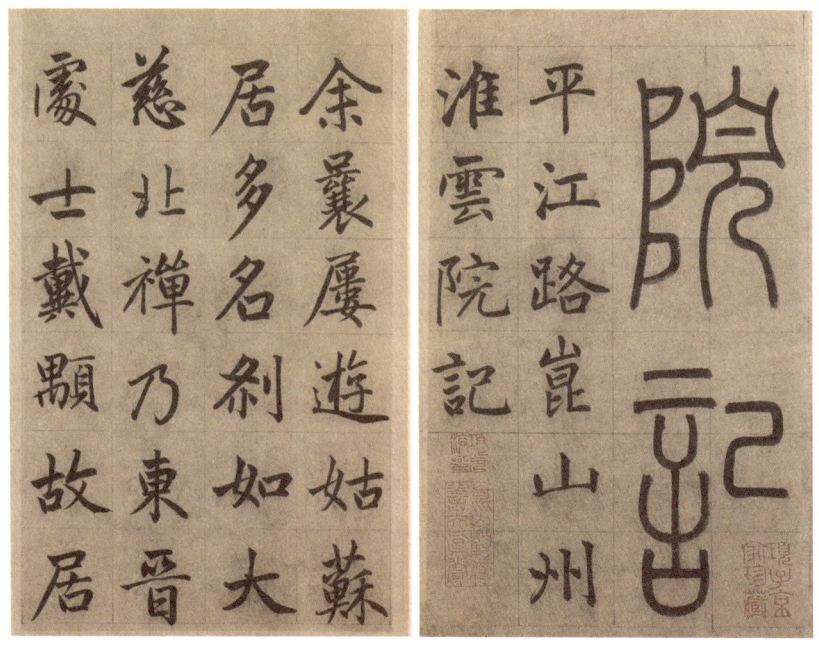

图43　元赵孟頫书《昆山州淮云院记》

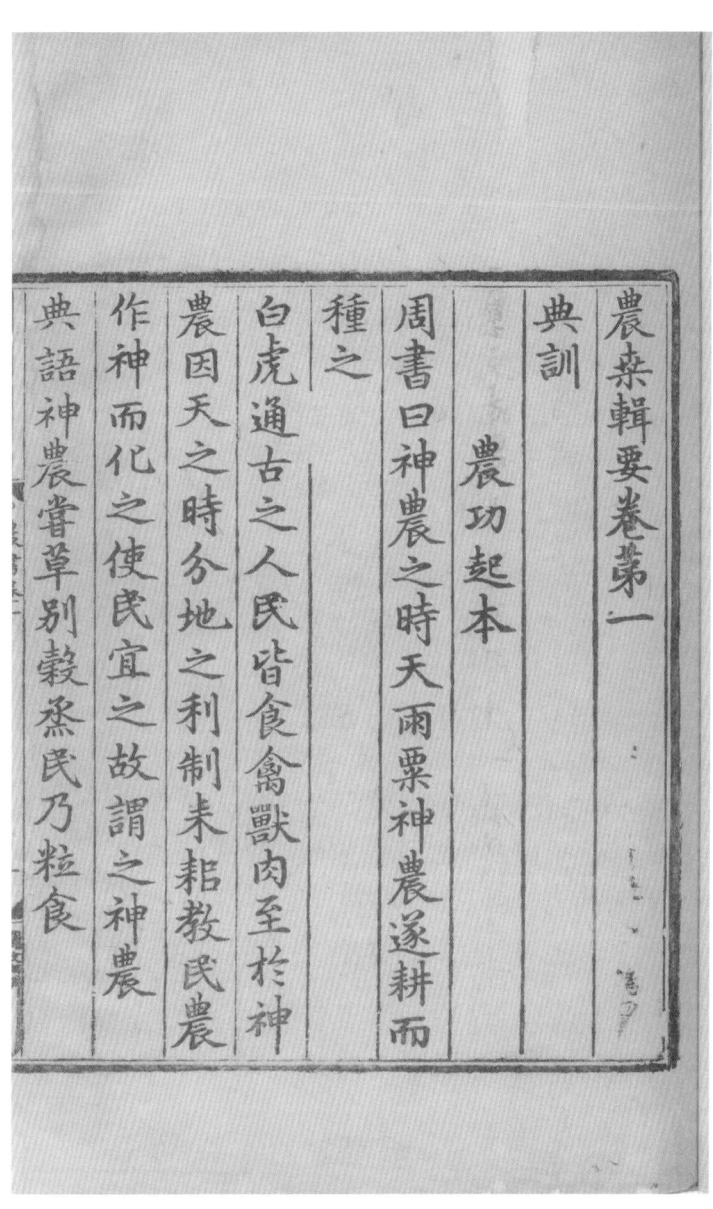

图44　元后至元五年（1339）杭州路刊本《農桑輯要》

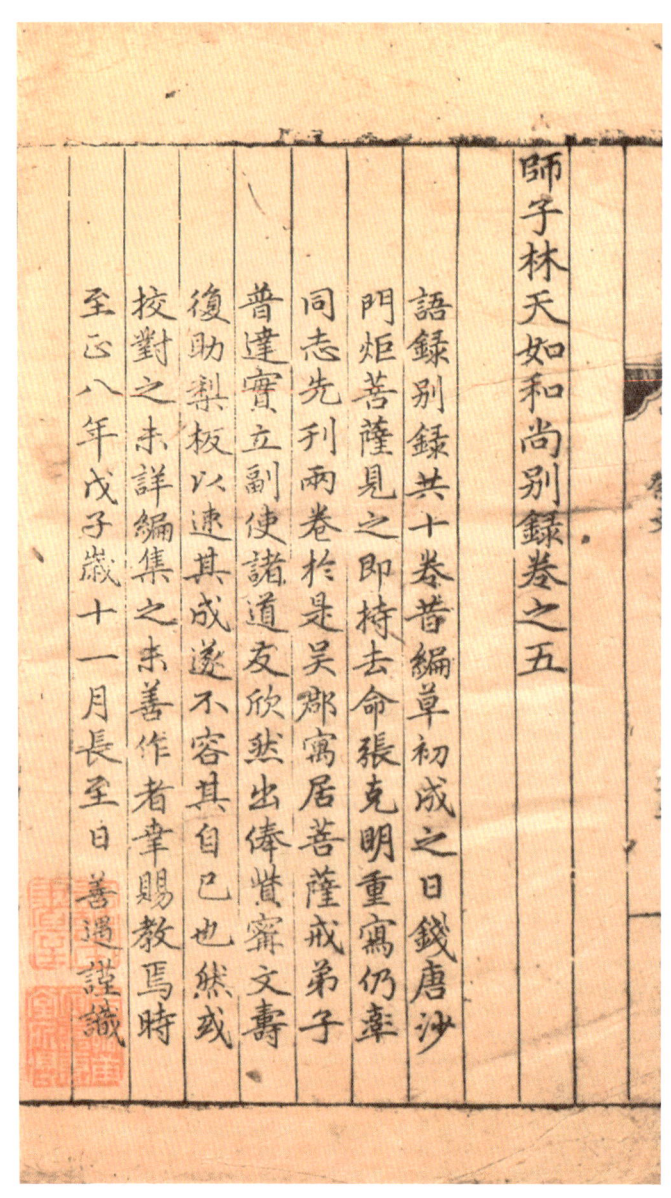

图45　元至正刻本《师子林天如和尚语录》

图46 《李思训碑》

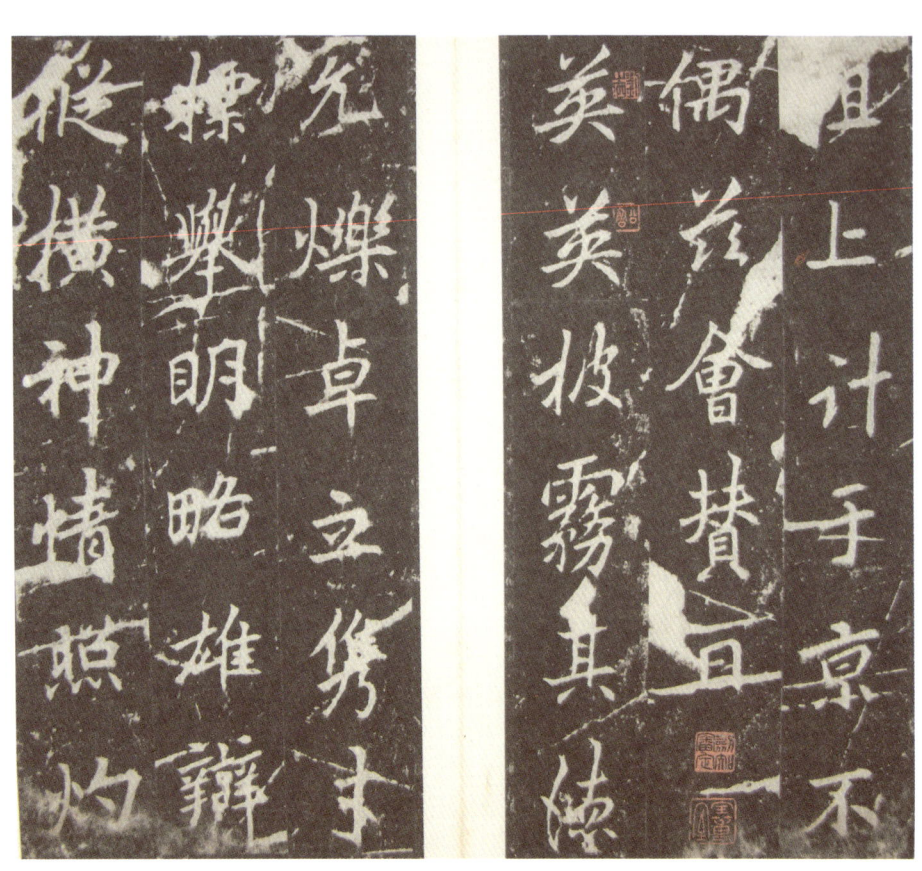

图47 《麓山寺碑》

也每有反映。如元刻本《诗童子问》，正文为福建书坊习用之匠体字（图48），若读者以赵孟頫书体去比对，那是无法作出判断的。其实鉴定版本不仅要看正文字体，也要留意序跋文字体，因为序跋文常常是作者手书上版，或是请名家代为书写，其字体往往更能体现时代风气。而该本胡一中之序文的书法就极具李邕书体面目（图49）。

至于有人将元代甚至明代前期福建书坊刻本习用的字体也说成是"圆润俊美的赵松雪体"，这实在是一种误导。这种字体虽亦根源唐楷，由建刻宋本之字体化出，但于起、落笔特别强调，呈两头重态势。尤其是逆锋起笔，初始每呈圆钩状（圆钩状有的宋本也出现，多因运笔顺势自然形成，与元本刻意而为者不同），后来变为圆角或蚕头状，颇为夸张，至明代前期，一直为福建书坊刻书所采用。然而，这种字体之流行，或者说这种版刻风格的形成，有一个渐变过程。元代初期的福建书坊刻书，即便同一部书版，其字体并非皆呈如此面貌，建刻宋字尚占据一定版面，只是相较宋本字体偏软，同时开始出现起笔呈圆钩状的字体，尽管有的只是局部现象。迨至元代中期，宋本字体的遗意遂荡然无存，一式这种两头重字体。有人将这种字体称为颜体，稍嫌勉强。但是，从元中期至明前期，这种字体也是有变化的，元中期时的字体尚具秀逸灵动之态，而元后期则略显板滞，至明前期则呈偏长而规整之匠字，了无生趣（图50）。当然，各时期所刻又有精粗高下之分，须细加比较，方能有所意会。

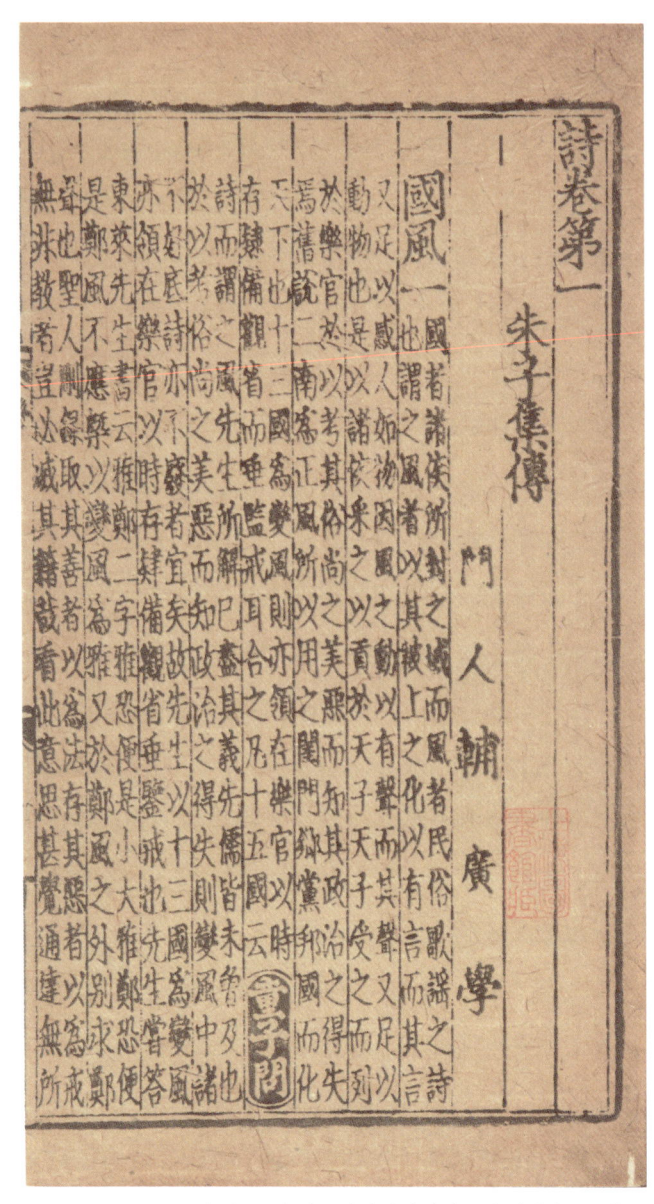

图48 元至正四年（1344）崇化余志安勤有堂刻本《诗童子问》

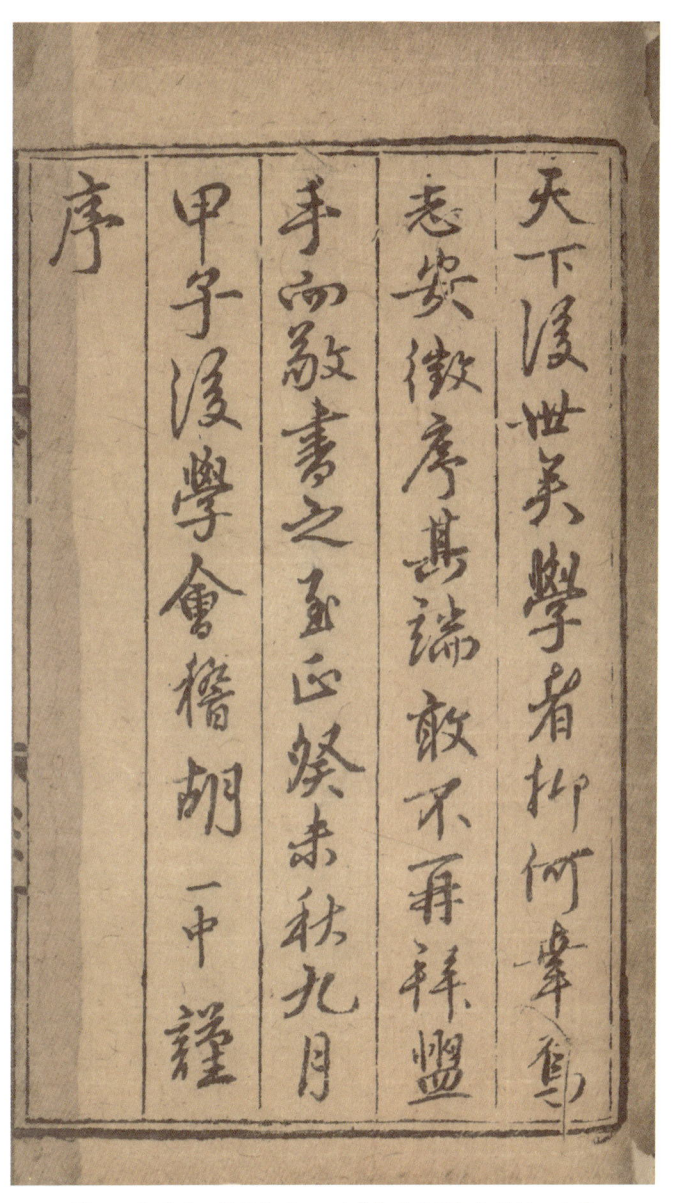

图49　元至正三年癸未（1343）《诗童子问》会稽胡一中序

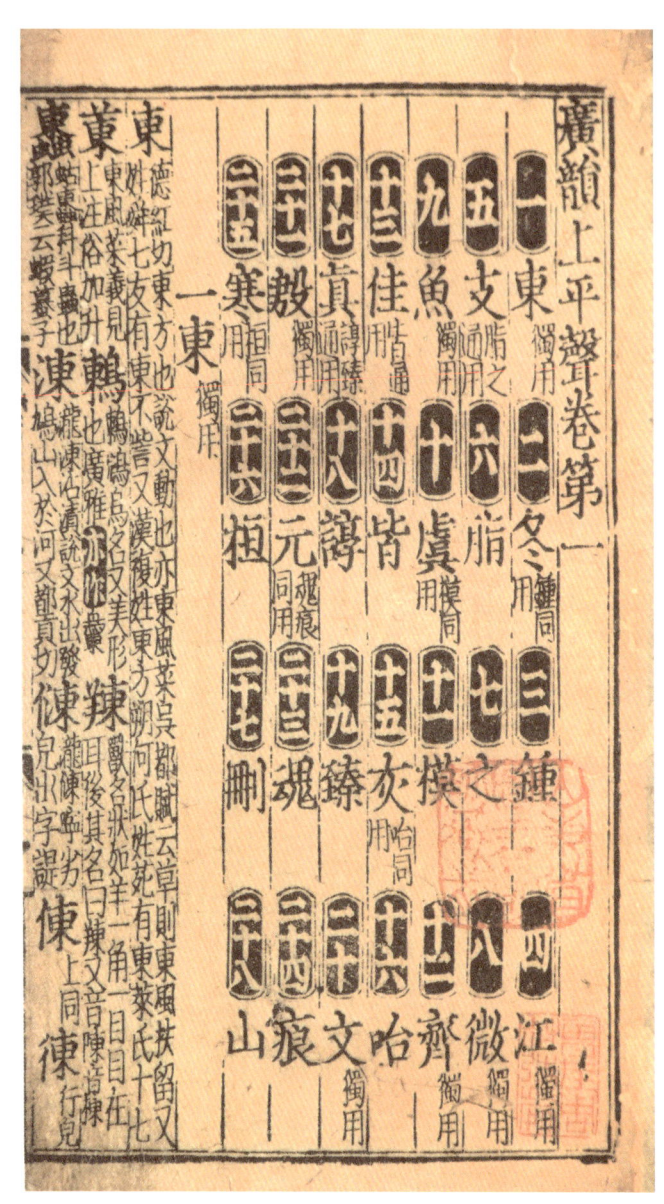

图50　明永乐二十二年（1424）广成书堂刻本《广韵》

明版的字体

明代前期刻书，除福建书坊刻本外，总体上犹沿元代赵体字风格（图51）。明代内府刻本则通代皆赵体字。到了弘治、正德间，福建书坊刻本的字体有了较明显的变化，亦有赵体字的意蕴，其中以刘洪慎独斋刻本最为典型（图52）。

正德、嘉靖间，以苏州地区为代表的仿宋刻本盛行（图53）。有人将这种仿宋刻本的字体称为"宋体字"，初学者未必理解，有

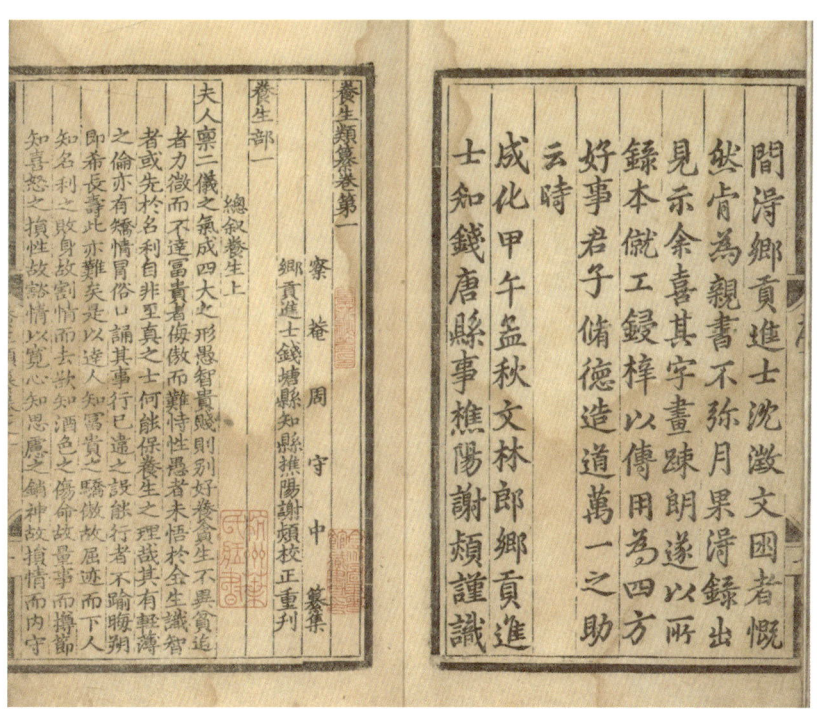

图51　明成化刻本《养生类纂》

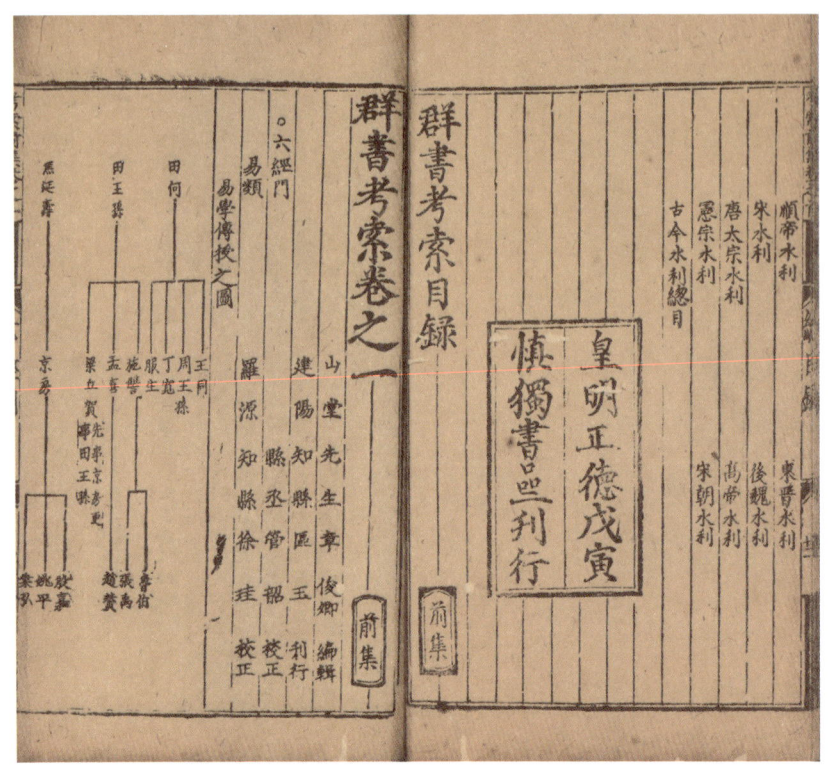

图52　明正德间刘洪慎独书斋刻本《群书考索》

必要作一辨析。"宋体字"在版本学上有两种含义。一即指宋版的字体。这其实是一种较为模糊的说法，因为宋版的字体多样，姿态不一。当然，区别元代以后的刻本，宋版的整体风格固自不同，将其字体笼统称为"宋体字"也说得通，旧时已有这样的说法，但仅限于内行的心领神会，外行则难以明白。

另一即专指变化于明代正德、嘉靖，成型于隆庆、万历的仿宋字体。现存正德、嘉靖时期的仿宋刻本，大都仿欧体字，也就是说，当

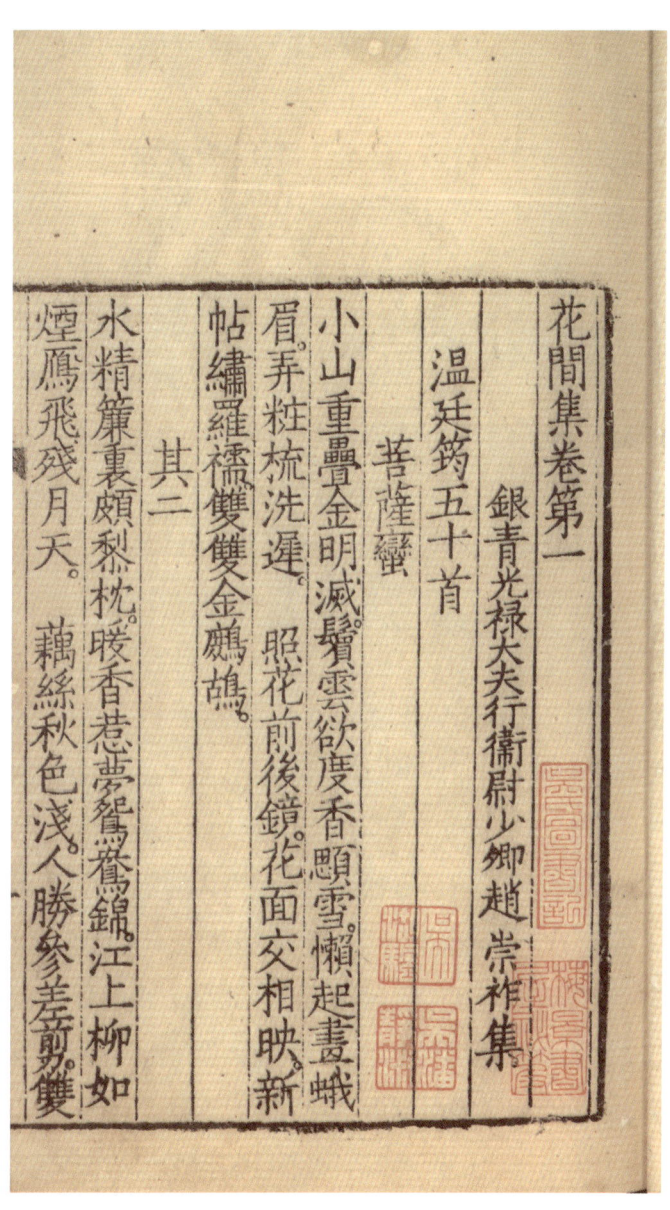

图53　明正德十六年（1521）陆元大仿宋刻本《花间集》

时至少有一批本子是直接根据宋代的浙刻欧字本仿刻，其上乘之作仅下宋本真面一等，于是又有"影宋刻本"之说。风气一旦形成，几乎成了正德后期至嘉靖间刻书的常用字体，即使非仿宋、翻宋之本，亦不乏精品（图54）。后来为便于施刀，刻意突出起笔轻落笔重的特点，从而使字体变得规整划一，于是欧书神韵渐渐失去（图55）。

到了万历年间，这种字体又融入了颜体成分，演变成横细直粗的方体字（直粗就是颜体竖划之变异），尽管这种字体有长方肥瘦之多端变化，从那时至今，一直被称为仿宋体，又称宋体字（图56），但这种字体并非突变而来，而是通过一定的变化发展。譬如嘉靖四年（1525）许宗鲁宜静书堂刻本《国语》（图57），乃旧时每被撕去序文冒充宋本者。由于这个本子有些字的写法采用古字结构，人们觉得有点特别，而其字体点划与一般嘉靖本相似，要说不同之处，那就是含有颜体意味，显得丰腴，尤其是捺脚，特点突出。

其实类似这种字体的本子并不少见，《天禄琳琅书目后编》或有误将明本作宋本者，就有类似字体。另有一个嘉靖十一年（1532）郑鼎刻本《汉隽》（图58），则更为典型，其字除捺脚较硬外，基本就是颜体了。

我认为这类本子的字体对万历宋体字的产生一定有影响，万历宋体字只是更强调了颜体成分从而异化成为一种新的字体。或以为万历字体直接仿自南宋后期浙江临安的书棚本，其与实际并不相符，应当说是嘉靖仿刻本多少受到了书棚本的影响，故2006年惊现于市场的书棚本刘克庄《南岳稿》，有人误认为是明刻（图59）。

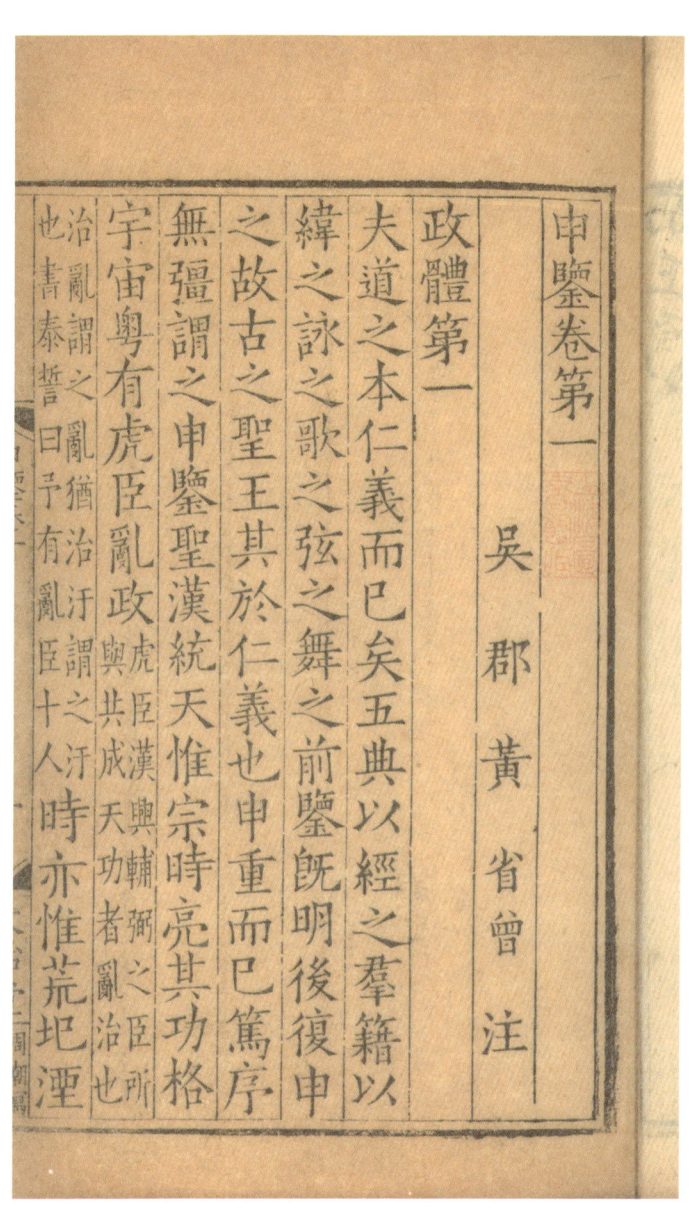

图54 明正德末刻本《申鉴》

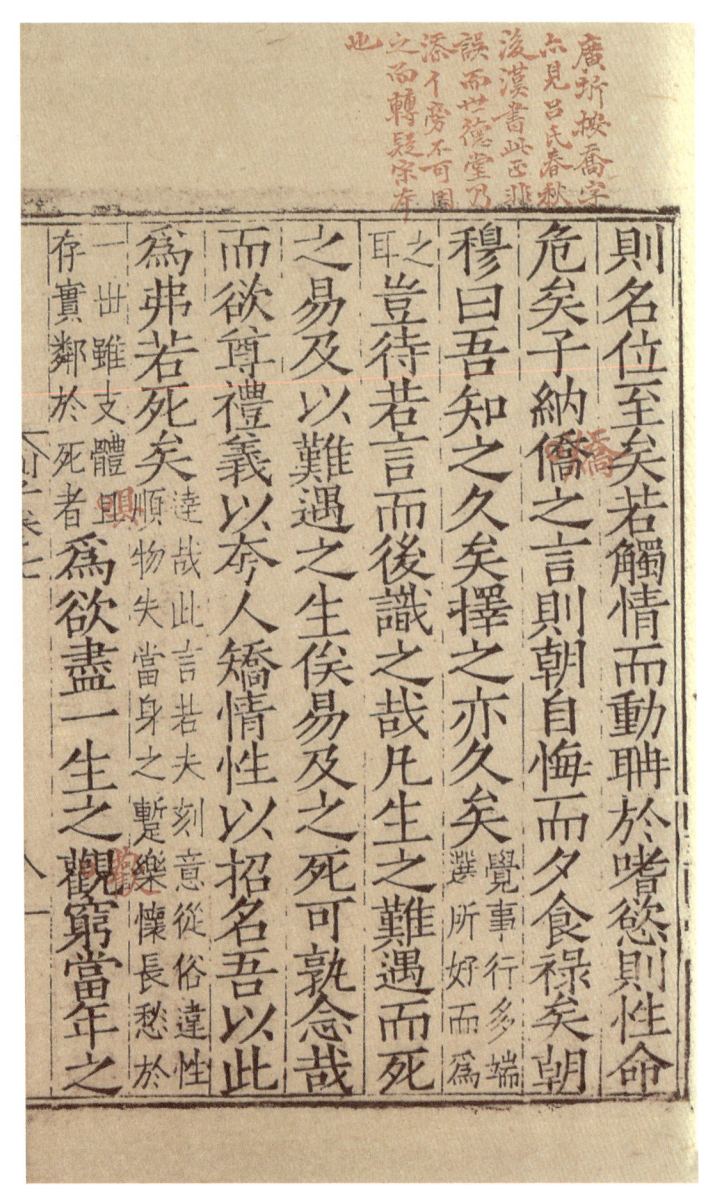

图55　明嘉靖翻刻世德堂《六子全书》本《冲虚至德真经》

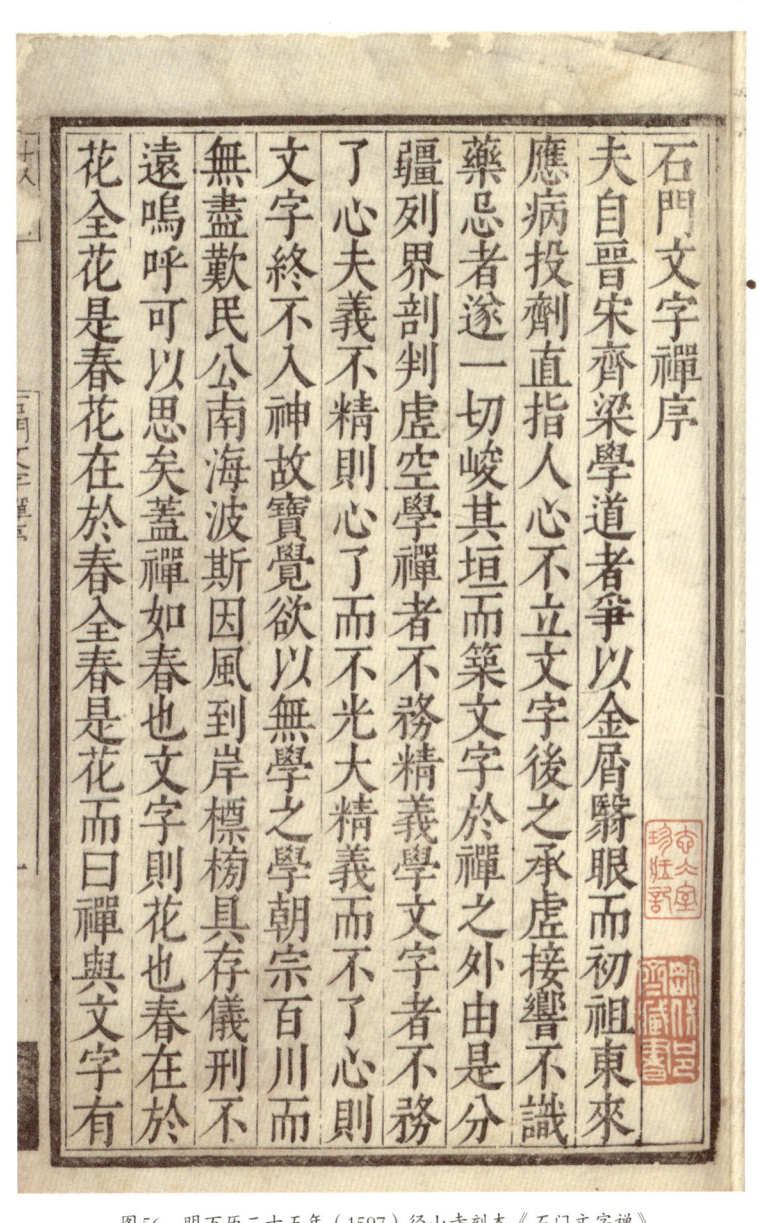

图56 明万历二十五年(1597)径山寺刻本《石门文字禅》

石门文字禅序

夫自晋宋齐梁学道者争以金屑翳眼而初祖东来应病投剂直指人心不立文字后之承虚接响不识药忌者遂一切峻其垣而筑文字于禅之外由是分疆列界剖判虚空学禅者不务精义学文字者不务了心夫义不精则心了而不光大精义而不了心则文字终不入神故宝觉欲以无学之学朝宗百川而无尽欢民公南海波斯因风到岸楉榜具存仪刑不远呜呼可以思矣盖禅如春也文字则花也春在于花全花是春花在于春全春是花而曰禅与文字有

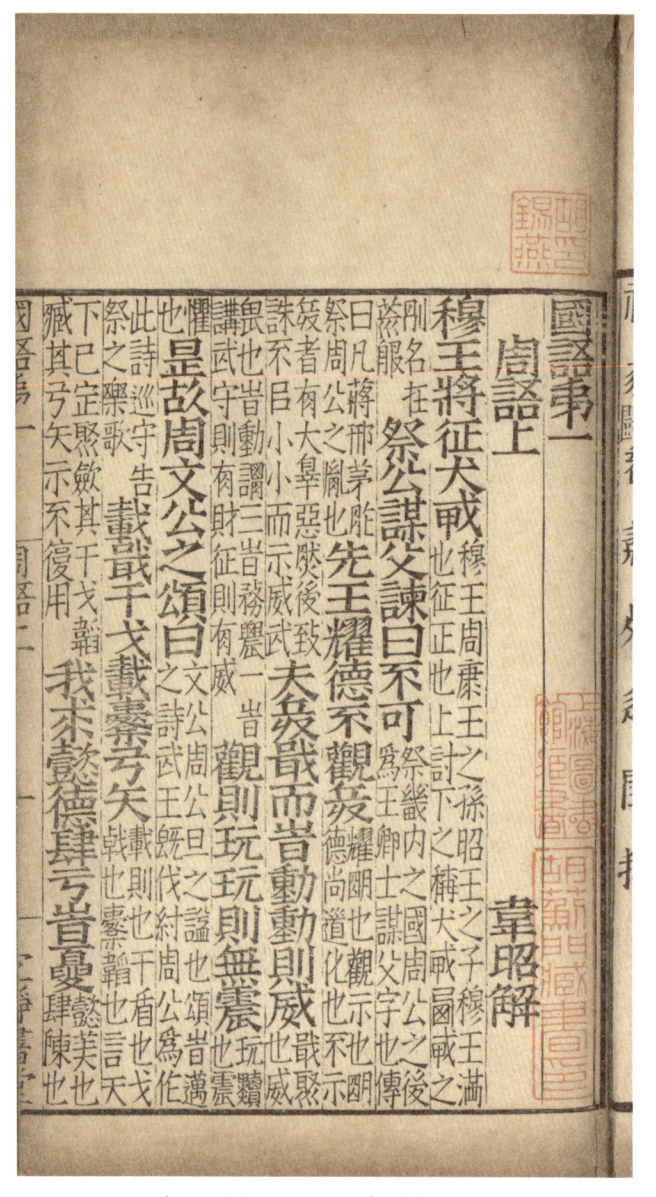

图57　明嘉靖四年（1525）许宗鲁宜静书堂刻本《国语》

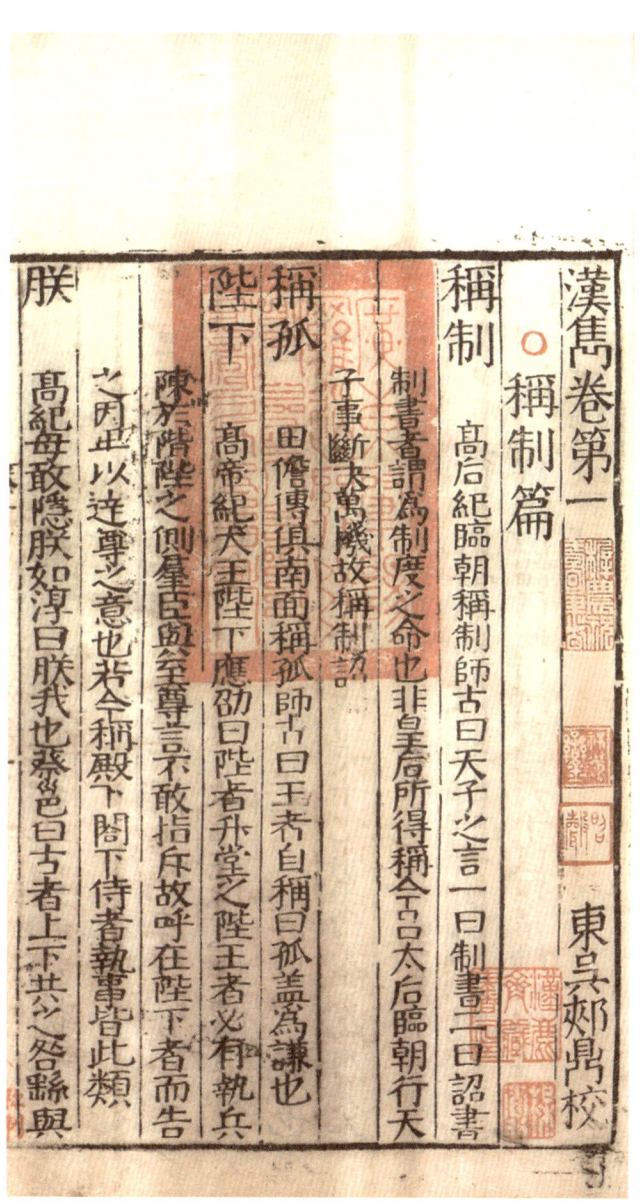

图58 明嘉靖十一年(1532)郏鼎刻本《汉隽》

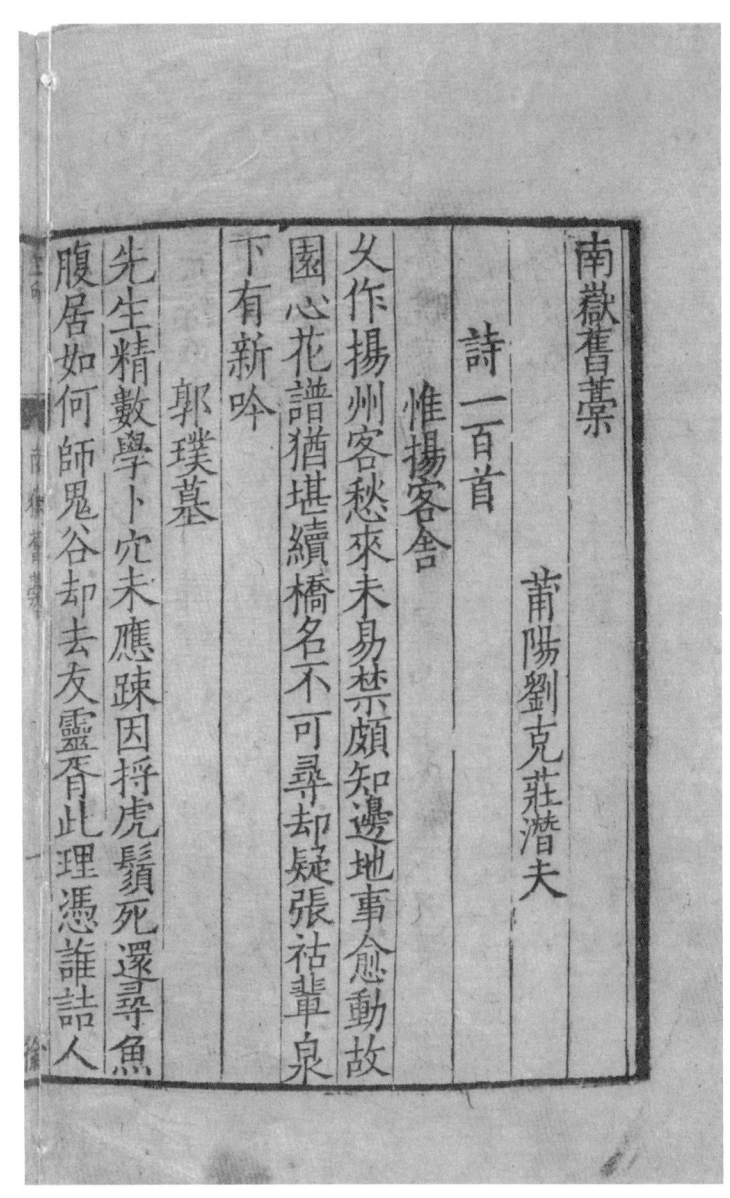

南嶽舊蘽

詩一百首　　莆陽劉克莊潛夫

惟揚客舍

久作揚州客愁來未易禁頗知邊地事愈動故園心花譜猶堪續橋名不可尋卻疑張祐輩泉下有新吟

郭璞墓

先生精數學卜穴未應疎因捋虎鬚死還尋魚腹居如何師鬼谷卻去友靈胥此理憑誰詰人

图59　南宋书棚本《南岳稿》

书棚本字体虽笔划粗细较为匀称，细审仍为欧体，并无颜书意味，与万历宋体字迥不相侔。

顺便指出，有的学者沿袭旧时某种偏见，每将万历这种宋体字轻慢地称为匠体，而无视其创造性，是有失偏颇的。这种字体在清康熙时代发展到顶峰，旧时被藏书家称作康熙精刻本者，有不少即指该类隽美的宋体字本而不皆是软体字本（图60）。

此外，这种字体又有软体字所无的大气肃穆（犹如榜书，非颜体不能呈现稳重而磅礴之势），这也是其常被清代内府刊刻关涉政治之书所采用的原因（图61）。虽然从明万历乃至有清一代，刻书多采用横细直粗的仿宋体，但字形有大小肥瘦之变化，刊刻有精粗高下之区别，须细加比较体会。相对而言，万历刻本字体大而肥，天启崇祯乃至康熙刻本小而瘦，总体上字体多呈长方形。

如明王世贞《嘉靖以来内阁首辅传》，有万历刻本（图62），因无明确刊刻年代，《善目》著录为"明刻本"（史部4779）；又有书名题作《嘉靖以来首辅传》的万历四十五年（1617）茅元仪刻本（史部4778）（图63），排列于"明刻本"之前，似乎"明刻本"是后者的翻本，故学术界研究王世贞此书，通常提及的版本是茅元仪本，而"明刻本"则被忽视。

两本上图皆有收藏，我的鉴定意见适与《善目》相反，因为从版刻字体上看，前者稍丰腴，万历刻本典型；后者小而细瘦，已接近天启崇祯刻本风格，故前者刊刻为早，当系王著原刻之本，后者乃重刻本（注三）。

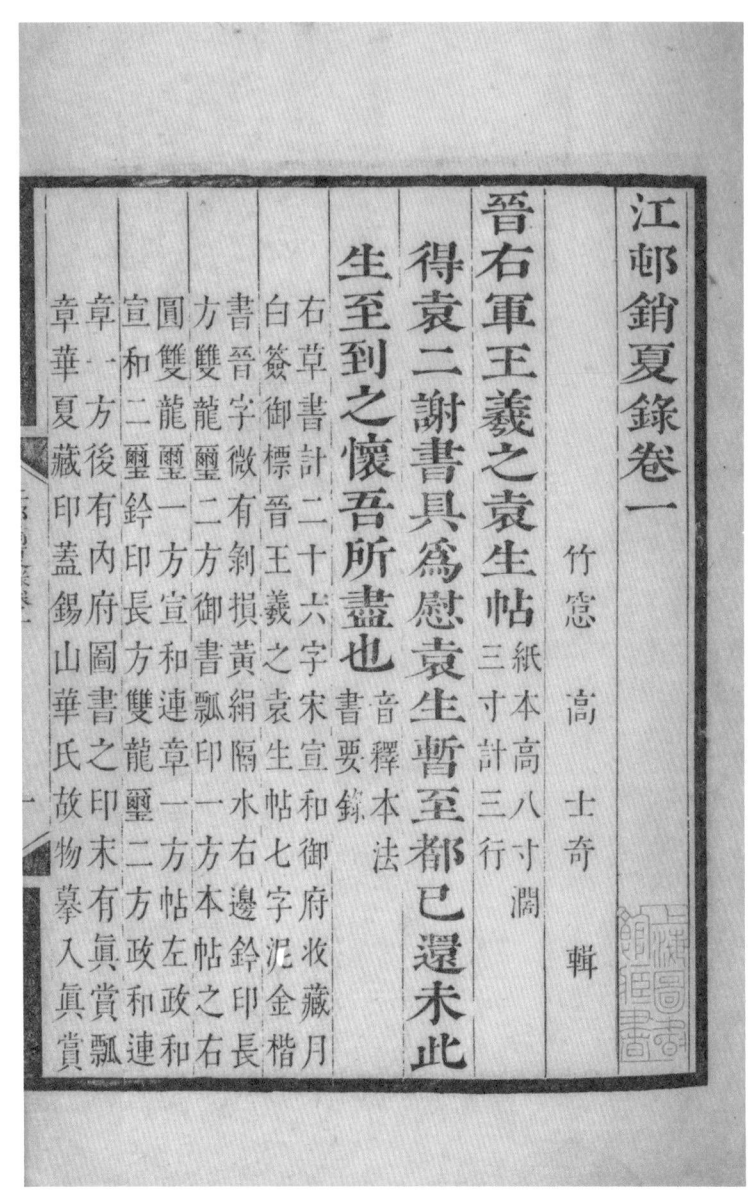

图60 清康熙三十二年（1693）刻本《江村消夏录》

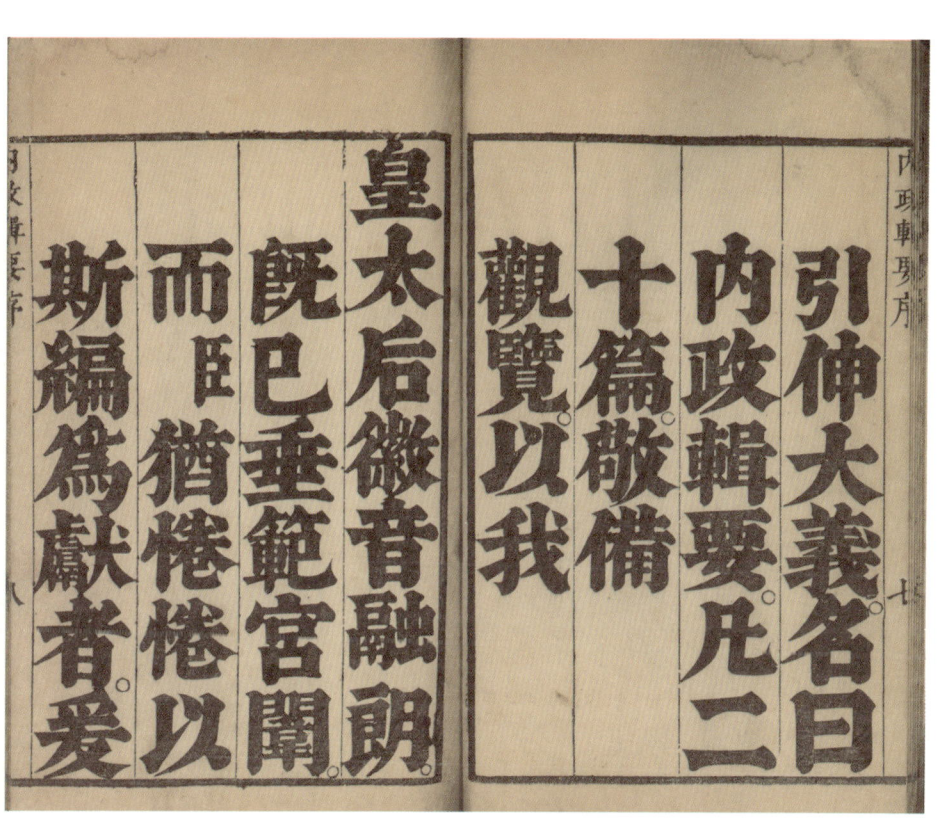

图61　清初内府刻本《内政辑要》

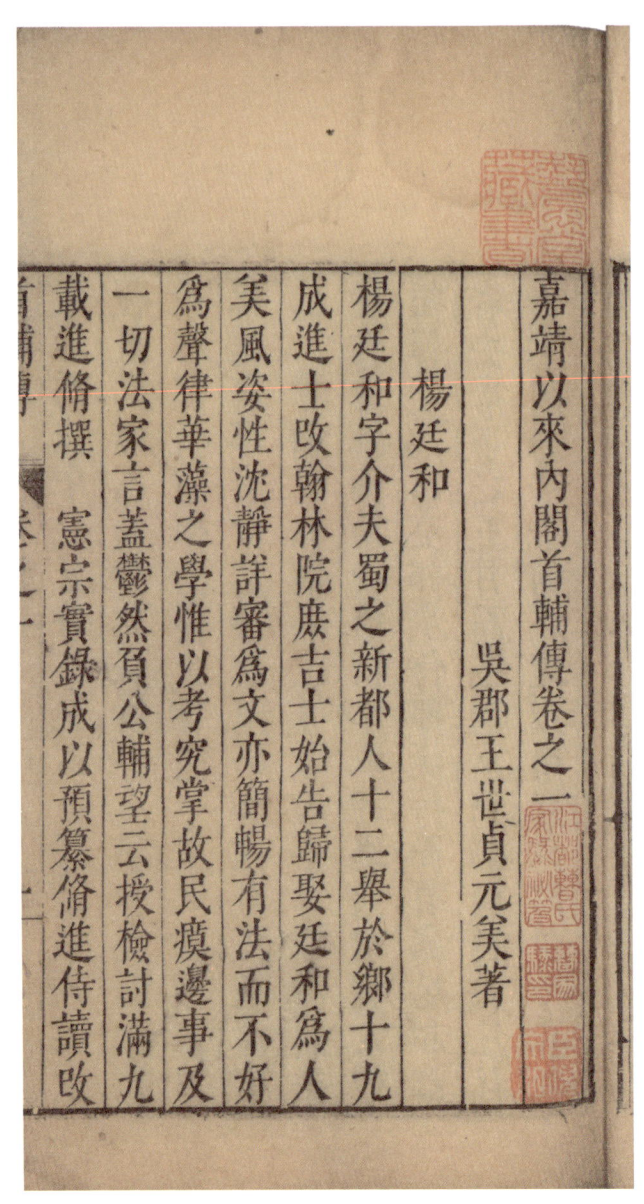

图62 明万历刻本《嘉靖以来内阁首辅传》

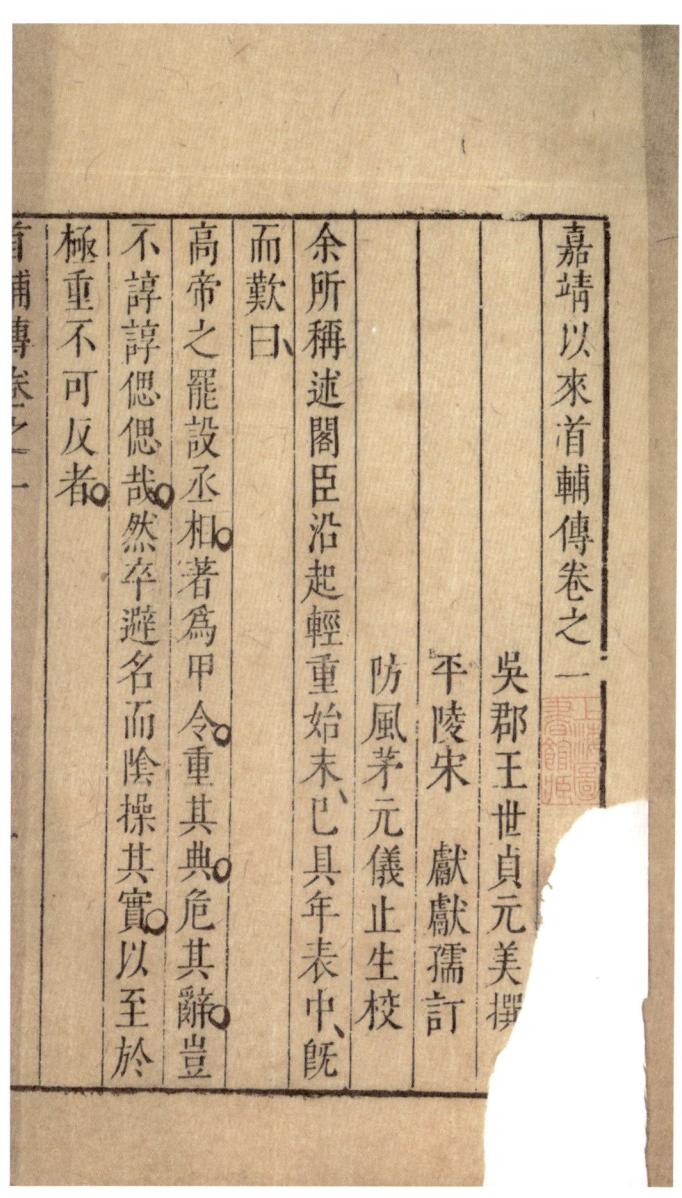

图63 明万历四十五年（1617）茅元仪刻本《嘉靖以来首辅传》

此外，在万历间，也出现楷书或行楷书体的写刻本，俗称"软体字本"（图64）。这种字体如不加比较辨识，容易被误作元刻本之赵体字（注四）。

清版的字体

清代仿宋体、写刻本并行。相比康熙以前刻本的字形，乾隆时代的仿宋体较为饱满方整，嘉庆以后则趋于扁方，质量不如康、乾之精。至于写刻本，流行馆阁体（图65），康、雍、乾三代精刻迭出，

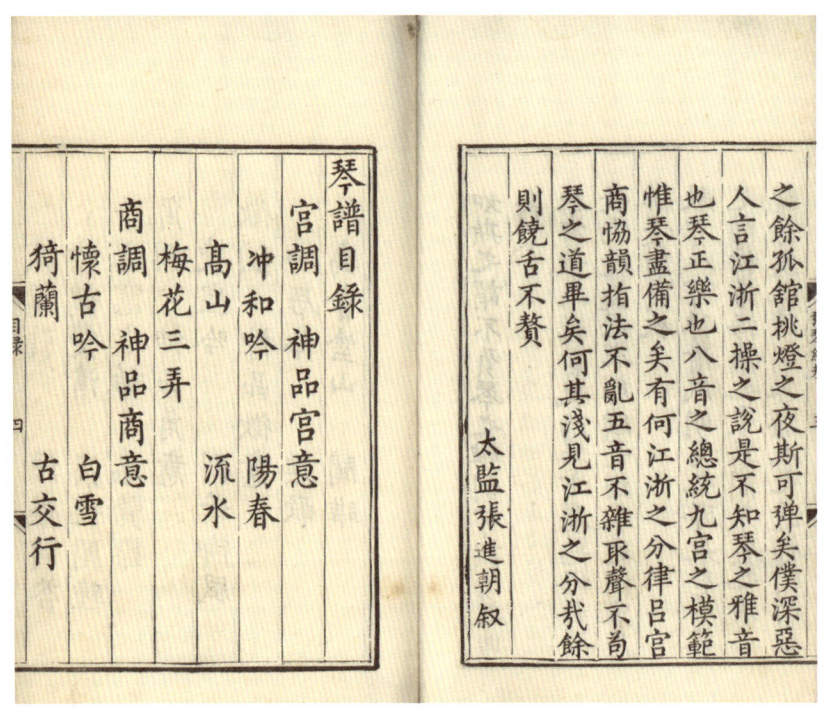

图64　明万历写刻本《玉梧琴谱》

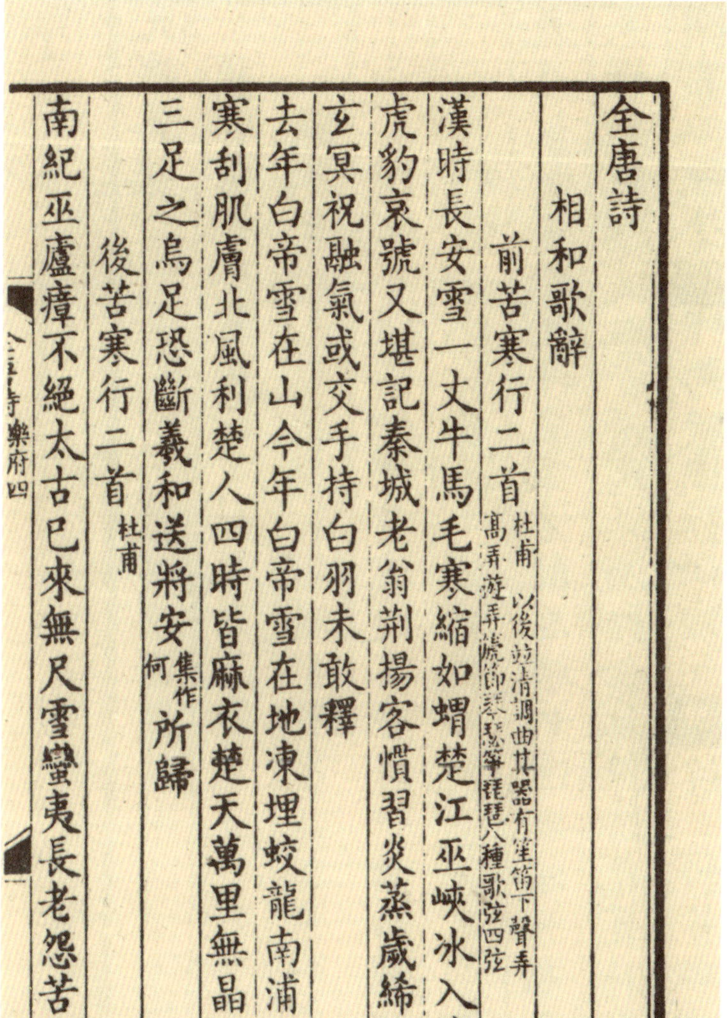

全唐詩

相和歌辭

前苦寒行二首 杜甫 高弄遊弄皷御琴瑟箏琵琶八種歌弦四弦以後並清調曲其器有笙笛下聲弄

漢時長安雪一丈牛馬毛寒縮如蝟楚江巫峽冰入懷
虎豹哀號又堪記秦城老翁荆揚客慣習炎蒸歲絺綌
玄冥祝融氣或交手持白羽未敢釋
去年白帝雪在山今年白帝雪在地凍埋蛟龍南浦縮
寒刮肌膚北風利楚人四時皆麻衣楚天萬里無晶輝
三足之烏足恐斷羲和送將安所歸 集作何

後苦寒行二首 杜甫

南紀巫廬瘴不絕太古巳來無尺雪蠻夷長老怨苦寒

图65　清康熙四十六年（1707）扬州诗局刻本《全唐诗》

风格基本一致，细微的区别在于字形的肥瘦，相对而言，康熙本显瘦，乾隆本稍肥，雍正本在两者之间。此外，清代也出现不少名家写刻本，精彩纷呈，如康熙林佶写刻本《渔洋山人精华录》（图66）、乾隆中余集书写鲍廷博刊刻之《庚子销夏记》、道光间许槤手书上版之《六朝文絜》（图67），等等。更有乾隆间张朝乐刻本《两汉策要》值得一表（图68），该本系据元人写本摹刻，一色正宗赵字，美轮美奂。旧时鉴赏家或谓其底本即赵孟𫖯手书，然久无消息，孰料2011年惊现于北京嘉德公司春拍，以4830万元人民币成交，创下当时单种古籍拍卖最高记录。而乾隆间张氏所刻，今也成为难得之善本。

上述关于宋元明清版刻字体情况，以本人有限认知，只是作了一个粗浅的大致勾勒，诸如宋代浙江、四川、福建、江西以外地区刻书字体的特点，宋末元初、元末明初福建刻本的字体鉴定，等等，皆有待全面深入研究。

▼ **鉴定刻本的其他方法**

除字体而外，鉴定刻本还可根据如下几个方面：

① **根据牌（刊）记、封面及序跋**

历代刻书，在书的首尾或序文、目录之后往往刻有造型不一的牌记及刊记，对刻书年代、刻书者甚至刻书地每有交代，于是牌记、刊记成为鉴定版本的一个重要依据。例如宋淳熙七年（1180）筠州公使库苏诩刻本《诗集传》，卷末刻有"庚子淳熙七年四月十九日曾孙朝奉大夫权知筠州军州事兼管内劝农营田事诩重校证刊于本州公使库"三行，将刻版的时间、地点及刻书者交代得一清二

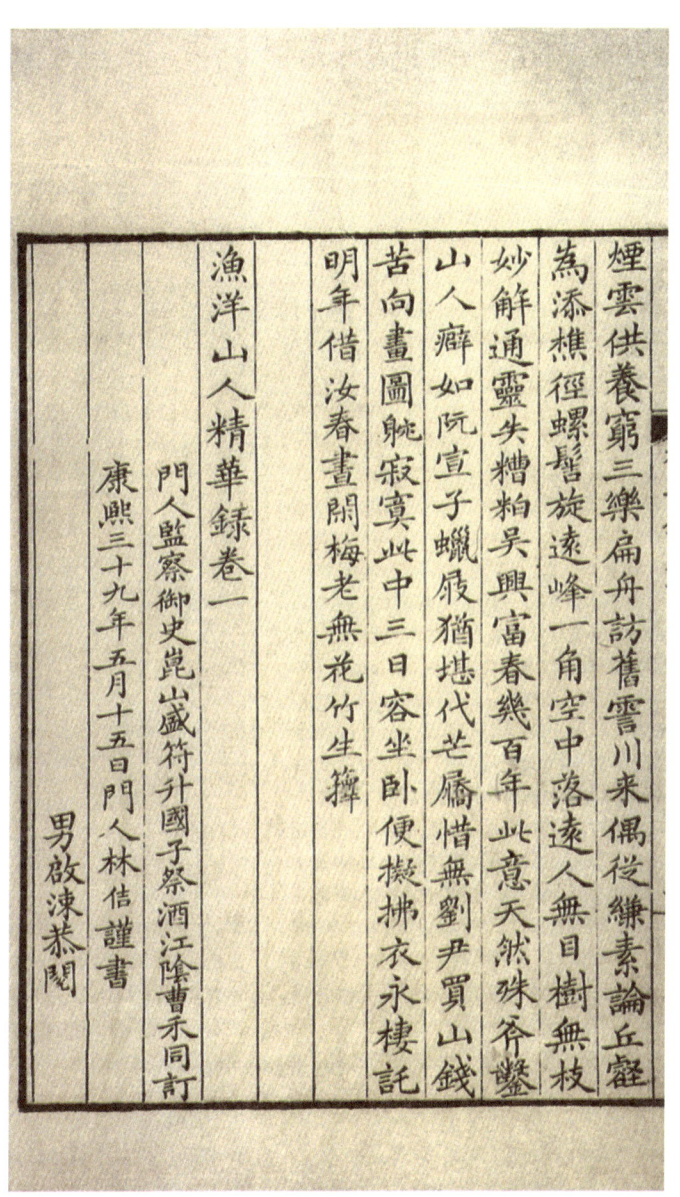

图66　清康熙三十九年（1700）林佶写刻本《渔洋山人精华录》

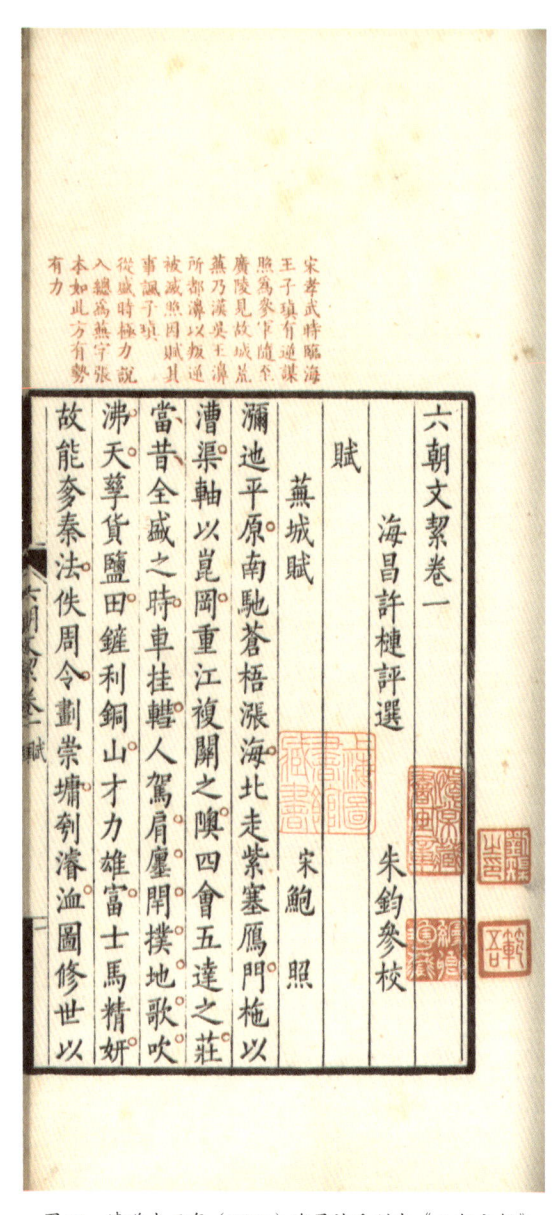

图67　清道光五年（1825）海昌许氏刻本《六朝文絜》

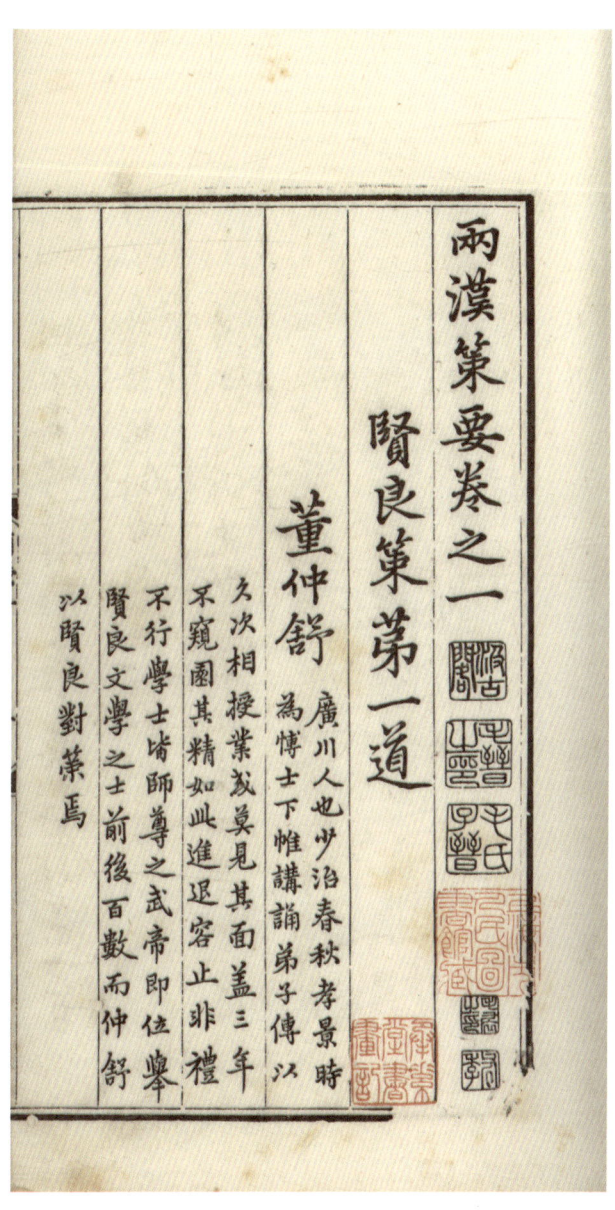

图68　清乾隆间张朝乐刻本《两汉策要》

楚（图69）；元大德六年（1302）宗文书院刻本《经史证类大观本草》之牌记，交代刻书时间、刻书者简洁明了（图70）。根据牌记，又可了解修补版情况（图71）；还可纠正前人的讹误，如《千家注杜诗》，据《书林清话》云："向称为宋椠者，卷后有'皇庆壬子余氏刊于勤有堂'字样，'皇庆'为元仁宗年号，则其版是元非宋。"

但在元明以后，尤其是书坊刻书，对宋代刊刻牌记的风气多所仿效。不仅如此，更有翻刻之本，将原本牌记依样刊刻，其初衷可

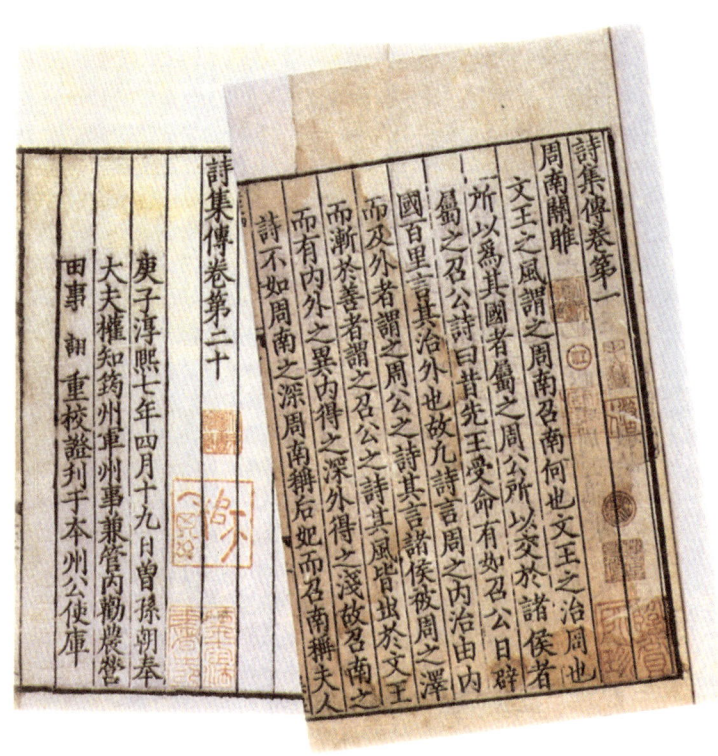

图69　宋淳熙七年（1180）筠州公使库苏诩刻本《诗集传》

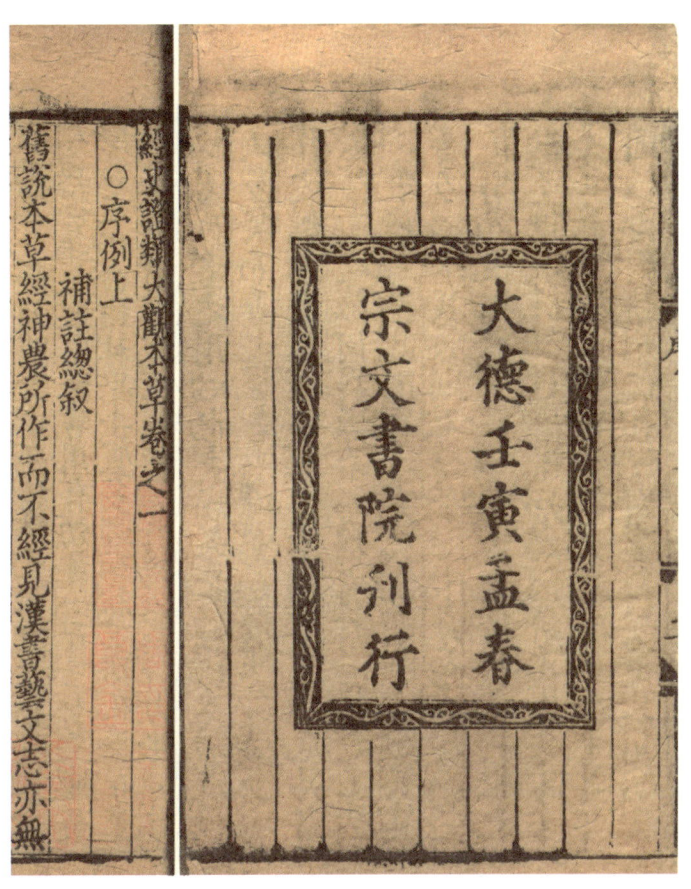

图70 元大德六年（1302）宗文书院刻本《经史证类大观本草》

能是想保存原本面貌，但由于不少宋本已经亡佚，在缺少了原本作比对的情况下，如果一味凭信牌记，容易造成鉴定失误，即将元、明翻刻本误认作宋刻原本。到了明代中期以后，更有人利用人们崇尚宋本的心理巧施手脚，以翻刻本冒充原本牟利，对此更需警惕。

在书首冠以封面，明、清两代较为多见。而封面上往往标明刻版

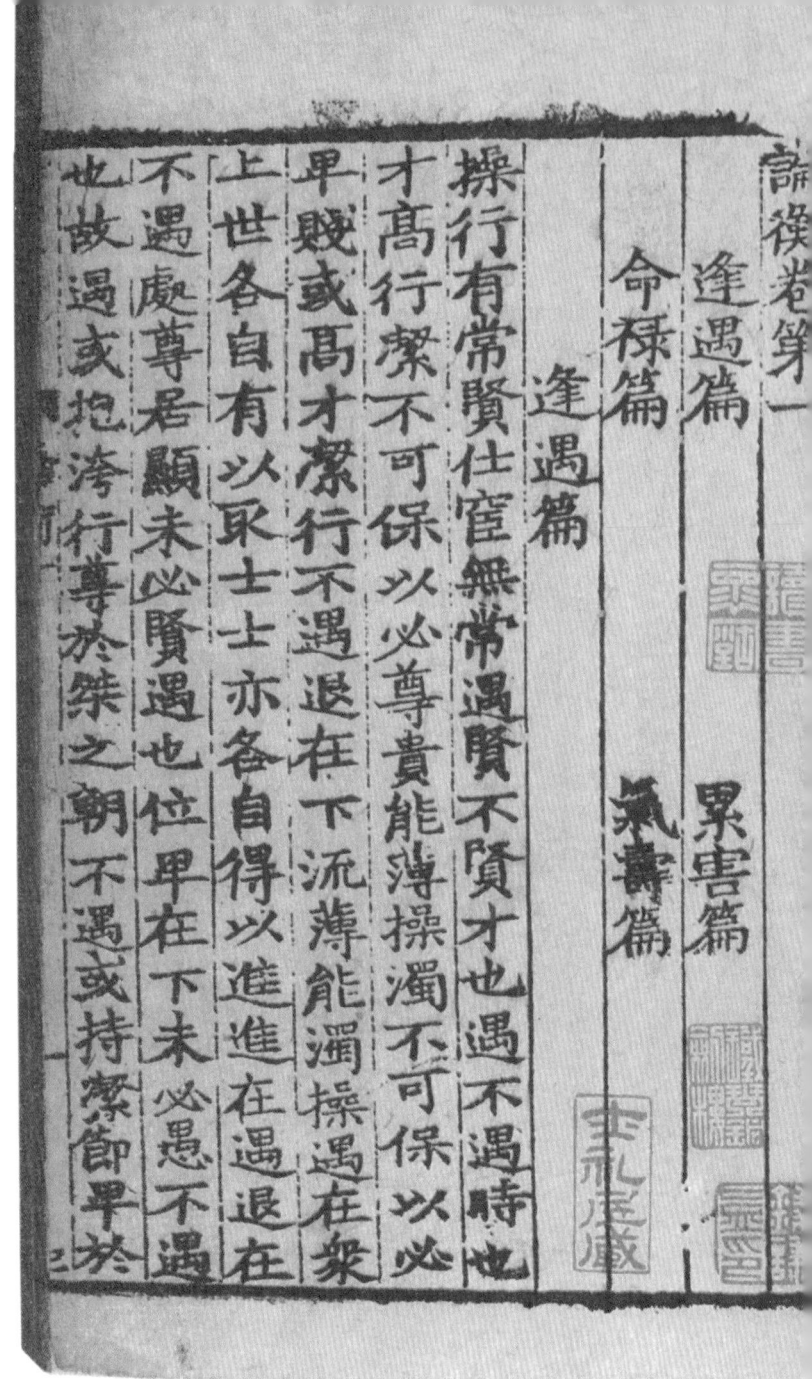

論衡卷第一

逢遇篇

命祿篇

氣壽篇

累害篇

逢遇篇

操行有常賢仕宦無常遇賢不賢才也遇不遇時也才高行潔不可保以必尊貴能薄操濁不可保以必卑賤或高才潔行不遇退在下流薄能濁操遇在眾上世各自有以取士士亦各自得以進退在遇退在下未必愚不遇也故遇或抱洿行尊於桀之朝不遇或持絜節卑於

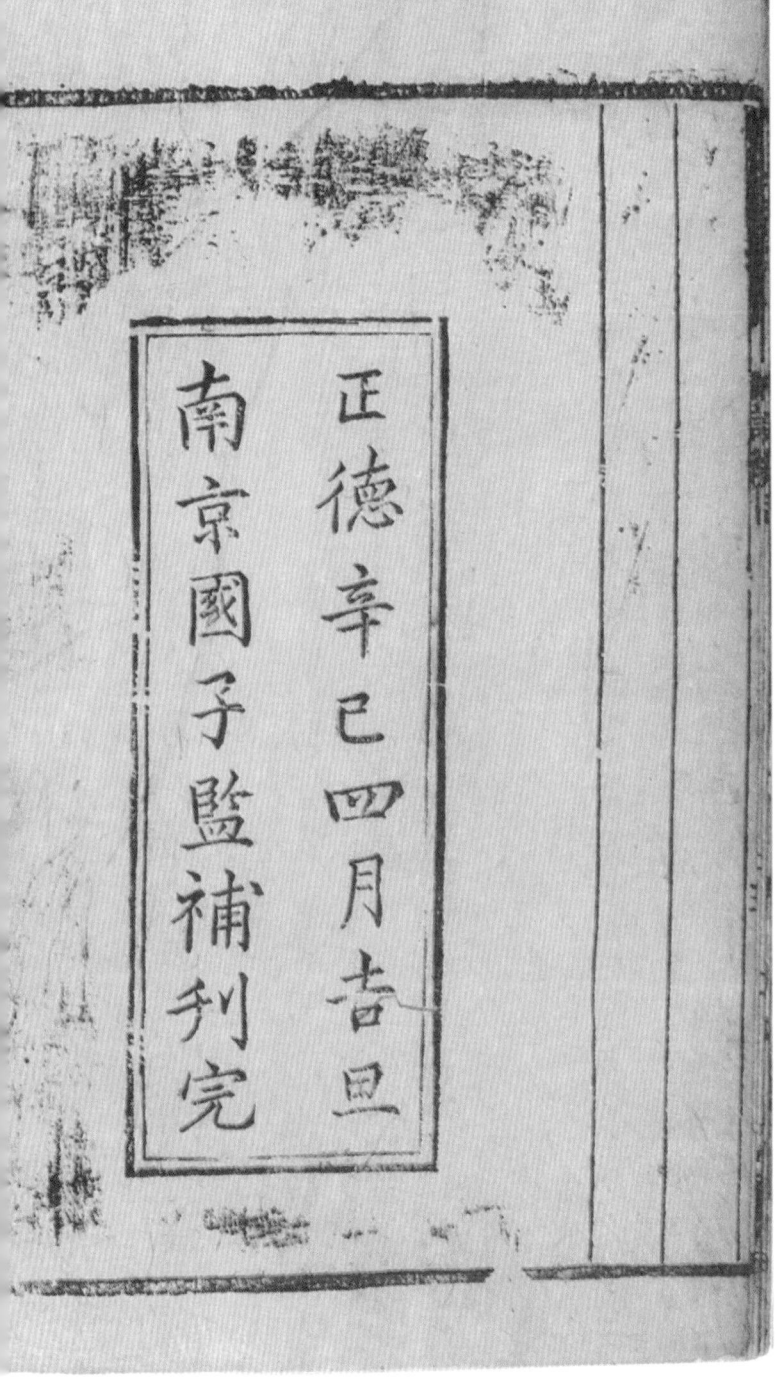

宋元明递修本《论衡》

年代、地点与刻版者。如明嘉靖四十五年（1566）刻本《书法规范》，封面题"嘉靖丙寅岁抚州东邑周文奎书铺梓"篆书三行。但务必要注意，常有书版易主、后人重印的情况，于是产生正文仍用原版刷印，而封面则作了更换的现象，这就需要综合其他方法对原版刊刻年代及其刻者进行考证。因此，若遇到封面题有"某某藏板"，在无其他旁证情况下，不能作为刻版者，只能视为藏版者及据此版刷印者。

若无牌记、封面，则可根据序、跋文判断刻版年代，因为序跋每对刻书经过有所叙述，并署上序跋撰写年月，这与刻版时间相差无几。如宋代贵池本《晋书》，卷末陈谟跋即称此书"肇工于嘉泰甲子六月，至开禧乙丑三月竣事"。有的虽已知其刻版年代，但据序跋还可查知其具体付印年代或印次。例如，《扬州画舫录》首有"乾隆乙卯年镌"刊记，但书中又有同治十一年（1872）方濬颐所写后序，序云："……尤幸兵燹之余，旧版无恙，亟购弃书局，用蕙艺林，蕲广传播，以公同好"，则此书是在同治年间利用乾隆原版重印，属后印本。

② **根据避讳**

封建时代刻书，遇到君主之名要避讳，宋、清两代尤为严格，宋代皇帝从始祖起，其名讳皆要规避。避讳有多种方式，常见者主要为三种：一是凡遇皇帝名讳不予以刊刻，而是注"御名"或"今上御名"。二是改字，如避南宋孝宗讳，将《经史证类备急本草》的作者唐慎微改为唐谨微（图72）。又如清代避康熙讳，改"玄"为"元"；避乾隆讳，改"弘"为"宏"，改"曆"为"历"。三是用缺笔之法，凡当避讳之字笔画不写（刻）完整，一般缺末笔，所谓书不成字。

因各朝代的讳字不同，故可根据避讳字鉴定刻版朝代。如宋刻本《艺文类聚》因有残缺，佚去序跋，刻印始末不详，查其讳字，避至宋高宗赵构，再结合刻工等情况，将此本定为宋绍兴间所刻。又如辽释行均撰《龙龛手镜》一书，辽、宋皆有刻本，辽本久佚，宋本因避宋太祖赵匡胤祖父赵敬之讳而将书名改为《龙龛手鉴》。但《天禄琳琅书目后编》却将宋本误定为辽刻，显然没有注意避讳的情况。再如清末黄宗羲族裔黄承乙五桂楼，曾据乾隆间郑氏二老阁刻本重为校梓《明夷待访录》《思旧录》两书（或谓刻于嘉庆，误），《善目》著录的国家图书馆藏"清初刻本"《明夷待访录》，实与此本同版。其仿宋小字虽与明末清初刻书字体相若，然"玄""弘"字皆已缺笔避讳，编目者未察觉。

以避讳字鉴定刻本，要注意以下问题：

1. 要明确该本是原刻还是翻刻或仿刻，避免误判。因为有的明清翻刻或仿刻宋版书，会保留宋本避讳字。
2. 要判断该本是否有修补版，须将原版与修补版的避讳字区分开来，才能定夺其原版及修补版的年代。
3. 避讳字未必是版刻年代的下限，这是因为有的私家、坊间刻本避讳不太严格；而有的文本内容并未出现本该避讳的文字。因此，避讳字只是提供鉴定刻本的参考依据之一，须综合各种因素加以分析，方能作出准确判断。

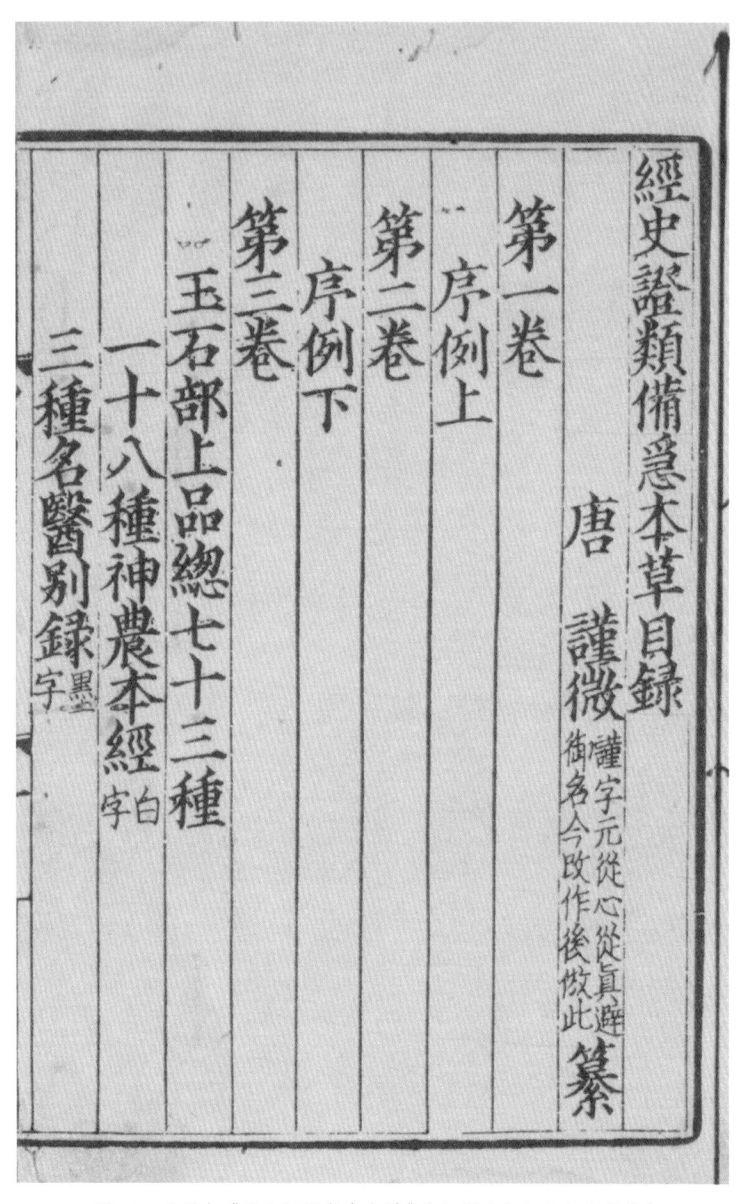

图72 宋刻本《经史证类备急本草》（今藏日本大阪杏雨书屋）

此外，有些前朝遗民的书中亦常出现前一朝代的讳字；有些书中还出现避家讳的情况。遇到这类书籍，就需根据实际情况考查著录，不能轻率地据讳字断其版本。

关于历代帝王避讳情况，可参见张惟骧《历代讳字谱》、陈垣《史讳举例》。

③ **根据刻工**

许多刻本（尤其是宋元版）在版心下端镌有刻工姓名，这对鉴定版本很有帮助。不同的书若其刻工相同，它们的刻版年代基本一致。因此，若甲书有明确的刊刻年代与刻书地点，又镌有一批刻工姓名，乙书虽无其他凭据，但刻工与甲书相同，若无特殊情况，乙书与甲书的刊刻年代相去不会很远；虽然刻工会有流动，但若年代相近，刻书地亦应相对一致。根据刻工还可发现补版。例如，一书既有宋代刻工，又有元代刻工，那就是宋刻元修补本。若又发现明代刻工，则为宋刻元明递修本了。而即便只有宋刻工，若版面字体有异，也可能存在原刻与补版的情况，须注意区别。

与考查避讳字一样，检查刻工时要留意仿刻之本，可能会把原本中的刻工名照样刊刻；有些刻工在跨朝代时期从事刻书，则前后两个朝代的刻本中都可见到他们的名字。此外，利用影抄本的刻工鉴定版本要格外谨慎，因为有的底本可能已经修版、补版，而修补之版同样有刻工，但与原版刻工则并非一时，这在影抄本上却难能反映区分。那么不加分析研究而径以影抄本为考订版本依据，就可能造成鉴定失误。

清代以前治版本学者并未对刻工特别关注，或者仅注意到有刻工现象，没有意识到相关版本因相同刻工而存在的内在联系。直到近代傅增湘、张元济等版本学家，始在各自的著作中详记刻工以资版本鉴别。日本学者长泽规矩也编有《宋元刻工表初稿》、阿部隆一编有《宋元版刻工名表》，上海古籍书店王肇文先生编有《古籍宋元刊工姓名索引》，皆可作鉴别宋元版本参考之用。

④ 根据行款

行款虽然不直接说明原书的刻版年代，但可用以区别版本异同。因同一种书常有多种版本，这些本子由各时代、各家所刻，行款并非一致，自然不会是同一版本。根据行款还可考查古籍的版本系统。例如宋刻群经，南宋初有国子监据北宋本翻刻之十五行单疏本系统，后有两浙东路茶盐司之八行注疏合刻本系统，南宋末有建安坊肆所刻十行附释音注疏合刻本系统，而在孝宗时，浙江、四川又有八行十六字经注本系统；蜀刻唐人集有十行本、十一行本与十二行本三个系统；临安陈氏书籍铺刻本均为十行十八字（故今藏台北"国家"图书馆之《南宋群贤小集》，其中八行十五字本《方泉先生诗集》、九行十七字本《云泉诗》、八行十六字本《学吟》《学诗初稿》《亚愚江浙纪行集句诗》等，皆非陈氏所刻），等等。清代版本学家很注意对行款的研究与熟悉，尤其是遇到宋元旧本，在他们的书跋中每有行款的记录，作为考订版本依据之一。清代江标撰有《宋元本行格表》，可资参考。此外，本书第四部分"行字不等有玄机——北宋本《杭州西湖昭庆寺结莲社集》鉴定"一文，系从别样的视角，向读者提供利用行款鉴定版本的一种方法。

⑤ **根据刻印特点**（包括版式、纸张等）

宋刻本，一般而言，白口居多，南宋后期有细黑口。多用白麻纸或皮纸，福建刻本则多用黄麻纸、竹纸。

元刻本，黑口居多。主要用黄麻纸，其次是白麻纸与竹纸。

明刻本，前期犹沿元代风格，黑口。正德、嘉靖后以白口居多，嘉靖以前多用白棉纸，万历以后则竹纸居多。明代内府刻本则通代皆为黑口。

清刻本，版式没有相对固定的风格。用纸最讲究的是武英殿刻本，多用洁白柔韧的开化纸，其他一般用棉纸、竹纸两类，竹纸居多，但纸的质量不如前代。

⑥ **根据批校题跋**

在书的流传过程中，常有学者将个人见解、不同版本的校勘文字写在书的天头或行间，有的对版本流传情况、得书经过及与本书有关问题用题跋形式写在书首或卷尾，这往往为后人鉴定版本提供一定的依据或参考资料。此外，批校题跋本身也可作为鉴定版本的旁证。例如，经清初校勘家何焯批校的书籍，其刻印就不会在康熙以后。

⑦ **根据印章**

凡经历代官方或私人收藏的书籍，往往钤有官印或私人藏印，这不仅能使人们了解书籍的流传情况，还可以作为鉴别版本的参考依据。一书若有明人藏印，那决不会刻印在清代（参见本部分"抄本的鉴定"）。

▼ 借助文献鉴定

上述而外，鉴定古籍版本免不了借助有关文献，主要为：

① **参考各类书目**

方法是：先从了解该书历史上曾经流通过与现存的各种版本情况入手，然后考查所需鉴定的版本在有关书目中是否有记载，或在内容、版刻上与这些记载有何异同，从而根据实际情况作出较为准确的判断。因各种书目的类型、性质与功用不同，必须在实践中熟悉与灵活应用。常用的书目有《善目》《北京图书馆善本书目》《北京图书馆古籍善本书目》《"国立中央"图书馆善本书目》《中国丛书综录》《增订四库简明目录标注》以及清人与当代各种藏书志等。

② **利用书影图谱及有关电子资源**

无论某一单位与个人，其收藏毕竟有限，而书目或其他文献资料有关版本的记载，大都是文字材料而不能看到原件。因此，利用各种古籍书影图谱，能起到扩大视野，帮助识别版本甚至按图索骥的功用。常用的图谱有《明代版本图录初编》（潘景郑、顾廷龙编）、《中国版刻图录》《清代版本图录》（黄永年、贾二强撰集）、《国家珍贵古籍名录图录》等。而《四部丛刊》《古逸丛书三编》《中华再造善本》以及近年来各种高仿影印本专书，都是颇为实用的辨识版本资料。随着电子化与网络的发展，海内外不少图书馆、博物馆都建立书目数据库乃至全文图像档，并通过网络提供检览，这种资源是前人享受不到的，应予以充分利用。

▼ **警惕作伪**

古籍版本鉴别之所以不易，其中一个重要原因，就是在古籍的流传过程中出现伪本。这种现象最早发生于明代嘉靖前后，与彼时人们认识到古籍具有文物价值的背景密切相关。明高濂《遵生八笺·燕闲清赏笺》对当时为牟利而伪造宋本的勾当进行了揭露（注五）。到了清代，作伪现象愈演愈烈，手法五花八门，对古籍的流传与利用造成很大危害。

过往人们每将作伪归罪于书商，其实文人、收藏家也作伪。高濂在《遵生八笺》中并未明确说，他所举的宋本作伪现象皆书估所为。明季大收藏家嘉兴人项元汴，购藏法书名画请吴门文彭、文嘉兄弟掌眼，已有史料证实文氏兄弟曾以假画欺骗项氏（注六）。后来项氏又痴迷宋本，也请他们把关（注七），虽然没有确凿证据，但我总怀疑项氏误将明翻本《春秋经传集解》当宋本买进（今藏台北"国家"图书馆），很可能亦文氏兄弟作祟。又如邓邦述旧藏并编目的《汲古阁影抄南宋六十家小集》（今藏上图），其中夹杂的《雪岩吟草》《芸居乙稿》等伪造毛抄，就是陈立炎、陈乃乾合开的古书流通处所为；与此同时，他们还伪造了所谓鲍氏知不足斋辑抄的《宋集补遗》《南宋八家集》（图73）（后者今藏黑龙江省图书馆，版心下方间有"知不足斋影钞"字样）。虽然后来陈乃乾退出古书流通处，并在《海上书林梦忆录》中予以揭发（注八），但当时他与邓邦述等皆隐讳其事，而影印《南宋八家集》之序言就是他本人所撰。他既然瞧不起没学问的

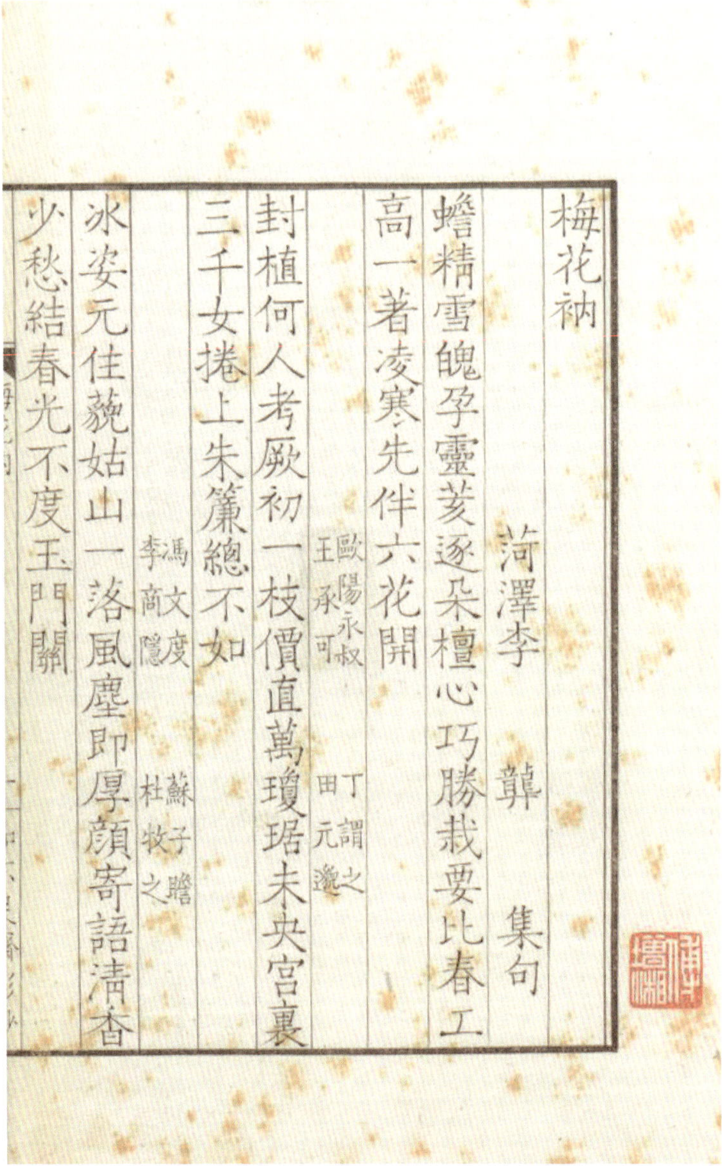

梅花衲　　菏澤李　韡　集句

高一著凌寒先伴六花開　　歐陽永叔　丁謂之
蟾精雪魄孕靈菱逐朵檀心巧勝栽要比春工　王承可　田元邈
封植何人考厥初一枝價直萬瓊琚未央宮裏
三千女捲上朱簾總不如　　馮文隱　蘇子瞻
　　　　　　　　　　　　李商隱　杜牧之
冰姿元佳藐姑山一落風塵即厚顏寄語清香
少愁結春光不度玉門關

图73　古书流通处伪造鲍氏知不足斋影宋抄本

陈立炎，不能不令人怀疑古书流通处之作伪皆由其主导。而邓邦述于伪造毛抄事至少是知情者，也可能是参与者。因此，不管是书商还是文人、收藏家，受利益驱动，都有可能作伪。而作伪手法有高、低级之分，凡手法高明不易被识破者，很可能是内行文人所为。

常见的作伪手法主要有三种，在鉴定版本时需加留意：

① **撕去序跋，剜改牌记**

即通过对较晚的刻本作撕去序跋、剜改牌记的"加工"，以冒充早期刻本。譬如，明代有些仿刻宋元本，刻印很精，作伪者即撕去明人序跋，剜去有明代纪年的牌记（或刊书题记），以冒充宋元本。如明嘉靖初年苏州王延喆刻本《史记》，其所据底本为宋黄善夫本。据王士禛《池北偶谈》说，当时有人持宋本向延喆出售，延喆将书留下，不出一月，翻刻了一部，随即将翻本冒充原本还给售者，售者竟以为真。则其翻刻之精自不言而喻。可叹的是，到了二十世纪七十年代，还有人上此大当。我曾在1973年亲眼目睹南方某图书馆工作者携类似伪本四处游说，以为宋刻足本之新发现（按：现存宋代黄善夫刻《史记》均为残本）。

因而，若遇到一部书既无序跋又无牌记，需谨慎对待，除了从版刻风格、刻印特点上辨别外，一般还须查各种目录、文献，了解该书的版本系统，注意查看是否有该种版本的记述，以帮助判断。其次是尽可能将该书的各种版本放在一起核对比较，如果要鉴定的这种版本真是撕去序跋、剜改牌记，那么即使手头没有同类版本或此书的原刻本，亦可从该书的其他版本中发现其作伪的端倪。因为，后来的翻刻本往往保留原刻或以前刻本的序跋，并在翻刻本的序跋中交代该书的版本流传情况。再者要谛审原书，因为剜改的手法再巧妙，总会留下痕迹，比如被剜去的部分需要修补（修补用纸通常从原书目录、卷尾等空白处割取，或另用染色、熏旧的纸），对残损的边栏行线以及卷尾、版心等处的文字进行描补等。即使有的在剜去的地方加盖伪刻的戳记或藏印，从而更具迷惑性，但只要仔细，仍然能够辨认。

② **染纸充旧，加盖伪印**

这种手法在《遵生八笺·燕闲清赏笺》中就讲到过，而在现存古籍中也不乏典型。如云南大学图书馆所藏明嘉靖刻本《春秋经传集解》，纸经染成茶褐色，因制作粗糙，每显花白斑驳；书中所钤明代开国文臣宋濂及常熟著名藏书家七桧山房主人杨仪的印章，其篆刻及印色皆同，显系作伪以冒充宋本（注九）。又如湖北省博物馆所藏明嘉靖十九年（1540）陈敬学德星堂刻本《万首唐人绝句》残帙，纸张同样经过熏染做旧，卷端钤有北宋画家文同（字与可，1018—1079）、元末明初诗人画家贡性之（字友初）等伪印，直欲冒充北宋本（图74）。

特别要指出的是，即便是宋元版，也有钤盖伪印的现象（注十）。因版本本身不假，人们于伪印之鉴别历来忽略，还误以为"流传有绪"（参见《中华再造善本总目提要》相关版本介绍），这是需要予以纠正的。

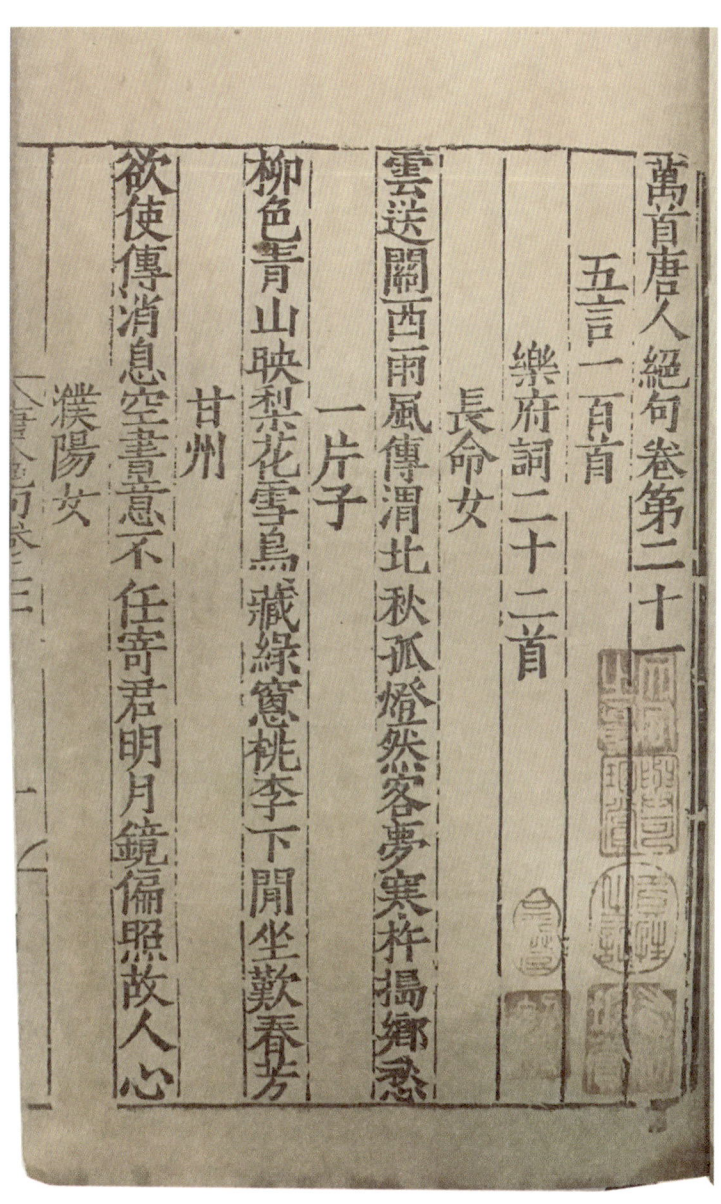

图74 明嘉靖十九年(1540)陈敬学德星堂刻本《万首唐人绝句》

③ **以残充全**

即将残缺的本子加以裁改修补，充作完整的本子。通常做法是剜改原书卷端、卷尾的原刻卷次，或裁改原书的目录（即从目录叶中裁去残失部分的目录，以使现存的内容与目录相符）。例如，清代黄丕烈曾藏宋嘉定六年（1213）淮东仓司刻本《注东坡先生诗》（俗称《施顾注苏诗》）第四十一、四十二两卷，内容正是和陶诗的全部，有人即将卷第与版心均剜改成上下两卷，伪充全本（今藏国家图书馆）。又如本书讲到的宋安徽刻本《金石录》，高超的作伪技术使三百年间许多名家遭受蒙骗，令人瞠目结舌。这就要求在鉴定时，除了检查全书目录与正文内容、卷次是否相符，同时须细审目录、卷首、卷尾及版心等处是否有割裂、剜改痕迹，再根据原书的序跋、题记以及有关的著述、书目记载等考查此书的现状是否与之相符。尤其对没有目录与序跋的本子更要谨慎考订其源流。这样既可辨别原书是否完整、残缺，同时也可印证有关记述是否正确详尽，甚至发现以前公私目录所未记述的异本。

另外有三点尚需补充强调：一是要多作比较，所谓有比较才有鉴别。古人云"大匠能与人规矩，不能使人巧"。技艺一旦至精妙处，往往只可意会，难以言传，鉴别版本亦是如此。只有尽可能地、不厌其烦地对各种版本作纵向与横向的比较研究，才能了然各时代、各类版本的风格面貌，区别版本的真伪与优劣，以达到会心的境地。二是要注意从内容上考查版本，不要将眼光仅仅停留在版式特征上。三是不要盲目依据前人的记述。虽然鉴别版本要经常参考利用前人的有关记述（如各类公私书目、论著等），但前人囿于见闻与掌握的资料，或失于考核，对图书的记述难免有片面有错误的地方。因此，对前人的记述要作分析研究，从图书的实际情况出发，利用、依据其中合理、正确的部分，排除其失实、谬误的成分。

2. 写本的鉴定

鉴定写本比印本难度大。写本的书面风格虽然每含时代气息，但又极具个性化，不似印本能大致总结出规律性的现象与特征。

▼ 稿本鉴定

一书之稿本虽可能有初稿、修改稿、定稿数种存在，但每种面目各自不同，都为单一的版本品种，很少有各种稿本都完善保存至今者，那么相较印本，客观上便缺乏鉴定参证资料。再者，稿本与抄本之间亦存在不易区分的情况，如经誊清的稿本，若无编著者的标记（专用稿纸、钤印等）或手迹，很容易与抄本混淆；而一些较为冷门的抄本，因其书罕见流传，亦往往会被误定为稿本。

鉴定稿本的要点在于确定该书出自哪个时代、何人之手，其真伪如何，以及该稿本的性质与价值。关于判断稿本的性质与价值（如已刊抑或未刊，已刊稿与通行本有何异同，等等），我们可以借助考订、校勘等手段，而鉴定其真伪，则往往要依仗字迹的比对。与鉴定抄本、批校本相通，尽管鉴定稿本也可采取如同鉴定印本之法，即通过纸张、讳字、钤印等因素识别（参见本书"抄本的鉴定"），但要断定其出自何人之手（包括正文与题跋），倘若没有字迹比对，是很难把握的。因此，我和同事先后编纂了《中国古籍稿抄校本图录》(2000年上海书店出版社出版，2014年再版时对个别错误作了订正)、《上海图书馆善本题跋真迹》(2013年上海辞书出版社出版)。两书资料已被人们广泛借鉴取用，但前者收入品种有限，有待充实完善。同样，各图书馆、博物馆所收藏的尺牍、题跋以及相关的影印文献皆可作为鉴定手迹的参考比对资料，应尽可能加以利用。

对有的须作考证才能判定是否为稿本的情况，因其特殊性，难以例举。而有些稿本的鉴定问题出于人们认识上的差异，因其具有共性，在此予以提出。

① **有该书作者批校题跋者应作稿本**

有的书虽然是抄本或刻本，但有作者亲笔批校题跋者应视作稿本，然而这样的稿本往往被编目者忽略，其版本价值未被充分揭示。如国家图书馆所藏清黄丕烈撰《求古居宋本书目》一卷，著录为"清嘉庆十七年黄氏求古居抄本"。此本虽系黄氏家抄，但复经黄丕烈手校并题跋，应当是稿本。又如上图所藏清钱仪吉撰《庐江钱氏艺文略》(图75)，虽然是嘉庆十三年(1808)刻本，但上有钱氏亲笔批语，实为对此书进行增订，亦应定为稿本。

再举两部原被视为普通抄本而实为稿本的例子。两书皆清人翁方纲所编，一为《唐人七律志彀集》(图76)，一为《唐五律偶钞》(图77)。作为王士禛的再传弟子，翁方纲尝以王士禛所选《唐人七律神韵集》原本不获一见为憾，遂秉承其旨意，新编一部，名为《唐人七律志彀集》。但此事仅见于乾隆四十七年(1782)弟子曹振镛刊刻

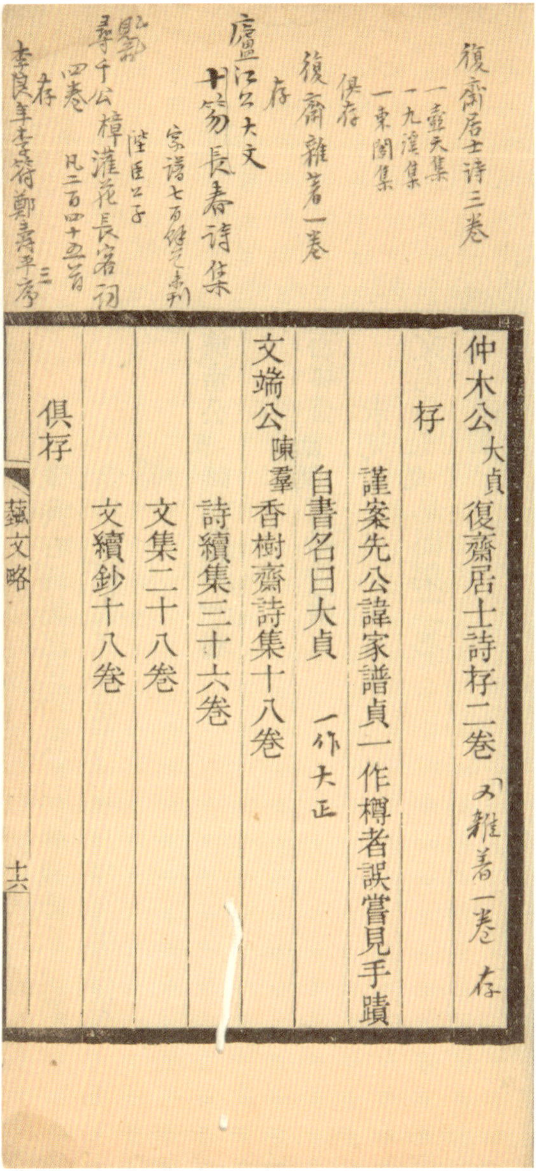

图75　清钱仪吉稿本《庐江钱氏艺文略》

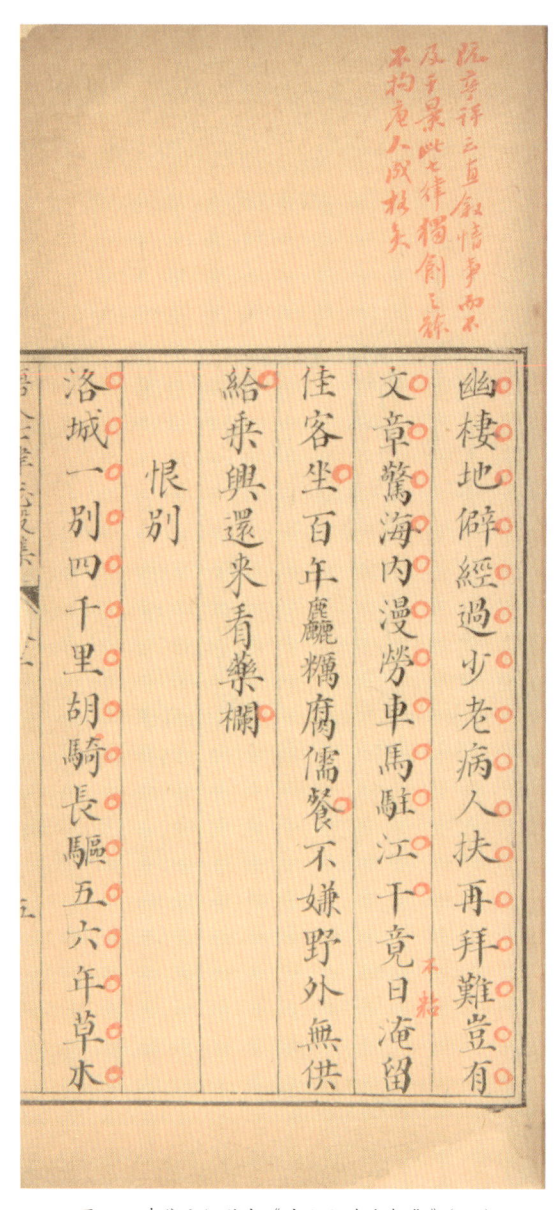

图76 清翁方纲稿本《唐人七律志彀集》(一)

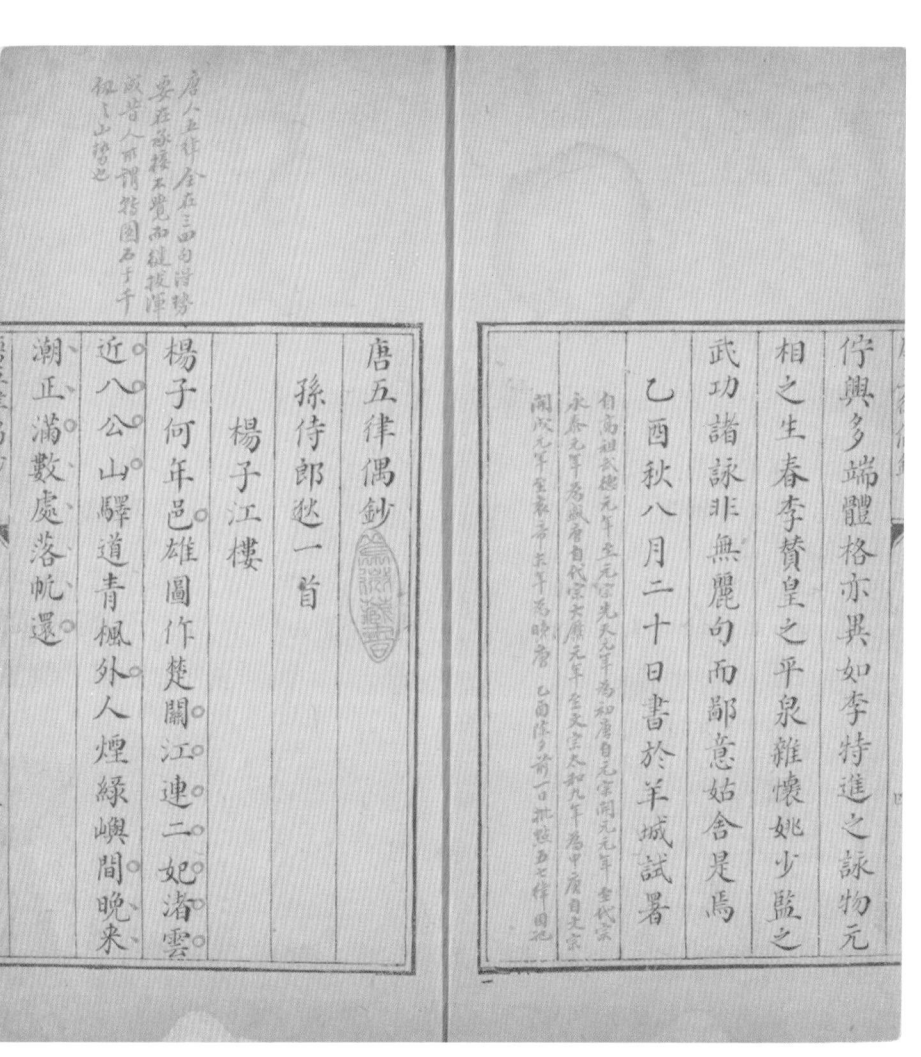

图77　清翁方纲稿本《唐五律偶钞》

其《七言律诗钞》之识语，因该书未曾付梓，故后人皆未看到。孰料此书尚存于世，就沉没在上图普通古籍书库之中。检览其书，分上下两卷，初辑于乾隆二十六年辛巳（1761），翌年壬午订定。其《凡例》开首即引王士禛言曰："刘吏部公㦷言，七律较五律多二字耳，其难什倍。譬开硬弩，只到七分，若到十分满，古今亦罕矣。"翁氏谓"此语诚道尽七言律诗秘妙，兹集颜以'志㦷'，盖取诸此"。而其姐妹篇《唐五律偶钞》一卷，也以王士禛《唐人五律神韵集》刻本不传而编，成书于乾隆三十年乙酉（1765），序题"乙酉秋八月二十日书于羊城试署"。是时，翁氏在广东学政任上，年三十有三。此书未见记载，其编例与《唐人七律志㦷集》相同之处是，间录前人评笺或采摘相关文献以作注文；不同之处则不分时期。但其手书题跋明言："自高祖武德元年至元（玄）宗先天元年为初唐，自元（玄）宗开元元年至代宗永泰元年为盛唐，自代宗大历元年至文宗太和九年为中唐，自文宗开成元年至哀帝末年为晚唐。"按两书皆抄写于相同的黑格黄竹纸之上，翁氏批注颇伙，偶有校改误字。《唐五律偶钞》有"乙酉除夕前一日批点五、七律，因记"之题署，则两书缮录与批点当在一时。而翁氏于两书书皮又手题书签，一曰"唐七言律读本"（图78），一曰"唐五言律读本"，并各钤"覃溪草稿"白文方印其上。

然则，这两部书分明是翁方纲的稿本，缘何旧时编目者皆以抄本著录呢？度其原由，除两书未见公私书目著录者外，其题签及批校之字体似与常见翁氏书法不同，使编目者产生系他人过录的疑惑。

鉴定版本的一般方法

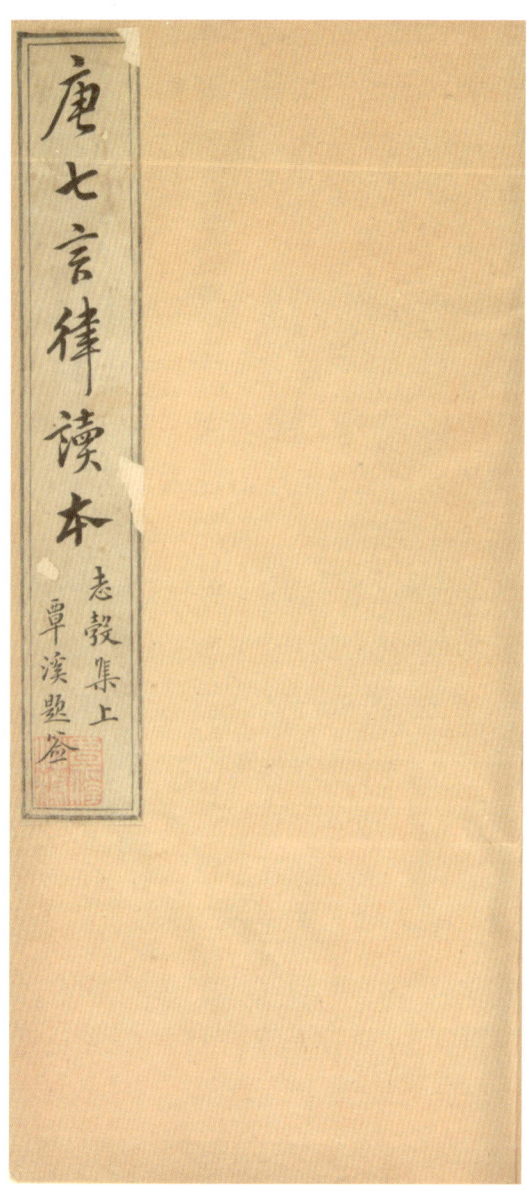

图78　清翁方纲稿本《唐人七律志彀集》(二)

其实今人所见翁氏墨迹大多为其晚年率意所书,呈大开大阖之态势,与此两稿之题签、批语出于年轻时代谨慎所为略显规整者稍有差异,但细加辨识,其风格韵致一也。而两稿都钤有"又任"朱文方印,即曾经于右任庋藏,自非等闲之物。披沙而获真金,鉴别版本之乐趣每在于此。

② **誊清稿本误作抄本**

尝听国家图书馆一同行说,该馆过往一直认为誊清稿本就是抄本,故没有誊清稿本的著录。我随手翻检《善目》,发现该馆所藏清祁寯藻辑《甘肃查办全集》不分卷,有祁氏手书题款,著录为"清抄本",颇疑此本实为誊清稿本。

除了版本学认识上的差异外,更多情况是,编目者不知为誊清稿本,误以为是抄本。如上图普通古籍书库藏有一部《春帖子词》(图79),"养在深闺人未识",长期被当作普通抄本。其实该书乃乾隆时直上书房、嘉庆时官至体仁阁大学士的大兴人朱珪所辑,上中下三册不分卷,目录起乾隆十年乙丑(1745),迄嘉庆二年丁巳(1797),前后凡收录四百五十人次春词之作。下册末又有乾隆三十三年戊子(1768)至三十四年己丑(1769)曹文埴、彭元瑞、沈初、董诰之作及嘉庆七年壬戌(1802)董诰之作,则目录未有反映,当系后来增补者。全书以秀丽工楷书写于红格纸上,每年各自起讫,起始之叶皆钤"臣朱珪"白文方、"虎拜"朱文方印,虽未题署纂辑者名氏,但上图别藏朱氏所辑宋人《春帖子词》《端午帖子词》、清汪由敦《中秋帖子词》以及《御制纪实诗》,皆钤相同两方

图79 清朱珪辑《春帖子词》誊清稿本

印章;《御制纪实诗》卷首又有朱珪进表（图80），则此书纂辑者乃朱珪无疑。而视其版格纸与书写风格，加之作者钤印，当为誊清稿本而非传抄之本。因此书无别本流传，故该稿本于研究清代春帖子词颇显贵重。可惜直到1980年代我主持编纂上图普通古籍目录时才揭示而出，已错过列入《善目》的机会。

又如上图所藏清方拱乾撰《何陋居集》一卷《苏庵集》二卷，有莫棠、冒广生跋，方拱乾前后两篇自序皆钤"方拱乾印"朱文方印，各卷端题"男亨咸校"（或作"男亨咸较"），下钤"亨咸""邵邨"二朱文小方印（图81），全书一以精美小仿宋字缮写，当为誊清稿本，亦应是付刻之写样本。其版心上镌"方詹事诗"，下镌"锡善堂"，《善目》遂著录为"清康熙锡善堂抄本"，并将之列于康熙刻本之后，令人误以为抄自刻本，则其版本价值不显矣。

③ "批校本"实为稿本

有的本子看似批校本，实为批校者自成一书的稿本。如上图所藏清陈鳣所撰《恒言广证》六卷，写于嘉庆十年（1805）刻本钱大昕纂《恒言录》之上（图82）。陈氏于钱氏各条皆有补证，楷书于天头，又于原本引书篇第及讹误之处亦注改在行间，卷末有跋文一篇，因纸敝损蚀，其秉笔之意及从事之年均不可晓。顾廷龙先生因检羊复礼所刻陈氏《简庄文钞续编》，中有《恒言广证叙》一篇，遂校读两文，发觉构造虽异，大旨则同;《叙》云"疏记上下，积而成帙"，知当别有誊录之本，改定跋文为序，以冠诸首;而光绪十四年（1888）羊氏刻《简庄文钞》跋文中又有"《恒言广证》六卷，旧为吴氏竹初山房所藏，

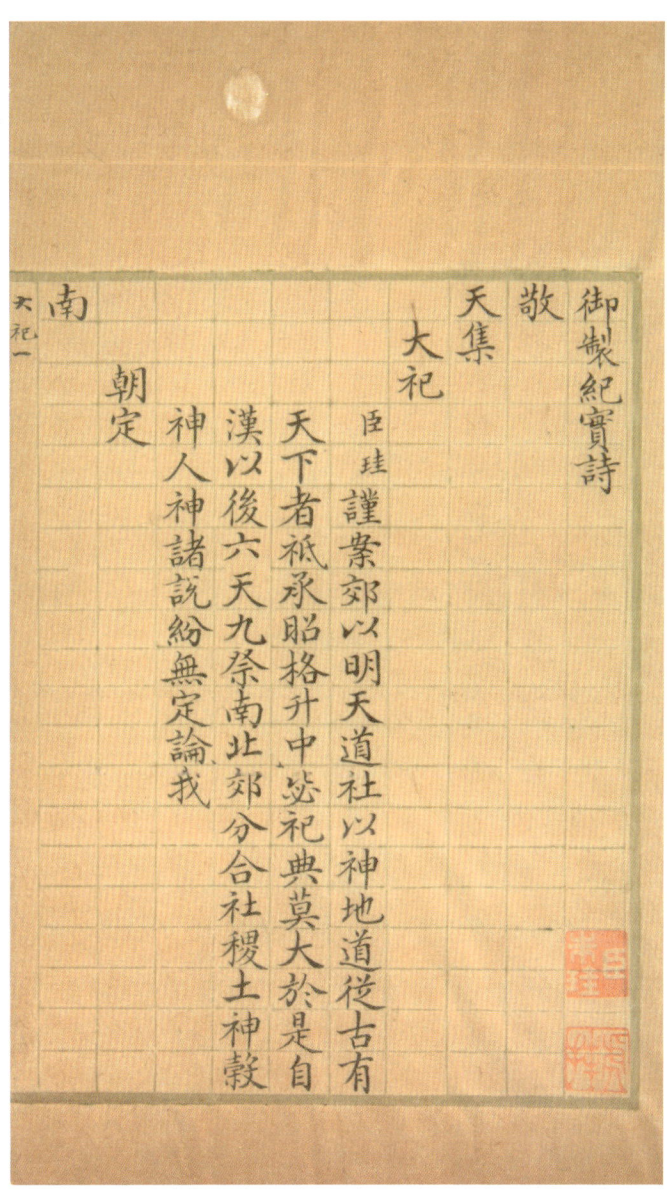

图80　清朱珪辑《御制纪实诗》誊清稿本

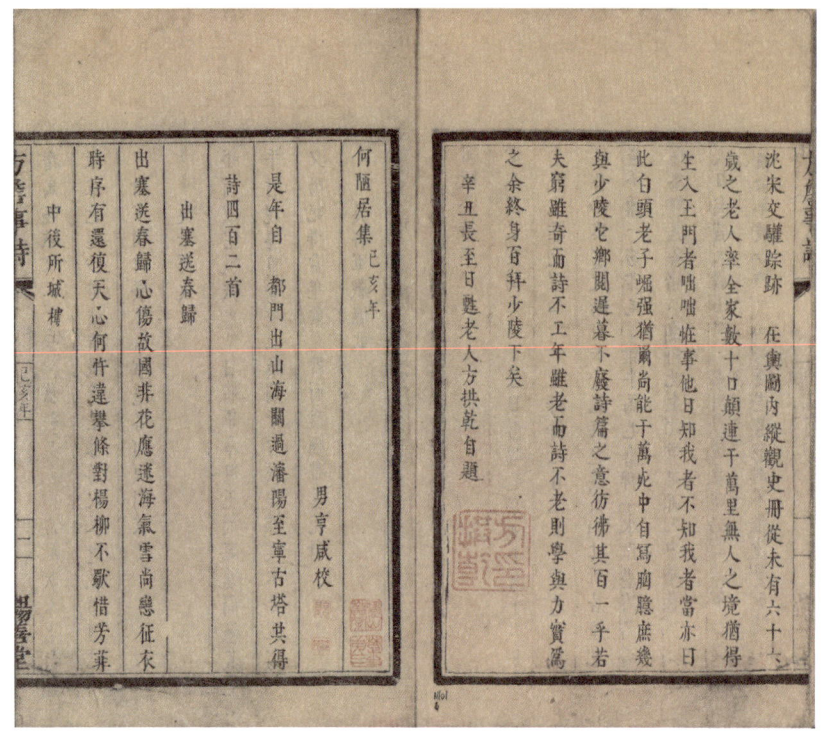

图81　清方拱乾撰《何陋居集》《苏庵集》誊清稿本

今亦存亡莫卜"之语，顾先生因据以考定此本正是陈氏《恒言广证》稿本。不过，要将类似本子定为稿本须慎重，如果不通过考订，缺乏依据，即使批校满卷，也不能轻率下稿本的结论。

④ **编辑稿本误作抄本**

有不少编辑稿本，尤其是经后人整理，实为整理者（或称第二责任者）的辑稿，往往为人们所忽略。譬如清人鲍廷博曾两度校辑元代邓文原《巴西邓先生文集》一书，其初次校辑之本，今藏上图，

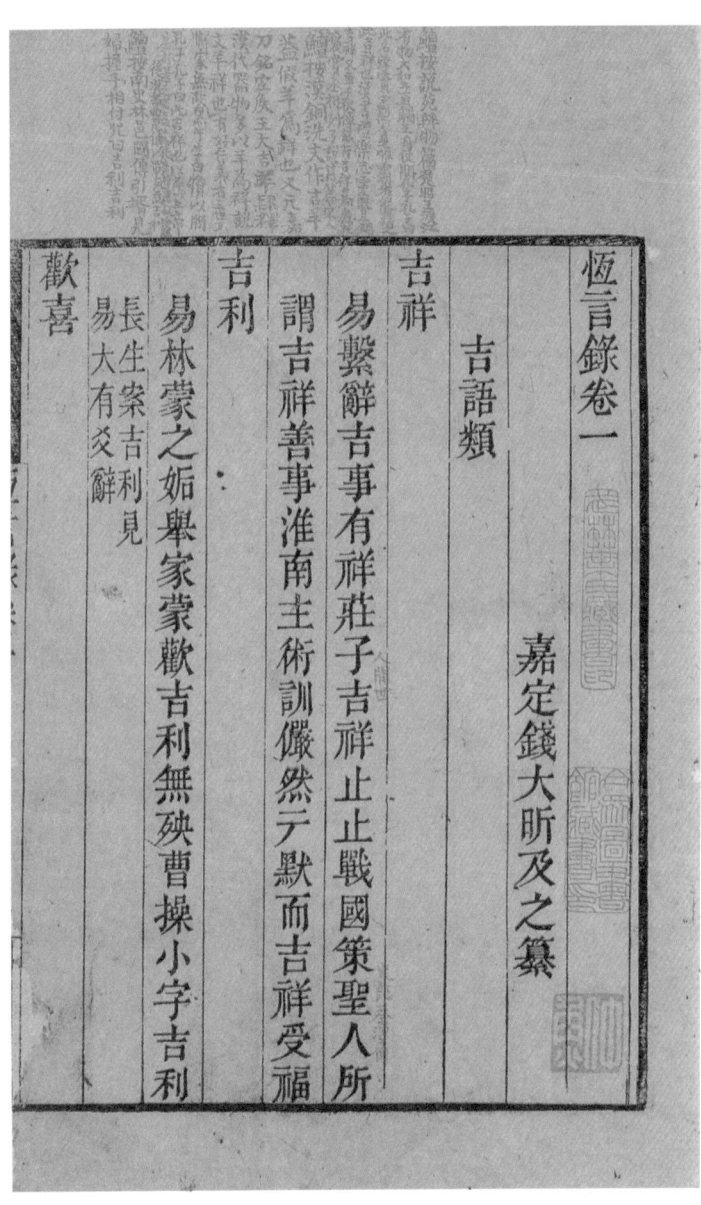

图82　清陈鳣撰《恒言广证》稿本

或被误认为是伪造之本。而上图又藏有鲍氏嘉庆十七年（1812）再度校辑之本，其《补遗》一卷中，《跋欧阳率更子奇帖》《跋唐临十七帖》《跋米南宫书》《与本斋书》《跋鲜于伯机遗墨》《特进上卿玄教大宗师吴公听松风像赞》《跋颜鲁公书朱巨川诰》《四书通序》等篇，为初次校辑本所无，而《四书通序》一篇为鲍氏亲笔抄写（图83）。由于此本辑稿的存在，证明了第一次辑本的不伪（至于其他某些卷端题"巴西文集"的抄本，确有出于书贾伪造者），然而这部辑稿同样仅被《善目》著录为"清鲍氏知不足斋抄本"。

又如南京图书馆所藏清吴曾英《覆瓿丛谈》二卷，系缪朝荃的辑稿，不仅有缪氏校跋，又是缪氏辑刻《东仓书库丛刻初编》之底本，但仍被著录为"清光绪五年缪氏纫兰庵抄本"。

上述种种分明是稿本而却以抄本、校本对待的现象，在学术界较为普遍，说明迄今为止版本之学尚未被真正领会，因而版本尤其是稿本的价值也未被充分认识与研究利用。这里再举人所共晓的《四库全书》为例。尽管近现代已有不少人将《四库》作为专门之学来研究，了解到七部《四库全书》在编纂过程中因选用底本、校勘及禁毁删改等情况变化存在着各种差异，因此在引用《四库》本时，倘若不注明引用哪一阁本，会引起歧义。但当今有多少人认识到这七部阁本实际上都是不同的编辑稿本呢？而许多《四库》底本亦都是实际意义上的重编稿本，其文献价值又远非《四库》本所能替代的。

▼ **抄本鉴定**

前面讲稿本时已说过，鉴定写本比鉴定印本要难，是因为难在

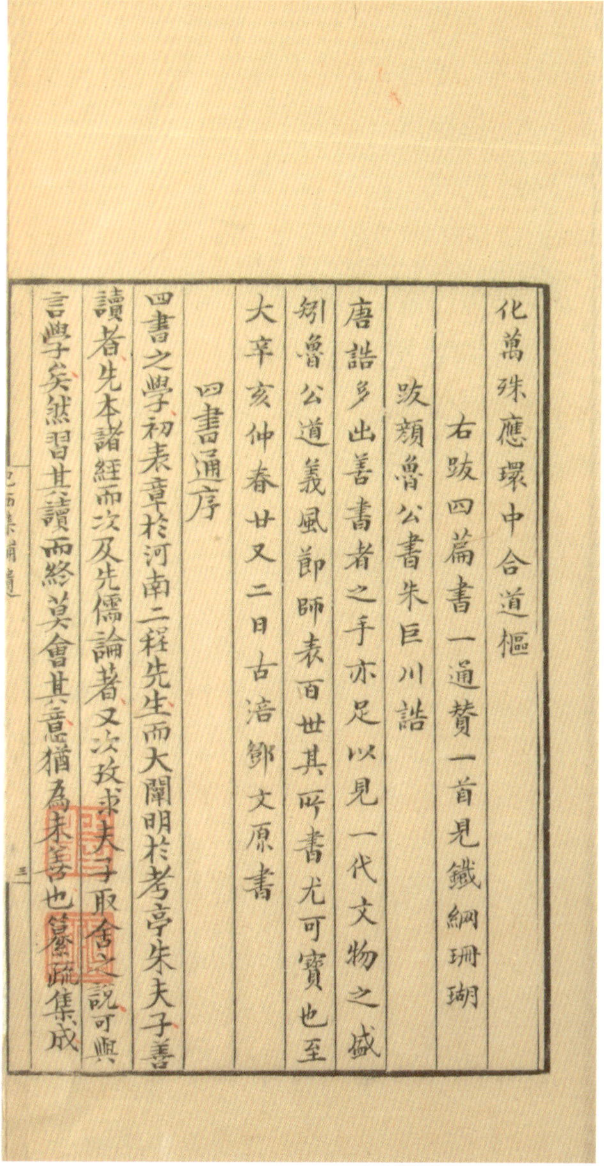

化萬殊應環中合道樞

右跋四篇書一通贊一首見鐵網珊瑚

跋顏魯公書朱巨川誥

唐誥多出善書者之手亦足以見一代文物之盛

刻魯公道義風節師表百世其所書尤可寶也至

大辛亥仲春廿又二日古浯鄧文原書

四書通序

四書之學初表章於河南二程先生而大闡明於考亭朱夫子善

讀者先本諸經而次及先儒論著又次孜求夫子取舍之說可與

言學子矣然習其讀而終莫會其壹猶為未善也鄱疏集成

图83　清鲍廷博校辑稿本《巴西邓先生文集》

写本个性突出,少有规律可寻,所以更强调实践经验,在实践中琢磨,取得认知。在此结合书法字体、纸张、印章、讳字及题识跋语诸端讲一下抄本的鉴定。

① **书法字体**

书法字体,时代有时代的风气,个人有个人的特点。同样是敦煌发现的写经,总体上说,六朝与唐代有明显的区别:六朝写经古朴,其捺脚格外丰腴,隶书意蕴明显(图84);唐人写经秀美,字体匀称,少有特别强调的笔画(图85)。如果仔细区分,各自又有不同,可多看各种图录,进行比较。

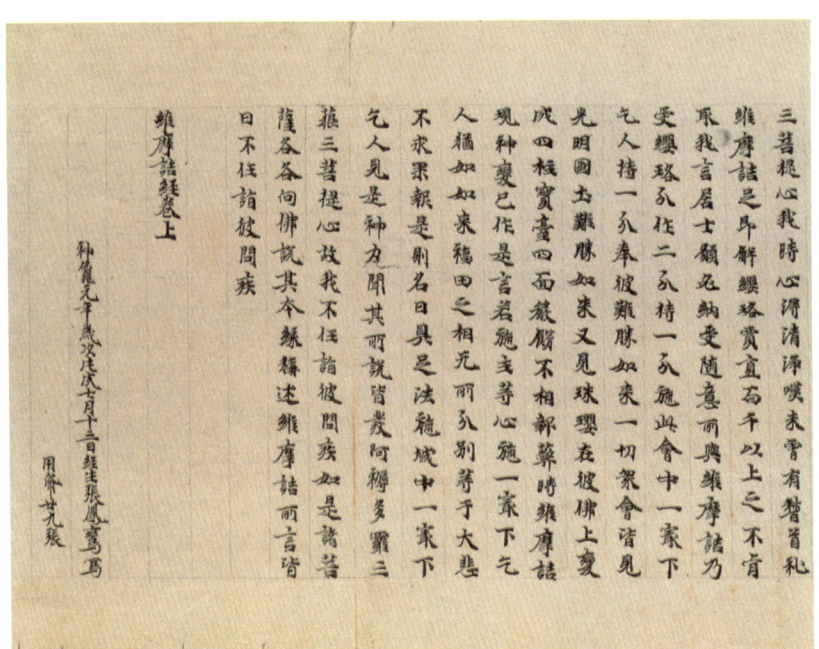

图84 北魏神龟元年(518)写本《维摩诘经》

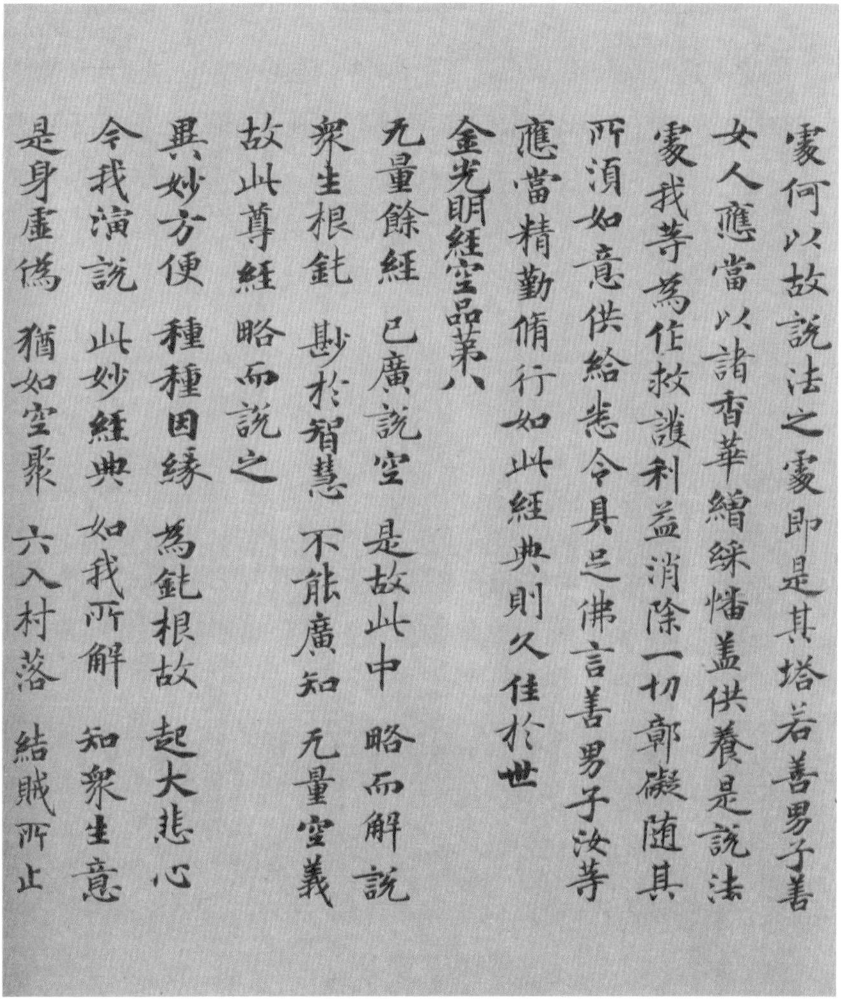

裦何以故說法之裦即是其塔若善男子善
女人應當以諸香華繒綵幡盖供養是說法
裦我等為作救護利益消除一切鄣礙隨其
所須如意供給恙令具足佛言善男子汝等
應當精勤循行如此經典則久佳於世

金光明經空品第八

无量餘經 已廣說空 是故此中 略而解說
衆生根鈍 尟於智慧 不能廣知 无量空義
故此尊經 略而說之
異妙方便 種種因緣 為鈍根故 起大悲心
令我演說 此妙經典 如我所解 知衆生意
是身虛偽 猶如空聚 六入村落 結賊所止

图85 唐写本《合部金光明经卷第三》

现存大量的古籍抄本产生于明清两代。不少版本学著作谈到抄本的字体，皆谓明抄本字体飘逸、书法自然，清抄本工整秀丽、书写规矩。说得颇为抽象。落实到具体抄本实物，如果不懂点书法，也难以体会甄别。其实抄本的时代风气与刻本有相似之处。如明代前期承继元代流行赵孟頫书体遗风（明内府刻本则通代如此），刻本、抄本皆如是（图86、图87）；明代中期（正德嘉靖间）仿宋刻本变化过程中的字体（图88），在明抄本中亦时有出现（图89）；而万历写刻本的字体实际上就是明末书法风气的反映（当然亦有异同变化）（图90），抄本亦每如是（图91）。而清代的抄本尤其是所谓精抄本，其字体与康、雍、乾三朝的写刻本多同，即所谓"馆阁体"（图92、图93）。所以，从书法的时代风气鉴别明清抄本，可借助刻本进行比较，只是刻本经过施刀，字形笔画相对规整统一，少了些抄写的自然之态。这是就一般抄本的大致情况而言，真要辨别书法风气也并不容易。如台北"国家"图书馆所藏明末谢氏（肇淛）小草斋抄本《萨天锡诗集》有黄丕烈题跋，谓"就其钞手风气验之，当在乾隆年间"。其所鉴别，与实际抄写时代相去甚远（图94、图95）。

至于对富有个性化的抄本如名家手抄本的鉴定，那就更要下大功夫，逐家进行辨识。除了抄本本身之外，还要借助其他墨迹资料（如书作、题跋、尺牍等，以及相关影印文献）熟悉名家手迹。如不重视名家手迹的辨识，版本专家也会失误。譬如上图所藏清钱氏潜研堂抄本《中兴馆阁录》，其中《续录》卷一、卷七监修国史官至著作郎前半部分及卷八前半部实为钱大昕手抄（图96），又

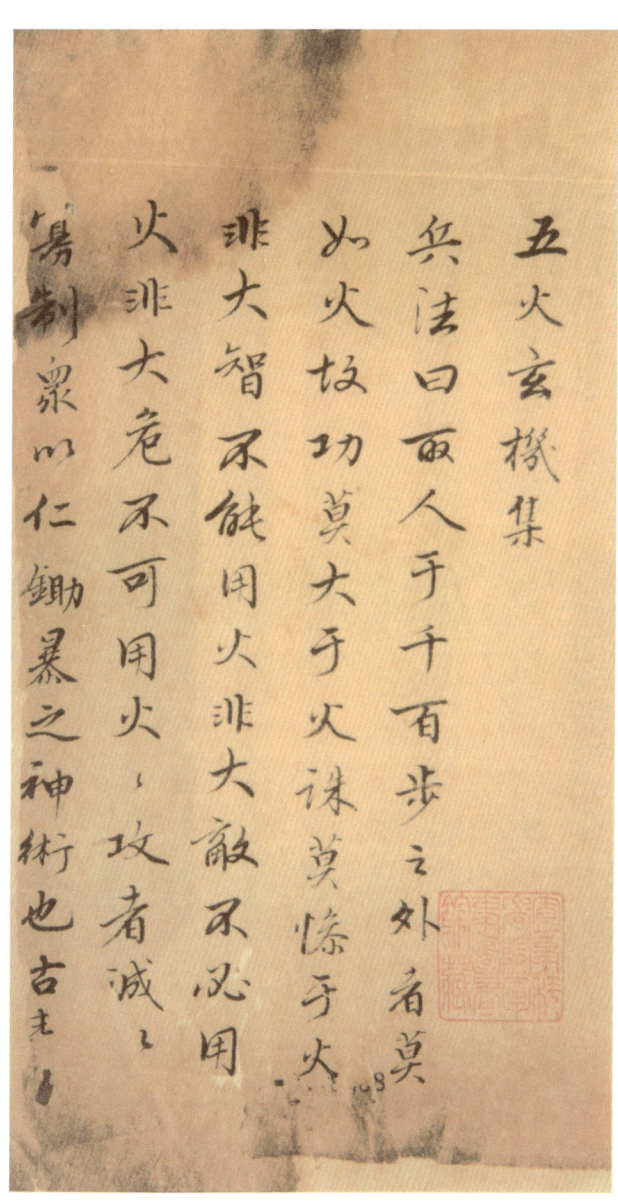

图86 明洪武元年(1368)抄本《五火玄机集》

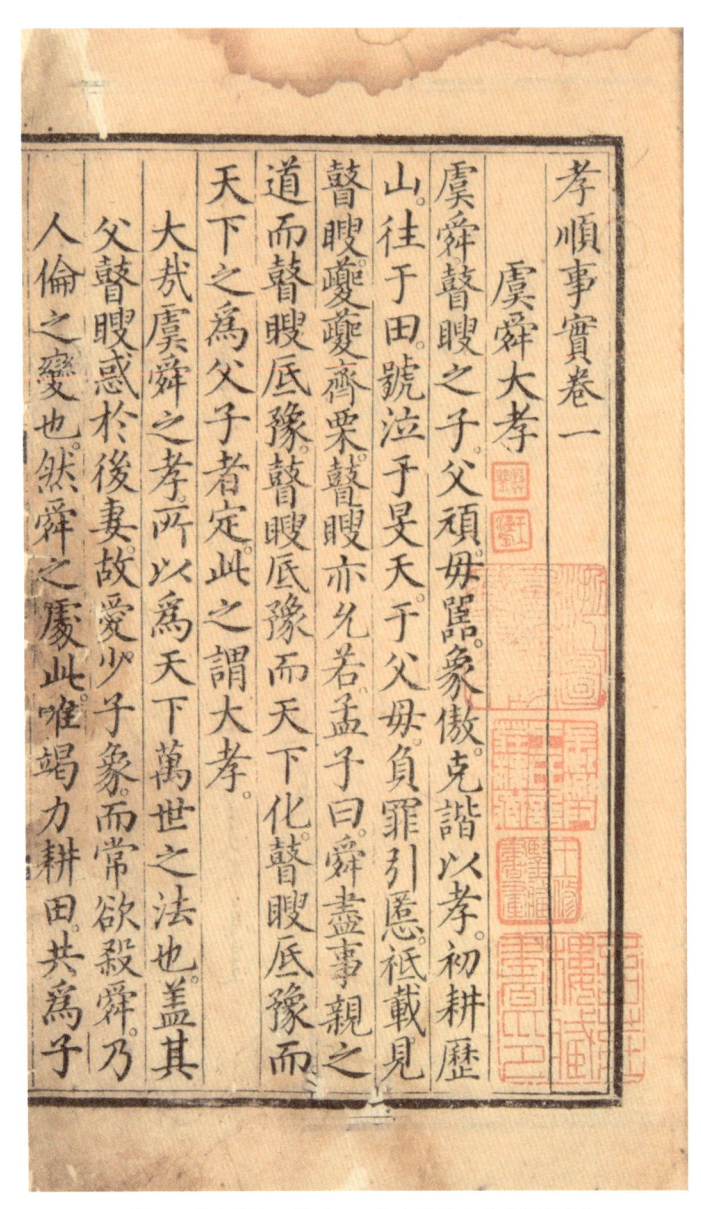

图87　明永乐十八年（1420）内府刻本《孝顺事实》

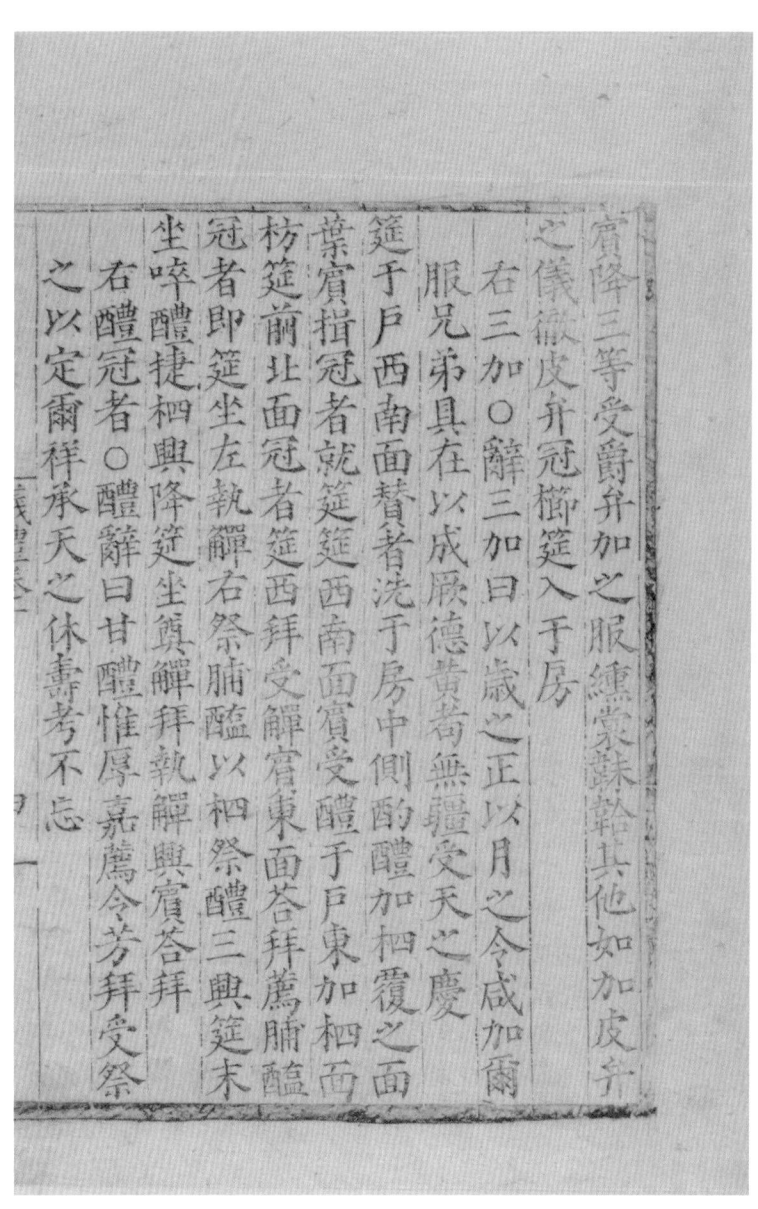

图88　明正德十六年（1521）刻本《仪礼经传》

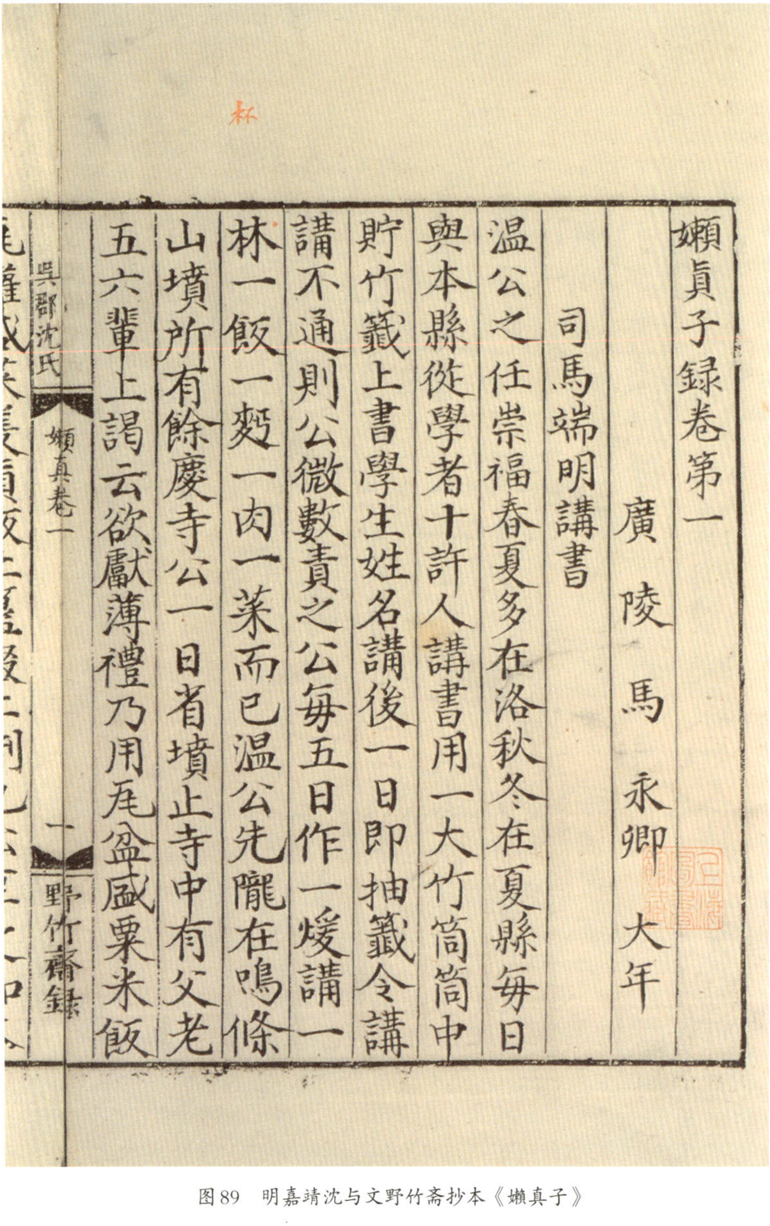
嬾真子録卷第一
廣陵　馬　永卿　大年
司馬端明講書
溫公之任崇福春夏多在洛秋冬在夏縣每日
與本縣從學者十許人講書用一大竹筒筒中
貯竹籤上書學生姓名講後一日即抽籤令講
講不通則公微數責之公每五日作一煖講一
林一飯一麪一肉一菜而已溫公先隴在鳴條
山墳所有餘慶寺公一日省墳止寺中有父老
五六輩上謁云欲獻薄禮乃用瓦盆盛粟米飯
吳郡沈氏　嬾真卷一　一　野竹齋録

图89　明嘉靖沈与文野竹斋抄本《嬾真子》

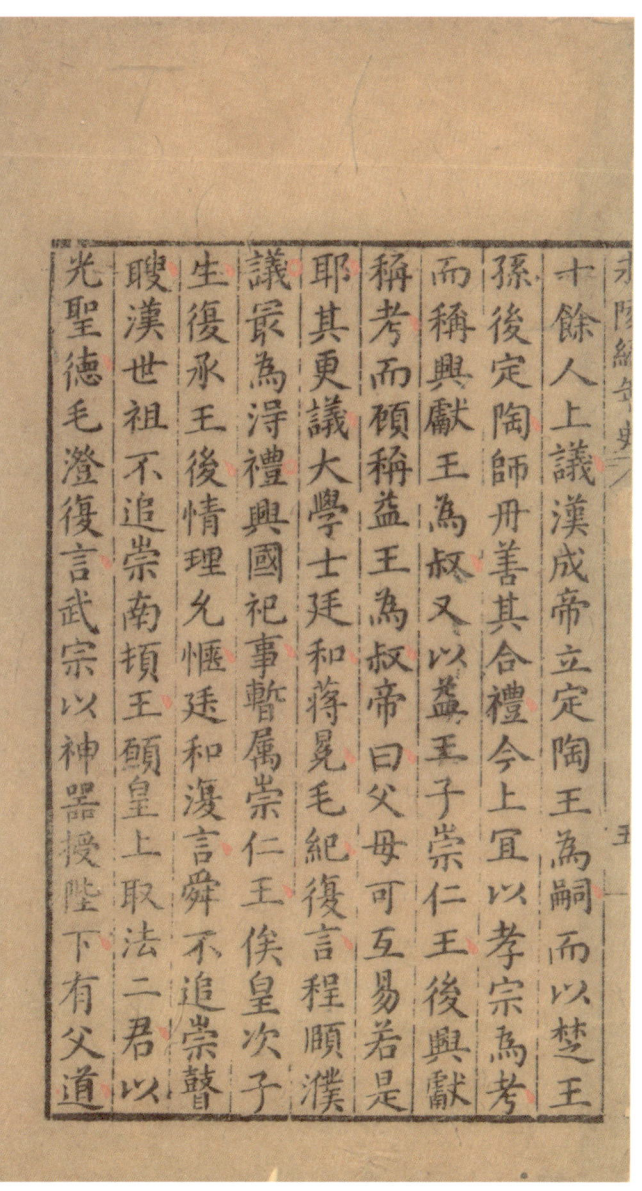

图90　明万历写刻本《世穆两朝编年》

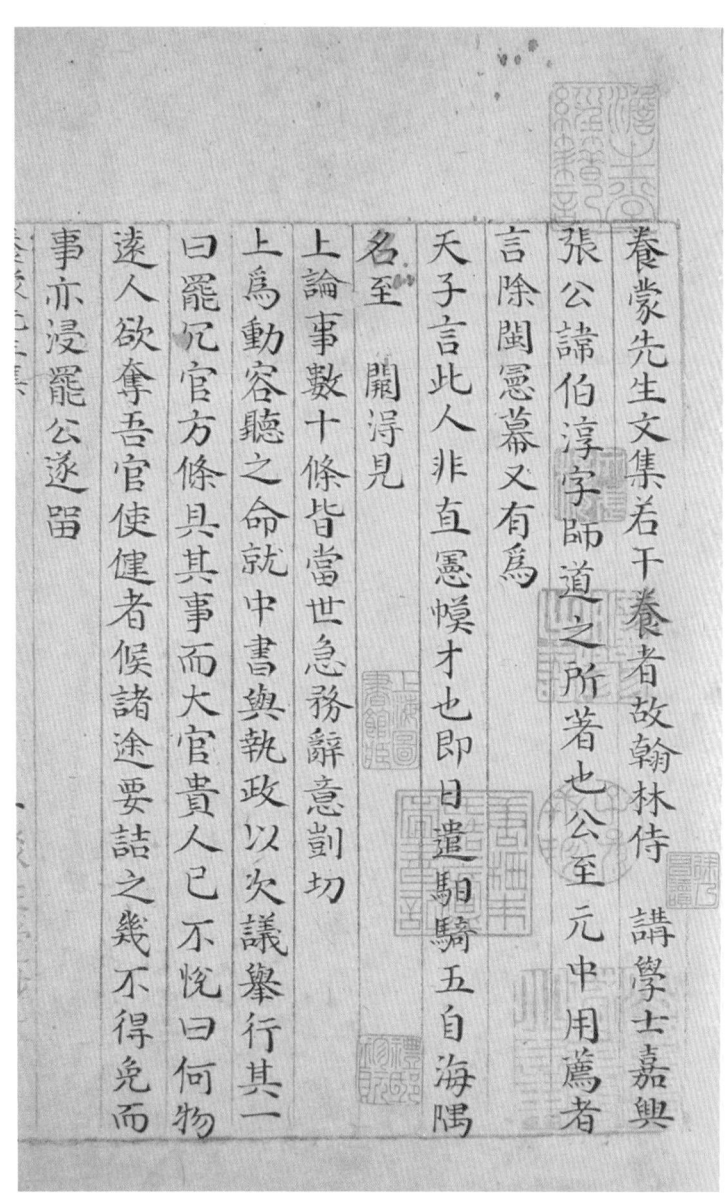

養蒙先生文集若干養者故翰林侍講學士嘉興張公諱伯淳字師道之所著也公至元中用薦者言除閩憲幕又有為天子言此人非直憲幕才也即日遣馹騎五自海隅名至 闕得見
上論事數十條皆當世急務辭意剴切
上為動容聽之命就中書與執政以次議舉行其一日罷冗官方條具其事而大官貴人已不悅曰何物遠人欲奪吾官使健者候諸途要詰之幾不得免而事亦浸罷公遂留

图91 明末山阴祁氏淡生堂抄本《养蒙先生文集》

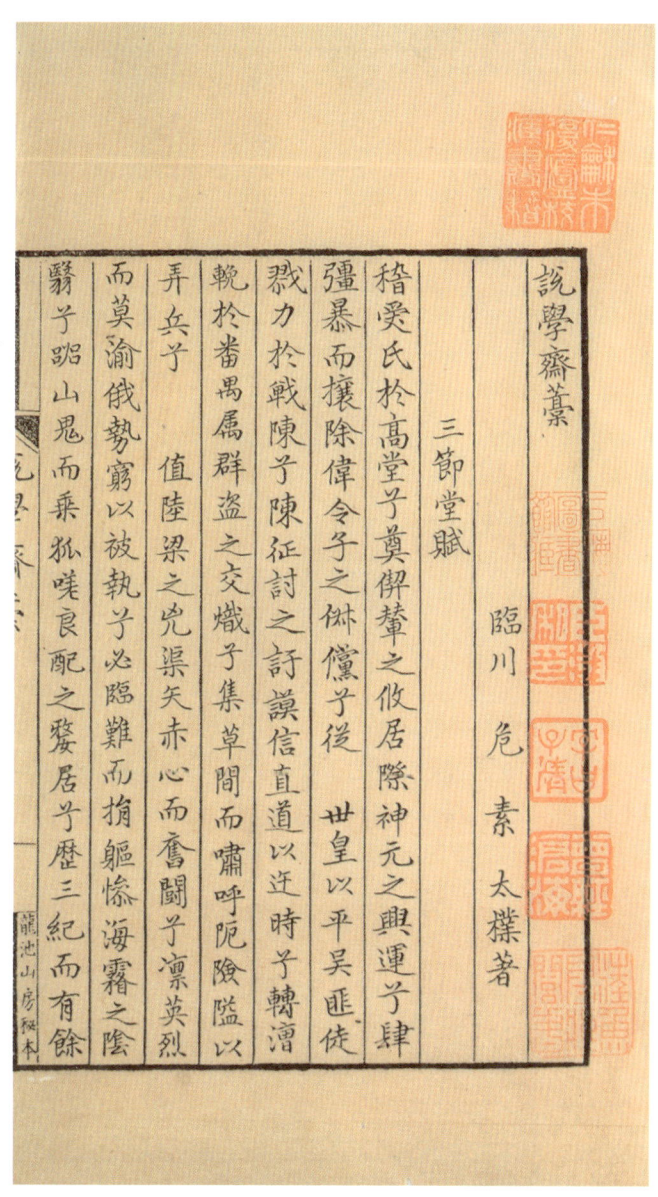

图92　清王闻远龙池山房抄本《说学斋稿》

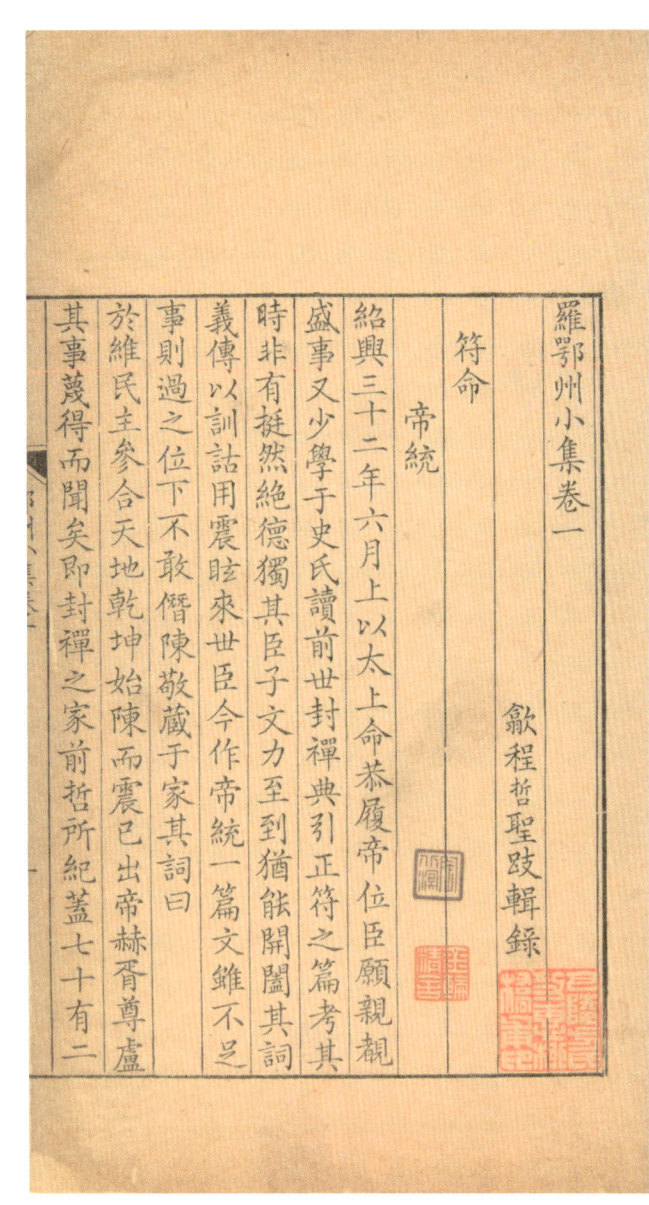

图93 清康熙写刻本《罗鄂州小集》

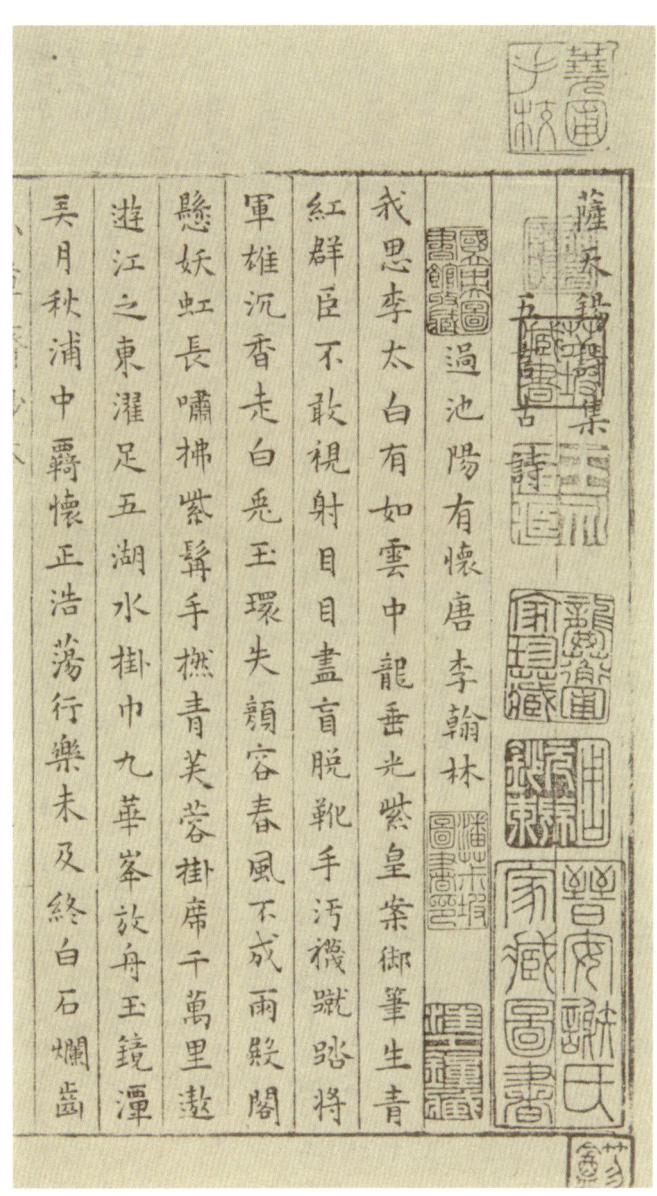

图94　明谢氏小草斋抄本《萨天锡诗集》

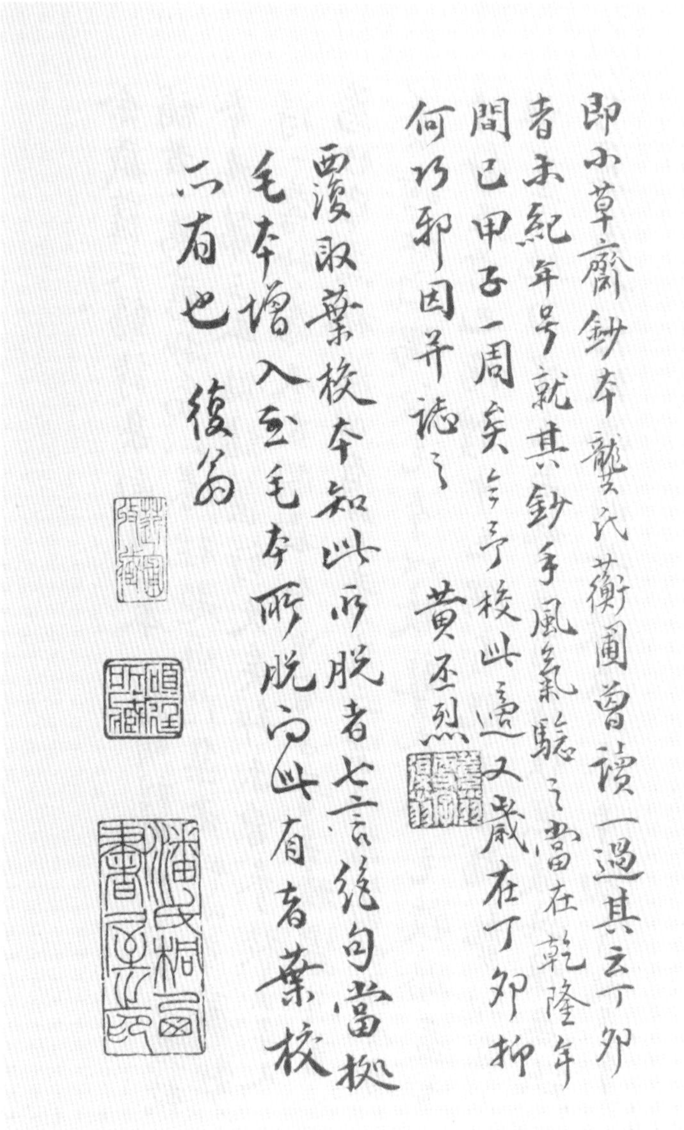

即小草斋钞本龚氏衡圃曾读一过其云丁卯者未纪年号就其钞手风气验之当在乾隆年间己甲子一周矣余今手校此遗文岁在丁卯抑何巧耶因并识之 黄丕烈

覆取叶校本知此所脱者七言绝句当据毛本增入至毛本所脱字此有者叶校亦有也 复翁

图95 黄丕烈跋明谢氏小草斋抄本《萨天锡诗集》

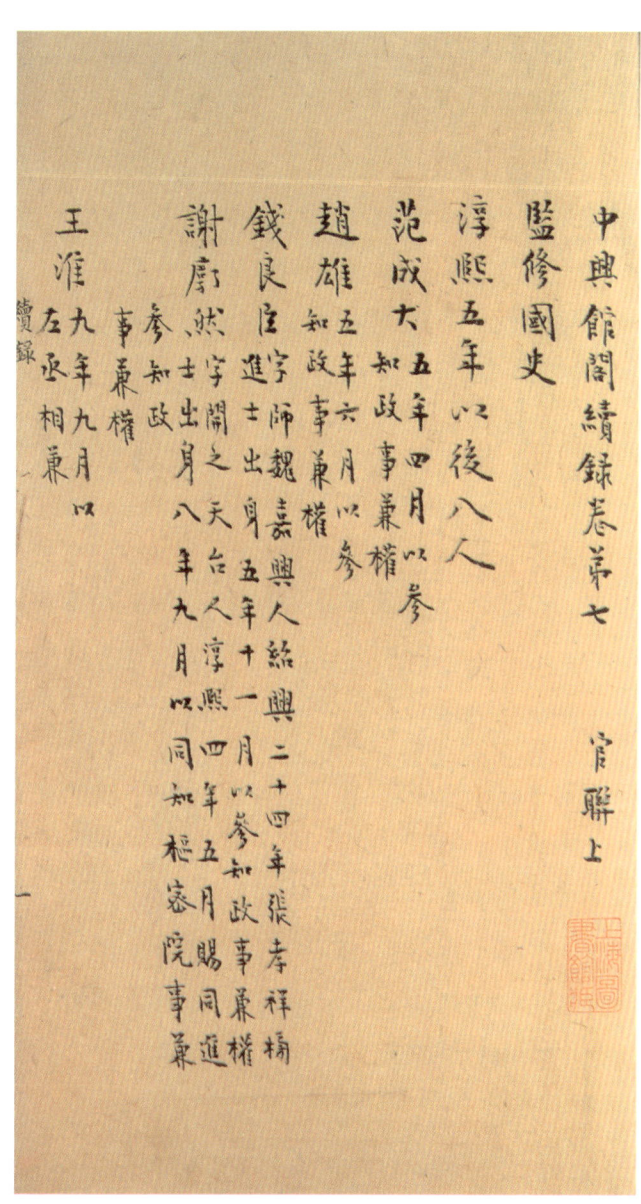

图96 钱大昕手抄《中兴馆阁续录》卷七

经黄丕烈手校，而杨守敬居然疏忽错过。其题跋云："忆此书前年（1884）在上海醉六堂书店余曾见之，以索价稍昂未购。当时匆匆阅过，实不知为竹汀手抄、荛圃手校之本也。今为顾卿所得，出以示余，如寐初觉，始叹'伯乐一过冀北遂无良马'未易言也。"余嘉锡则说："鉴藏书籍，于前人抄校之本，苟不识其手迹，而第检所著目录、题跋以为据，未有不失之交臂者。"

② 纸张

六朝写经大多用麻纸，唐人则较多用硬黄纸与藏经纸。

明清两代，纸张的名目虽然很多，但就其用纸质地而言，不外乎棉纸（南方称皮纸）与竹纸两种。人们现在所看到的白棉纸抄本，大都为明抄，抄写时间又多在万历以前，但在明末，不乏用竹纸抄书者。这与印本用纸情况是一样的。如嘉隆以前白棉纸印本颇为常见，而万历以后印本则竹纸居多。藏书家重视白棉纸本并成为风气不是出现在近现代，早在清初已然。在《汲古阁珍藏秘本书目》中，凡白棉纸所抄者皆一一注明，因为这些白棉纸抄本往往就是明代中期抄书风气大开时的产物，版本价值很高。清代有所谓毛边纸、毛太纸、开化纸（亦称桃花纸）、开化榜纸、连史纸等名目，除开化纸因有争议尚待深入研究者外，大都属竹纸类，只不过用料规格相出入、制作工艺有精粗罢了。区别棉纸与竹纸并不太难，而不能忽略的是，明清两代藏书家往往有各自专门抄书用纸，应当有所了解，这对鉴定抄本很有帮助。譬如上图藏清郑燮手抄本《宝颜堂订正丙丁龟鉴》五卷，因无郑氏款识印记，不敢定为真迹，《善目》未予收录。兹审其墨迹不伪，而抄书用纸版心下镌"橄榄轩"三字，正乃郑氏斋名，则当其手抄无疑（图97）。不过，藏书家的专用稿、抄纸也有借用或赠送的情况；而要仿冒，也就是翻雕一块木板的事情，十分容易。所以除了细心辨认外，还要结合纸张质地、书体风格、所钤印章、批校题跋等方面综合鉴别。

③ **印章**

通过藏书印章（包括闲章）可以了解藏书源流，进而准确鉴定版本，因此，要对官印与私印的钤盖位置、私印的钤盖先后有一个

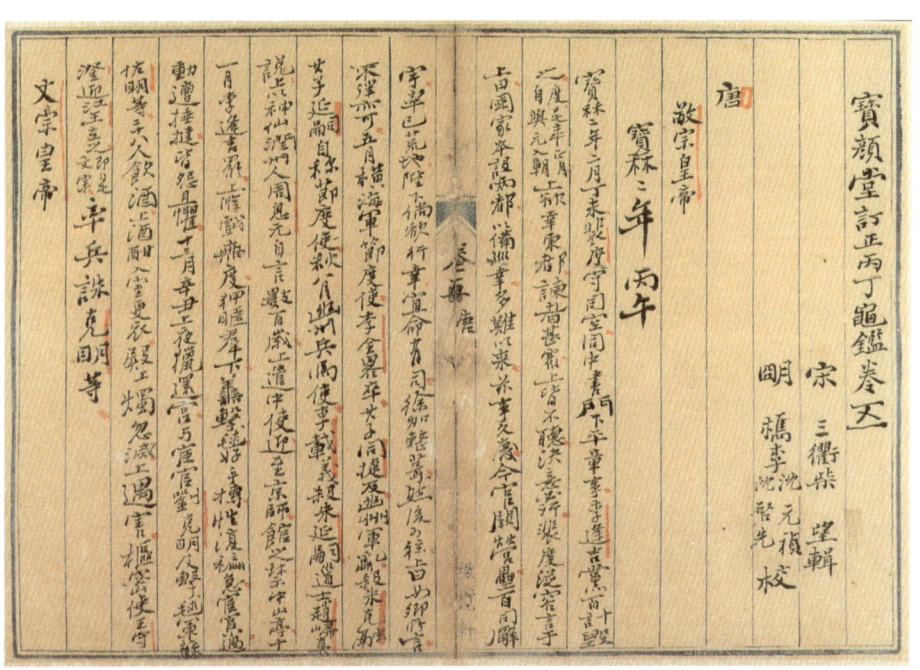

图97　清郑燮手抄本《宝颜堂订正丙丁龟鉴》

大致了解。常见官印（包括藩府印章）钤在卷端右上方、卷末左上方；而私印通常是，得书最早者之印钤在卷端右下方（版格纸则印章钤在版格内），递藏者与获观者之印则依次往上与左右两旁钤盖。当然，在确定真伪的前提下，通过印色也可判断印章钤盖之先后，相对而言，先盖者印色暗淡，后盖者较为鲜亮。有的版本学著作或版本目录对藏书印章的记录不按序次颠三倒四，既反映不出版本的"流传有绪"，还会引起鉴定版本的诸多疑惑，这是版本学修养欠缺的表现，读者要特别留意，别受误导。

通过藏印还可大致鉴定抄本的时代乃至谁家所抄。譬如钤有明代人的印章，一般不会抄在清代（若钤明末清初人的印章，则要结合其他特征而定）；影抄本若钤有毛晋父子常用的印章，多半便是毛抄了。而《善目》于此或有疏忽。如其著录上图藏章钰跋清抄本《河南集》三卷《遗事》一卷（集部2306），若孤立审视，似无问题，但《善目》将此本列于国家图书馆所藏道光许瀚抄本、温州市图书馆所藏瑞安项霁水仙亭抄本之后，便有未安。该本钤有"汪鱼亭藏阅书"朱文方印。鱼亭名宪（1721—1771），字千陂，钱塘人，乾隆十年（1745）进士，喜蓄书，有《振绮堂稿》。根据其钤印，则该本至迟当抄于雍正乾隆之间，而根据《善目》之著录，显然认为该本抄于道光以后，相去甚远。至于《善目》著录之同书其他抄本，是否抄在此本之前，也有待查考。

借助印章鉴定版本，有两点需把握，但并不容易：一是识读印文。虽然印文大多用小篆，但也有用金文，或者出现并不规则的变体、省体，虽有《说文解字》《六书通》以及各种金文字典等可资查检，但需要下功夫，留意揣摩明清时代的篆刻艺术风格，并参考相关藏书家、校勘家及专门学问家的生平文献资料予以认定。二是能够辨别伪印。常见加盖伪印的情况有：在新抄本上加盖前人印章以冒充旧抄本；在抄本上加盖作者的印章以冒充稿本；在过录批校题跋本上加盖批校题跋者的印章以冒充真迹。这些加盖的印章绝大多数是伪刻的；也有个别虽是真印，但它是印主后人钤盖，或者是他人觅得后加盖的，与原书的实际情况不符。伪印大多制作拙劣，材料甚至是木质的，所用印泥亦差，因要做旧，又每在印泥中添加某种物质，令其无新钤之印那种鲜亮的色泽，而时间一长，其印色便显黑暗。但对于接触古籍不多，对一般著名藏书家、校勘家、学者的手迹、印章不熟悉的人而言是较难辨识的，这也是稿抄校本比刻本更难鉴别的因素之一。这就要求我们在实践中注意研究历代各种公私印章的式样、印文的风格、钤印的规律以及印泥的品质与颜色。尤其对著名藏书家、校勘家与学者的印章要熟悉，因为作伪者往往利用伪造名家印章牟利。对此，可以多翻阅各种印谱，将各种书影、印谱中的印章与书目中所记录的印章相互比较、印证，将已知的真、伪印章进行比对，有助于提高印章的辨识能力。当然，这要有一个反复实践的过程与经验的积累。

　　迄今为止，版本学界尚未编制出一部收罗宏富、理想的用于鉴定版本的藏书家印谱。我认为该类印谱至少要做到三点：一、要注明出处，即该方印是取自哪一部书，若是公藏，标明其专有的登录号或索书号；若为私藏，也要注明其下落，以备稽考查核，万一有错可及时纠正，体现印谱的可信度。二、尽可能兼收伪印，以备真伪比较。制造伪印大凡以著名版本学家、藏书家、校勘家与其他文人为对象，若能揭示而出，则印谱更具实用价值。三、不作任何修描。藏书印往往会钤盖在版匡、栏线及文字之上，时代早的印章其印色还可能较为暗淡，为提高识别度，只有通过先进的印刷手段，千万不能进行修描，以免失真而丧失印谱的鉴定功能。譬如1989年由上海书店出版社出版的《明清藏书家印鉴》，就是根据上图编《善目》时拍摄的黑白照片，在复印件上用白粉修描，每使印文失真，因而该印谱只能参考，不具鉴定标准件之功用。

必须指出，印章只是鉴定版本的一个旁证，也有旧抄本（或旧刻本）盖有伪章的，这就不能因为印章伪而否定书的本身价值。因此，要对原书本身作全面分析，这是在鉴定版本中始终不能忽略的。兹举数例。

不辨伪印误将乾隆抄本作清初抄本例

其一，《郝文忠公陵川文集》，因钤有"楝亭曹氏藏书"朱文长方、"长白敷槎氏堇斋昌龄图书印"朱文方印，原编目者遂著录为旧抄本（图98）。曹氏名寅（1658—1712），楝亭其号，富藏书，校刊古籍甚精，有《楝亭五种》《楝亭藏书十二种》等。富察昌龄，字敷槎，号堇斋，曹寅之甥，亦喜藏书，得楝亭之书颇多，故藏本每钤有两家印章。凭此两印，定此本为旧抄即清初抄本似无疑问，

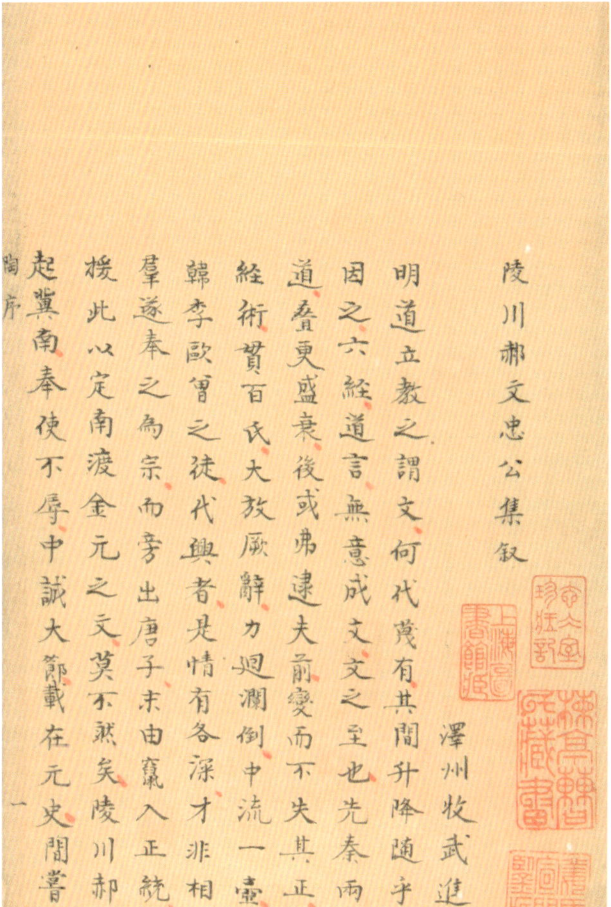

陵川郝文忠公集叙

澤州牧武進陶自悦撰

明道立教之謂文何代蔑有其間升降通于運會而顯晦因之六經道言無意成文文之至也先秦兩漢下由文湖道叠更盛衰後或弗逮夫前變而不失其正其人類皆嫻経術貫百氏大致厥辭力廻瀾倒中流一壺如馬班賈董韓李歐曾之徒代興者是情有各深才非相借雖長一時羣遂奉之為宗而旁出唐子末由竄入正統則古今一轍援此以定南渡金元之文莫不然矣陵川郝伯常先生崛起冀南奉使不辱中誠大節載在元史間嘗取其也論之陶所

图98　清抄本《郝文忠公陵川文集》

但恰恰该两印皆伪。与《善目》著录的明抄本《履斋示儿编》所钤真印相比较（图99），"楝亭曹氏藏书"之"藏"字，其"戈"部真印圆润柔美，伪印则僵硬死板；"长白敷槎氏堇斋昌龄图书印"之"槎"字，左"木"旁真伪两印明显不同。

其二，《沈忠敏公龟溪集》，原以该抄本钤有"顾嗣立印"白文方、"侠君"朱文方印定为清初抄本（图100）。顾嗣立字侠君，苏州人，康熙时著名藏书家，以辑刻《元诗选》最为世人称道。此本虽为仁和朱学勤结一庐故物，但顾氏两印皆伪；且卷内"炫"字缺笔，"弘"字多作"宏"，更证明该本不可能抄在清初。与明抄本《鼓枻稿》上所钤顾氏两方真印相较（图101），差别虽细微，谛视当不难分别。

不辨伪印而将明抄本误作毛抄例

多年前审核《国家珍贵古籍名录》申报材料时，曾经眼一部抄本《皇帝三部针灸甲乙经》，首有宋林亿《新校皇帝三部针灸甲乙经序》。申报单位著录书名作《针灸甲乙经》，版本定为明毛氏汲古阁影宋抄本（图102），其依据主要是该本钤有"毛晋之印""毛氏子晋""汲古主人""汲古得修绠"四方印（图103）。然细审其印，篆刻拙劣，朱砂质差而浮，与常见毛氏诸印之隽美沉着者相去甚远，皆属伪刻；而且抄写字体有异，非出一手，全无毛抄之风貌韵致，则定毛氏影宋抄本显然不确。虽然，却不妨碍此本之固有价值及珍贵古籍名录之申报。因为其乃黑格棉纸所抄，结合其字体风

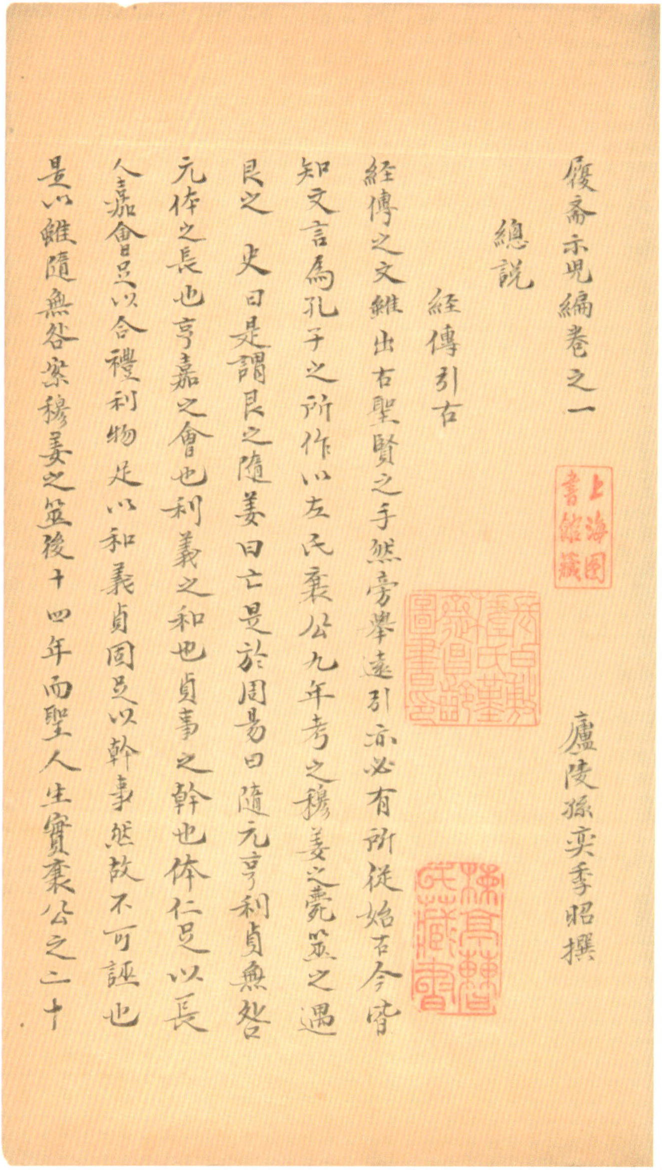

履齋示兒編卷之一

廬陵孫奕季昭撰

總說

　經傳引古

經傳之文雖出古聖賢之手然旁擧遠引者必有所從始古今嘗知矣言爲孔子之所作以左氏襄公九年考之穆姜之筮之遇艮之八史曰是謂艮之隨姜曰亡是於周易曰隨元亨利貞無咎元体之長也亨嘉之會也利義之和也貞事之幹也体仁足以長人嘉會足以合禮利物足以和義貞固足以幹事然故不可誣也畏以雖隨無咎案穆姜之筮後十四年而聖人生實襄公之二十

图99　明抄本《履斋示儿编》

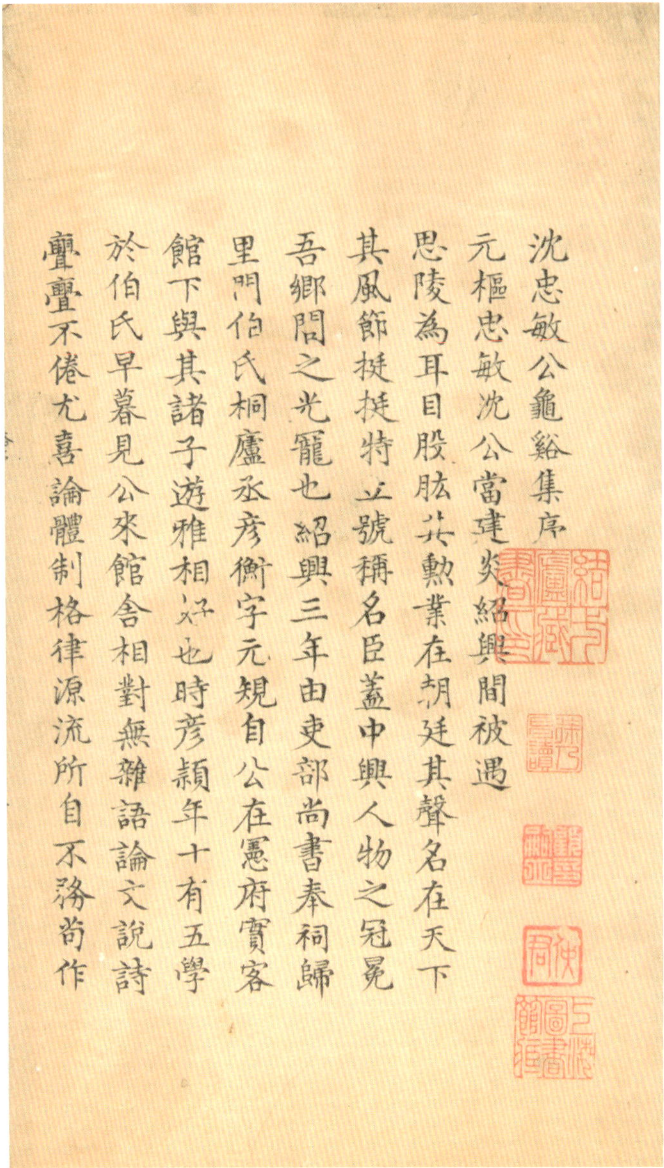

沈忠敏公龜谿集序

元樞忠敏沈公當建炎紹興間被遇思陵為耳目股肱弼勳業在朝廷其聲名在天下其風節挺挺特立號稱名臣蓋中興人物之冠冕吾鄉間之光寵也紹興三年由吏部尚書奉祠歸里門伯氏桐廬丞彥衡字元規自公在憲府賓客館下與其諸子遊雅相好也時彥頴年十有五學於伯氏早暮見公來館舍相對無雜語論文說詩亹亹不倦尤喜論體制格律源流所自不務苟作

图100 清抄本《沈忠敏公龟溪集》

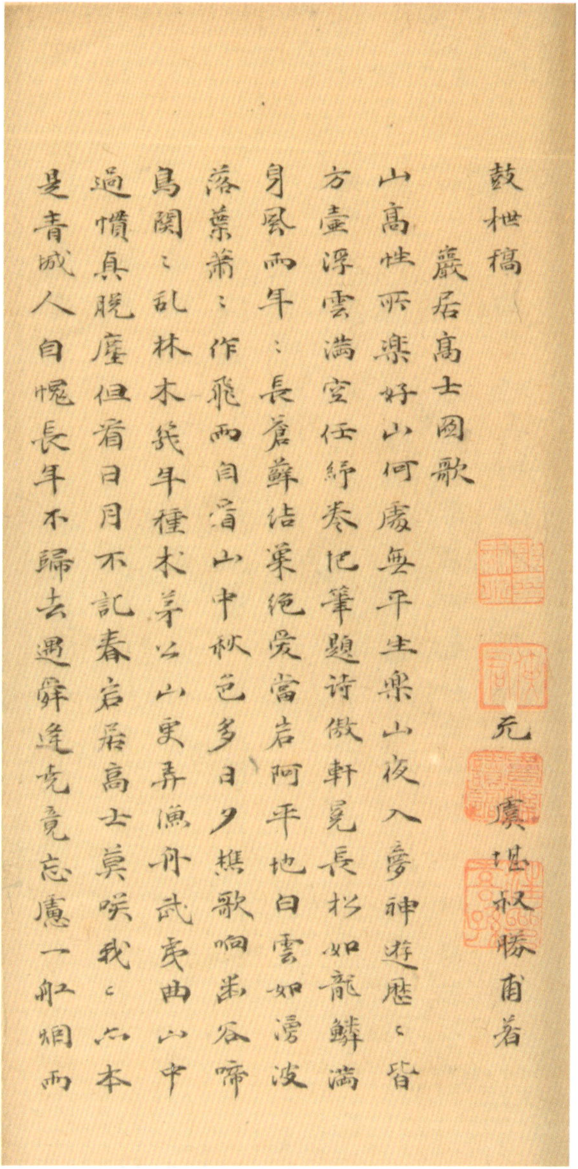

鼓枻稿

巖居高士圖歌

元 虞堪勝伯著

山高怢㟴樂好山何處無平生樂山夜入夢神遊歷歷皆方壺浮雲滿空任紆紆卷把筆題詩傲軒冕長松如龍鱗滿身風雨年年長倉蘚結巢絕壑當戶阿平地白雲如漫波落葉蕭蕭作飛雨自言山中秋已多日夕樵歌响出谷啼鳥閒閒亂林木錢牛種木茅公山吏弄漁舟武夷西山中過慣真脫塵但看日月不記春居高士莫咲我六本過慣真脫塵但看日月不記春居高士莫咲我六本是青城人自愰長年不歸去遇辭逸克竟忘慮一舡煙雨

图101　明抄本《鼓枻稿》

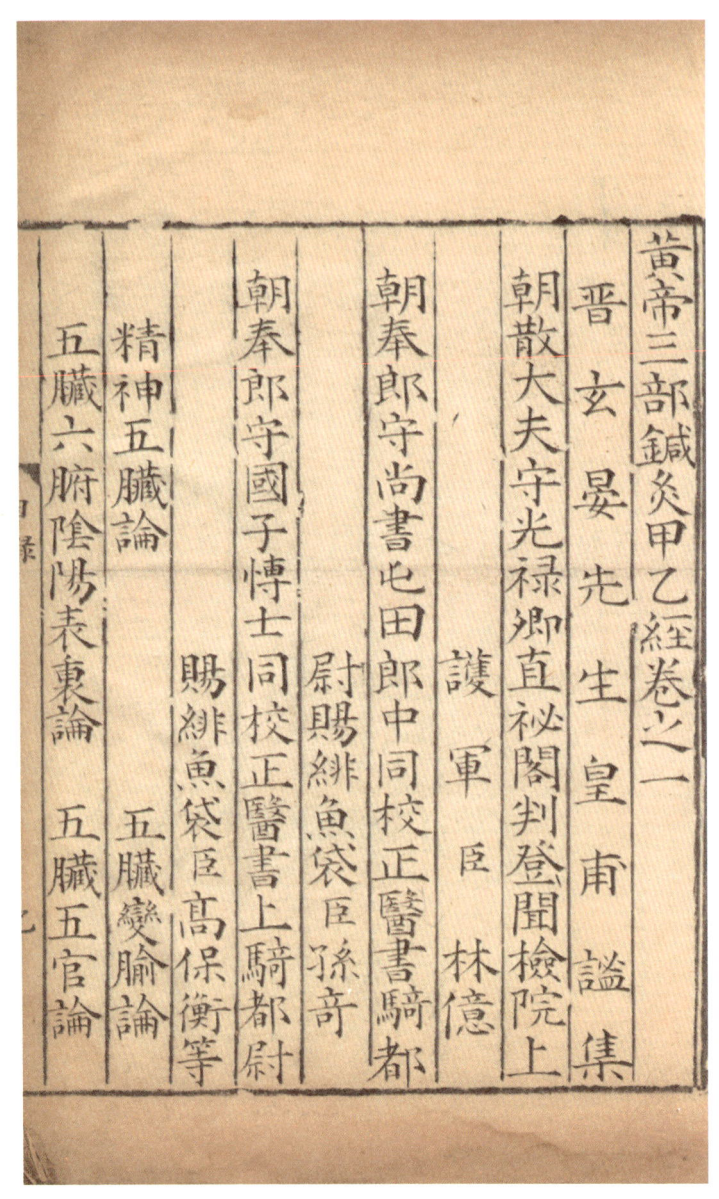

图102　明抄本《黄帝三部针灸甲乙经》

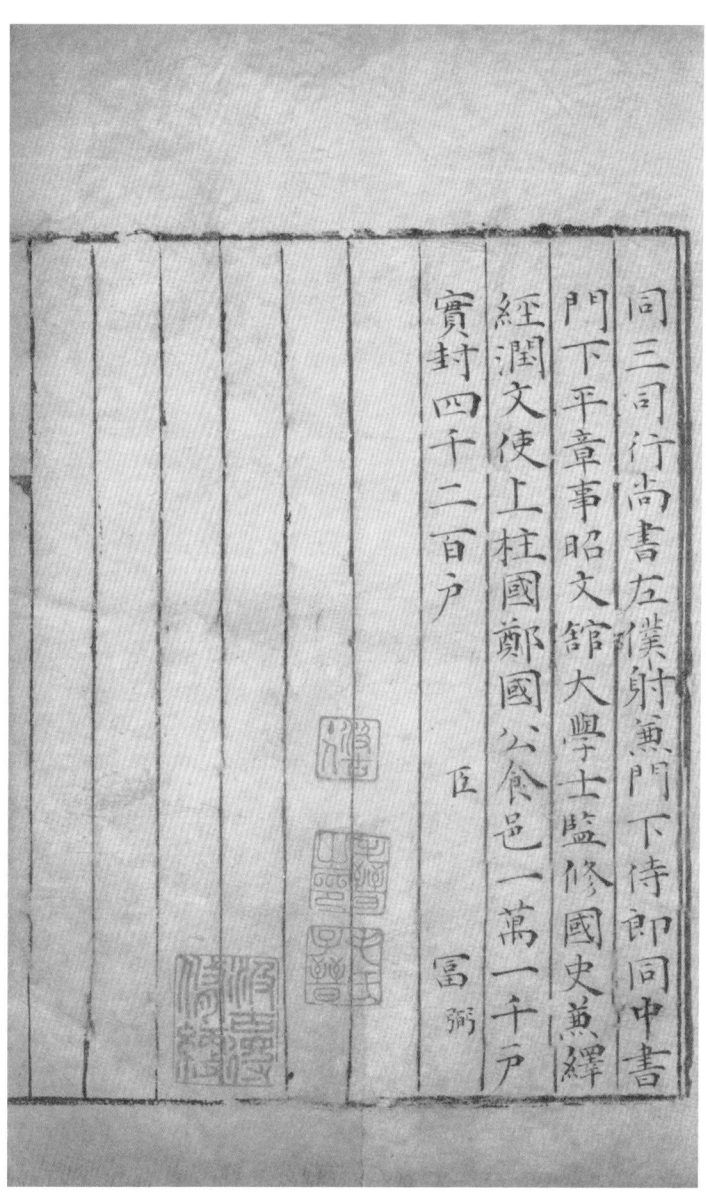

图103　明抄本《黄帝三部针灸甲乙经》毛晋伪印

格，抄写最迟不晚于明代万历，即要早于原定毛氏汲古阁抄本之时间；何况该书现今通行本以万历二十九年（1601）吴勉学所刻《古今医统正脉全书》本为最早，而此本抄写很可能在吴氏刻本之前，颇为难得，故不能以印章伪、非毛抄而忽视其版本价值。

不辨真印系后人钤盖例

《善目》著录一部明抄本《俟庵李先生文集》三十卷附录一卷（元李存撰），引人注目，盖此书明抄本颇为稀见（图104、图105）。其版本系据所钤一方"叶氏菉竹堂藏书"朱文圆印而定，且此本历经清代乾嘉间陆烜（钤有"陆燩子章之印"朱文方印、"梅谷"朱文葫芦印）、法式善（钤有"诗龛书画印"朱文方印、"陶庐藏书"朱文方印、"诗龛墨缘"白文方印、"诗里求人，龛中取友；我怀如何，王孟韦柳"朱文方印）及清季朱学勤（钤有"结一庐藏书印"朱文方印）递藏，皆为显赫藏书之家，可谓流传有绪。

菉竹堂主人叶盛，明正统十年（1445）进士，官至吏部左侍郎，卒谥文庄。生平嗜书，手自抄校至数万卷。尝欲作堂以贮存，取《诗经·卫风·淇澳》学问自修之义，名曰"菉竹"。但直至其玄孙恭焕［字伯寅，号括苍山人，嘉靖丙午（1546）举人］堂始建成（见《（乾隆）苏州府志》）。然观此抄本面貌，字体与纸张（竹纸）皆无嘉靖以前抄本风气，细检卷内文字，果然"弦"字缺笔已避清康熙帝讳，则此本最早抄写时代在康熙而不可能在明代。而"叶氏菉竹堂藏书"之印并不伪，很可能是叶氏后人所钤，因叶氏藏书数

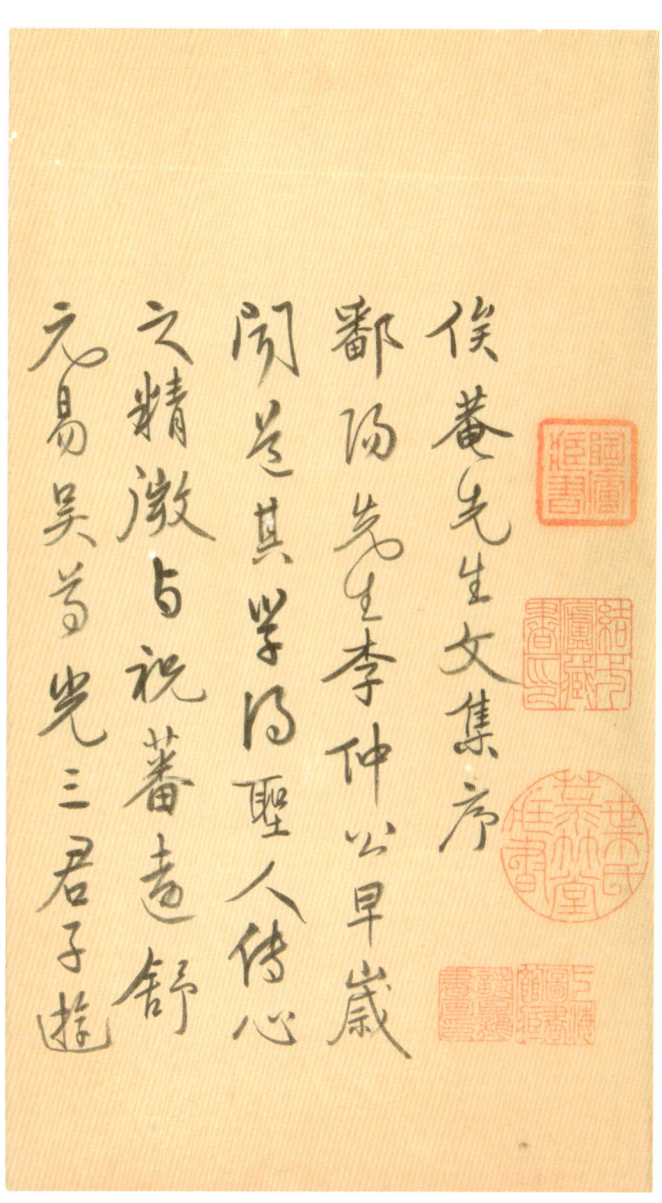

图104 清抄本《埃庵李先生文集》

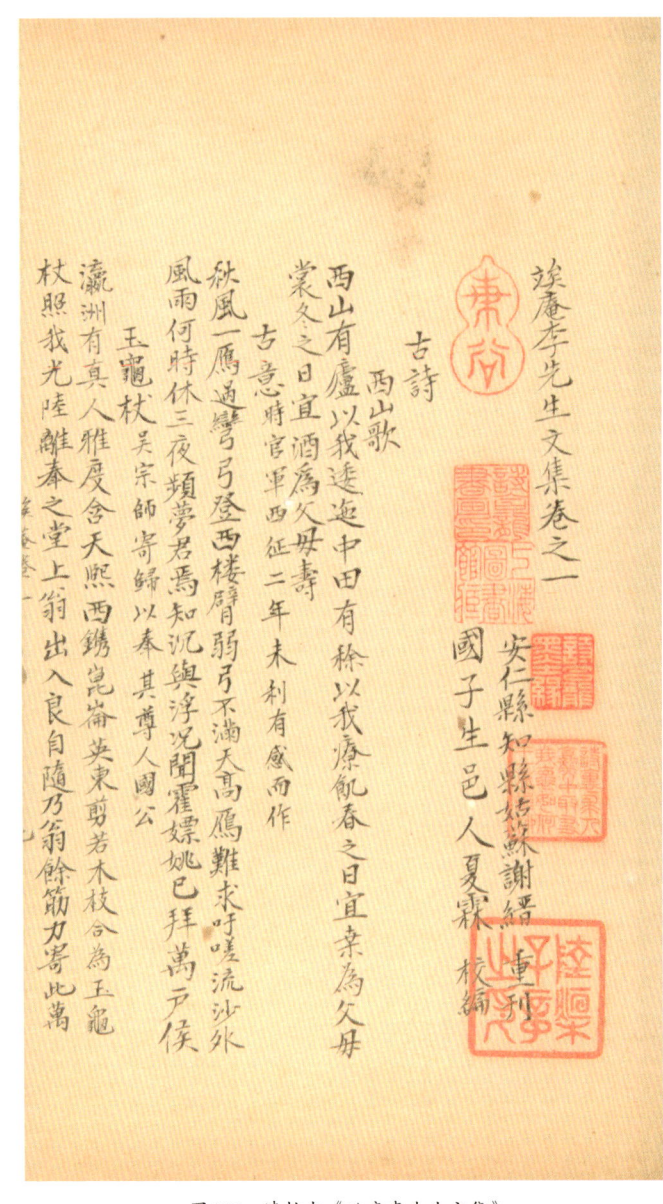

图105 清抄本《埃庵李先生文集》

代世守，其裔孙若叶奕苞、叶国华辈，在清初亦以藏书名家。因而鉴定抄本不能仅凭所钤印章定夺抄写时代，此本可谓典型。

④ **讳字**

利用避讳字结合藏书印等鉴定抄本，上述例子已涉及，是很重要的鉴定依据。在此再举一典型案例：《善目》著录上图藏有一部鲍氏知不足斋抄本《安禄山事迹》（图106），有缪荃孙校跋、沈燕谋跋，其依据是该本卷端、卷末钤有"知不足斋鲍以文藏书"朱文方印。然该本"玄"字不避讳；卷端又钤有"汪西亭氏藏本"朱文方印，西亭名立名，安徽婺源人，康熙间曾辑刻《白香山诗集》《唐四家诗》等，斋名一隅草堂。合避讳情况及经汪氏收藏判断，此本抄写当在清初，非鲍氏知不足斋所为也明矣。

明代抄本避讳不严，万历后或出现讳字，如避光宗朱常洛讳，"常"作"尝"，"洛"作"雒"；避熹宗朱由校讳，"校"作"较"。避讳字主要留意清代，尤其是康、雍、乾三朝。譬如避康熙帝玄烨、雍正帝胤禛、乾隆帝弘历讳，人们即以"玄"字是否缺笔或改为"元"字、"胤"字是否缺笔或"禛"字改为"祯"或"正"字、"弘"字是否缺笔或改为"宏"字、"曆"字改为"历"字等来判断该本是抄在清初抑或之后，是旧抄还是新抄。不过也要注意以下情况：一、抄本尤其是影抄本，往往保留底本的避讳字，鉴定时须将抄写时应避之讳字与底本讳字区别开来。譬如清康熙以后抄本避"玄"字，乾隆以后抄本更避"弘"字，但若抄写底本为宋本，亦可能避"玄""弘"两字，故不能以宋讳当作鉴定清抄本的依据。二、影

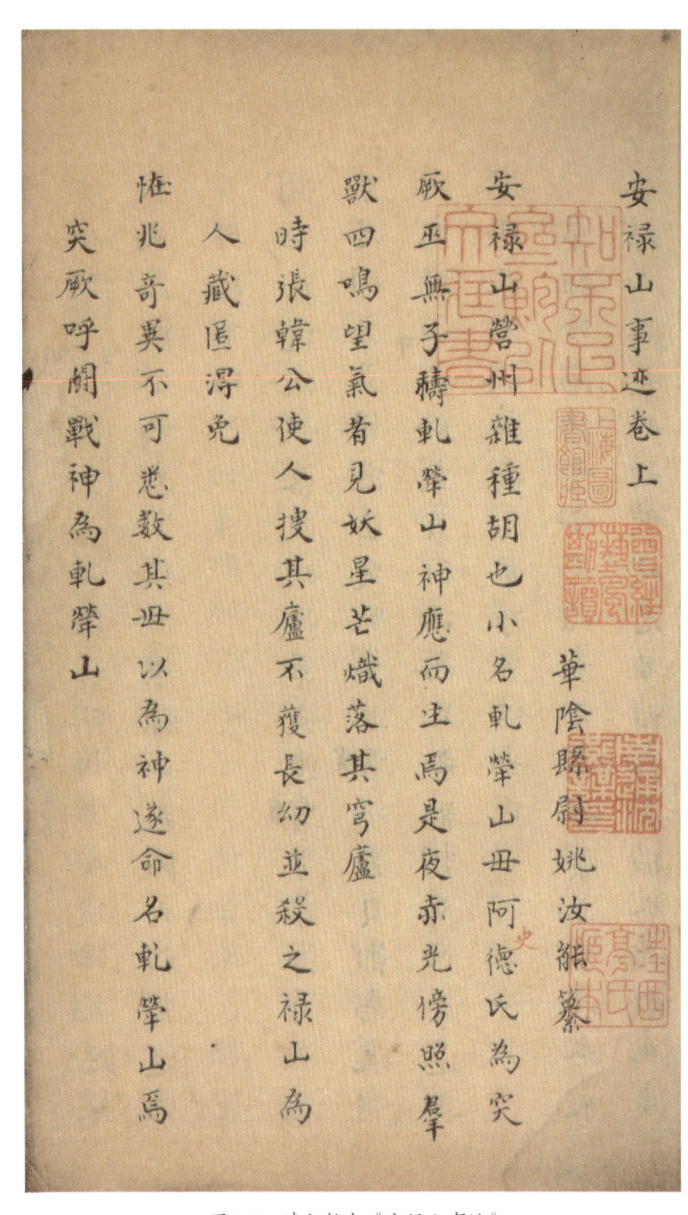

图 106 清初抄本《安禄山事迹》

抄本往往失去底本是否有修补版的信息，因此不能冒然以避讳字推断底本的版刻年代。三、原抄本没有避讳，后人在批校时改为避讳字，则定版本抄写年代时要作分析，有的是抄胥手误未避讳，批校者遂予以改正；有的本身抄写年代就早，原不存在避讳，是批校者所处年代须避讳。四、抄本的避讳字若呈缺笔而非改字现象，比较容易作伪，譬如在缺末笔的"玄"字、"弘"字补上一点，便成为康熙或乾隆以前抄本，新抄本变成了旧抄本，这就需要从笔迹、墨色等方面加以甄别，还要结合字体、纸张、收藏印章等方面进行综合分析。

⑤ **题识跋语**

有的抄本卷末有抄书者题识，交代了抄写的时间、地点、抄写者姓名乃至底本来源，这是鉴别抄本的直接依据。也有的抄本经同时人或后人题跋，对抄本的相关情况也有介绍，鉴定并不困难。但这同样有一个书体字迹真伪的认定问题。

曾在上海生命科学院图书馆见到过一部宋曾巩所撰《元丰金石略》的抄本（图107、图108），其卷末有毛晋与毕沅的手书题跋，除毛、毕二氏所钤"毛氏子晋""毕沅之印""秋颿"诸印之外，还钤有朱彝尊之"竹垞真赏"、阮元之"扬州劫后阮氏文选楼藏书"印。按此书确为毛晋所辑，刻入《津逮秘书》之中。刻本有两篇跋文，文字与此抄本毛氏两跋相同，而抄本前一跋出抄胥之手，后一跋为毛氏手书，颇存疑惑。谛视之，毛、毕两跋因换笔书写有轻重粗细之分，字体则如出一手，观毛氏跋"吾犹及史之阙文也"之

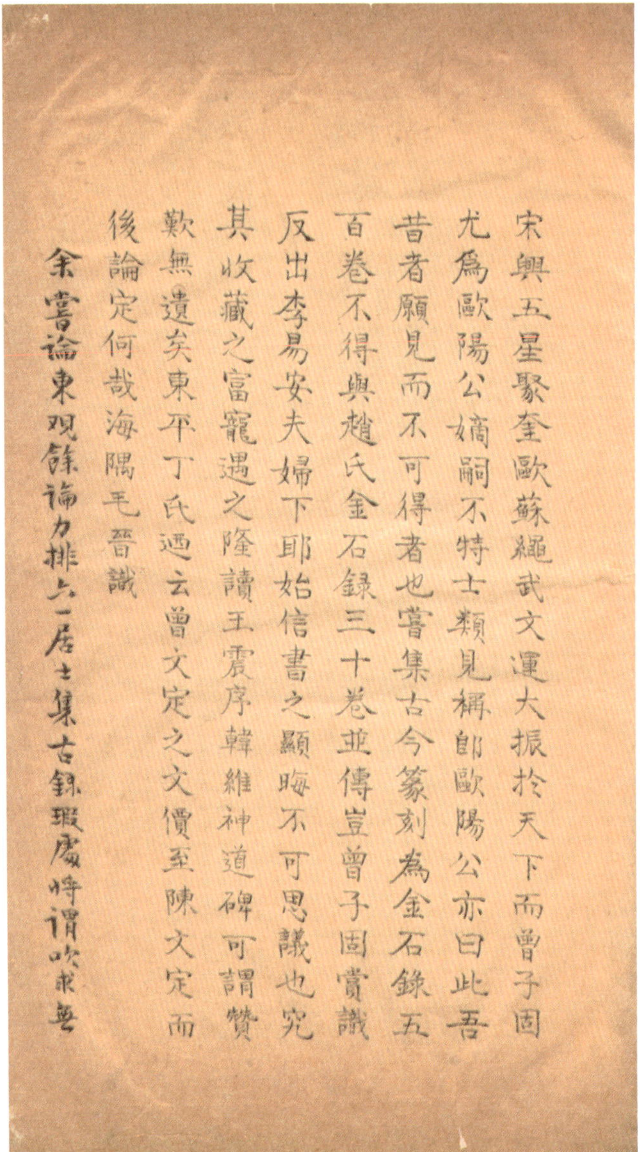

宋興五星聚奎歐蘇繼武文運大振於天下而曾子固
尤為歐陽公嫡嗣不特士類見郎歐陽公亦曰此吾
昔者願見而不可得者也嘗集古今篆刻為金石錄五
百卷不得與趙氏金石錄三十卷並傳豈曾子固賞識
反出李易安夫婦下耶始信書之顯晦不可思議也究
其收藏之富寵遇之隆讀王震序韓維神道碑可謂贊
歎無遺矣東平丁氏迺云曾文定之文價至陳文定而
後論定何哉海隅毛晉識

余嘗論東觀餘論力排六一居士集古錄瑕疵時謂吹求過

图107 清抄本《元丰金石略》（一）

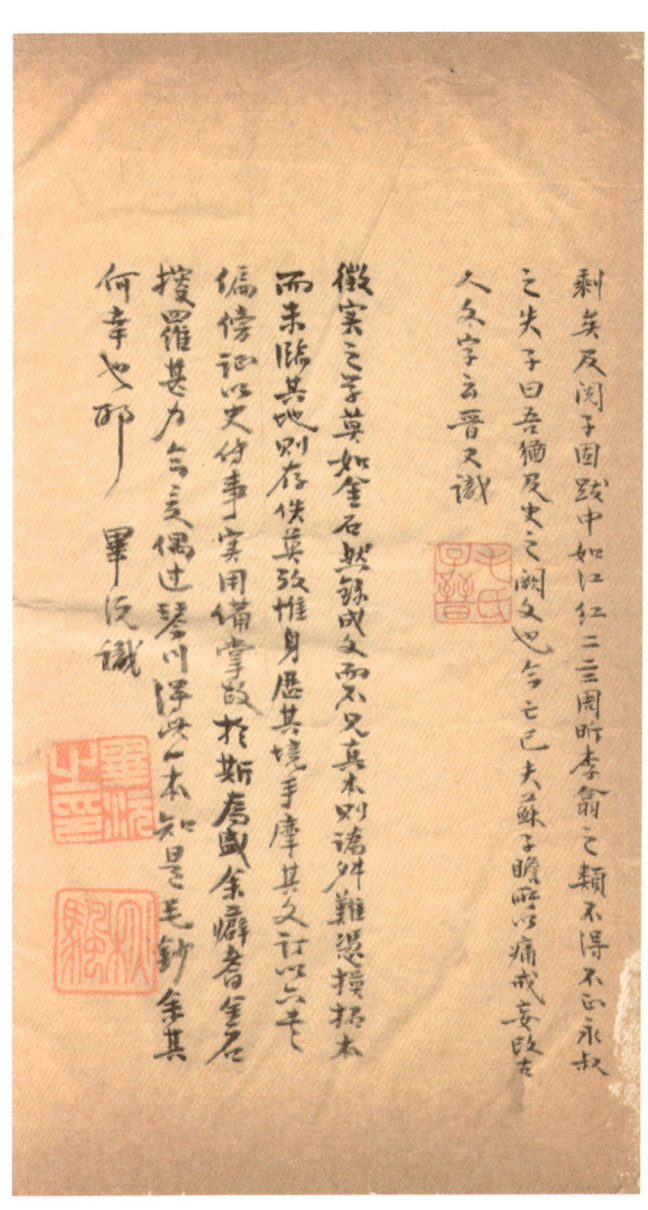

图108　清抄本《元丰金石略》(二)

"也"字与毕氏跋"余何其幸也耶"之"也"字，即可洞察分明。因两人手书题跋稀见，尤其毕氏，倘若毛氏跋后不钤"毛氏子晋"印章，或可认为毛跋系毕氏从《津逮秘书》本抄来，至少毕氏手跋不伪，但钤了毛氏印章，反而弄巧成拙，两跋皆伪无疑。再审朱彝尊、阮元之印，亦皆伪刻拙劣，则毕氏跋语所谓"偶过琴川，得此一本，知是毛抄"云云，更毋庸论矣。

▼ **批校本鉴定**

① **辨识字体**

鉴定批校本，主要是确认批校者，并区分该本是原作者的亲笔批校还是他人过录批校。过录批校有两种情况：一种是随手抄录，重在批校文字（著录为"某人过录某人批校"），鉴定相对较易；另一种则既注重批校文字，又注重批校形式，即不是草率抄录，而是细心临写，不仅字体酷似，而且书写位置亦一依原本（著录为"某人临某人批校"），要作出定夺便困难许多，而这种临本客观上也为牟利者作伪创造了条件。因此，鉴定批校本与稿本、抄本一样，强调字体辨识，如不认识作者字体，鉴定便难以措手。

譬如置于读者面前的这两部《盐铁论》（图109、图110），都有朱笔批校，不识者不知为谁氏笔迹，了解者若不细心，也会以为皆出清代校勘家陈鳣之手。实际上一为陈氏亲笔，一为临摹陈氏批校，如不同案比较，临摹本之虎贲中郎，确实不易辨识。又如1958年上图曾从某古籍书店购得一部清抄本《宛丘先生文集》（七十六卷目录二卷补遗六卷）（图111），此本曾经陆烜、汪士钟收

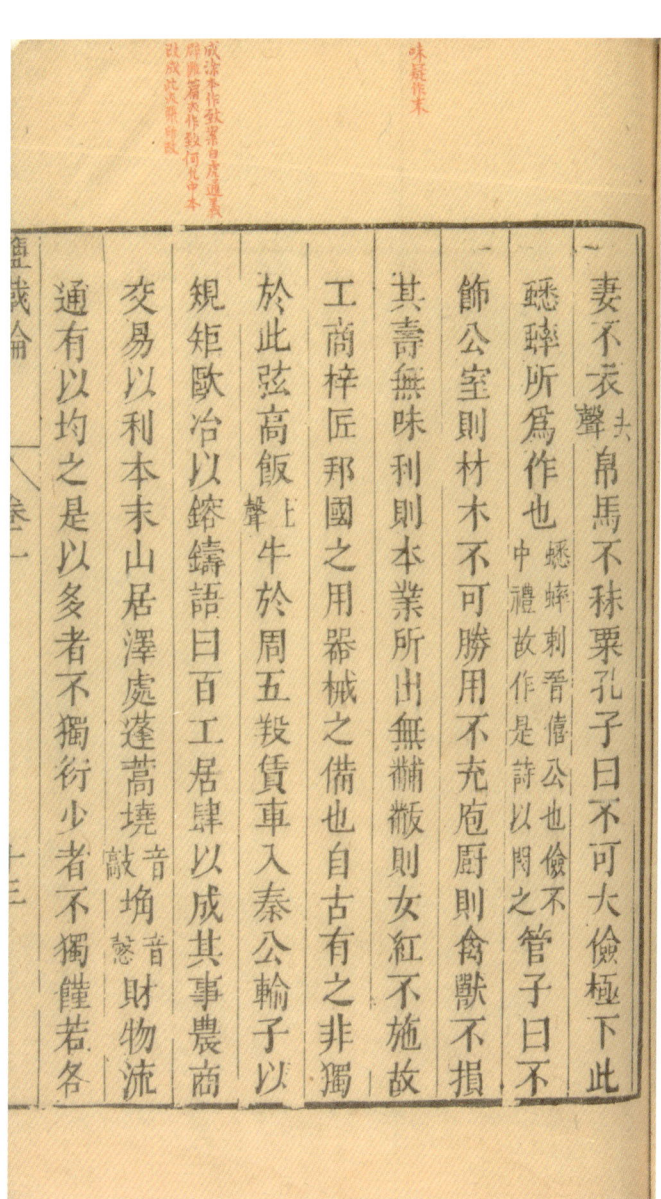

图109　清陈鳣校本《盐铁论》

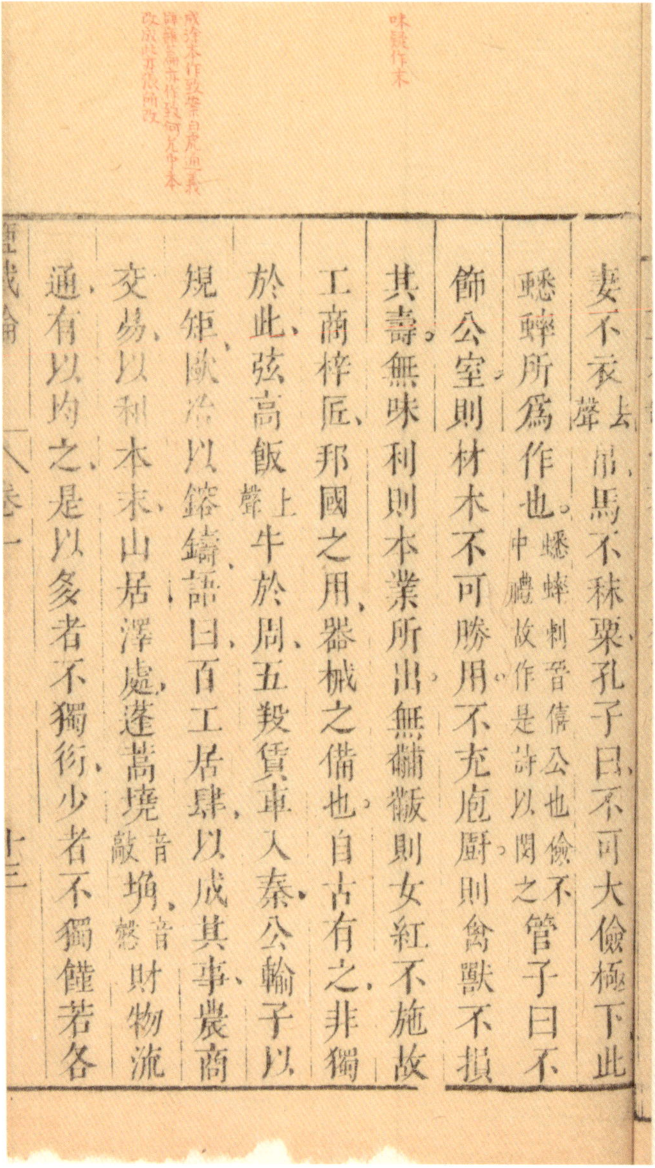
味疑作末

成注本作致案白虎通義
辟雍篇亦作致何允中本

妻不衣去聲帛，馬不秣粟。孔子曰：不可大儉極下。此蟋蟀所爲作也。蟋蟀刺晉僖公也，儉不中禮，故作是詩以閔之。管子曰：不飾公室，則材木不可勝用；不充庖廚，則禽獸不損其壽。無味利，則本業所出；無黼黻，則女紅不施。故工商梓匠，邦國之用，器械之備也，自古有之，非獨於此。弦高販上聲牛於周，五羖賃車入秦，公輸子以規矩，歐冶以鎔鑄。語曰：百工居肆，以成其事。農商交易，以和本末。山居澤處，蓬蒿墝音敲埆音殼，財物流通，有以均之。是以多者不獨衍，少者不獨饉。若各

鹽鐵論 卷一 十三

图110 佚名临陈鳣校本《盐铁论》

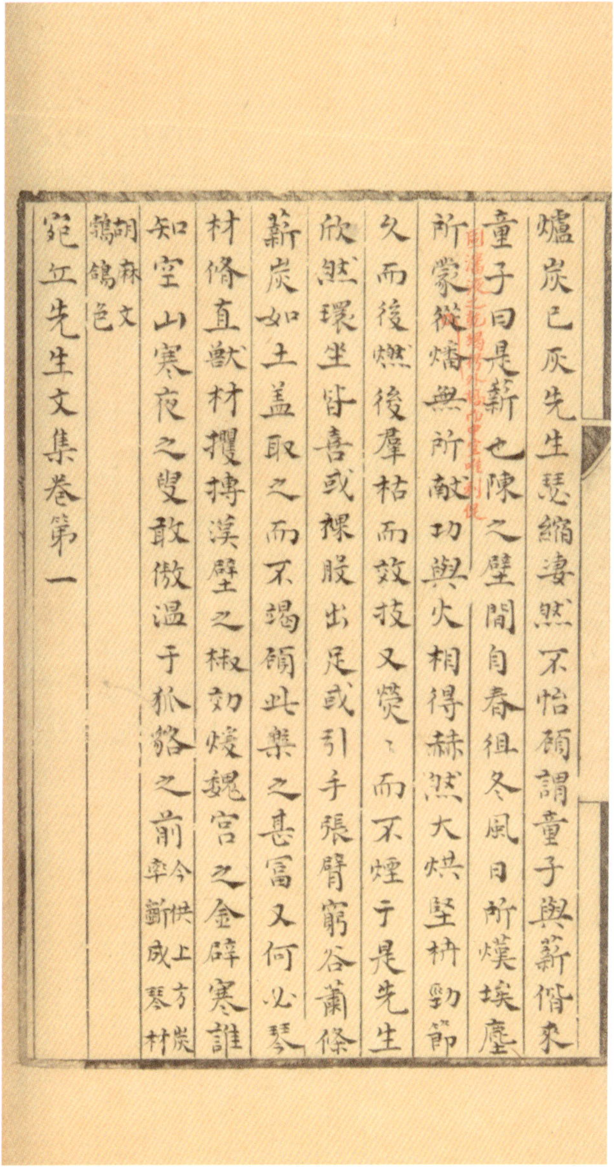

图111　清宋宾王校清抄本《宛丘先生文集》

藏，当时编制的卡片目录仅著录为"抄本"，而对书中的朱笔校语，买卖双方皆不知晓出谁氏之手，也未予以重视。实际上书写校语者既非陆氏亦非汪氏，而是在他们之前的校勘名家宋宾王。宋氏校书常有不留题识、不钤印章的情况，若不识其手迹，难免有遗珠之憾。而在错出错进的交易中，用商业行话讲，上图幸运地捡了一个漏。翻检一过，"眩"字不避讳，当为清初抄本，与宋校若合符节，洵为不可多得之善本。

名家批校而不留题识、不钤印章者并非少见，鉴定不易。如清抄本《新译大方广佛华严经音义》，其所据底本曾先后经袁廷梼、曾钊借校并题识，故此本抄写时依次录于卷末，而且还过录丁杰校语，皆出抄胥之手。但如卷端位于地脚之校语，以及卷末抄录臧庸题跋及丁杰案语之方正端楷，乃清季校勘家劳格手书，若不能辨识其墨迹，则此本便成寻常之物了（图112、图113）。

有的批校者的字体风格如"旁门左道"，个性极强，细心者甫一经眼便能记住，别人要临摹伪造也难以为之，如明末清初藏书家校勘家钱陆灿的批校便是（图114）。而大多数学者的字体虽然也有个性，但因其循规蹈矩，则不难模仿。对此，我们只有寻找参考可用以借鉴辨识的资料（这在讲抄本鉴定时已说过），下死功夫予以比对，这样才能解决一些问题，少犯鉴定错误。但也应当看到，即便是《善目》，也有不少批校本的作者付诸缺如，仅著录为"佚名批校"，可见批校本的鉴定殊甚不易。

当然，对于难以捉摸的批校本，我们也毋庸畏惧，只要找对路

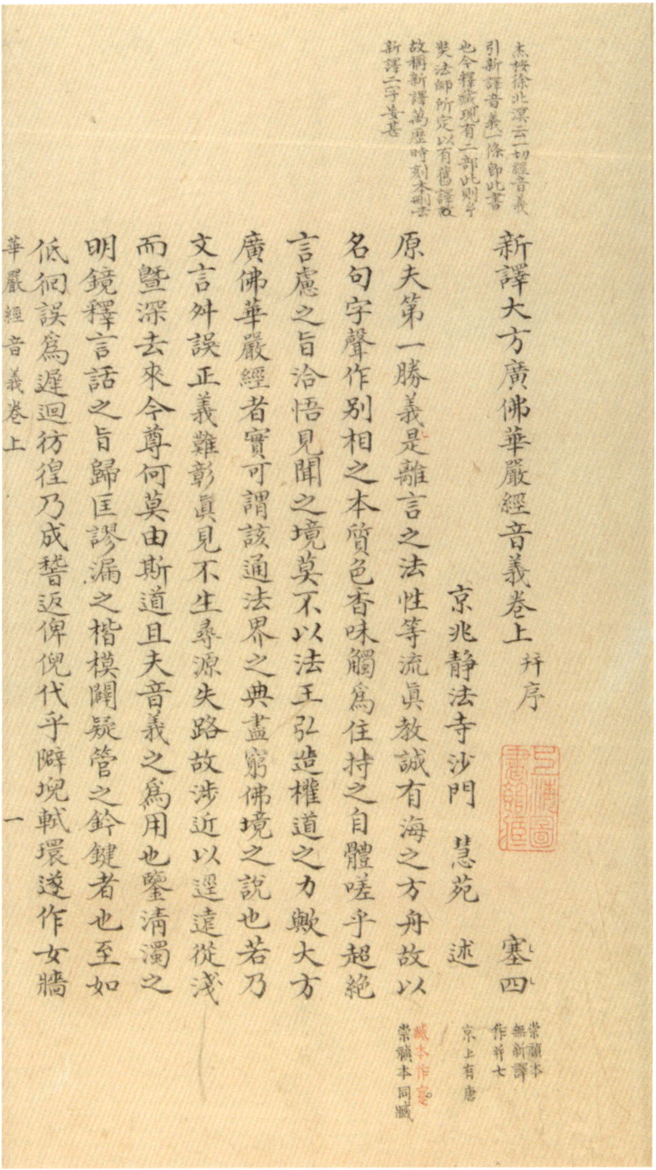

新譯大方廣佛華嚴經音義卷上 并序

京兆靜法寺沙門 慧苑 述

原夫第一勝義是離言之法性等流真教誡有海之方舟故以
名句字聲作別相之本質色香味觸為住持之自體嗟乎超絕
言慮之旨洽悟見聞之境莫不以法王弘造權道之力鼓大方
廣佛華嚴經者實可謂該通法界之典盡窮佛境之說也若乃
文言舛誤正義難彰真見不生染源失路故涉近以遙遠從淺
而暨深去來今尊何莫由斯道且夫音義之為用也鑒清濁之
明鏡釋言話之旨歸匡謬漏之楷模開疑管之鈐鍵者也至如
低徊誤為迟迴彷徨乃成謷返俾俔代乎睥睨軏環遂作女牆

華嚴經音義卷上 一

图112 清劳格校并过录臧庸、丁杰跋本《新译大方广佛华严经音义》（一）

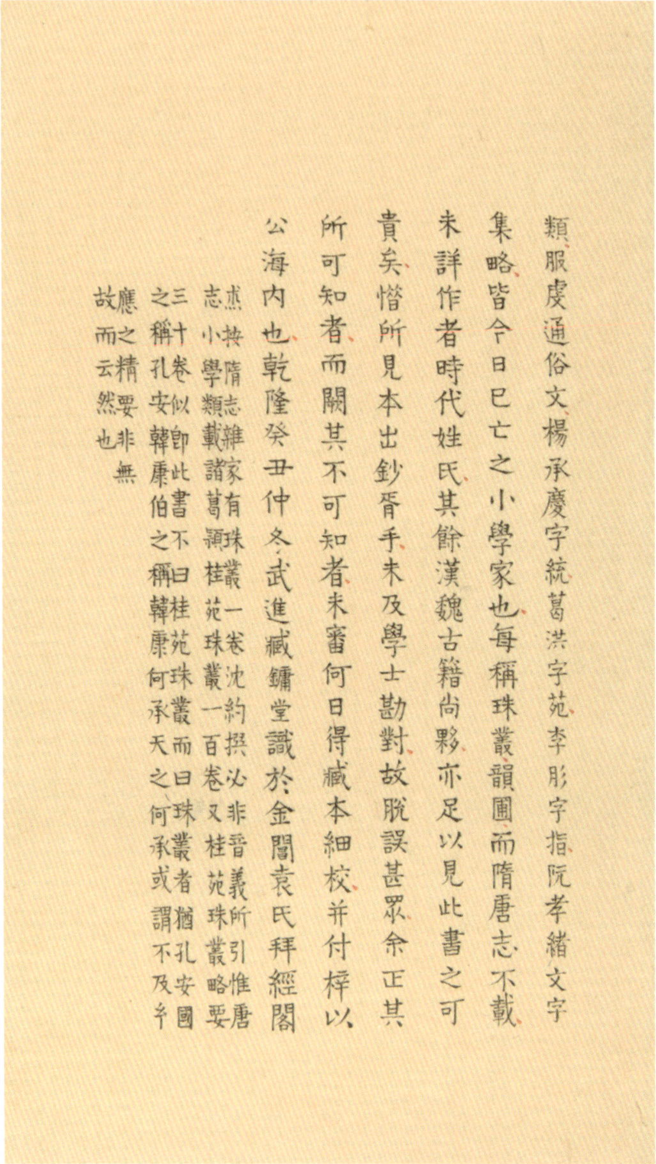

類服虔通俗文、楊承慶字統、葛洪字苑、李彤字指、阮孝緒文字集略皆令日已亡之小學家也每稱珠叢韻圖而隋唐志不載未詳作者時代姓氏其餘漢魏古籍尚彩亦足以見此書之可貴矣惜所見本出鈔胥手未及學士勘對故脫誤甚眾余正其所可知者而闕其不可知者未審何日得藏本細校并付梓以公海內也乾隆癸丑仲冬武進臧鏞堂識於金閶袁氏拜經閣

杰按隋志小學類載諸家葛調珠叢一卷沈約撰必非晉義所引惟唐志小學類載諸葛調桂苑珠叢一百卷又桂苑珠叢略要三十卷似卽此書不日桂苑珠叢而曰珠叢者猶孔安國之稱孔安韓康伯之稱韓康何承天何承或謂不及孔安國故應而云精要然非無故也

图113　清劳格校并过录臧庸、丁杰跋本《新译大方广佛华严经音义》（二）

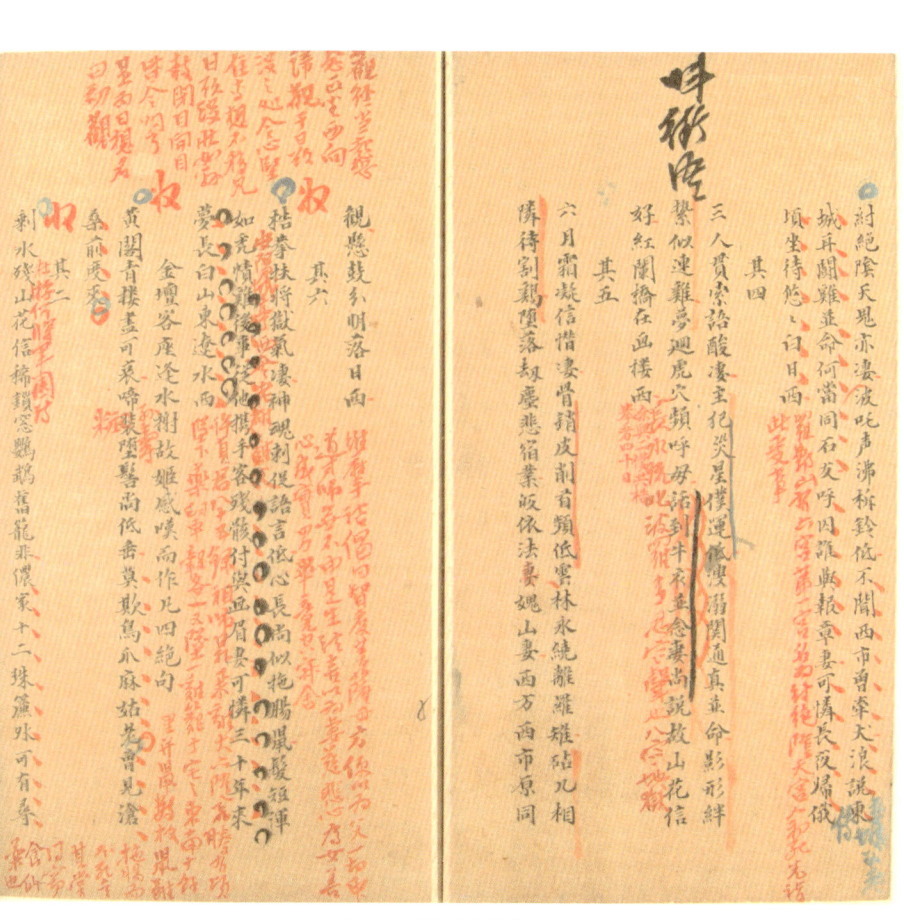

图114　清钱陆灿批校本

径，学习必要的知识，就能逐步克服难关，掌握基本的鉴别本领。

② **注重名家批校本**

根据以往的经验，可从专攻名家批校本的研究入手。试想，为什么会出现过录批校？一是因为别人学问好、见识高；二是因为别人的校本难得。两者既有价值，便有借鉴传播的必要与可能。显然，这些批校本往往是出自名家之手。那么，什么人的批校会出现作伪呢？自然也是名家，其有市场效应，能牟取暴利，所以才会作伪。因此，重视名家批校本的鉴定，就很有实用价值。而较为冷门的批校本，虽然有时难以考证出批校作者，但也很少会有仿冒者。

那什么人才算是名家？有人说收入《中国人名大辞典》者，也有人说收入《辞海》等辞书者。都有道理，但大而无当，难以把握。约略言之，《书目答问·附录》中所列的校勘家可算是一个相对范围。他们是：何焯、惠栋、卢见曾、全祖望、沈炳震、沈廷芳、谢墉、姚范、卢文弨、钱大昕、钱东垣、彭元瑞、李文藻、周永年、戴震、王念孙、张敦仁、丁杰、赵怀玉、鲍廷博、黄丕烈、孙星衍、秦恩复、阮元、顾广圻、袁廷梼、吴骞、陈鳣、钱泰吉、曾钊、汪远孙（其未按生卒排列）。不过也有重要者漏列，如劳权、劳格昆仲。而在鉴定版本的实践中，我们认为对何焯、卢文弨、陈鳣、顾广圻、黄丕烈、鲍廷博、吴骞、劳权、劳格等名家尤应重视，因为他们无论学问还是藏书与校勘都极具影响，很有价值，存世的校本既多，人们不辨真伪者也不在少数。

譬如何焯，他是清代考据学开风气的代表人物之一，名闻朝野，学生多达千余人，影响之大，乃至身后有剽窃其著作的情况发生。而他的许多学生模仿其书法，临摹其批校之语，这便让市场上的仿冒作伪者有了可乘之机。因此对其手迹的鉴定，人们总是谨慎小心，倘若没有墨迹比对，颇难辨别真伪，因为他的不少批校本并不钤盖印章，这就缺乏鉴定的辅助依据。

再如黄丕烈，当今市场凡有其校跋者，价值等同宋本，对此有的人颇为不屑。其实与黄丕烈同时代的洪亮吉，对黄氏也有贬意，但毕竟不能左右人们对黄氏的重视，后来《书目答问》纠正了洪氏所谓藏书家之分等，将黄丕烈列为校勘学家，反映了学术界的主流意识。

又如劳权、劳格兄弟，其负有盛名的丹铅精舍藏书价值不在于宋元旧本，而是皆经他们悉心校勘补辑。有一个广为书林熟知的故事，即光绪末年他们家书散出时，杭州文元堂书店老板杨耀松先是不识其书，以廉价出让，继而获知原委，又伪造劳氏批校本以牟取暴利（注十一），不要说当时受骗者不少，即使在今日，公私藏家也有不辨真伪者。

③ **根据印章、避讳、题跋鉴定**

与鉴定稿、抄本一样，可以根据印章、避讳、题跋等鉴定批校本。许多批校本都钤有批校者印章，甚至是校书章，如毛扆有"毛扆手校""虞山毛扆手校"印，沈廷芳有"廷芳手勘"印，惠栋有"红豆山房校正善本"印，卢文弨有"文弨校正""弓父手校""武林卢文弨手校""虎林卢文弨手校""抱经堂写校本"印，谢墉有"谢东墅校定本"印,吴骞有"兔床手校"印,周锡瓒有"仲涟手校"印,陈鳣有"仲鱼手校"印,张绍仁有"学安手校"印,黄丕烈有"荛翁手校"印,袁廷梼有"廷梼校读"印,顾广圻有"顾广圻批校藏书印""顾润薲手校"印,钱泰吉有"嘉兴钱氏泰吉校读本"印,等等。如果其印章不假,一般可定为亲笔批校。问题在于,更多的批校本没有专门的校书印章,只钤盖批校者姓名、字号、斋名之章或闲章,而有的印章编目者并不熟悉,与批校看似关系不大,容易疏忽出错。如《善目》著录清任兆麟批明吴勉学刻《前汉书》本,该书书根旧写"任心斋手批汉书",书中批语亦每有"麟"按字样(图115),任氏名头也大,但手迹少见,编目者未及深究,想当然径依书根著录。但观其卷端钤有"仁圃珍藏"白文方印、"省过斋"朱文方印,却无任氏印章。考"仁圃"为嘉庆举人胡祥麟之字,著有《省过斋诗抄》,他对《汉书》也素有研究,则此本批语应当出自胡氏之手。

如前所言,不钤印章之名家批校本,是真迹抑或过录,最难鉴定,价值天差地别,须谨慎为之,但不能回避。本书第四部分举何焯、鲍廷博校本为例,前者判为真迹,后者定为过录,仅供读者参考。

鉴定批校本也要注意避讳字。尝见仁和朱氏结一庐、吴兴刘氏嘉业堂递藏之毛氏汲古阁刻本《中州集》,朱笔批校满篇。序文首叶天头批语略云,"毛氏刻此书时所见者止严氏重开之本,其行款俱不古。斧季丈曾从都下得蒙古宪宗五年刊本,为东海司寇公豪夺

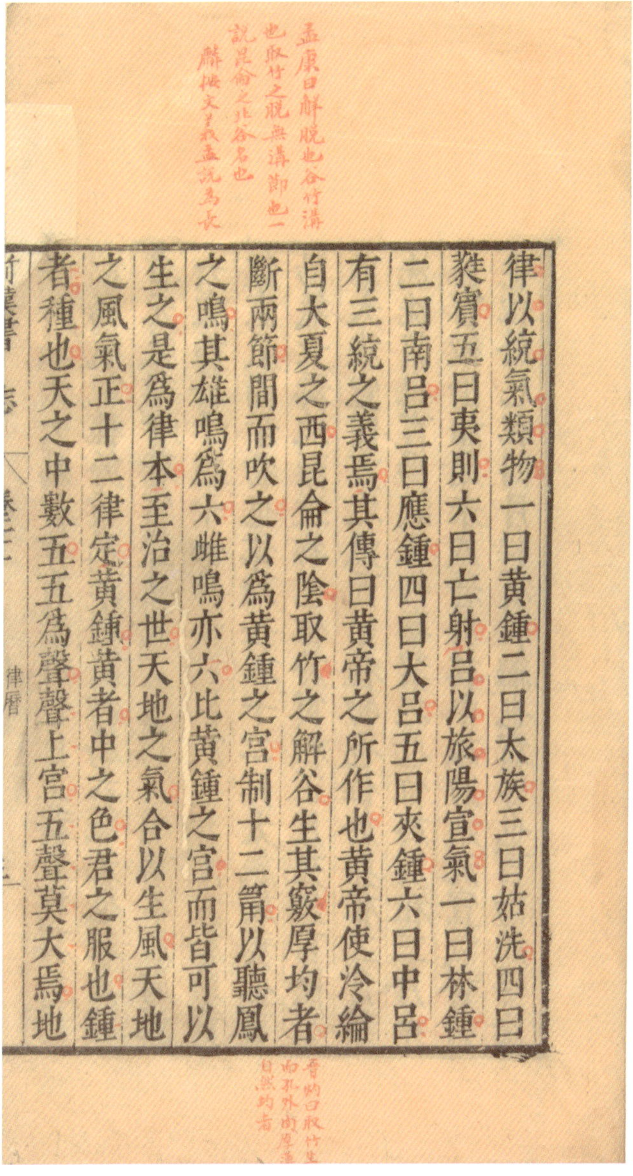
孟康曰解脫也谷竹溝也取竹之脫無溝節也一說昆侖之北谷名也
麟按文義孟說爲長

律以統氣類物一曰黃鍾二曰太族三曰姑洗四曰
蕤賓五曰夷則六曰亡射吕以旅陽宣氣一曰林鍾
二曰南吕三曰應鍾四曰大吕五曰夾鍾六曰中吕
有三統之義焉其傳曰黃帝之所作也黃帝使泠綸
自大夏之西昆侖之陰取竹之解谷生其竅厚均者
斷兩節間而吹之以爲黃鍾之宮制十二筩以聽鳳
之鳴其雄鳴爲六雌鳴亦六比黃鍾之宮而皆可以
生之是爲律本至治之世天地之氣合以生風天地
之風氣正十二律定黃鍾黃者中之色君之服也鍾
者種也天之中數五五爲聲聲上宮五聲莫大焉地

前漢書 志 卷二十一上 律曆

晋灼曰取竹生而孔外肉厚薄自然均者

图115　清胡祥麟批本《前汉书》

以去。今汲古阁止有壬、癸及闰集三卷耳。辛巳三月，予偶从高阳许氏见甲、乙二卷，因略记行款于书颜"，落款署"冯班"。据其语气文辞，似属冯氏所为，嘉业堂遂定为"冯钝吟批点"。但此本卷首首叶批语"弘"字已缺笔避讳（图116），而冯班（号钝吟）乃明末清初人，不用鉴其墨迹已知为过录冯氏批校本。

  借助题跋亦是鉴定批校本的一种方法。题跋有两种：一种是批校者本人的题跋，简单者仅写一条题记，交代批校时间、地点并落款。亦有复杂的，甚至题跋不止一首。如黄丕烈校本《青城山人诗集》（明景泰刻本配清抄本）（图117），前一首题跋讲收藏此本的目的在于保存乡邦文献，从中可知他藏书绝非仅仅"佞宋"而已；后一篇先讲苏州书店出售的康雍间宋元明别集抄本，多半出自金檀（星轺）、王闻远（莲泾）两家，并多经宋宾王手校的故实，次述其手校此本利用宋宾王校本的情况。这样的题跋不仅可助后人鉴定版本之用，而且留下的书林掌故有益我们了解藏书源流及藏书文化，读来令人口齿生津。这其实也是黄跋受人喜爱的原因之一。然而，由于黄丕烈收藏宋版名声太大，在这个明刻抄配本上居然有其校跋而使人难以置信，望而却步，故该书受到编目者怀疑而长期存于上图普通书库之中。这不由令人感叹，鉴定批校本的关键还在于识得批校者笔迹。不是吗？你说可借助题跋鉴定，但题跋真迹呈现在你面前却如同陌人擦肩而过。或许，这就是批校本的魅力所在（当年我将这一发现告诉顾廷龙先生，顾老大喜，立即令人将此本转入善本书库）。

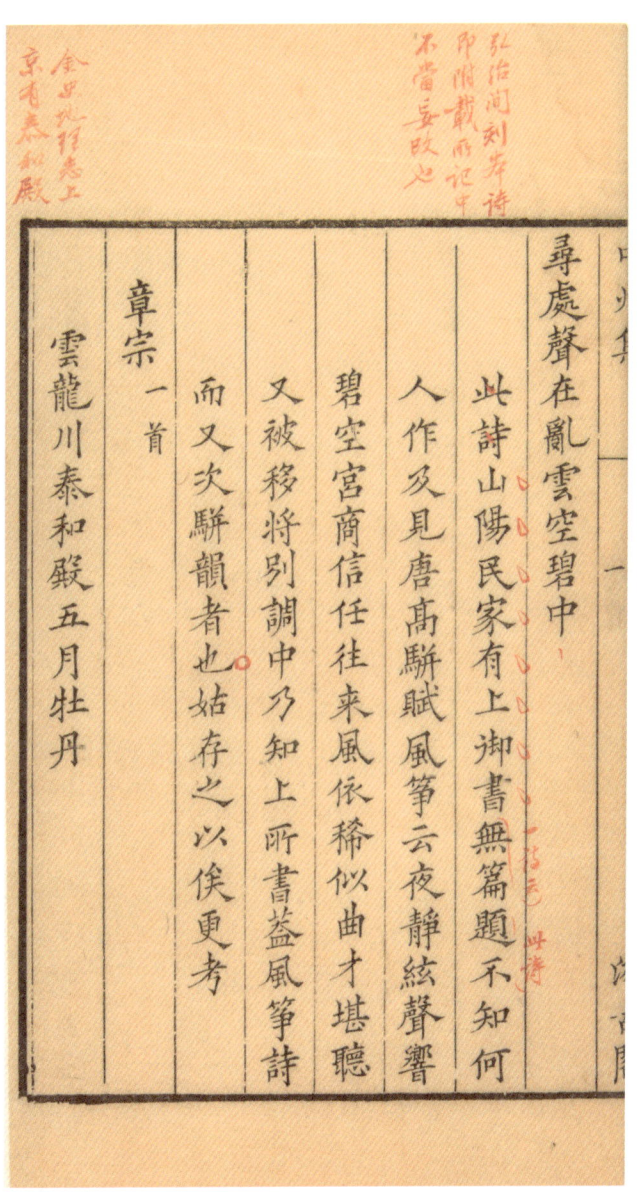

图116　清佚名过录冯班批校本《中州集》

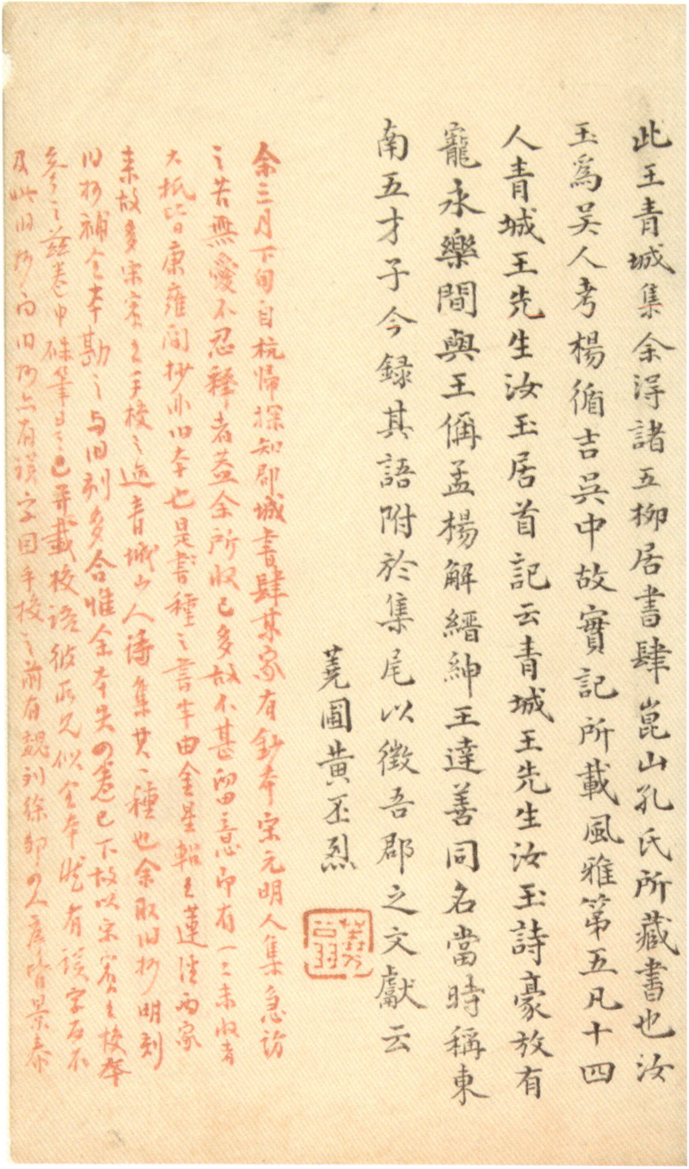

此王青城集余浮諸五柳居書肆崑山孔氏所藏書也汝
玉為吳人考楊循吉吳中故實記所載風雅第五凡十四
人青城王先生汝玉居首記云青城王先生汝玉詩豪故有
寵永樂間與王偁孟楊解縉紳王達善同名當時稱東
南五才子今錄其語附於集尾以徵吾郡之文獻云
　　　　　　　　　　　　　　　蕘圃黃丕烈

余三月下旬自杭歸探知郡城書肆某家有鈔本宋元明人集急訪
之苦無覓不忍釋者荔全所收已多故不甚留意印有一二未收者
大抵以康雍間抄小四卷也是書種之言半由金星軺吾蓮涇兩家
来故多宋末之天枝之青䄷山人詩集共一種也余敗旧抄明刻
旧抄補全本勘之與旧刻多合唯全本失□卷已下故以宋石次校举
□□之蕪中妹筆之已畢載校語彼氏允似全本兇有後宝石不
及此旧抄向旧刻□上有識文目手校之前有親刻徐郎之久广省景泰

图117　清黄丕烈跋《青城山人诗集》

可借助鉴定批校本的另一种题跋是后来收藏或经眼者的题跋，有的题跋者与批校者时代接近，所言颇为可信；有的时代虽晚，却是鉴定名家，所言也可参考。但无论如何不能盲从，有时名家也会疏忽。

譬如叶德辉《郋园读书志》著录一部慎思堂抄本《庄子成玄英疏》（即《南华经注疏》），中有佚名朱笔批校，叶氏定为彭元瑞亲笔。该本今藏上图，原著录为"清慎思堂抄本，清彭元瑞批校，叶德辉跋"。卷前有黑格附叶，上有彭元瑞朱笔手书题记"知圣道斋评本""乾隆丙申春南旋舟中评点""嘉庆丁巳秋删益，芸楣记"三行（图118）；慎思堂蓝格抄本首叶钤有"南昌彭氏"白文方印；蓝格纸版心上镌"南华经注疏"五字，下镌"慎思堂"三字（图119）。叶德辉谓此书"盖南昌彭文勤公元瑞旧藏，芸楣，公字也。书中有朱笔校改及评论，皆公亲笔，前辈读书，一字不轻放过，洵可师也"。则上图原来的著录，显然受到叶氏题跋的影响。兹经细审，黑格附叶之三行题识确为彭元瑞手迹，但系从别本移易而来，或彭氏另有评本，或是彭氏评他书之题识，与蓝格抄本之朱笔校改及评论字体迥不相同；彭氏卒于嘉庆八年（1803），蓝格抄本则纸墨颇新，最早也不可能在道光之前，故其抄写年代当在彭氏身后，则书中批校断非彭氏所为。又，此本颇疑出于书铺抄写，或因此书传本无多，雕以版格，成批抄写，以应流传之需；至于"南昌彭氏"之印，乃书估为呼应黑格附叶而伪作，叶氏亦未能明辨。

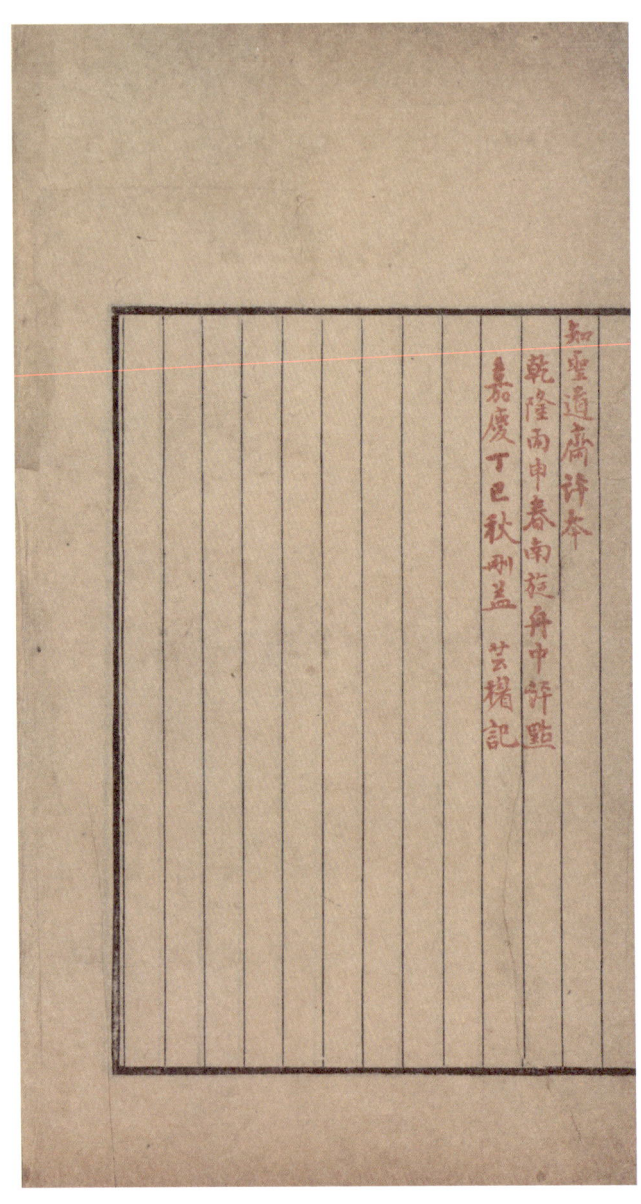

图118　彭元瑞手书题记

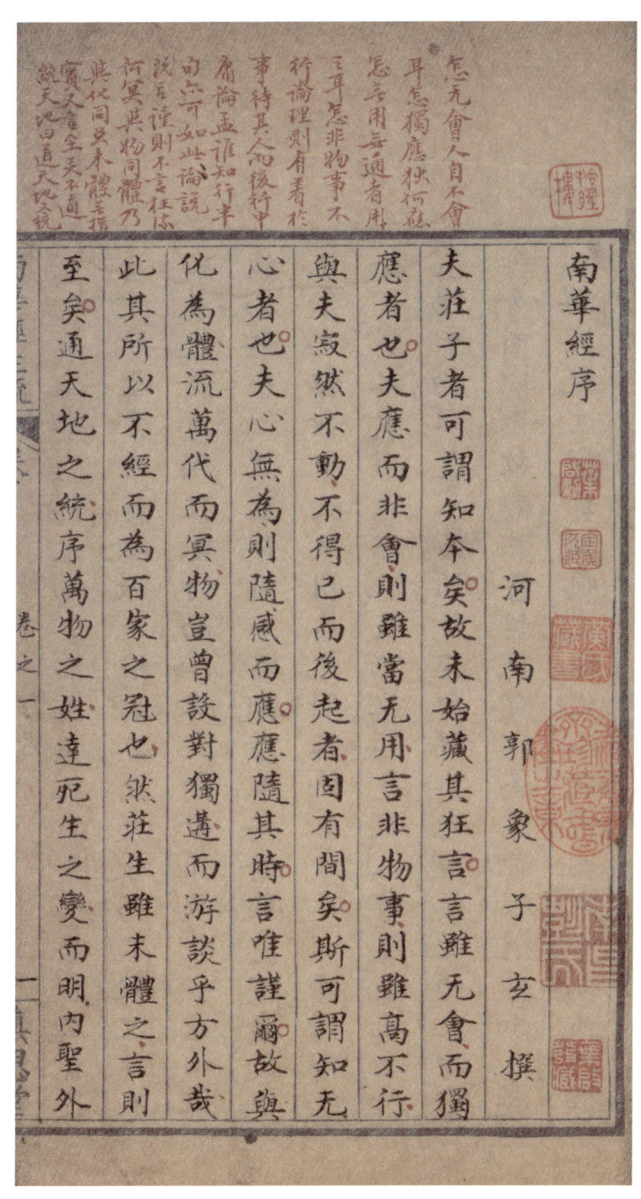

图119 慎思堂抄本《南华经注疏》与"南昌彭氏"伪印

此外，鉴定批校本有时还需对文字内容等进行考订；或采取与稿抄本相同的鉴定方法（如借助纸张鉴定）等，在此恕不赘言。

注　一：此本有"四明姚家印造经书"墨戳记。宫内厅书陵部藏书目原定为明刻本，我于2010年初前往访问时鉴定为宋版，惜未收入2018年汲古书院出版的《图书寮汉籍丛考》。

注　二：详见本书第四部分的"江西刻本新识——庐陵本《资治通鉴纲目》之鉴定"。

注　三：按除以字体定夺而外，《嘉靖以来内阁首辅传》的卷端仅题"吴郡王世贞元美著"一行，其自序冠于卷首，未署年月；而《嘉靖以来首辅传》的卷端，题"吴郡王世贞元美撰，平陵宋献献孺订，防风茅元仪止生校"三行，将王氏之序置入卷一，而卷首冠万历四十五年丁巳（1617）茅元仪刻书序，此亦前者当为原刻，后者乃重刻之理由。我不认为主事《善目》编纂者不能以字体对两本刊刻先后作出判断，只是当时批判"观风望气"之声甚隆，《善目》在运用这种方法时显得犹豫，于是施行一条不成文的规则，即相近时代的刻本，有确切刊刻年代者排在前，否则置于后。此法看似稳妥，却难免错误发生。

注　四：详见本书第四部分的"'观风望气'——俄罗斯国立图书馆所藏《玄玄棋经》鉴定"。

注　五：高濂《雅尚斋遵生八笺·燕闲清赏笺》中有云："近时作假宋板书者，神妙莫测。将新刻模宋板书，特抄微黄厚实竹纸，或用川中茧纸，或用糊扇方帘棉纸，或用孩儿白鹿纸，筒卷用槌细细敲过，名之曰刮，以墨浸去嗅味印成。或将新刻板中残缺一二要处，或湿霉三五张，破碎重补；或改刻开卷一二序文年号；或贴过今人注刻名氏留空，另刻小印，将宋人姓氏扣填；两头角处或妆茅损，用砂石磨去一角，或作一二缺痕，以灯火燎去纸毛，仍用草烟熏黄，俨状古人伤残旧迹；或置蛀米柜中，令虫蚀作透漏蛀孔；或以铁线烧红锤书本子，委曲成眼，一二转折，种种与新不同。用纸装衬，绫锦套壳，入手重实，光腻可观，初非今书仿佛，以惑售者；或札伙囤，令人先声，指为故家某姓所遗。百计瞽人，莫可窥测，多混名家收藏者，当具真眼辨证。"

注　六：见封治国著《与古同游——项元汴书画鉴藏研究》第171页"文彭兄弟"，2013年中国美术学院出版社出版。

注　七：钱曾《读书敏求记·刘勰文心雕龙》有云："我闻墨林项氏，每遇宋刻，即邀文氏二承鉴别之，故藏书皆精妙绝伦。"

注　八：见《陈乃乾文集》第14页，2009年国家图书馆出版社出版。

注　九：参见本书第四部分的"再谈不可迷信牌记——明嘉靖翻宋刻本《春秋经传集解》鉴定"。

注　十：详见本书第四部分的"追求文物价值走极端——宋元本上钤伪印"。

注十一：见《陈乃乾文集》第13页，2009年国家图书馆出版社出版。

(四) 版本鉴定札记

▼ **新发现的北宋本——日本东福寺藏《释氏六帖》鉴定**

当今存世宋本有三千余部，除佛经而外，北宋本不到二十部，其价值不言而喻。因为少，又难以见到，故过往对北宋版刻缺乏研究，或将南宋本当北宋本，也有将北宋本当南宋本。对前一种错误，我们现在不难纠正，比如上图所藏南宋蜀刻本《杜荀鹤文集》、江西刻本《王荆公唐百家诗选》等，旧时都曾经被定为北宋本，后来随着人们认识提高而改定为南宋刻本。而要纠正将北宋本当南宋本的错误，难度就比较大了，这不仅仅是鉴定上的难度，更是因为人们吸取以往的经验教训，一开始就抱怀疑甚至抵触的态度，总以为也是重蹈前人将南宋本视为北宋本之覆辙。比如常熟翁氏藏书中的《长短经》，由于一直被视为南宋本，尤其经过《四库》馆臣的鉴定，后人便习惯性地沿其思路寻找刊刻于南宋的凭据，反而将诸多较为明显的刊刻于北宋的特征忽略了（注一）。所以我曾说，上图其实捡了一个大漏，花450万美金单单买一部《长短经》就值了，其余众多善本都是翁万戈先生白送的。

由此看来，我们应该把对北宋本的鉴定研究，当作当今版本学发展的重要任务之一，谓之填补前人空白，也不为过。

这里要介绍的北宋本，是藏于日本京都东福寺的《释氏六帖》，是一部仿《白氏六帖》体例的佛教类书，编纂者为后周齐州开元寺高僧义楚。全书凡十二卷，2001年，作为柳田圣山、椎名宏雄两位日本学者所编《禅学典籍丛刊》之一，由日本临川书店影印出版，书名题作《义楚六帖》，定为南宋刻本（图120）。

我是先从影印本认识这部宋刻本面貌的，它以策（即册）分卷，前三卷刊刻形制无定，版心所刻书名卷数或题"卷"，或题"策"，或阴文，或阳文，间有鱼尾，黑口（疑木版未及剜铲）；自卷四至十二，版心仅题策数，无鱼尾，基本白口，形制统一。据卷末北宋崇宁二年（1103）越州开元寺僧履坦刻书题跋云，此本先事校刻四策，因资金不济中辍，后经多方化缘才得以续刻毕功。所言与版刻面貌大致相符，知续刻之卷五至十二，乃一依卷四版式刊刻；且其玄、朗、敬、弘、殷、匡、贞等字缺笔避讳，虽不甚严谨，但南

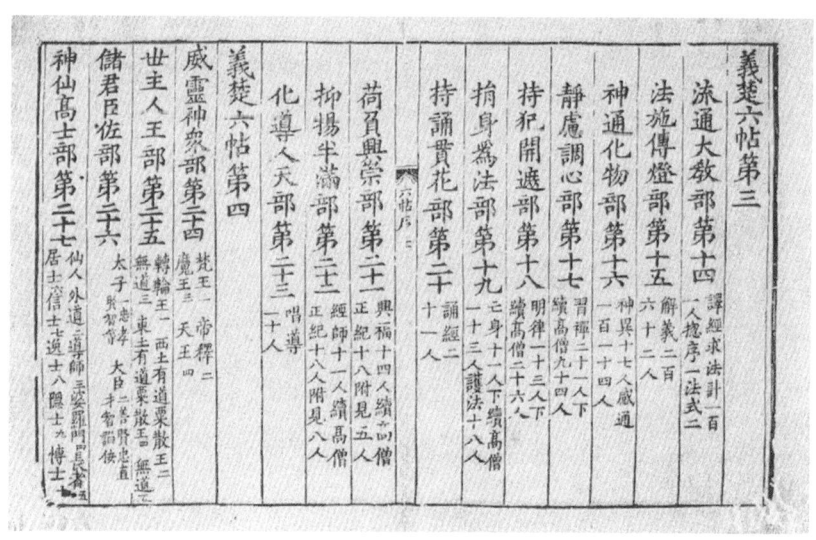

图120　北宋崇宁二年（1103）刻本《释氏六帖》（书名剜改为"义楚六帖"）

宋皇帝的名讳皆不避,故履坦之跋文并非后来翻刻,定此本为北宋崇宁二年刊刻应无问题。然而,视其书版有剜改,漫漶处或修版或整叶补刻,则刷印很可能晚至南宋。

日本学界过去一直称此书为《义楚六帖》,不是因著者之名的俗称,而是该本卷端与卷末皆明确题作"义楚六帖"。然经谛审,我发觉各卷"义楚"两字业经剜改,不仅留有剜改痕迹,而且"义楚"两字系柳体字,与"六帖"两字及正文之略为狭长的欧体字迥不相同。该书卷首有义楚《进释氏六帖表》,卷末有义楚《释氏六帖后序》、胡正《释氏纂要六帖后序》、履中《重开释氏六帖后序》,则被剜两字应为"释氏",原书名实为《释氏六帖》。

此外,对该本之修补情况,之前日本学者似乎也没有留意。从影印本看,至少有一个特征非常明显,那就是凡修补之版多为柳体字,和卷端剜改之"义楚"两字字体相类。与之相关者,此本绝大部分版面没有刻工名,个别镌有刻工者亦仅单字,如仁、仲、昷、茂等,姓名全者只有朱监一人(图121)。这些刻工虽未见诸别本,难以查核,但同样有一特征,即凡有刻工之书叶,都是后来补版。因此,朱监等刻工即便能够查明,也只能证实修补版的年代,而非原刻年代,结合字体分析,他们很可能是南宋时期的刻工。

我先后于2009年12月19日及2013年3月4日两度前往东福寺观览原本。如果说第一次看原本只是与之前看影印本所得粗相印证,那么过了近四年后再看原本,则有了新的认识。此本的修补版面貌不一,即便有刻工者,也有异同。如卷六第六十一叶版心有刻

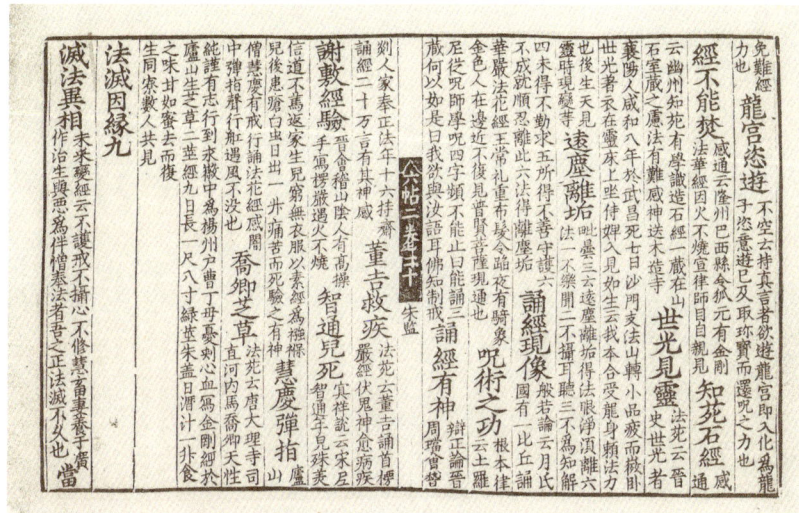

图 121 《释氏六帖》补版

工"仁"字,其板匡明显小于原刻,且为四周单边,与原刻左右双边者不同,而有刻工朱监之叶,其版匡则与原刻相同。又修补版之写刻也有优劣,优者如卷五第八、十一叶,若非仔细辨识,可能会忽略应属补版之叶;劣者如卷九第二十一叶,如不知此书背景,仅以经验,定为明代补版似无疑问。这些现象除了推断此本可能不止一次修补外,我不由想到,存世的有些宋刻元修本或宋刻元明递修本是否会有鉴定问题,因为有的修补后印本,并没有像元代西湖书院重整的书版、明代南京国子监的三朝版那样有明确的证据,而是前人凭其字体不同、修补之版刻往往差于原刻,从而作出元修或元明递修的判断。这种以有限经验作出的判断是否正确呢?换言之,这些本子是否应当重新进行鉴定呢?因为这部《释氏六帖》

(连同东福寺所藏一批其他汉籍),是日本辨圆和尚于南宋淳祐元年(1241)从中国带至日本,藏于东福寺普门院的,其修补之版再差,也在淳祐元年之前。

▼ **行字不等有玄机——北宋本《杭州西湖昭庆寺结莲社集》鉴定**

2015年,北京卓德拍卖公司秋季上拍了一部北宋昭庆寺省常上人编辑的《杭州西湖昭庆寺结莲社集》,该本曾藏韩国,高丽旧装。刊刻于何时,众说纷纭:北宋刻,南宋刻,明刻,朝鲜刻,不一而足。我从以下四个方面鉴定该本刊刻于北宋:

① **字体**

该本目录、序文、碑铭、正文为颜真卿书《麻姑仙坛记》一类字体,而卷首大中祥符二年(1009)太常博士通判信州骑都尉钱易撰写的《钱塘西湖昭庆寺结净社集总序》,则为柳公权书《玄秘塔碑》一类字体,一书中同时出现较为正宗的颜、柳字体,这在南宋及之后的刻本中向所未见,没有刊刻于南宋或更后翻刻、域外刊刻的依据。但结合文本分析判断,同时出现这两种字体存在偶然性。

此书所收九十人之入西湖昭庆寺莲社诗歌,皆作于北宋淳化元年(990)至景德三年(1006)之间。苏易简之序撰于淳化二年(991),宋白之结社碑铭撰于淳化元年,丁谓之序撰于景德三年,而钱易的总序最后完成,因此,大中祥符二年既是编纂成集的下限,应当亦是该书最终付梓之时。因钱易的序文写于该年冬十一月,完成雕版未必在同一年,但相去不会很远。而若从出现颜、柳字体异同,尤其是唯独钱易之序文刻以柳字的情况分析,还有一种可能或许更加符合版刻实际面貌，即在钱序撰成之前，该书不但已经编成（可将丁谓之序视为编成时间的断限），而且在钱易送交序文之时，雕版亦已毕功，则钱易之序为后来增刻者，这从该书目录未列钱序也可看出端倪。如果包括钱序在内的全书文字同时刊刻，似无变换字体之必要，因为这些序文等并非著者手书上版，故钱序以柳字面貌出现具有一定的偶然性，而这种偶然适成该序文系后来增刻之明证。由此我甚至认为，即使没有钱氏撰写序文，该书本已成立，故当初很可能已先事开印，即世上曾有无钱氏序文之印本流传也未可知，因为这种现象在雕印古籍的流传中并不鲜见。

② **为跳行抬头改变行字**

虽然迄今没有发现该书有别本单行流传，相关的文献也很缺乏，但细加检览，发觉原书有一种极易被人熟视无睹的现象，实亦该本至迟刊刻于大中祥符年间的有力证据：该书的序文及大多诗歌文字之刊刻，凡遇佛（古佛、毗卢）、法席、宝偈、省常（上人、高人、常师、导师）、昭庆寺（昭庆）、白莲社（社、白莲、莲社）、华严净行品、朝廷（景祚、京师）、君王（圣主）以及三公四辅相关诗社成员等词语，个别作空格抬头，更多的是跳行抬头，以示尊敬（图122）。有的从形式上看似未作抬头，然对须表示尊敬之词，特意作了每行字数的调整处理，使其位于行首，实收抬头之效。如钱易之序文，一般每行十六字，但"旧相右丞河内向公首缀风骚，相继百数，以国辅之重、辞臣之望"句，为使"国辅"二字抬头，之前一行刻有十七字（图123）；"他年入社，愿除陶、谢之

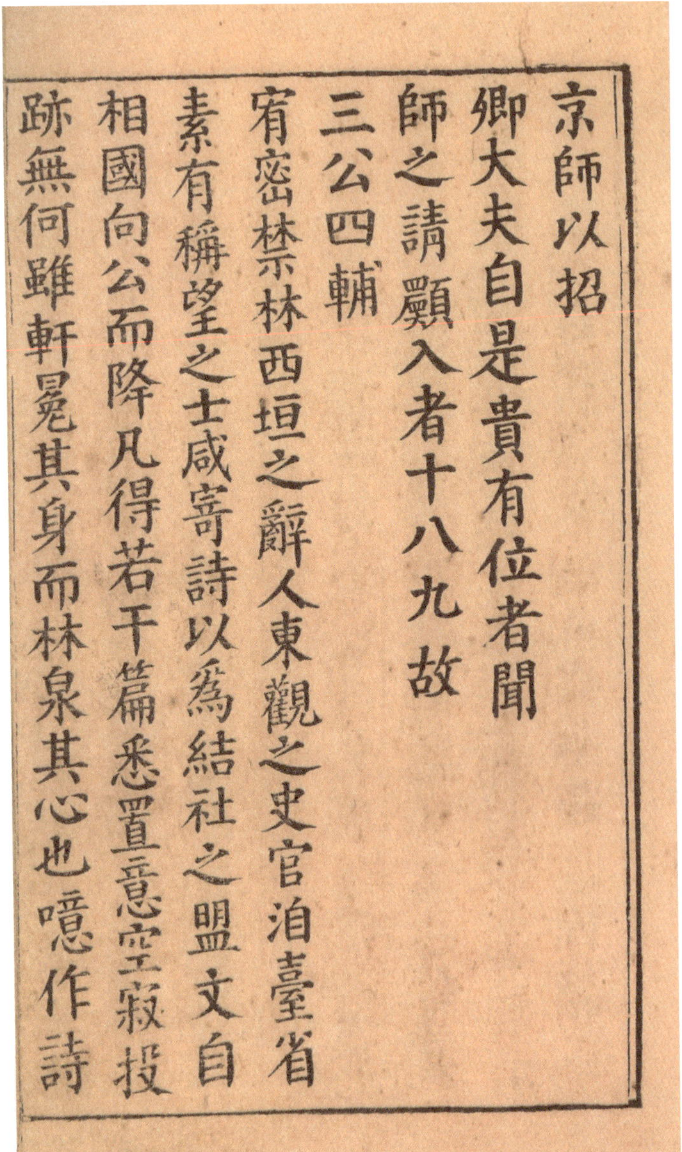

京師以招
卿大夫自是貴有位者聞
師之請顗入者十八九故
三公四輔
宥密禁林西垣之辟人東觀之史官泊臺省
素有稱望之士咸寄詩以爲結社之盟文自
相國向公而降凡得若干篇悉置意空寂寂投
跡無何雖軒冕其身而林泉其心也噫作詩

图122 《結蓮社集》"三公四輔"跳行抬头

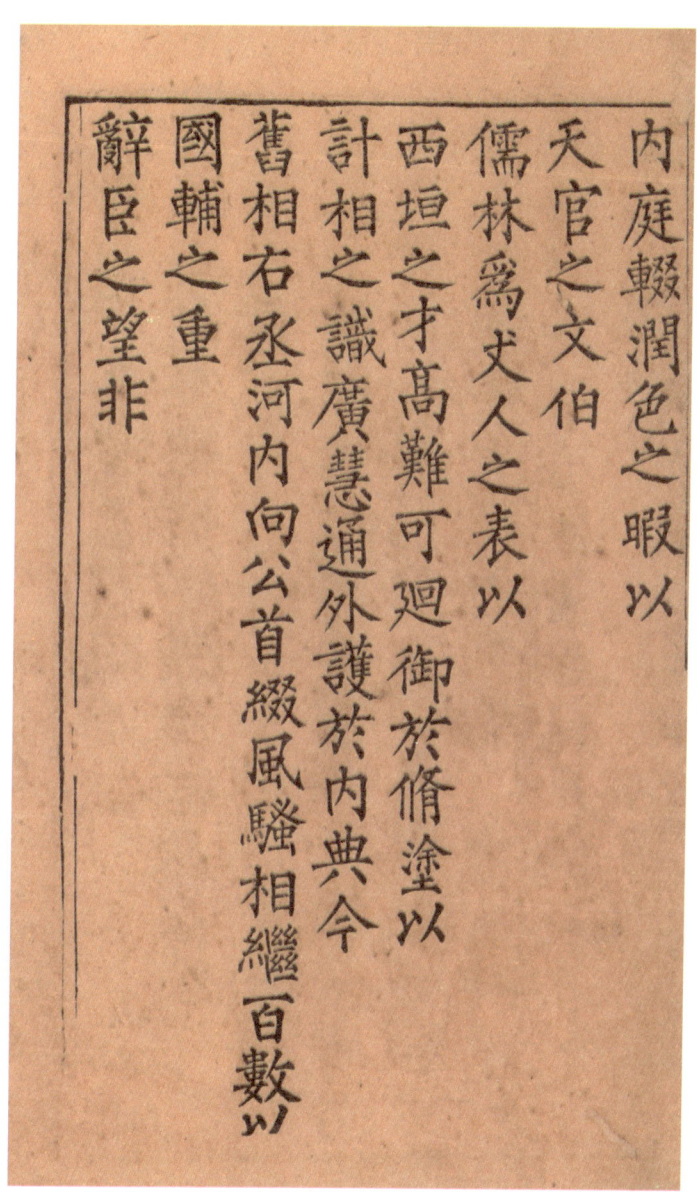

图 123 《结莲社集》"国辅"二字抬头

俗情"句,为使"社"字抬头,前一行也刻十七字。又如宋白《大宋杭州西湖昭庆寺结社碑铭并序》一文,一般每行十七或十六字,而"杭州昭庆寺僧曰省常"句,为使"昭庆寺"三字抬头,前一行仅刻十五字。而这种现象在正文的入社诗中同样存在,或许更能说明问题。其正文每行十七字,但第二十六叶上冯亮之诗,首行十八字,次行十七字,即为"除是访师来"句之"师"字、"莲社喜重开"句之"莲社"抬头而设。又如同叶赵干之诗,第三行仅十六字,即为"况值相君同如社"之"相君"能在第四行抬头而设。因此,该书行字不等者,每出于抬头之需,非率意而为。然而,也有十数家入社诗遇上述敬词不作抬头者。如李至之诗有"闻师结香社"句,宋湜之诗有"刺身血写华严品"句,张去华之诗有"就中湖上昭庆寺""僧有省常方结社"句,李宗谔之诗有"名入莲华社,心依净行篇"句等,皆不作抬头。尤其是丁谓之作,其所撰《西湖结社诗序》凡遇敬词皆抬头,而其入社诗有"却作莲华社外人"句却又不抬头。

在同一部书中出现空格与跳行抬头、变更行字抬头以及不作抬头三种情况,表明省常刊刻此集,并未谋求版式行款的齐整划一而刻意对文字作形式上的编排调整。换言之,他是直接根据序文及入社诗的原稿面貌刊刻的。而且遇敬词抬头并非一律,或有遇此词抬头而他词不抬头者,或有遇他词抬头而此词不抬头者,同样是对原稿未作调整统一的反映。至于更改行字以达抬头目的的情况,也并非省常故意所为,而是一依原稿行款,即原稿看似未换行抬头,实际上是抬头的,为了迎合原稿行文形式,不得不作变更行字处理。

省常如此做法极为聪明，也很合理，既表示对作者来稿的绝对尊重，又能借此真实客观反映当时入社诸人对佛教、结社及省常本人的态度，而后者是省常乐见的，这为其通过结社达到儒佛交融的目的作了最好的宣传。正因为省常采取如此编刻之法，不经意中却为该本乃省常（959—1020，后周显德六年至北宋天禧四年）生前所刻，即该本是此书的原刻本作了最好的证明。如果是后来翻刻，人事、朝代既已变迁，则不可能再出现这种版面"杂乱"的情况，其版式行款也必然会作出相应的调整。

由此想到，通常治版本者对行款都很重视，行款不同，意味本子不同，版本系统可能也不同。然而，对同一本子出现的行字不等同的现象，人们往往不怎么重视，或以为是刻书者率意而为，或以为是修补版造成，于其产生原因缺乏由表及里的了解。这部北宋本则给了我们一个启示，即行字不等在鉴定版本中也是不能忽略的，很可能是定夺系原刻抑或翻刻的一个重要依据。

③ **避讳**

此本仅一处出现"竟"字缺笔（第十六叶下谢泌"虎溪人散后，兹会竟谁寻"句），系避宋太祖赵匡胤祖父赵敬之讳。按我们以往的认识，相关之"境"字、赵匡胤始祖名讳之"玄"字也应规避，但书中多次出现，皆未避讳。那么，该本呈避讳粗疏之现象，是否意味着存在版本疑问呢？我并不这么认为。迄今所知，宋代政府对避讳正式提出要求，系从景祐四年（1037）颁布《礼部韵略》始，之前究竟如何，因未悉官方是否曾有明文规定，不得而知。而南宋学者程大昌、洪迈等凡对宋代避讳有所讨论者，也皆未言及北宋前期文献避讳故实。该本既刊刻在前，自然不能以《礼部韵略》所定之例作为鉴定此本之依据。因此，我们只能将此本视为当时处理避讳的某一种版刻现象，这种现象仅属个别抑或普遍存在，在没有见到更多同时期或更早宋版之前，尚不能妄下结论，但其于研究宋代避讳及鉴定版本无疑具有参考价值。因为此本虽释氏所刻，但该书牵涉到苏易简、宋白、向敏中、王旦、丁谓等一大批高官政要，具有很强的政治属性，这本来就是结莲社的特质，省常当然不会没有这种政治敏感，倘若当时官方也有像《礼部韵略》那样对避讳有严格规定，省常岂能轻忽而导致其结社之举功败垂成？循此思路分析，可以作出推测，在《礼部韵略》颁布之前，避讳并不严格；这也从另一角度表明，该本至迟刊刻于大中祥符年间是可以确定的。

④ 刷印年代

当我甫见此书原本即疑其为北宋所刻时，书友告知，出于谨慎，已取纸样寄往美国做碳14测试。我虽一向肯定"观风望气"于鉴定版本之重要作用，但并不排斥现代科学技术。然而碳14测试只能鉴纸，即只能测试出纸张的大概年代，却无法断定版本的刊刻年代。该本碳14测试的最终结果，其纸张的制作定在1024年至1189年期间，即北宋天圣二年至南宋淳熙十六年，虽时间跨度较大，宋纸则确定无疑。或许有人会说，是明刻本用宋纸刷印，甚至说这是一部朝鲜"宋版"，从理论上讲都有可能。但如果结合上述情况判断，这些说法显然皆不能成立。问题是，即使按碳14测试出的年代上限，也要晚于大中祥符十数年，又当如何解释？其实这并不矛盾。稍有鉴定版本经验者，视此本版匡有断缺，文字有残损，便知其为后印之本。惟此本卷末残缺（其目录所载《紫微舍人孙公结社碑阴》未见全文），不详是否另有重印跋文，故难以肯定其确切刷印年代。即便如此，结合避讳问题的讨论，并根据其刷印时未及修版的情况，同样可作出一个合乎情理的推测：该本之刷印不会晚于景佑四年颁布《礼部韵略》之后，否则，出于政治因素，虽然省常已圆寂，其后人也必定要对相关避讳字作重新处理，当然也会对残损之文字进行修补。

▼ 宋本作伪典型——揭开十卷残本《金石录》的面纱

前人对鉴定假宋本有诸多方法，但对真宋本作伪则鲜有认知，十卷残本《金石录》便是真宋本作伪的典型。

宋刻本《金石录》今存两部，一为三十卷足本，藏于国家图书馆；另一部残存十卷，藏于上图。可能有的读者还不知道，在历史上，十卷残本的影响曾经比三十卷足本大得多，可风光了。

旧传《金石录》在南宋曾刻过两次，一为孝宗淳熙间（1174—1189）龙舒郡斋刻本，一为宁宗开禧元年（1205）浚仪赵不谫刻本，但这两个版本皆不显于世。而元明两代近四百年间没有重新雕版，只有抄本流传。

清代初年，杭州藏书家冯文昌意外获得一部宋刻本，虽残存十卷，但当时属绝无仅有，于是特意镌刻了"金石录十卷人家"印章一方，钤盖在所藏各种书帖之上，引以自豪，一时传为佳话。自是以后，该本经鲍廷博、江立、赵魏、阮元、韩泰华、潘祖荫等递相收藏，又经江藩、顾千里、翁方纲、姚元之、洪颐煊、沈涛等先后赏鉴，印章、题跋、朱墨灿烂。

按《金石录》前十卷为目录，后二十卷为跋尾。此十卷残本，是二十卷跋尾的前十卷（图124）。清代以来，许多学者对其版刻看法不一，有的认为是浚仪赵不谫刻本，有的认为是南宋末年书坊刻本。这部宋本最终于二十世纪五十年代中期入藏上图。而意外的是，国家图书馆在五十年代初获藏了一部龙舒郡斋刻本（图

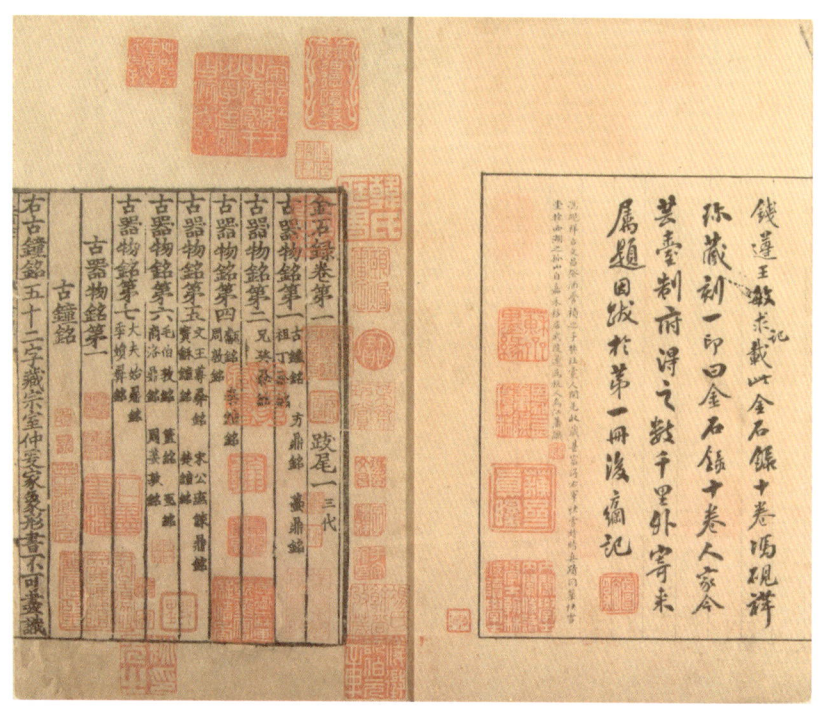

图124 上海图书馆藏十卷残宋本《金石录》

125），旧藏甘氏津逮楼，三十卷完足，向不为世人所知。由于未经与十卷残本相较，为三十卷本写题跋的张元济先生，对残宋本版刻的看法仍然未越出前人两种观点的范围；后来《善目》也将十卷残

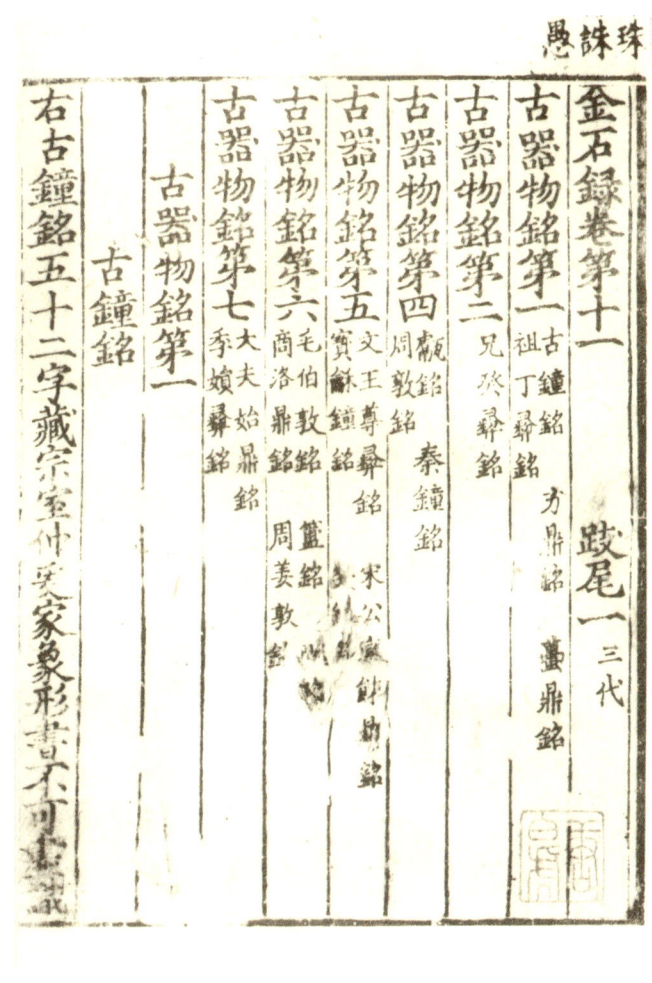

图125　国家图书馆藏宋本《金石录》

本与三十卷本作为两个不同版本著录。而实际上，十卷残本恰恰亦是龙舒郡斋本。证据在于，其字体、行款、刻工、避讳（至"慎"字），均与三十卷本相同，有些断版痕迹两本亦一模一样。三百多年来，其所以为学术界所迷惑，原因主要有两条：一是所存的十卷跋尾应为全书的卷十一至二十，但该本却题作"卷一至十"；再是它的文字与三十卷本有异。1984年，中华书局将三十卷本作为《古逸丛书三编》之一影印出版，遂使两部宋本能同案相较，我发现残宋本的卷次已被剜改，即将原本卷十一至十九，各剜去"十"字；卷二十，剜去"二"字，如此便成为卷一至十。为遮人眼目，其将该行（即首行）自剜处至下栏处予以切割往上移，与"卷"字接缝，下端缺损处再以同本空白处纸接补，并辅以栏线描润，做得可谓"天衣无缝"，因而许多收藏家、版本鉴定家的"法眼"都被骗过，造成了与其他传本体系不同的假象。而文字歧异，是因为此残本乃后印本，而在后印时，除了修补损坏的版片外，还补刻了初印时留下的一些缺字，并对原来的文字作了某些校正，但在修版时也造成个别新的讹字。记得潘景郑先生尝谓"龙舒在安徽舒城县，浚仪一在安徽寿县，一在安徽亳县，两本雕镂，不出安徽一省，疑浚仪本即据原刻校正，修板付印耳"。虽然有学者认为"浚仪"是指赵氏的郡望，与潘老的说法不同，但对于该本的版刻，证明了潘老猜测的正确，而冀淑英先生在1980年代初也曾看过上图的十卷残本，认为与国图藏本很像，故我对两位前辈高超的版本学素养由衷钦佩。

客观而言，如果没有《古逸丛书三编》本的出版，便没有机会作版本比对,自然难以认清两个本子的面貌。但当时作为一个年轻的古籍编目员,能获得这样一个重大的版本发现,是颇感欣喜的,对个人以后的版本学研究委实起到激励作用。

由于人们通常只关注以明清本冒充宋本,对宋本作伪较为忽略,甚至不能接受:既然是真宋本,为何还要作伪?这种以残充全,就众所周知的三十卷文本而言,不是很容易被识破吗?其实不然。我们先确定其作伪的时间。以前《善目》有一个疏忽,未著录该本有朱大韶(文石)题跋,没注意或未了解到,在冯文昌之前,该本曾经朱大韶、冯子玄收藏。或以为朱氏是清代人;而卷端所钤"冯子玄家藏印"则鲜有人关注。文昌系冯梦祯(1548—1605)之孙,冯子玄或与梦祯为同辈族人。而朱氏得书时,梦祯才八岁,故此本流传次序当为朱大韶—冯子玄—冯文昌。因"冯子玄家藏印"跨行钤在卷端最下、边栏之内,通常是最先钤印之处,而该印未显剜补痕迹,可以判断该本卷数之剜改在冯子玄钤印之前。而朱氏题跋云,"丙辰秋,偶得古书数帙,中有《金石录》四册,然止十卷,后二十卷亡之矣"(图126),则朱氏得此书时已经剜改。朱氏生于正德十二年丁丑(1517),殁于万历五年丁丑(1577),丙辰当为嘉靖三十五年(1556),剜改当在此之前。朱氏是当时有名的藏书家,读其跋,知其已经误以为该残本为卷一至十,换言之,该本与前十卷为目录、后二十卷为跋尾的三十卷本不是一个版本系统;何况当时该书不仅没有翻刻本,连抄本也很难得,则其作伪是不易被识破的。无独有偶,2018年北京嘉德公司秋季拍卖,有一部黄

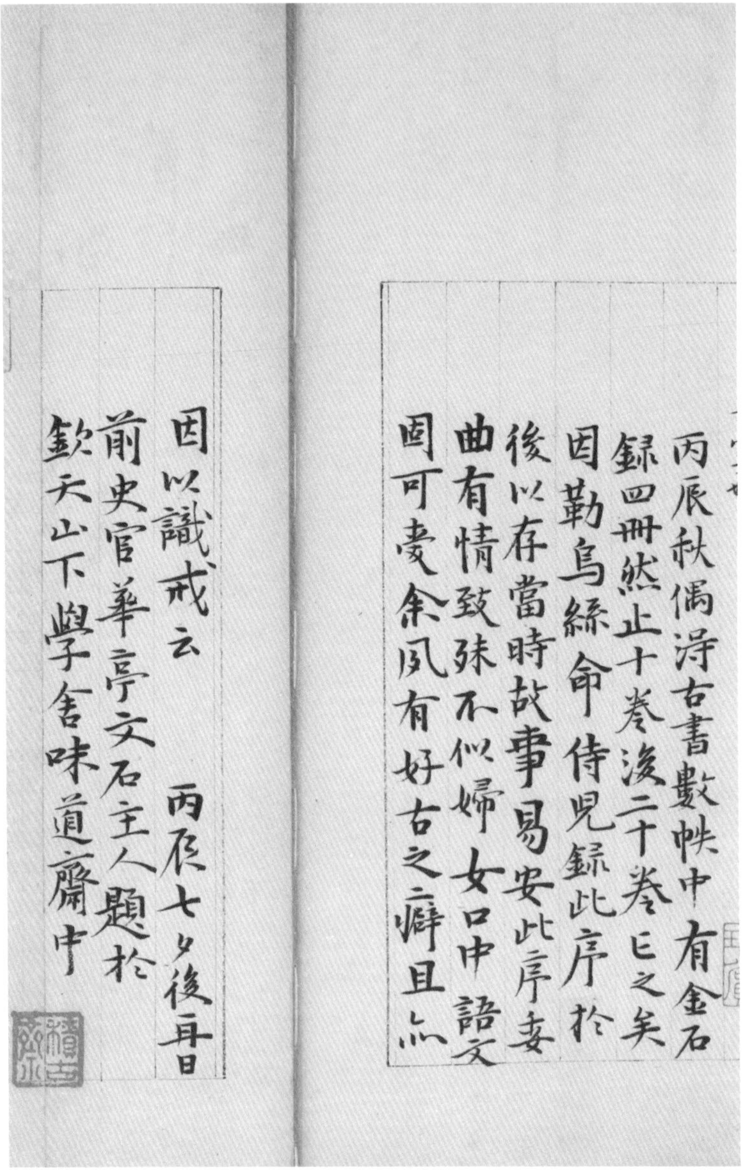

丙辰秋偶得古書數帙中有金石錄四冊然止十卷後二十卷已之矣因勒烏絲命侍兒錄此序於後以存當時故事易安此序於妻曲有情致殊不似婦女口中語文画可愛余凤有好古之癖且以因以識戒云

前史官華亭文石主人題於

欽天山下與学舍味道齋中

丙辰七夕後再日

图126　上图藏本明朱文石题跋

丕烈跋宋拓本《历代钟鼎彝器款识法帖》，该本原当二十卷，残存十二卷，各卷端之卷次皆被刮去并用墨涂描（图127），一看也应该是嘉靖以前人所为，因为彼时既无通行刻本流传，也不闻另有原拓足本存世，故能起到欺骗作用，而当万历、崇祯翻刻本相继问世，其作伪便无意义了。

图127　宋拓本《历代钟鼎彝器款识法帖》

必须指出，尽管有国图宋刻足本存在，上图的这部残宋本的文物与版本校勘价值，依然值得珍视，我曾建言印入《中华再造善本》，可是有关方面说已经印了足本，残本就没必要印了，我只能苦笑——这实在太不"版本学"了。

▼ 江西刻本新识——庐陵本《资治通鉴纲目》之鉴定

宋朱熹撰《资治通鉴纲目》五十九卷，宋代屡经雕版，以《直斋书录解题》所言之温陵本与庐陵本最为著名。温陵本系真德秀知泉州时，据观察推官李方子所进稿本刊刻，始嘉定十一年戊寅（1218），翌年毕工，向被认为该书之初刻本，其版片于元明先后入西湖书院与南京国子监，今所传多属修版后印之本。庐陵之刻，据《天禄琳琅书目》，知清代内府曾经收藏，之后则未见各家书目明确著录，似已亡佚。

1999年，上海朵云轩拍卖公司曾上拍过一册《资治通鉴纲目》残本，著录为明刻本，底价5500元。此册为卷五十九，是这部书的最后一册。拍卖预展假在上图展览厅，因与同仁前往观览。甫一展卷，便大吃一惊，每半叶八行，行十五字，字大悦目，书体出入颜、柳，隽美沉着，古朴大方，真宋刻也。但观风望气，此本与平素过目的蜀、浙、闽三地刻本风格并不相类，自然也不是向被认为该书的初刻本，即相传据朱熹稿本刊刻的福建温陵本，颇感疑惑。及翻至卷末，当年刻书的一篇跋文赫然进入眼帘（图128），方知此即《直斋书录解题》所说的江西庐陵刻本，令人兴奋不已。

这篇跋文是临川人饶谊撰写，时间为南宋宁宗嘉定十四年辛巳

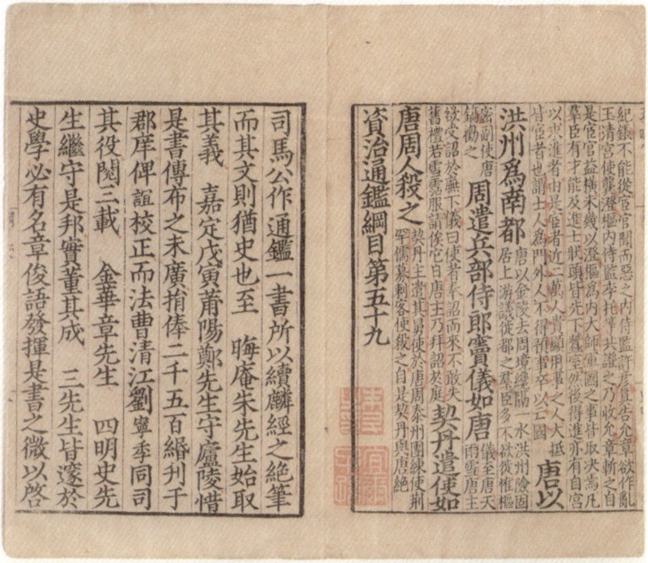

紀鋹不能從宦官闕而惡之內侍監許彥眞告允章欲作亂
王清宮使龔澄樞內侍監李托等共證之乃收允章斬之自
是宦官益横未幾以澄樞爲內大師軍國之事皆取決焉凡
羣臣有才能及進士狀頭皆先下蠶室然後得進亦有自宮
以求進者由是宦者近二萬人貴顯用事之人大抵
皆宦者也謂士人爲門外人不得預事卒以亡國 唐以
洪州爲南都 唐以金陵去周境纔隔一水洪州險固居上游議徙都之羣臣多不欲徙惟樞
密副使唐鎬勸之 周遣兵部侍郎竇儀如唐 儀至唐天雨雪唐主
欲受詔於廡下儀曰使者奉詔而來不敢失舊禮若雪霑服請俟它日唐主乃拜詔於庭 契丹遣使如
唐周人殺之 契丹主遣其舅使於唐周泰州團練使荊罕儒募刺客使殺之自是契丹與唐絕
資治通鑑綱目第五十九

司馬公作通鑑一書所以續麟經之絕筆
而其文則猶史也至 晦庵朱先生始取
其義 嘉定戊寅莆陽鄭先生守廬陵惜
是書傳布之未廣捐俸二千五百緡刋于
郡庠俾誼校正而法曹清江劉寧季同司
其役閱三載 金華章先生 四明史先
生繼守是邦實董其成 三先生皆邃於
史學必有名章俊語發揮是書之微以啓

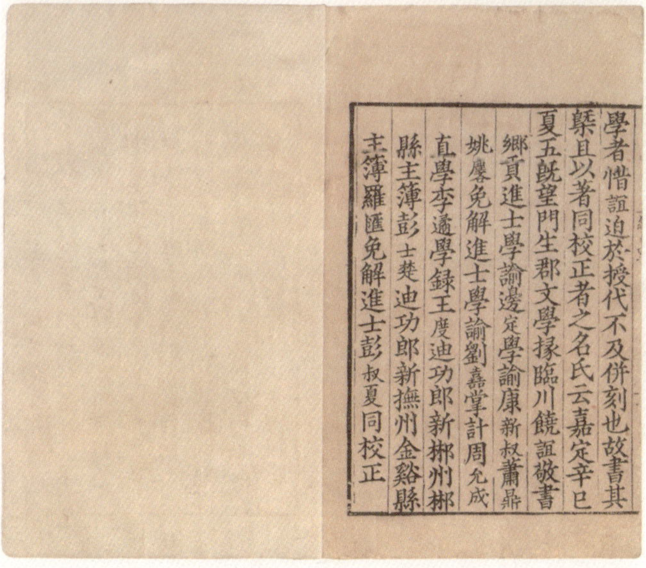

學者惜誼迫於授代不及併刻也故書其
槩且以著同校正者之名氏云嘉定辛巳
夏五既望門生郡文學掾臨川饒誼敬書
鄉貢進士學諭邊定 學諭康新叔 蕭鼎
姚麐免解進士學諭劉嘉掌計周允成
直學李遹學錄王度迪功郎新郴州郴
縣主簿彭士楚迪功郎新撫州金谿縣
主簿羅匯免解進士彭叔夏同校正

图128 《资治通鉴纲目》饶谊跋文

(1221），谓"嘉定戊寅，莆阳郑先生守庐陵，惜是书传布之未广，捐俸二千五百缗刊于郡庠，俾谊校正，而法曹清江刘宁季同司其役。阅三载，金华章先生、四明史先生继守是邦，实董其成"。按戊寅即嘉定十一年（1218），其开雕之年正与温陵本同时，则庐陵本并非如旧说是据温陵本翻刻。饶谊乃朱熹的门生，意者朱熹书稿虽藏于家，但在温陵本镌刻之前定别有抄本流传，只是"传布之未广"，而庐陵本所依据者，很可能是饶谊所获稿本之录副。可见庐陵本于该书之推广作用与文本价值不让温陵本，而其刊刻之精美则胜温陵本一筹，惜今仅存残卷，鲜为人知与见重耳。

饶谊跋后列具参与校正的名单，其中有曾在开禧二年（1206）校刊《周益文忠公集》的彭叔夏等。如果没有这篇跋文，确实不敢见而轻断为江西刻本，因为向所经眼的江西刻本，字体风格与此颇有差异。摩挲再三，似曾相识，骤然想起上图也有此残本，1970年代末编纂《善目》时曾见过，迅即取书检视，果然相同。上图藏的是卷十九及五十六两册（图129），其中一册曾是袁世凯的二公子袁寒云从日本书商手中买得，还是日式的淡绿面子装潢。不意上图的两册与这一册竟为同一部书，都有朱笔标点，并钤有"朱升印信"朱文方印或"朱升之印""宜尔子孙"白文方印（图130）。从朱笔标点的颜色、风格上看，当出于明初人之手。宋版书在明初尚不难得，况且这又是读书人习用之书，阅览时随手标点，本属正常。而明中后期以降，宋本已成显贵文物，哪怕是书坊俗本，也不会有人这么做。朱升是谁，不敢确定，但印章很旧

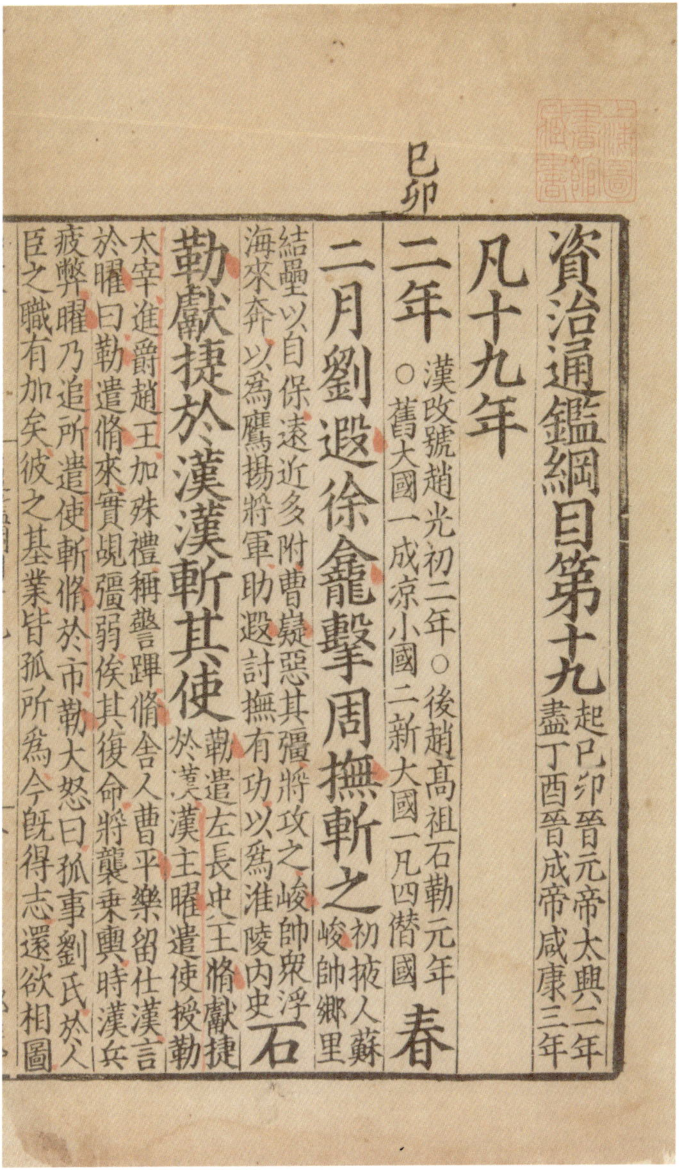

資治通鑑綱目第十九 起己卯晉元帝太興二年 盡丁酉晉成帝咸康三年

凡十九年

二年 漢改號趙光初二年○後趙高祖石勒元年 舊大國一成涼小國二新大國一凡四僭國

己卯

春

二月劉遐徐龕擊周撫斬之 峻帥衆浮 海來奔以為鷹揚將軍助遐討撫有功以為淮陵內史 初撫人蘇峻帥衆鄉里 結壘以自保遠近多附曹嶷惡其彊將攻之

勒獻捷於漢漢斬其使 於漢漢主曜遣使授勒 勒遣左長史王修獻捷

太宰進爵趙王加殊禮稱警蹕備舍人曹平樂留仕漢言 於曜曰勒遣脩來實覘疆弱俟其復命將襲乘輿時漢兵 疲弊曜乃追所遣使斬脩於市勒大怒曰孤事劉氏於人 臣之職有加矣彼之基業皆孤所為今既得志還欲相圖

图129　上海图书馆藏宋嘉定江西庐陵刻本《资治通鉴纲目》（一）

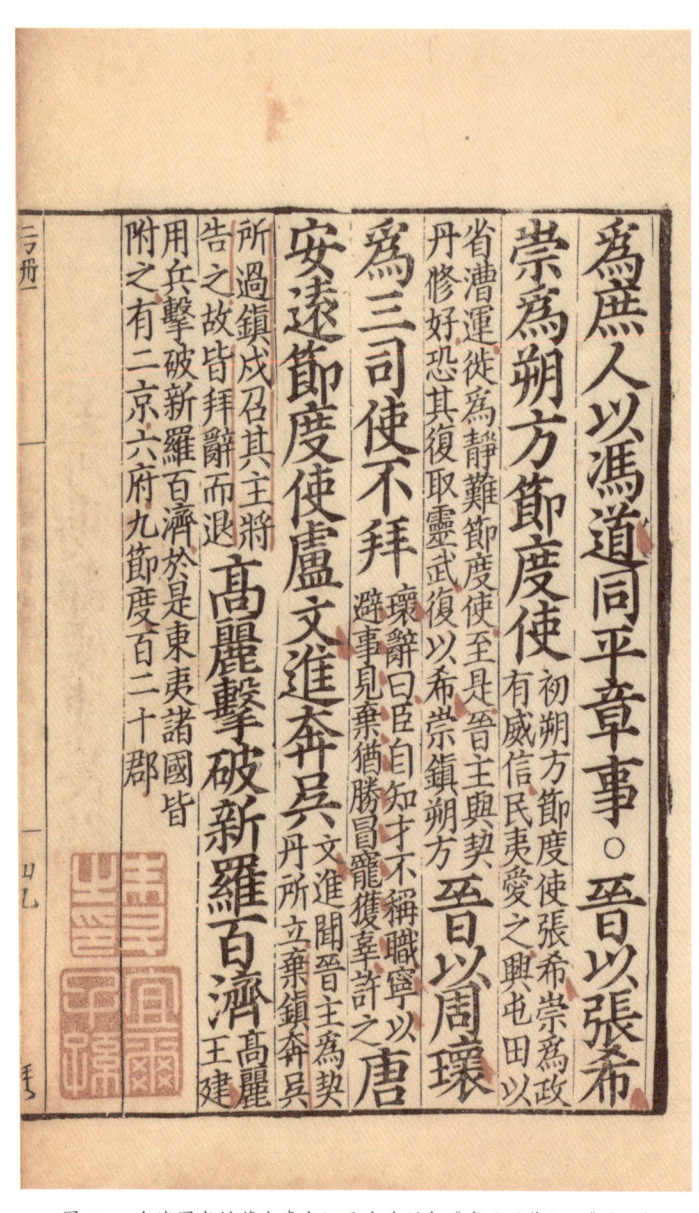

爲庶人以馮道同平章事。晉以張希崇爲朔方節度使 初朔方節度使張希崇爲政有威信民夷愛之興屯田以省漕運徙爲靜難節度使至是晉主與契丹修好恐其復取靈武復以希崇鎮朔方 晉以周瓌爲三司使不拜 瓌辭曰臣自知才不稱職寧以避事見棄猶勝冒寵獲辜許之 唐安遠節度使盧文進奔吳 文進聞晉主爲契丹所立棄鎮奔吳 高麗擊破新羅百濟 高麗王建所過鎮戍召其主將告之故皆拜辭而退用兵擊破新羅百濟於是東夷諸國皆附之有二京六府九節度百二十郡

图129　上海图书馆藏宋嘉定江西庐陵刻本《资治通鉴纲目》（二）

气，也应是明初人所钤，很可能就是标点者，莫不是当年朱元璋兵下徽州，那个奉劝朱元璋"高筑墙，广积粮，缓称王"的回溪人朱升耶？

自是以后，陆续了解到同一部书其他残卷存世情况：吉林图书馆藏卷十八，国家博物馆藏卷二十一，浙江大学图书馆藏卷四十五，国家图书馆藏卷四十六（与另一部八行十七字宋本相配）、五十三及五十四，天津图书馆藏卷四十八，山东博物馆藏卷五十至五十二、五十五；此外，2017年西泠拍卖公司春拍又有卷二十三露面，如此，总共有十五卷存世。毫无疑问，最有价值的当然是卷五十九这一册（曾藏天津图书馆，《善目》著录），正是饶谊这篇跋文的存在，明确了此书刊刻的地点与时间，使人们对江西刻本的面貌有了新的认识。不然，即便登录《善目》，也仅以"宋刻本"著录而已。此外，该本版刻的准确定夺，对其他版本的鉴定也提供了线索，譬如其有刻工邓挺、中成、胡昌等，他们曾经参与彭叔夏校刊《周益文忠公集》的雕版工作，那么，今藏于日本静嘉堂文库的那部《周益文忠公集》应当亦是江西庐陵刻本。

在此向读者作一提示：1999年朵云轩拍卖公司上拍的那册成交价是17.6万元人民币；2017年西泠拍卖公司上拍的那册成交价为345万元人民币。

▼ 字体不同找原因——两种宋本《欧阳文忠公集》的初步鉴定

我在2010年初，曾有机会在日本天理大学图书馆观览过该馆所藏宋本《欧阳文忠公集》。此本一百五十三卷、《附录》五卷（中有二十二卷系抄配）（图131），避讳至"敦"字。其字体、版匡尺寸、刻工等，与所见2005年影印的国家图书馆藏本（其中也有二十五卷抄配）皆不相同，显然不是一个本子。包括日本宫内厅书陵部所藏一部残存六十八卷之本在内，以往这三部书皆被认为是南宋庆元二年（1196）周必大刻本，或题作庆元二年江西吉州刻

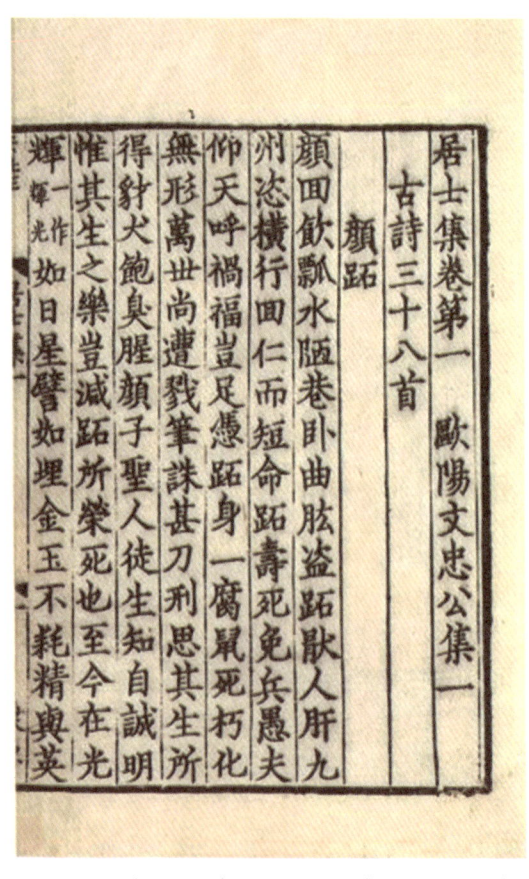

图131　日本天理大学图书馆藏宋本《欧阳文忠公集》

本。多年前，有日本学者考证，认为国图本与宫内厅本属同一版本系统，天理本是另一版本系统，它们都不是周必大庆元二年所刻原本；由于天理本的《书简》多出九十六首，所以天理本最晚出。

我在天理图书馆看书时没条件作详细的版本比对。回国后检览国图本之影印本与上图所藏明天顺刻本，发觉日本学者所言天理本晚出、不是周必大庆元二年刻本没有问题，但说国图本也非周必大原刻则难以认同。我认为至少有两个版刻现象需要弄明白：

一、此书系随校随刻，递刻而成，这在周必大的跋文中说得很清楚。起初他认为《居士集》的文本最为成熟，故率先刊刻。然而不久便发现，即便是《居士集》，也因传本多有异同而需要再作校勘，于是刻完《居士集》正文之后，该书一度暂停刊刻，而且与后来续刻的时间相隔较长。这并非是无端猜测，分析国图本的版刻面貌便可知晓。国图本基本呈现两种截然不同的字体（不包括该书修版之字体），《居士集》正文是一种字体（图132），其余篇帙，甚至包括该书之总目、《居士集》之目录、《居士集》卷末之校记是另一种字体（图133），两者的刻工也非同一拨人。《居士集》正文之写刻隽美端庄；续刻部分由于量大，其时间、精力乃至一时的财力或受局限，雕版便逊色许多。如果全书是一口气连贯刻成，即便后印时有若干修补版，也不会出现前后两种截然不同版刻面貌的情况；而因为是随校随刻，递刻而成，故每次刷印的本子会有文字出入，这正是周必大校刻此书原始过程的客观反映。因此，国图本应当就是周必大完成于庆元二年的原刻本。

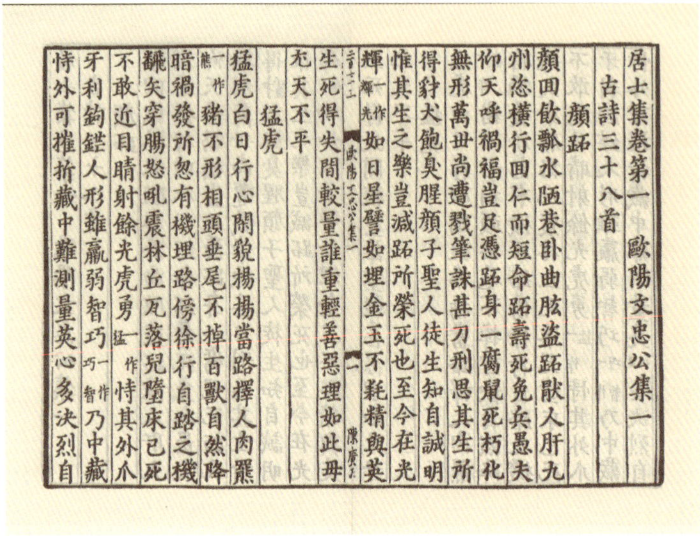

居士集卷第一　歐陽文忠公集一

古詩三十八首

顔跖

顔回飲瓢水陋巷卧曲肱盜跖厭人肝九州恣横行回仁而短命跖壽死免兵愚夫仰天呼禍福豈足憑跖身一腐鼠死朽化無形萬世尚遭戮筆誅甚刀刑思其生所得豺犬飽臭腥顔子聖人徒生知自誠明惟其生之樂豈減跖所榮死也至今在光輝一作光如日星譬如埋金玉不耗精與英生死得失間較量誰重輕善惡理如此毋尤天不平

猛虎

猛虎白日行心閑貌揚揚當路擇人肉羆一作熊豬不形相頭垂尾不掉百獸自然降暗禍發所忽有機埋路傍徐行自蹈之機翻矢穿腸怒吼震林丘瓦落兒墮床已死不敢近目睛射餘光虎勇一作猛恃其外爪牙利鈎鋸人形雖羸弱智巧一作巧智乃中藏恃外可摧折藏中難測量英心多決烈自

图 132　国家图书馆藏本《居士集》正文

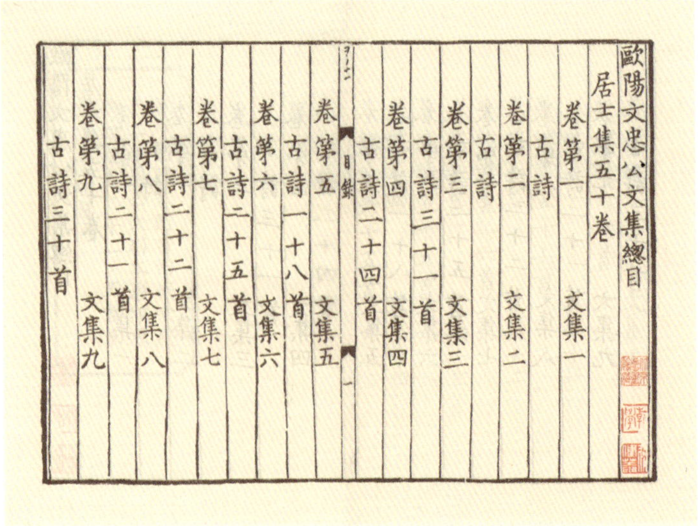

歐陽文忠公文集總目

居士集五十卷

卷第一　文集一
古詩
卷第二　文集二
古詩
卷第三　文集三
古詩三十一首
卷第四　文集四
古詩二十四首
卷第五　文集五
古詩一十八首
卷第六　文集六
古詩二十五首
卷第七　文集七
古詩二十二首
卷第八　文集八
古詩二十一首
卷第九　文集九
古詩三十首

图 133　国家图书馆藏本《欧阳文忠公文集》目录

二、日本学者判断国图本不是周必大原本的一个重要原因，是各卷卷末的校勘记每有"续添"字样，故认为没有"续添"者当是周氏原本。这是在对版本的刻与印没有充分认识的情况下所作的错误推断。此书既然是递刻而成，也可能随刻随印，又由于反复校勘，后印时因有所发现，即增补校勘记，这很正常。有一个现象也证明了这一点，那就是校勘记的版面没有文字的空白处，往往没有凿空木版而留黑，就是为了可能还要增刻校勘记而故意留存的。因此，相对而言，可以称校勘记没有"续添"者为初印本，有"续添"者为后印本，它们并不是原刻与翻刻的关系。日本学者疏忽之处还在于，"续添"的校勘记次序相对正文其实是错乱的，倘若是翻刻本，为何不像明刻本那样，将所有校勘记依正文的序次理顺后刊刻呢？再者，如果说校勘记有"续添"就是另一个本子，那么《居士集》卷八末尾之校记更有"又续添"两条（图134），难道是第三个本子吗？显然是解释不通的。

此外，国图本与天理本也存在某种关系，如其版式行款相同，避讳至"敦"字亦同，甚至个别刻工高手如上官通、刘忠等先后参与了这两个本子的刊刻（而非如日本学者所说两本的刻工完全不同），可能经刊刻天理本主持者的挑选。那么，有没有这样一种可能，包括之前国图本在内的诸多印本版刻面貌不一，又因数度校勘使得校记刊刻错次等情况，在全书整理毕功之后，周必大重募资金，再次主持刊刻一个从形式到内容完整一体的本子即天理本呢？凡此，皆有继续研究的必要。

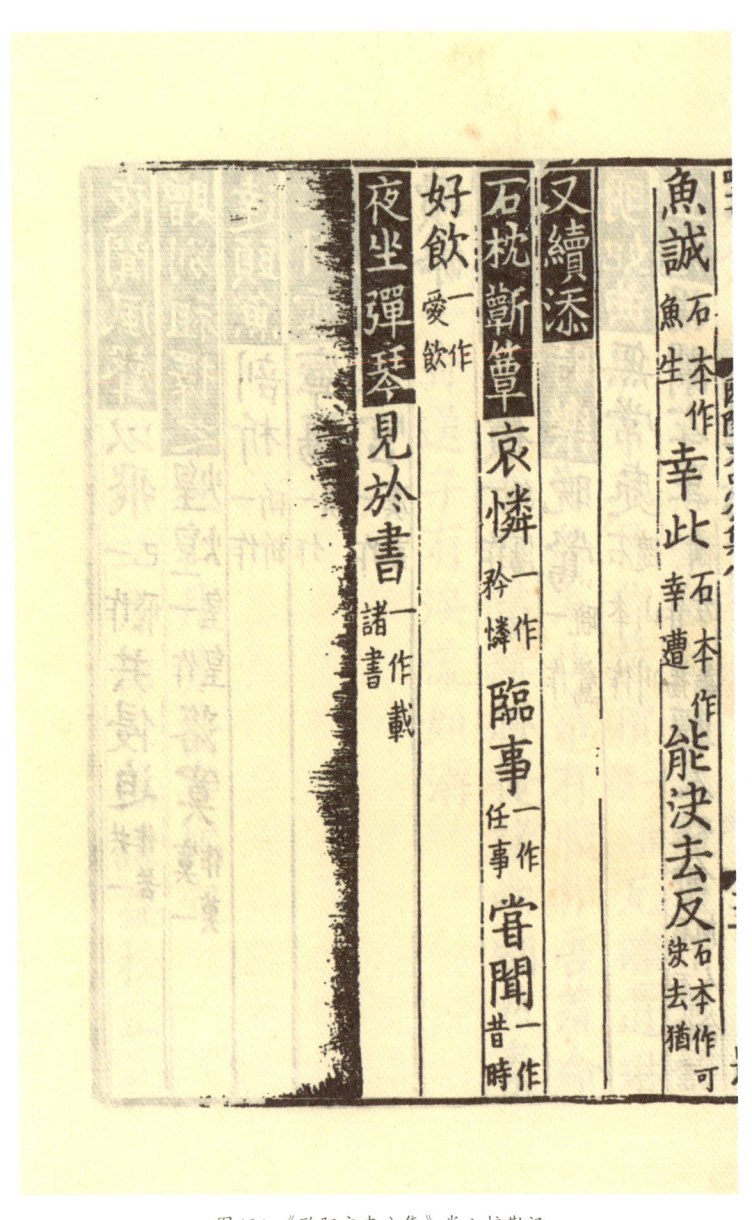

图134 《欧阳文忠公集》卷八校勘记

▼ 名家题跋只能参考——两种宋本《增修互注礼部韵略》刊刻地之辨

刊刻于南宋的《增修互注礼部韵略》一书，是毛晃、居正父子的作品。根据记载，毛晃曾花了十年工夫完成增注，于绍兴三十二年（1162）上表进呈，可惜未被采用。后来毛居正再事重增，方通过审核，于嘉定十六年（1223）由国子监正式发布（见魏了翁《跋毛氏增韵》），这时相去毛晃进呈此书，过了整整六十一年。著名学者魏了翁等，曾为毛晃生前之不遇鸣不平，但从另一侧面，反映出官方出版此类主要用于科举考试的书籍是颇为谨慎的。

现存南宋刻本《增修互注礼部韵略》之足本有两种，一藏上图（图135），另一藏台北故宫博物院（图136）。两本的相同之处，都是十行本，避讳皆至宁宗，与嘉定时国子监刻书年相符。但两本又有太多的不同，主要体现在：

① **字体不同**

上图本为欧体字，台北故宫博物院本为柳体字。

② **纸张不同**

上图本为白皮纸刷印，台北故宫博物院本为黄麻纸刷印。

③ **卷端著者题名不同**

上图本著者题名两行，前一行题"衢州免解进士毛晃增注"，后一行题"男进士居正校勘重增"；而台北故宫博物院本的卷端没有毛居正题名，毛晃的题名却占居两行。

④ **避讳方式不同**

上图本大字正文不缺笔避讳，将须避讳之字或读音在小字注文

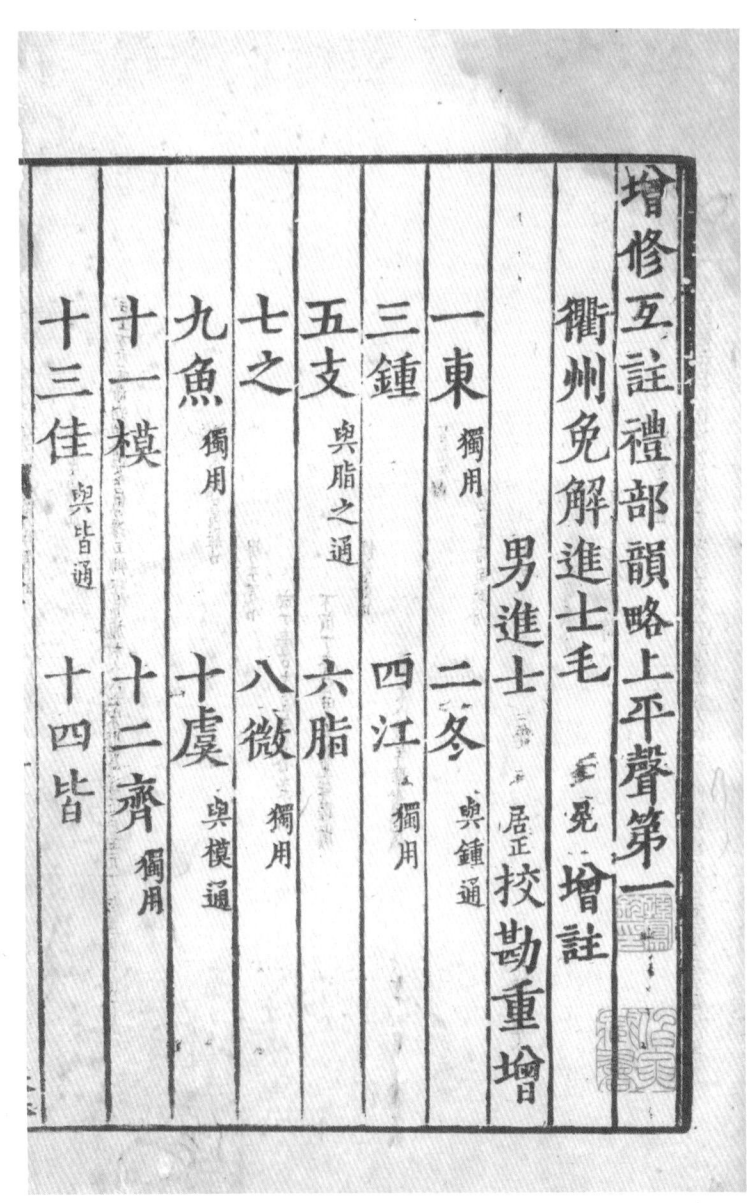

图135　上海图书馆藏本《增修互注礼部韵略》

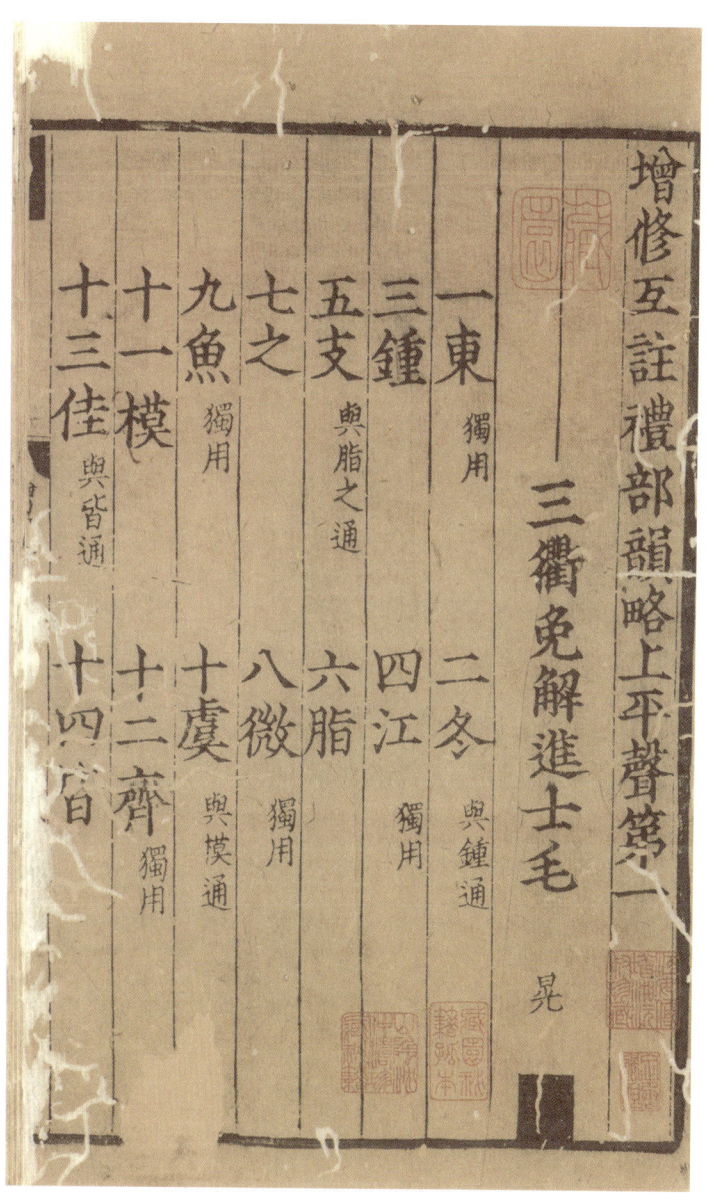

图136 台北故宫博物院藏本《增修互注礼部韵略》

中加以注明；台北故宫博物院本之避讳则采用通常的缺笔之法。

⑤ 刻工不同

上图本计有吴春、张明、宋琚、朱玩、王恭、沈茂、何澄、陈寿、沈昌、马祖、徐珣、曹兴祖、何泽、吕信、徐义、高文、张富、马松、陈彬、董澄、石昌、王遇、王琎、孙振、王寿、孙日新、杨润、高昇、方信、孙春、詹世荣、吴佑、徐仁、丁松年、高寅、陈晃、金嵩、金祖、王良佐、周成、沈定、徐经、邵亨、顾永、王政、毛祖、顾澄、曹冠英、丁之才、顾达、夏义、宋通、余敏、朱春、缪恭、凌宗、徐琪、应拱、陈伸、沈思忠、蒋祖荣、贾祚、沈珍、陈镇、董辰、陈良、张荣、方至、沈思恭、金荣、朱梓、金震、李仲、何升、范元、王汝霖、徐仪、张升、沈旻、蔡邠、陈浩等80余人，大都是在其他南宋中后期浙江刻本中出现的名匠；而台北故宫博物院本的刻工可计者近30人，因单字居多，难考其详，或有姓名者如李仁，见诸建宁郡斋刻本《西汉会要》；景从，见诸建刻本《资治通鉴》，该院1986年出版的《宋版书特展目录》曾说这批刻工皆南宋中叶杭州地区良工，不知其依据何在。

上图本旧藏吴县潘氏滂喜斋，因为系用元代公文纸刷印，《滂喜斋藏书记》误作元刻本，入藏上图后，虽然予以纠正，因没有国子监刊刻的直接证据，仅著录为"宋刻元公文纸印本"，《善目》亦如此著录。而台北故宫博物院本曾经傅增湘、沈仲涛递藏，有傅增湘民国三十二年癸未（1943）手书题跋，虽然该本也没有国子监刊刻的直接证据，但傅增湘的题跋则定为南宋嘉定十六年国子监刻

本（图137），言之凿凿。除此篇题跋外，傅氏曾对其藏本作过详考，《双鉴楼藏书续记》中有其长文。但与上图本相较，他下的结

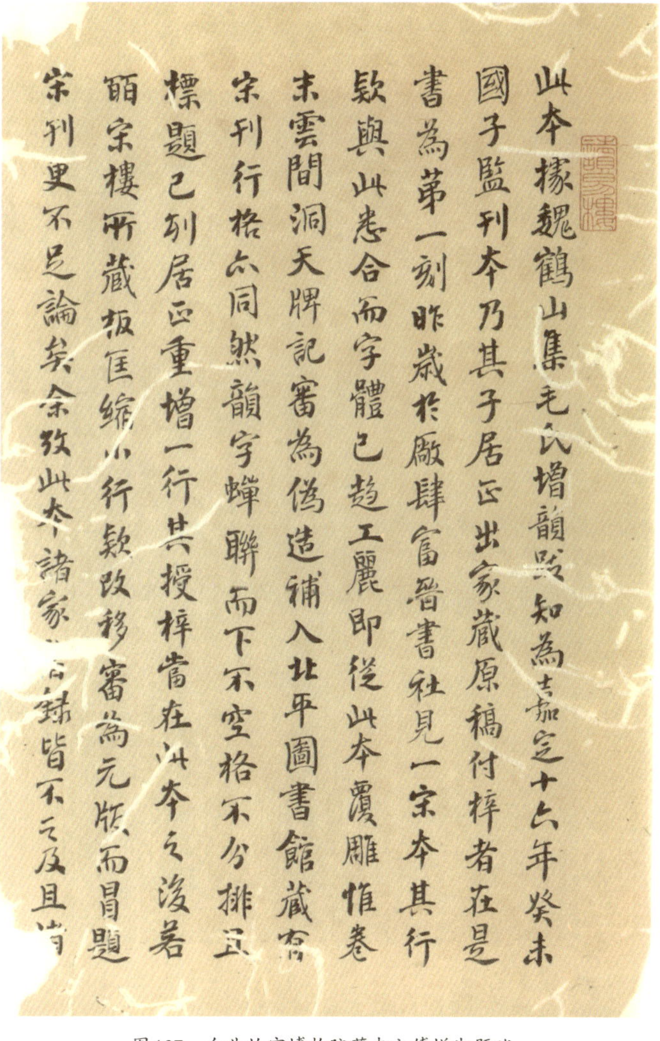
此本據魏鶴山集毛氏增韻跋知為嘉定十六年癸未國子監刊本乃其子居正出家藏原稿付梓者在是書為第一刻昨歲於廠肆富晉書社見一宋本其行款與此悉合而字體已趨工麗即從此本覆雕惟卷末雲間洞天牌記審為偽造補入北平圖書館藏宮宋刊行格亦同然韻字蟬聯而下不空格不分排且標題已列居正重增一行其授梓當在此本之後若皕宋樓所藏板匡縮小行款改移審為元版而冒題宋刊更不足論矣余致此本諸家著錄皆不之及且尚

图137　台北故宫博物院藏本之傅增湘题跋

论并不确切。上述的五点不同之处，其实已经说明了问题，其中三条更值得关注：

第一，南宋浙刻而且又是官刻本，会有这种柳体字吗？这应当是福建翻刻本；而上图本的欧体字则为南宋浙刻本的习用字体。

第二，两本避讳都至宁宗，但因为这是韵书，上图本的避讳虽与寻常做法不同，却显得更为合理。我甚至认为，如果不是官刻本，或许没人敢这么做。

第三，台北故宫博物院藏本的卷端没有毛居正题名，毛晃的题名却占居两行，与国子监发布的文本不相符合。

此外，台北故宫博物院在1986年出版的《宋版书特展目录》曾说其藏本用元至元间公文纸刷印，《西湖书院重整书目》著录者即此本，而在2006年出版的宋本图录《大观》中却没有提及，估计《宋版书特展目录》之说有误。上图藏本正是用元至元间公文纸刷印，是湖州路的公文纸。元人胡师安等纂的《西湖书院重整书目》中确实有《增修互注礼部韵略》的著录，知其书版至少元代保存完好。

显然，在没有其他依据的情况下，上图本才是国子监本（台北故宫藏一修版后印本，缺卷一，原藏北平图书馆，见台北《"国立中央"图书馆善本书目》1986年增订二版著录）。

不过，我对傅增湘这样的版本学大家从版刻字体上没看出问题是不相信的。事实也正是如此。傅熹年先生所编《藏园群书题记》（1989年上海古籍出版社出版）附有《双鉴楼藏书杂咏》，其中《题宋本增修互注礼部韵略六首》中之第一首注文有云："此书宋本流传绝少,忆共和初元曾见潘伯寅先生旧藏本,字体方严,为浙刻正宗,惜一瞥即逝,未克著录详考之。"而上图藏本正是潘氏滂喜斋旧物。其第三首注文又云:"此本仅标晃名,不署居正重增,盖父可以统子也。以是观之,虽刀法非浙中风气,要也监本之嫡子。"则此系言台北故宫博物院藏本,隐约指出该本非浙刻并且是翻刻本。显然,他对两本字体的判断洞若观火,之所以在台湾故宫博物院藏本上如此题跋,可能另有不为人所知的原因。

由此可见,读题跋也有讲究,鉴定版本,应重在对原书的审视判断,后人的题跋,哪怕是名家题跋,只能作为参考。

▼ **不失时机的鉴定——记回归中国的宋刘仕隆宅刻本《钜宋广韵》**

2010年岁杪,南宋建宁麻沙镇坊肆刘仕隆刻本《钜宋广韵》惊现日本东京市场,因历代收藏家向无著录,亦未见别本流传;原本复无藏家印记,似无可考索,人或难以置信,于是元椠、明刻之说,纷纭莫衷。当时我谛观友人传下书影(图138),即认为此本字体含柳公权书法意蕴,为宋代福建书坊刻本无疑。而该本为日本江户时代后期著名藏书家福井氏崇兰馆之旧物,实大有来历。京都福井家自福井枫亭(名鞑,1725—1792)始,累世以医学名家,精研六朝及唐、宋医书。长子榕亭名需,性喜书画、古籍,往还皆一时名儒。蓄书既富且精,考据学家狩谷棭斋曾施计登门抄得孤本《新修本草》,书林传为美谈;森立之《经籍访古志》亦著录其所藏之古抄旧椠多种。后馆遭回禄,烬余之书今或见于日本大坂杏雨书屋、奈良天理图书馆等地。

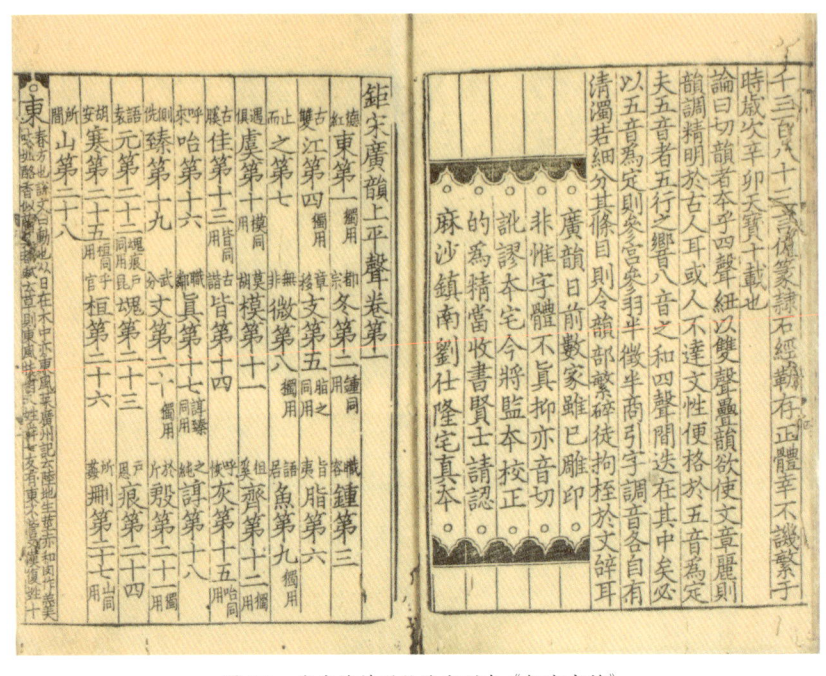

图138　宋麻沙镇刘仕隆宅刻本《钜宋广韵》

2009年冬我曾东渡访书，见到福井崇兰馆遗存待售之中医古籍一百四十种，其中宋元版竟有十五种之多，连日本人亦以为早佚，令人瞠目结舌（上图曾欲购买未果，后由日本政府收购，交付大阪杏雨书屋保存）。有鉴于此，我建议有力者不要错失购买《钜宋广韵》之良机。天随人愿，此件宝物终为吾国人所获而携返中土，可谓清季黎庶昌、杨守敬在日本搜采、辑刻佚本事业之赓续，不禁为之抃掌击节。据说当时拍卖现场人皆以此为元、明刻本，而购买者则言相信上图某人定为宋本不误。闻之颇感欣慰，类似这种鉴定必须能当机立断，否则"错过了这个村，就再没有这个店了"。

北宋景德、祥符年间陈彭年、邱雍等撰《广韵》一书，又称《大宋重修广韵》，系研究古代音韵学之要籍。当时校定出版，既为审音辨韵，也为时人应试作文之用，故有宋一代即翻本叠出。然北宋本久淹无征，后人所谓藏有北宋本者，实皆南宋刊刻，或经窜改，或存讹误，能嫡传北宋原本者鲜矣。因此，历代藏书、校勘之家，广搜众本，罗列排比，希冀推寻乃至恢复陈、邱原书本来面目。惜踵事者多而收效者少，缘南宋诸刻亦未能得其全耳。

1970年代末，上图获藏南宋建宁黄三八郎书铺所刻《钜宋广韵》（清末由黎庶昌随从、画家顾澐以梁天监小铜佛从日本收藏家向黄村氏易得），音韵学家周祖谟先生喜出望外，勉力为之撰写影印序言，盖是本乃周先生昔日撰《广韵校勘记》时所知而未得见者。虽残缺卷四而配以元刻本，但彼时人多以为传世仅存之物，不知日本国立公文书馆（即原内阁文库）更藏有一部足本。如今确属孤本之刘仕隆刻《钜宋广韵》，历近八百年后重现于世，遂使《广韵》研究平添一部向不为人所知晓之善本，奈何周先生已去世，不获一睹，令人三复太息。

按此本牌记有云："《广韵》日前数家虽已雕印，非惟字体不真，抑亦音切讹谬。本宅今将监本校正，的为精当，收书贤士，请认麻沙镇南刘仕隆宅真本。"虽不详其云"数家"所指何本，也未悉其校正系据北宋抑或南宋监本，但申言所见版本之讹，今人自不能以旧时偏面看低福建坊本之眼光视其为销售广告而轻忽之。

因未获检览原书，仅就所见数帧书影粗析端绪，颇觉此本系仿自同邑黄三八郎书铺刻本而重加校勘刻印者。其一，宋刻本而书名题"钜宋广韵"者，所知唯独黄三八郎本一家，他本则题"大宋重修广韵"；而此本既称据监本校正而不改题名，正彰显其与黄三八郎本之关系。其二，此本每半叶十二行、行二十一字之行款，不同于现存之浙刻十行本，唯与黄三八郎本一式；且字体亦相仿佛，如出一手（图139）。其三，此本卷末既镌"钜宋广韵入声卷第五"一行，复于所附《声叠韵法》之后再镌"钜宋广韵第五卷终"一行，此式亦它本所无，仅黄三八郎本相同，只是"第五卷"黄三八郎刻本作"卷第五"。因此，就形制而言，两本犹如孪生。但此本并非径翻黄三八郎本。凡周祖谟先生盛称黄三八郎本之长处，此本相同，无须赘言。而黄三八郎本之讹误或异字，此本则施以校勘纠正。如卷一叶三"夆"字下小字注"多夆礼天"，黄三八郎本误"天"作"大"。又如卷三首叶韵目，"混"字上小字注"乎本"，"很"字上小字注"乎垦"，"皓"字上小字注"乎老"，"槛"字上小字注"乎黯"，黄三八郎本四"乎"字皆作"胡"。因"胡"字在同叶及别处屡见，故此数处改"胡"为"乎"与元人忌讳无涉，而适与今存浙本系统相同。治《广韵》者若能慎审全书，校诸别本，自当有更多发现。

　　此本避讳缺笔较黄三八郎本为谨，包括小字，少有疏漏。惟俗体字稍多于黄三八郎本，且业经校勘，故判断其刊刻在黄三八郎本之后。黄三八郎本有"己丑建宁府黄三八郎书铺印行"一行刊记；而据存世影抄本，又知黄三八郎在孝宗乾道元年（1165）曾刊刻《韩非子》，且字体与其所刻《钜宋广韵》相似，故推定该"己丑"

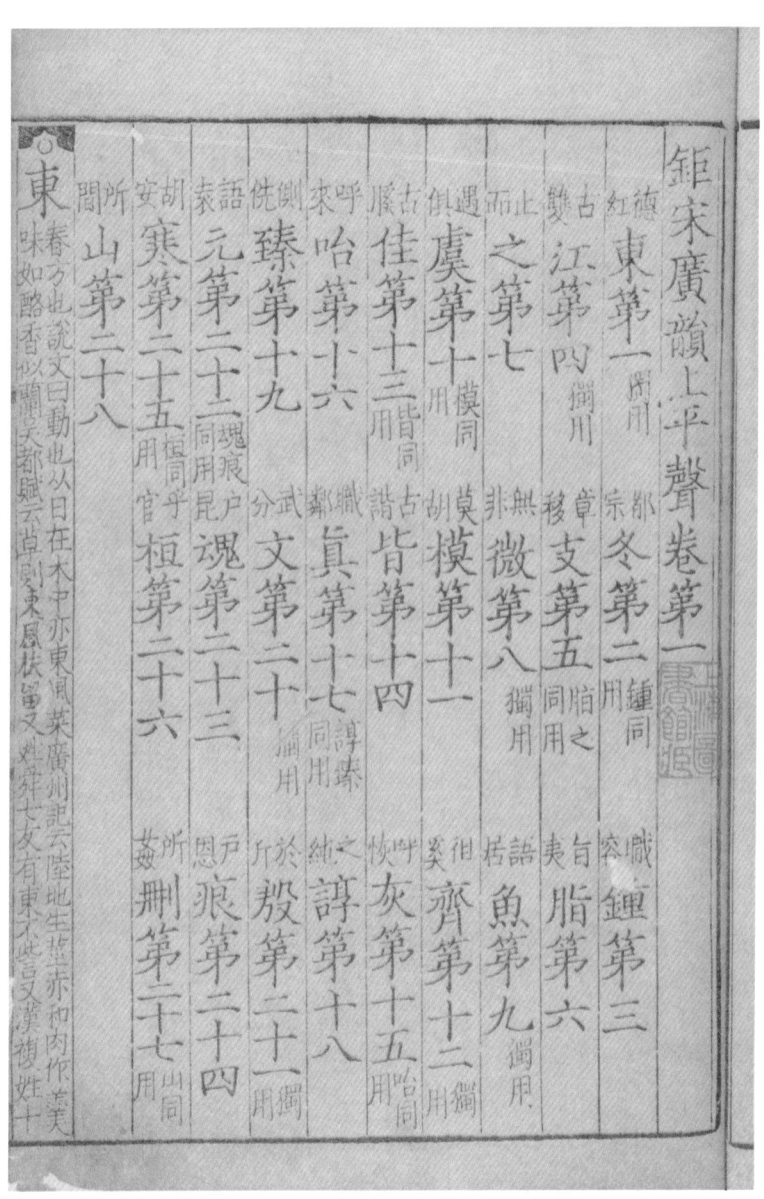

图139　宋乾道五年（1169）建宁府黄三八郎刻本《钜宋广韵》

为乾道五年（1169）。刘仕隆本之刻年应与之相去未远，其牌记所谓"日前数家"云云，当包括黄三八郎本在内。

福建乃宋代雕版重镇，书坊刻书以建宁麻沙、崇化两坊最为著名。时至今日，福建境内欲寻一宋麻沙本也难矣。而窃以为，此本之价值，非惟孤本堪珍，也不仅限于研究《广韵》之用；从版刻角度而言，其或将使学术界重新认识并客观评价以"麻沙"为代表之"建本"。

▼ 俗体字不是鉴定元刻本的主要依据——宋刻本俗体字举例

汉字历来有正体字与俗体字的区别。所谓正体字，是指我国各个历史时期经官方规范写法的文字，又称正字；所谓俗体字，是指与正体字写法不合、主要流行于民间的文字，又称俗字。和正体字相较，大多俗体字的笔画减少，所以后人又称作简体字，具有较强的实用性，因此千百年来，俗体字与正体字长期并存，甚至有些俗体字因被人们广泛接受而取代原来的正体字。比如1949年以后由政府主导的文字改革，其中很多简体字就是古代的俗体字，在古代文献中大都能找到出处。

俗体字在雕版印刷的书本上时有出现，不用多说，主要出现在私家、书坊刻本中，官刻本一般不会使用俗体字。过去有人把俗体字作为鉴定元代刻本的主要依据之一，似乎只有元刻本有俗体字。我认为即使就元刻本而言，这种说法也太片面，在他们眼里，似乎元刻本就是福建书坊刻本的代名词，其实不然。况且，俗体字在宋刻本中并不鲜见，日本东福寺所藏北宋本《释氏六帖》

中就有很多俗体字。这里例举三种有俗体字的南宋本，它们具有各自版本特点：

第一种，《重雕足本鉴诫录》（图140），有骵（体）、乱、宝、国、弃、无、声、礼、数、灯、忻（惊）、断、迁、与、尽、楼、虫、献、炉、朴、孝（学）、秊（举）等俗体字。我想说明的是，通常宋代福建书坊刻本会出现俗体字；此外包括蜀刻本在内，刻工的姓名往往也有作俗体字的现象。而这部《重雕足本鉴诫录》刊刻于南宋中期的浙江，表明浙江书坊刻本也有俗体字现象。

第二种，《韵语阳秋》（图141），此本刊刻甚精，白皮纸刷印。有乾道二年（1166）沈洵跋，"敦""郭"字皆不避讳，则该本应刻于孝宗年间。仔细翻阅，该字体并不相同，如卷一共七叶，前六叶字体小而精整，欧书典型，第七叶则字略大而结构较松（各卷类似此叶者尚多），版心两鱼尾之间又刻字数，明显不同，应是补版所为（图142）。

我想强调的是，该本有弃、蚕、刱（创）、与、处、无、舜（舞）、秊（举）等俗体字，而这些俗体字多出现在补版之中，估计原版曾流入书坊，经书坊补版重印。这是一个以俗体字区别原刻与补版的实例。

第三种，《孔丛子》（图143），上图的这部宋本，在清初曾经季振宜收藏，季氏《延令宋板书目》著录。清末为潘祖荫滂喜斋所得，叶昌炽在撰《滂喜斋藏书记》时将它著录为元刻本。叶氏未留下考证文字，不明其定元本的理由。该本有俗体字也不少，如蓺（艺）、

知若有支持日須守口中爭著兩張匙又判簡州刺史安太尉
中院粜希酒場云係州收擢安胡安胡空有髭髯所見不遠智
解全懸酒場是太尉教令問你還有耳孔也无又判內門捉得
街尉雜使衙官偷肉六斤斤是官家物飽祭隴嗊更將出不能
為食斬君頭領送右巡枷見骨

一、產麒麟

王蜀田尚父宗佩第三子太尉承肇生自雅安雅州之邑小字獦獠
見其母崔氏初夢一人羲冠襃袖自稱周公山神幸一五色獸
逼其裙〻既驚見寤因而有孕焉後有加持崔和尚者忽自雅
安來於成都打病瘟疫者尋羌蠻壁者立行指人亂言往〻有
據田是時童騃官者抱於看懸前和尚看之欣然撫其背曰怪
來近日貧道所居之山神孕靈于此〻子麒
麟之精也必為王者之瑞焉其山之色稍微其山之告其母曰往年夢中之獸
今獲解之遂施和尚珠金以酬異說田後果迁郡守節制洋州

重彫足本鑑誡錄卷第六

〈戲判作〉

王蜀宋開府光嗣僥倖樞衡紊亂時政所為妖媚下筆蹤橫見斷國章多為戲判用三軍為戲蔣万機為詭隨取笑四方結怨上下以至一身受戮後主譴謀良由君子退身閭人執政者也判行營將士申請裹糧云請冬賜文給行裝漢州呢尺要甚裹糧綿州物賤直到益昌又判內庭求事人云覓事撮顛徹勾當須教了儅若有闕遺禁君首到老又判導江縣申狀封皮上著狀上門府衙勅加開府不是門府典押雙眇令佐單瞥量事書訶勝打十五令佐盤庚曲押歲取事了速婦用修廨宇又判小朝官報延鈞進識字女子云進來便見宮人狀內猶言女子應見容止可觀遂令始制文字更遣阿母教招恨不大真相似身奇親近官家直向內庭求事文判神奇軍頭軍官健李紹

韻語陽秋卷第一

丹楊 葛 立方 常之

謝朝華之已披起夕秀於未振學詩者尤當領此陳腐之語固不必涉筆然求去其陳腐不可得而黼爲悗悗奇奇不可致詰之語以欺人不獨欺人而且自欺誠學者之大病也詩人首二謝靈運在永嘉因夢惠連遂有池塘生春草之句元暉在宣城因登三山遂有澄江靜如練之句二公妙處蓋在於鼻無堊目無膜爾鼻無堊斤將暈運目無膜籧將暈施所謂混然天成天球不琢者歟靈運詩如芙蓉出水不足適已物可志清暉能娛人遊子憺志歸元暉詩如春草秋更綠公子未西歸大江流日夜客心悲未央等語皆得三百五篇之餘韻是以古今以爲奇作又昌黎以難解語爲工哉東坡跋李端叔詩卷云暫借好詩消永夜每逢佳處輒叅禪蓋端叔作詩用意太過叅禪之語所以警之云

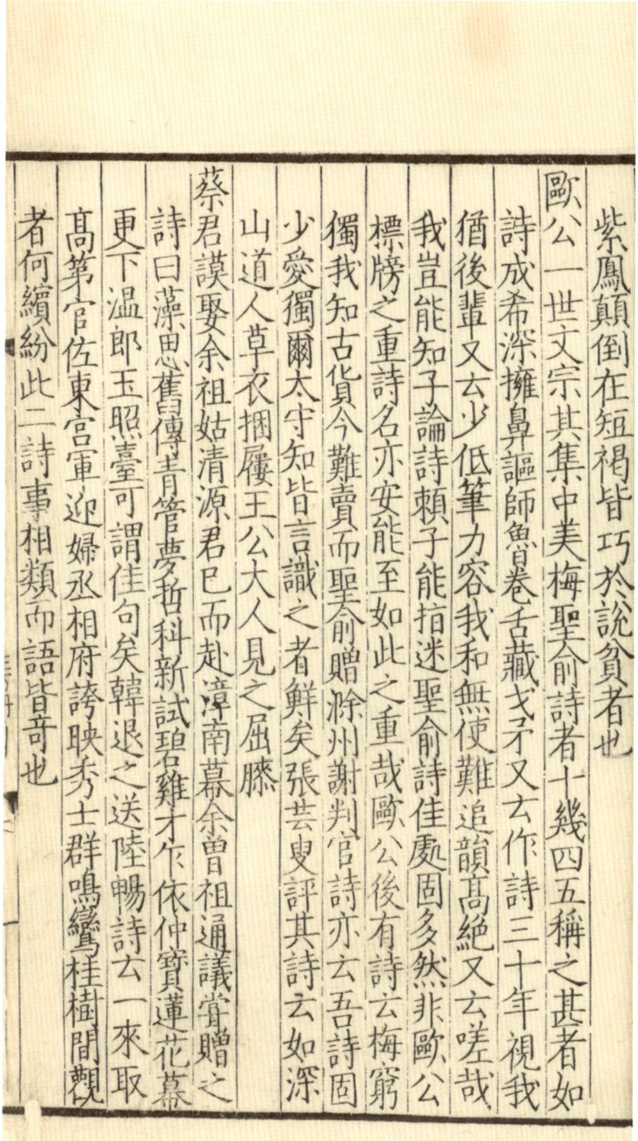

紫鳳顛倒在短褐皆巧於說貧者也

歐公一世文宗其集中美梅聖俞詩者十幾四五稱之其者如詩成希深擁鼻諷師魯貪卷舌藏戈矛又云作詩三十年視我猶後輩又云少低筆力容我和無使難追韻高絕又云嗟哉我豈能知子論詩賴子能拍迷聖俞詩佳處固多然非歐公標牓之重詩名亦安能至如此之重哉歐公後有詩云梅窮獨我知古貨今難賣而聖俞贈滁州謝判官詩亦云吾詩固少愛獨爾太守知皆言識之者鮮矣張芸叟評其詩云如深山道人草衣捆屨王公大人見之屈膝

蔡君謨娶余祖姑清源君已而赴漳南慕余曾祖通議嘗贈之詩曰藻思舊傳青管夢哲科新試碧雞才仗依仲寶蓮花慕更下溫郎玉照臺可謂佳句矣韓退之送陸暢詩云一來取高第官佐東宮寵迎婦丞相誇映秀士群鳴鸞桂楠間觀者何繽紛此二詩事相類而語皆奇也

图142　宋刻本《韵语阳秋》补版

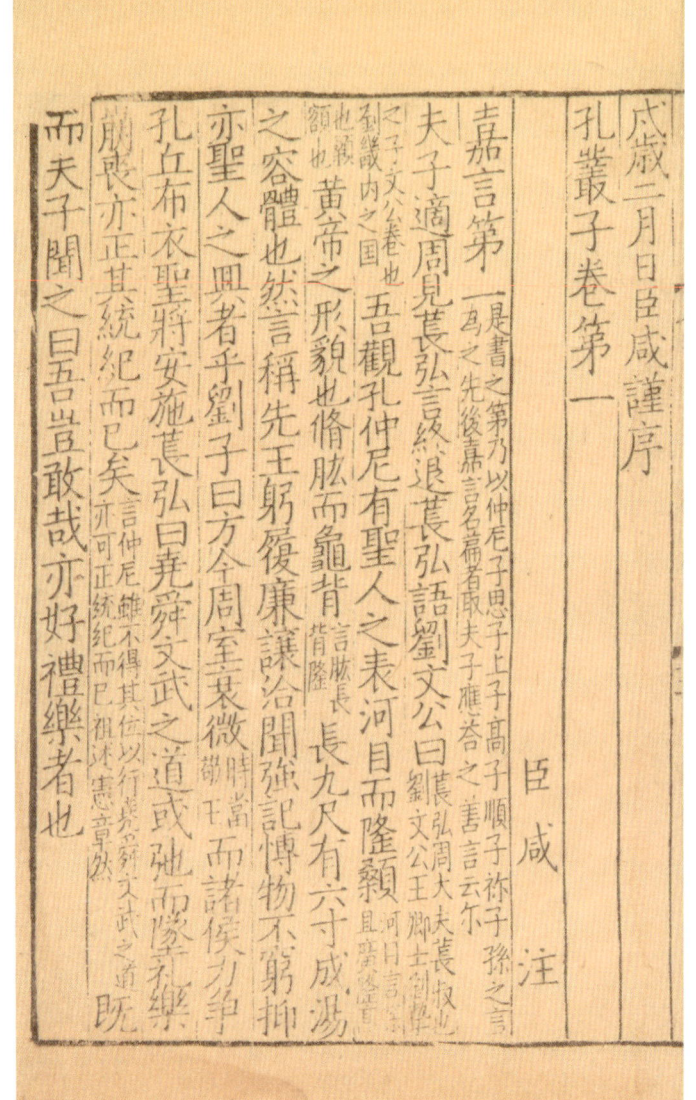

图143 宋刻本《孔丛子》

弓（焉）、无、荤（举）、辝（辞）、礼、斉（齐）、断、体、浅、弥、弃、献、囯等。意者可能因为有俗体字，叶氏遂将之定作元刻本。我则认为，仅以俗体字判断宋刻抑或元椠，依据不够，须小心谨慎。

其实不说更早，即在六朝至隋唐的碑刻中，就有许多俗体字，那么宋代雕版印刷兴盛，出现俗体字并不奇怪。可能与见闻有关，过去一旦有人提出俗体字多见于元代书坊刻本，便有随声附和者将之归纳为鉴定元刻本的方法之一，而通过上述举例，足见该说法并不确切。

同样是与见闻有关，又有学者认为"囯"字仅见于太平天国政权机构刻印的文献，遂以此"囯"字作为鉴定太平天国文献及那个时代写本、印本的依据，这也有问题。太平天国政权为了提升识字率，对汉字进行简化，其习用"囯"字固然不错，但这既不是他们的创造，也不是宋代的发明，唐初《历城县千佛崖》石刻就有"家囯安宁"的字语，则以"囯"为"国"，至少从那时起便如此。

▼ 牌（刊）记的迷惑——范氏岁寒堂本《范文正公集》与詹光祖本《资治通鉴纲目》鉴定

牌（刊）记通常是鉴定版刻年代的硬性凭据，但两种情况必须注意：一是初印本无而后印时增刻的牌（刊）记；另一是翻刻本或仿刻本会镌刻原刻本的牌（刊）记。这里就前一种现象介绍对两部著名版本的鉴定意见。

① 范氏岁寒堂本《范文正公集》

《善目》于该书的版本大致有两种著录：其一，若仅有《范文正公集》二十卷《别集》四卷者（图144），著录为"元天历元年褒

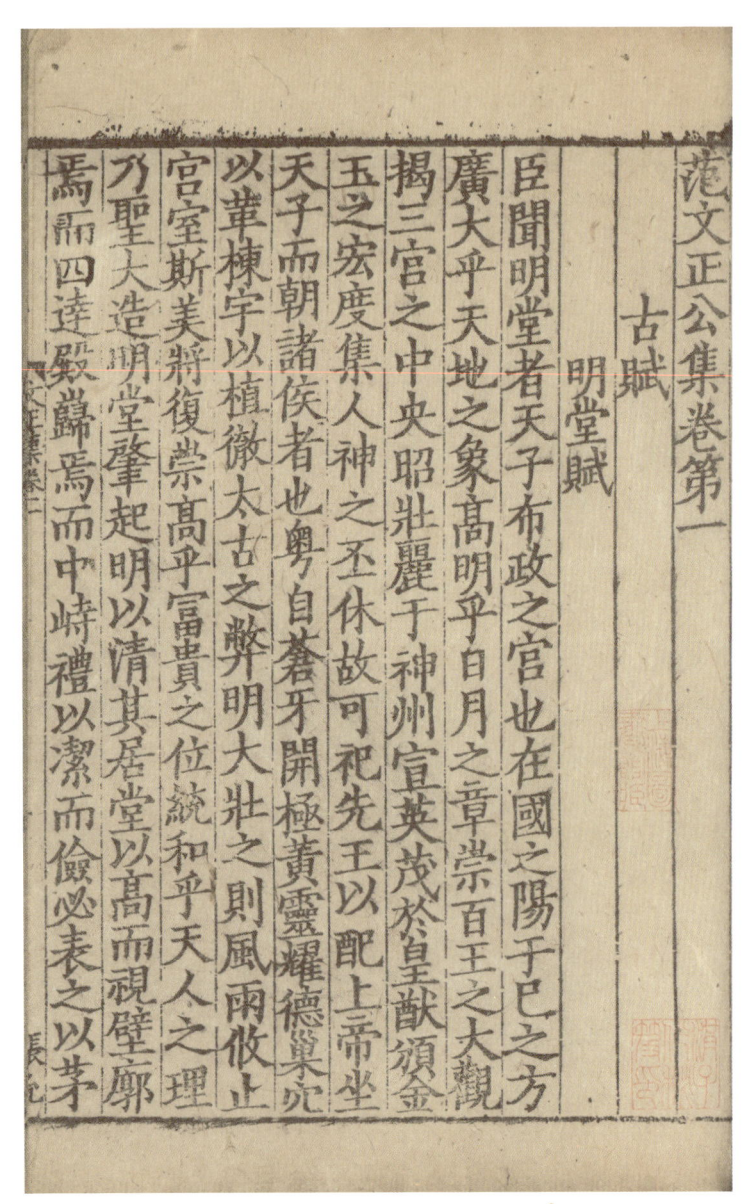

图144 范氏岁寒堂本《范文正公集》

贤世家家塾岁寒堂刻本",其根据是,在元祐四年(1089)苏轼《范文正公集叙》之后,镌有"天历戊辰改元褒贤世家重刻于家塾岁寒堂"篆文牌记(图145);其二,有的印本除上述而外,还溢出《遗文》一卷、《政府奏议》二卷、《尺牍》三卷、《年谱》一卷、《年谱

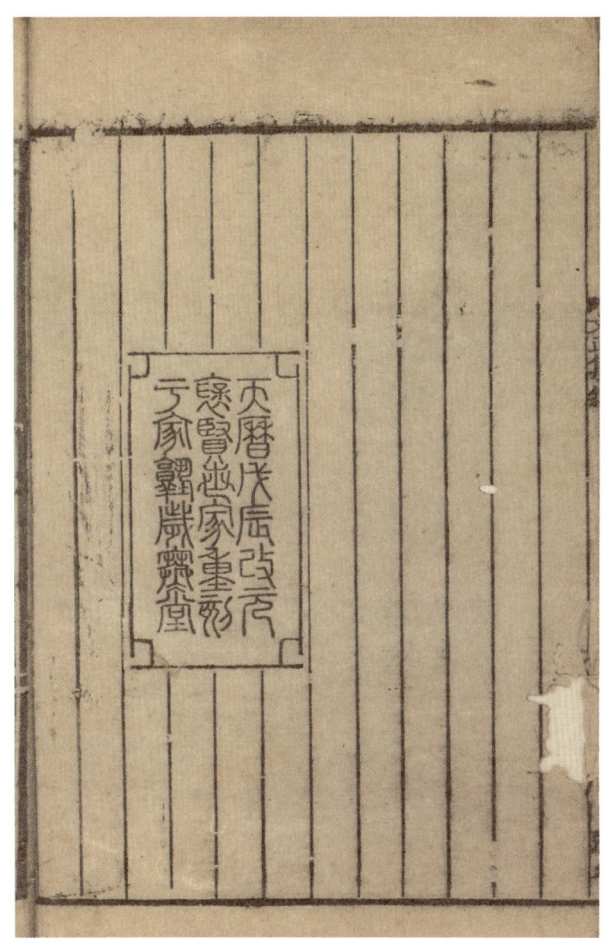

图145 苏轼序后篆文刊记

补遗》一卷、《祭文》一卷、《诸贤赞颂论疏》一卷、《论颂》一卷、《诗颂》一卷、《朝廷优崇》一卷、《言行拾遗事录》四卷、《鄱阳遗事录》一卷、《遗迹》一卷、《褒贤祠记》二卷、《义庄规矩》一卷等，因刊刻时间不一，而《诗颂》《遗迹》等纪事已到至正年间，故《善目》便著录为"元天历至正间褒贤世家家塾岁寒堂刻本"。但这样的著录并不准确。

纵观全书，字体并不相同，刻于元代者（包括修版），多赵孟頫书体，而《范文正公集》与《别集》，现存印本虽大多业经元代修补，修补之版呈赵孟頫书体面貌，但其原刻版片却为方整之欧体字。此外，其白口、单鱼尾之形制，亦与后来元刻细黑口、双鱼尾者不同；又有张允、章益、周成、陈子仁、佑之、方才卿等刻工名，皆宋刻本之特征。最值得关注者，宋讳警、惊、恒、贞、桓、构、遘、觏等字缺笔；《范文正公集》卷十一第二叶下第五行"为来俊臣诬构下狱"之"构"字，更以"御名"两字替代，而"慎"字未见缺笔，则刊刻时间最晚当在绍兴末年。检上图藏本《别集》卷四末有南宋乾道三年丁亥（1167）俞翊跋文，知此即旧传之鄱阳郡斋刻本，据其避讳字，开版当在绍兴末年，俞跋题在毕工之后，故"慎"字未避讳。俞跋之后，有淳熙十三年丙午（1186）綦涣跋语，知其时曾对旧版校勘修补，并增刻《遗集》（即《遗文》）；綦跋之后，又镌有"嘉定壬申仲夏重修"一行暨主事者衔名两行。由此可知，至少《范文正公集》《别集》《遗文》刊刻于南宋，并且曾经修版。

然则，苏轼叙叶之后所镌"天历戊辰改元褒贤世家重刻于家塾岁寒堂"篆文牌记又当如何解释？根据上述情况与现在的传本分析，《范文正公集》《别集》以及《遗文》等曾经在宋代单行，其书版后入范氏家族，至元代天历元年（1328）始，范氏后人陆续增刻其他相关著述，而每增刻之内容，或单行，或连同前刻汇印。于是，汇印之本的面貌往往呈现先刻成的版片已经漫漶或经修补，而后刻成的版片则完好犹如初印的情况。那么有一个现象就不可忽略，即现在存世的汇印之本，《范文正公集》与《别集》之版片多为业经修补呈后印本面貌，而苏轼叙叶之后的篆文牌记却字迹清晰，丝毫无损，这说明该篆文牌记系元代重印时增刻，而非宋代原刻所有。

又，除天历元年牌记外，由于现存《别集》卷四后的俞、綦二氏跋文及修版题记皆为赵体字，即元代刊刻，同样会被误认为该书是元代翻刻本，然而通过前述不难判断，它们属于因宋刻版片损坏而经元代补版性质。那么，对《范文正公集》二十卷《别集》四卷《遗文》一卷的版本著录应当是：宋乾道三年（1167）鄱阳郡斋刻淳熙十三年（1186）修补增刻嘉定五年（1212）重修元天历元年（1328）范氏岁寒堂修补印本。

以上是对所见后印本，不受牌记迷惑，结合字体、版式、避讳等因素对该版本作出的判断。这种判断对版本学的意义，不仅在于还原了此书前后刊刻的客观面貌，更在于通过此本对宋元刻本的特点作出了明确揭示，倘若如《善目》盲目依据牌记，含混地将宋刻一股脑儿归为元刻，该本反而变成了元刻本保留宋字、宋讳、宋刻工及宋版形制的典型例证，一旦出现在某版本学著作或大学的教科书中，那将是多么的荒唐。而之所以在这里特为表出，还因为在2019年北京嘉德公司的春拍上，曾见到该刻《范文正公集》的一册残本（图146），存卷十六至二十，相对以前所见各本，属刷印较早之列，宋刻面貌宛然，卷首钤“晋府书画之印”，卷末钤“敬德堂图书印”及“子子孙孙永宝用”印，蝴蝶装（疑为晋府重装），殊可宝爱，惜乎识者寥寥，人多据《善目》以为元刻，致买家得以捡漏耳。

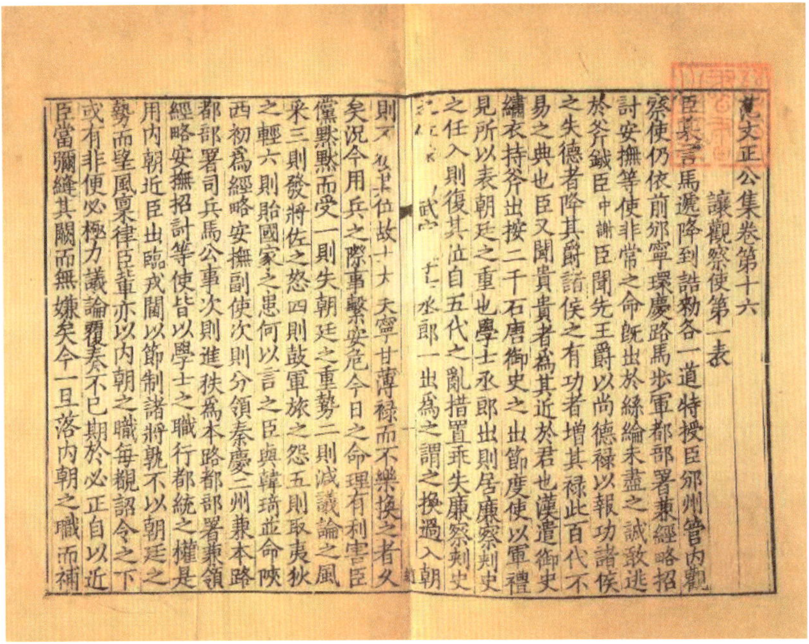
范文正公集卷第十六
讓觀察使第一表
臣某言馬遞降到誥勑各一道特授臣邠州管内觀
察使仍依前邠寧環慶路馬步軍都部署兼經略招
討安撫等使非常之命既出於綸綍未盡之誠敢逃
於斧鉞臣中謝臣聞先王爵以尚德祿以報功諸侯
之失德者降其爵諸侯之有功者增其祿此百代不
易之典也臣又聞貴貴者爲其近於君也漢遣御史
繡衣持斧出按二千石唐御史之出節度使以軍禮
見所以表朝廷之重也學士丞郎出則居廉察判史
之任入則復其位自五代之亂措置乖失廉察判史
[illegible]武[illegible]丞郎一出爲之謂之換過入朝
則不[illegible]故十大[illegible]天寧甘薄祿而不樂換之者久
矣況今用兵之際事繫安危今日之命理有利害臣
黨默默而受一則失朝廷之重勢二則減議論之風
采三則發將佐之怒四則鼓軍旅之怨五則取夷狄
之輕六則貽國家之患何以言之臣與韓琦並命陝
西初爲經略安撫副使次則分領秦慶二州兼本路
都部署司兵馬公事次則進秩爲本路都部署兼領
經略安撫招討等使皆以學士之職行都統之權是
用内朝近臣出臨戎閫以節制諸將孰不以朝廷之
勢而望風稟律臣輩亦以内朝之職每覩詔令之下
或有非便必極力議論覆奏不已期於必正自以近
臣當彌縫其闕而無嫌矣今一旦落内朝之職而補

图146　明晋府旧藏本《范文正公集》

② 詹光祖本《资治通鉴纲目》

一部版刻相同的《资治通鉴纲目》，在《善目》中出现"宋刻本"与"元至元二十四年詹光祖月崖书堂刻本"两种著录，同样引起我的关注。

原来定作宋本者，国图有全帙（即以元刻本印入《中华再造善本》者）；上图有残本（图147）（索书号827266-67、859582，存卷三十八至三十九、四十四至四十六凡五卷，曾经赵氏旧山楼、傅氏双鉴楼递藏，有赵宗建题识，傅氏钤"双鉴楼收藏宋本"朱文长方印）。国图藏本目录后镌有"武夷詹光祖重刊于月崖书堂"一行，故原作"宋詹光祖月崖书堂刻本"。上图别藏一宋刻配元刻残本（索书号797351-92，存四十二卷，《善目》没著录），在编《善目》时发现卷五十九末镌有"武夷詹光祖至元丁亥重刊于月崖书堂"一行（图148），于是将国图藏本改为"元至元二十四年詹光祖月崖书堂刻本"，而上图藏赵宗建题识五卷残本则未及更改，仍著录为宋本。此外，二十世纪七十年代山东鲁荒王墓出土一部《黄氏补千家注纪年杜工部诗史》三十六卷（今藏山东博物馆，惜未获一见），于卷三十之末亦镌有"武夷詹光祖至元丁亥重刊于月崖书堂"一行刊记，则为《善目》之改宋雕为元椠又提供一硬性凭据（该本笔者未及研究）。

然而事情并没有那么简单，前人视此本为宋刻自有其道理：虽然现存各印本皆属元代修版后印，其字体神气不足，但风格仍接近南宋后期；且避宋讳较严，玄、让、朗、恒、征、贞、完、慎、敦、廓等字皆缺笔；他如有耳题、版心间或上记字数下有刻工（多

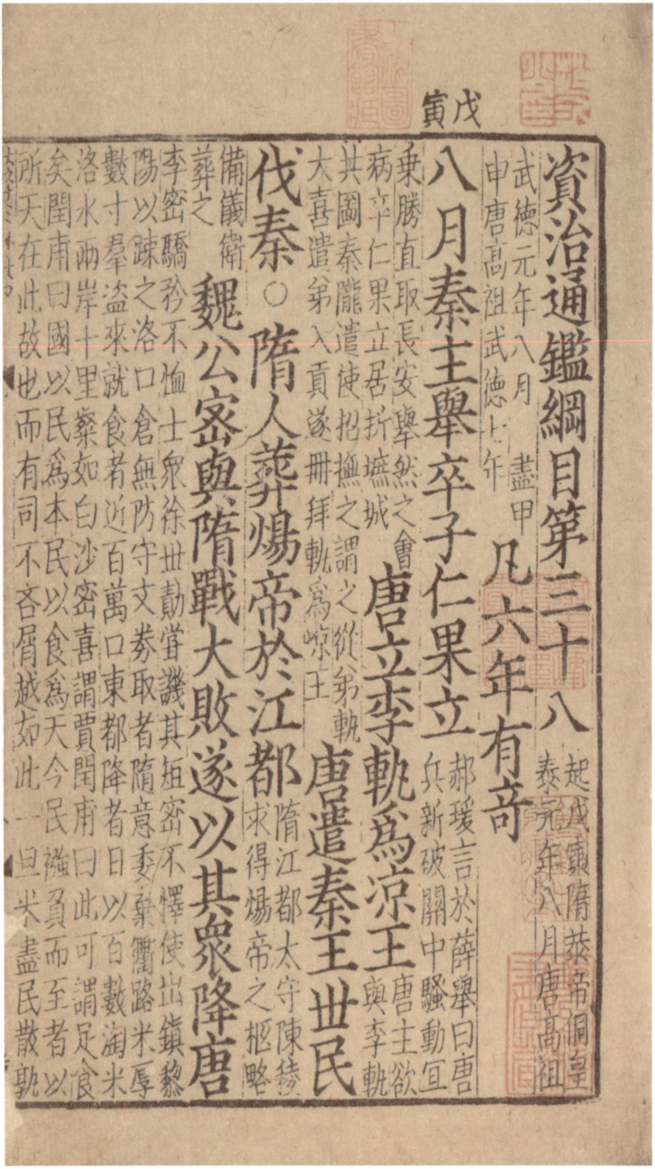
戊寅

資治通鑑綱目第三十八 起戊寅隋恭帝侗皇泰元年八月唐高祖武德元年八月 盡甲申唐高祖武德七年 凡六年有奇

八月秦主舉卒子仁果立 郝瑗言於薛舉曰唐兵新破關中騷動宜乘勝直取長安舉然之會病卒仁果立居折墌城 唐立李軌為涼王 唐主欲與李軌共圖秦隴遣使招撫之謂之從弟軌大喜遣弟懋入貢遂冊拜軌為涼王 唐遣秦王世民伐秦○隋人葬煬帝於江都 隋江都太守陳稜求得煬帝之柩略備儀衛葬之 魏公密與隋戰大敗遂以其衆降唐 李密驕矜不恤士衆徐世勣嘗譏其短密不懌使出鎮黎陽以疎之洛口倉無防守文券取者隨意委棄闤路米厚數寸羣盜來就食者近百萬口東都降者日以百數瀨米洛水兩岸十里纍如白沙密喜謂賈閏甫曰此可謂足食矣閏甫曰國以民為本民以食為天今民襁負而至者以所天在此故也而有司不吝屑越如此一旦米盡民散孰

图147　詹光祖本《资治通鉴纲目》（一）

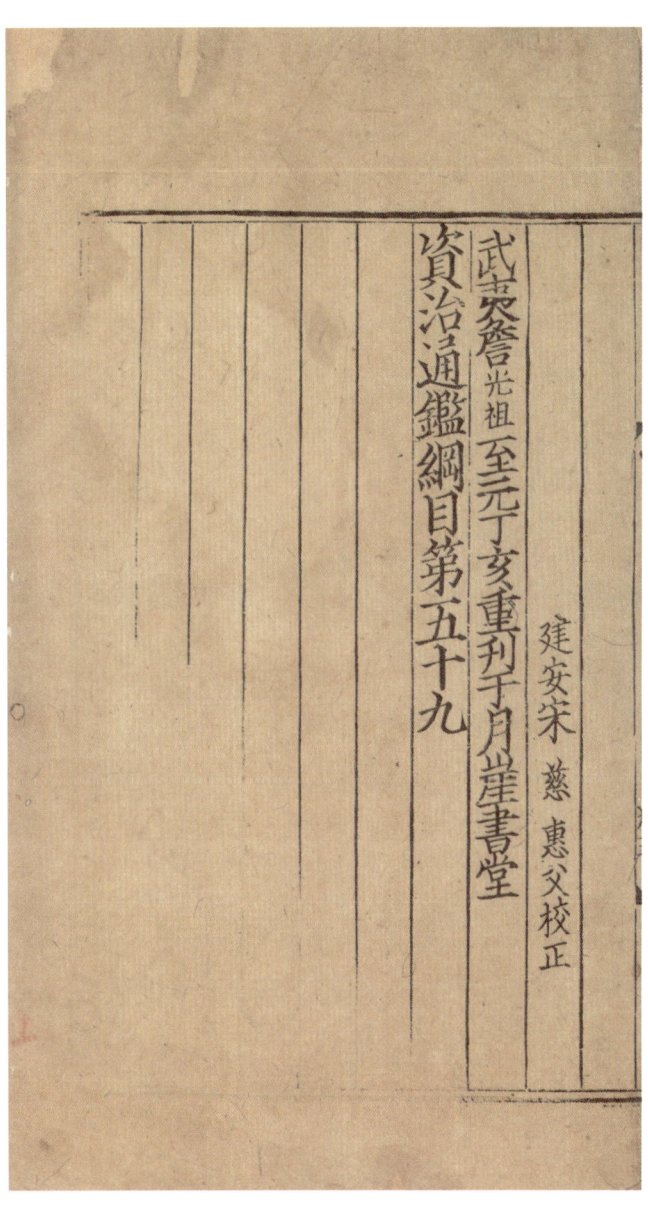

图148　詹光祖本《资治通鉴纲目》（二）

单字），亦宋刻本之特点。若无"武夷詹光祖至元丁亥重刊于月崖书堂"刊记，则难以认定其本刊刻于元代。姑且不说詹光祖月崖书堂于元至元二十四年丁亥（1287）至少凑巧刊刻了两部大书令人生疑，别有两个版刻现象则一定不能忽视：其一，该本目录后"武夷詹光祖重刊于月崖书堂"、卷五十九末"武夷詹光祖至元丁亥重刊于月崖书堂"两条刊记，其字体与正文不同，当非同时所刻；其二，后一刊记镌刻于"建安宋慈惠父校正"与"资治通鉴纲目卷第五十九"两行之间，显得局促不伦，詹氏似乎想强调其刊刻版权，给人的印象却是非其所刻，而是其得版重印。由此得出的结论是，两条刊记乃詹氏获得宋末书版予以重印时所补刻，则此本较为确切的著录应当是"宋刻元至元二十四年詹光祖月崖书堂修补印本"。

▼ 追求文物价值走极端——宋元本上钤伪印

加盖伪印，是版本作伪的手段之一，其目的或以明清刻本冒充宋元刻本，或以新抄本冒充旧抄本，这样的案例在现存古籍中并不少见。而在这里我要讲的是，不以版本作伪为目的，即版本本身不假、却钤有伪印的案例，过往未曾有人道及。

上图藏有宋刻本《东观余论》，在其开卷的《总目》之叶，明代的钤印有"玉兰堂""梅溪精舍""翠竹斋""铁研斋""桃花源里人家""五峰樵客""放情山水之间""王履吉印"等白文印，还有"竹坞""江左""辛夷馆印"等朱文印（图149）。"王履吉印""辛夷馆印"应当是王宠（1494—1533）之印，据叶昌炽《藏书纪事诗》卷二言，"铁研斋"亦王氏印，"五峰樵客"是文徵明侄儿文

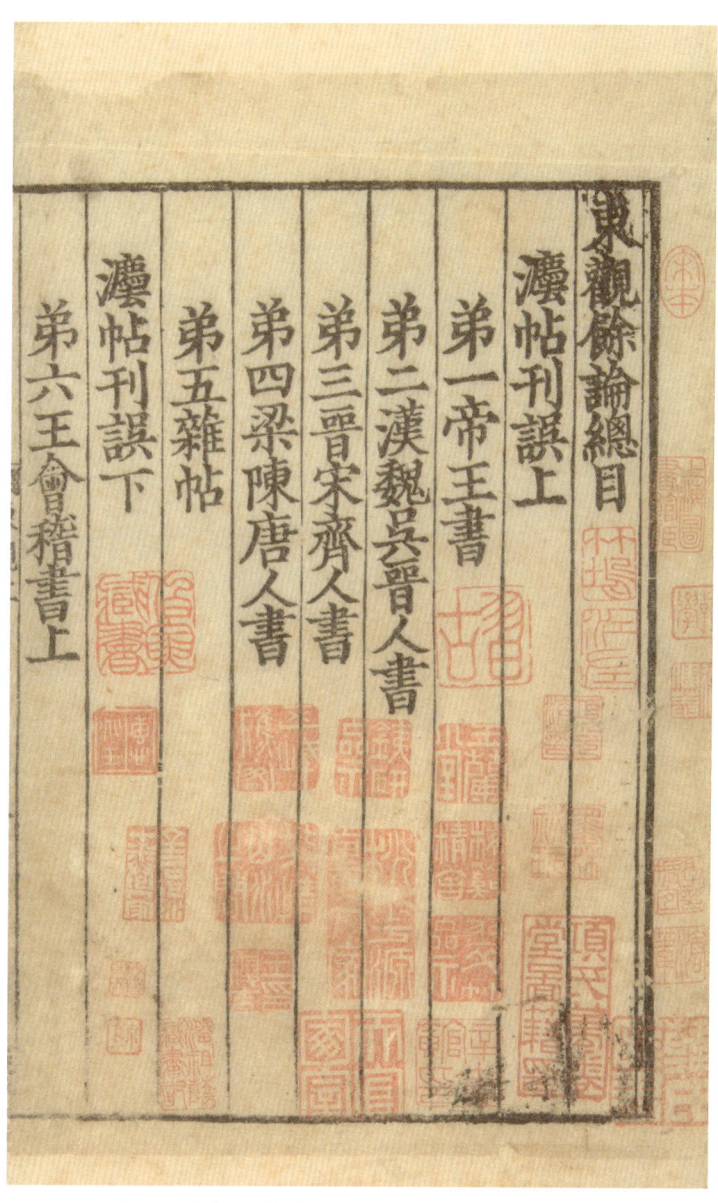

图149　宋嘉定三年（1210）刻四年修订本《东观余论》

伯仁（1502—1575，号五峰山人、五峰樵客）之印（一说为文嘉之印，未知依据）；其余则多为文徵明（1470—1559）之印。这些印章的钤盖杂乱无序，在叶面中间挤成一堆，大名家如此不讲究钤印章法，不免令人起疑。尤显突兀的是，晚于文徵明、王宠之后，项笃寿（1521—1586）、项元汴（1525—1590）昆仲的印章（前者有"项氏万卷堂图籍印"，后者有"项元汴印""墨林秘玩"），赫然钤在右下方、表明率先获得该本的位置，如果该本曾经文徵明、王宠收藏，那么同样不合明清藏书家钤盖藏印的习气。根据卷末项元汴的题跋，此本乃其兄项笃寿于隆庆二年（1568）所赠予（时文徵明、王宠皆已去世），在此之前收藏该本者为华夏，有丰坊嘉靖二十八年己酉（1549）观于华氏真赏斋之题跋，而丰、项二氏之题跋（尤其是对文徵明顶礼膜拜的项元汴），竟然只字未提该本曾经文徵明、王宠收藏，同样使人怀疑文、王收藏的真实性。进而细审文、王二氏及文伯仁之印章，印色完全相同，当同时钤盖，其字形刀法亦出一手；检上海博物馆所编《中国书画家印鉴款识》，载有文徵明之"玉兰堂"印，王宠之"王履吉印""辛夷馆印"，但与此本所钤者并不相符，尤其是白文"玉兰堂"印、朱文"辛夷馆印"，此本所钤者明显有仿刻痕迹。也就是说，这批文、王之印系伪造，而不是后人据真印钤盖。

清季叶昌炽因曾受潘祖荫之聘编撰《滂喜斋藏书记》而注意到这部《东观余论》，认为文徵明、王宠的印章"杂厕不分"，乃是王氏遗书尽归文氏的缘故。这是说不通的。显然他未注意到文、王、项诸家钤印位置的反常及文、王二氏及文伯仁印章面貌的可疑之处。叶氏还提及滂喜斋另有元本《扬子法言》之钤印与《东观余论》相同，且常熟瞿氏铁琴铜剑楼所藏两家之书也有类似情况（注二），引起了我的兴趣。

今"元本《扬子法言》"不知所踪，兹就案头所备参考之书粗事检览，钤有类此文、王伪印者尚有：中国国家图书馆藏宋刻本《广韵》、宋绍兴二至三年（1132—1133）两浙东路茶盐司公使库刻本《资治通鉴》、宋刻本《管子》（常熟瞿氏旧藏）（图150）、宋刘通判宅仰高堂刻本《纂图分门类题五臣注扬子法言》、宋刻宋元递修本《冲虚至德真经》（常熟瞿氏旧藏）、宋龙山书堂刻本《挥麈前录、后录、第三录、余话》、宋庆元六年（1200）华亭县学刻本《陆士龙文集》（该本卷端所钤"赵子昂氏""唐伯虎"两朱文方印亦颇为可疑，但与文、王伪印不同类）（图151）、宋绍兴刻本《白氏文集》、宋临安府陈宅经籍铺刻本《朱庆余诗集》、元大德八年（1304）丁思敬刻本《元丰类稿》、元延祐七年（1320）叶辰南阜书堂刻本《东坡乐府》，辽宁省图书馆藏宋绍兴二十二年（1152）临安府荣六郎家刻本《抱朴子内篇》、宋绍定六年（1233）临江军学刻本《朱文公校昌黎先生集》（图152），上海博物馆藏宋刻本《杜工部草堂诗笺》，上海图书公司藏宋刻本《监本纂图重言重意互注礼记》，台北"国家"图书馆藏南宋末积德堂刻本《慈溪黄氏日抄分类》，台北"中研院"史语所傅斯年图书馆藏南宋临安府陈宅书籍铺刻本《李群玉诗集》《碧云集》、宋咸淳九年（1273）左圭刻《百

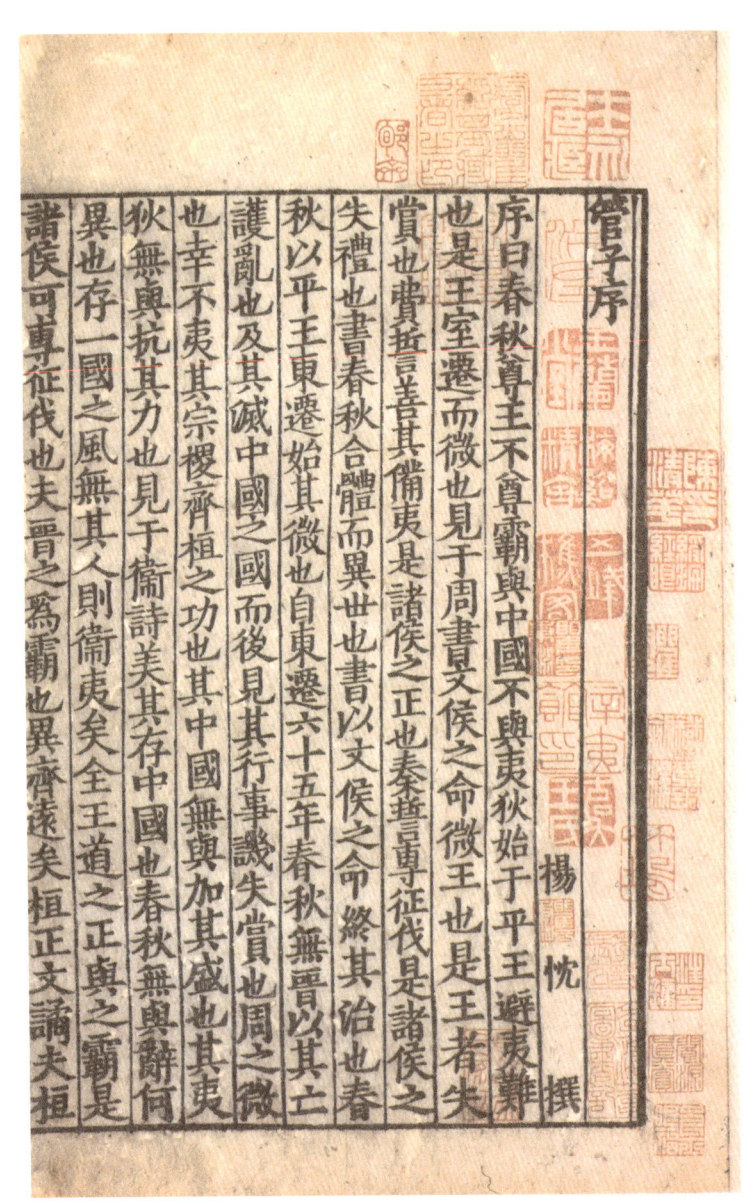

图 150　宋刻本《管子》

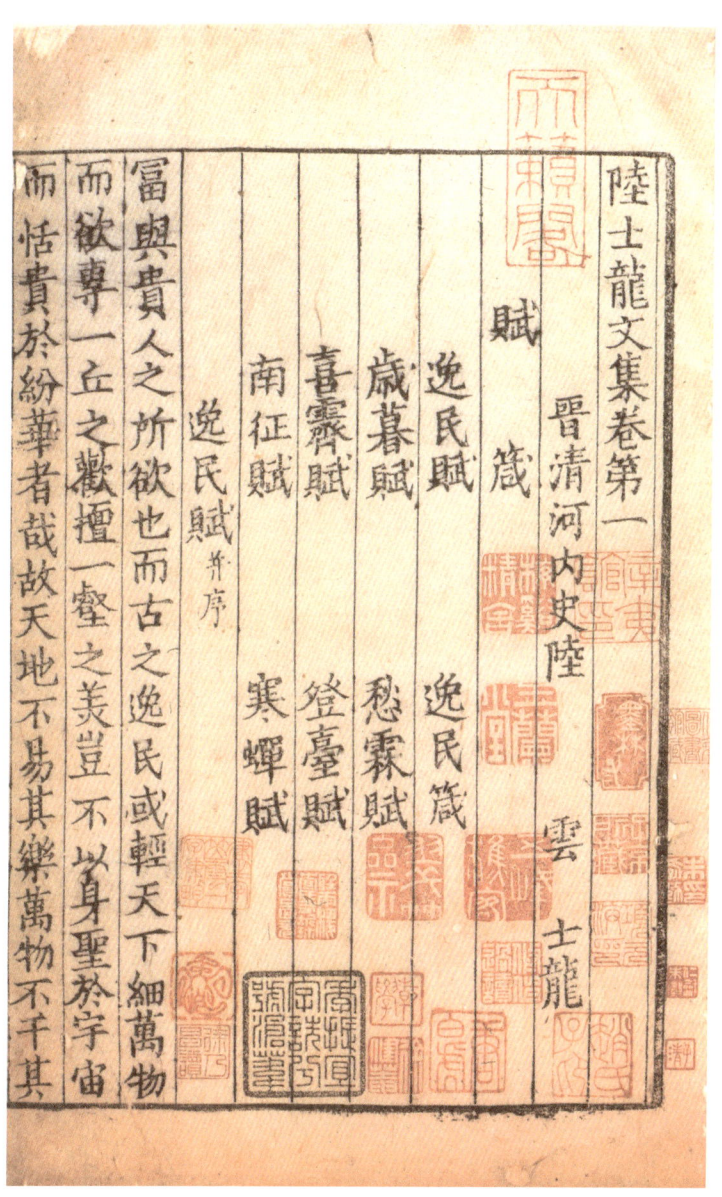

图151　宋庆元六年（1200）华亭县学刻本《陆士龙文集》

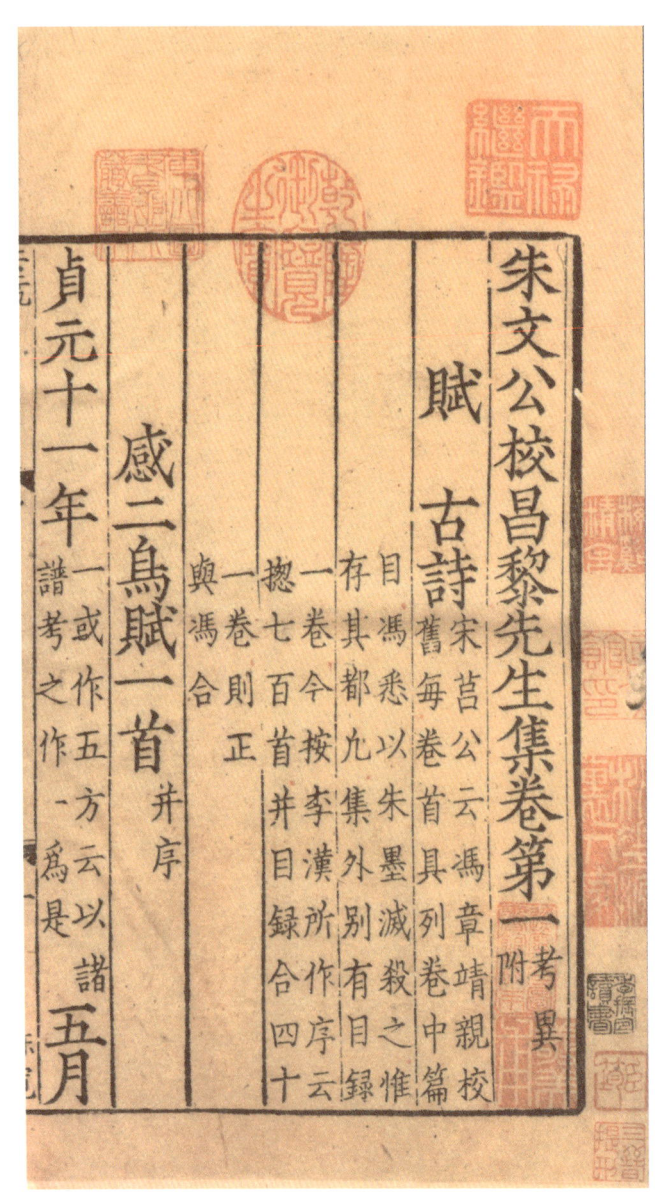

图152　宋绍定六年（1233）临江军学刻本《朱文公校昌黎先生集》

川学海》本《李涪刊误》,日本静嘉堂文库藏宋嘉定刻本《历代故事》、宋淳熙七年(1180)刻元修本《夷坚志》、元西湖书院刻本《国朝文类》,以及上图藏宋刻本《附释文互注礼部韵略》、宋淳熙五年(1178)滁阳郡斋刻本《汉隽》等。此外还有《天禄琳琅书目》著录的宋本《唐宋名贤历代确论》《容斋三笔》《楚辞》《栾城集》《六臣注文选》,元本《通鉴总类》《纂图分门类题注荀子》《北户录》《栾城集》;《天禄琳琅书目后编》著录的宋本《演繁露》《文选》,元刻本《冷斋夜话》等。这些本子相关印章的钤盖多寡不一,有的或钤有《东观余论》所无之文徵明"春草堂印"白文方、王宠"古吴王氏"白文方印等。所见者,其篆刻风格亦相一致。至于钤盖位置,也大多不合情理,如辽宁图书馆之《朱文公校昌黎先生集》,除钤有"梅溪精舍""辛夷馆印""桃花源里人家"三印外,还有王世懋(1536—1588)之"敬美甫"白文方印,钤在右下角标志最早收藏的位置,而在其出生前三年,王宠已经去世,"辛夷馆印"却钤在版匡右外边上。

  人们可能不会相信或很难接受宋元本上钤盖伪印的现象:这些声名显赫的珍贵版本本身并无问题,无需作假,有必要钤盖伪印吗?而且,有的本子钤印分散于各卷册,或仅盖三二方,具有迷惑性,不易被人们所察觉。事实上,之前也从未有人公开提出怀疑。但我不相信老辈版本专家会熟视无睹到一点反应都没有,他们很可能也曾有疑惑,却因为版本本身不错而忽略了,何况季振宜之后的藏书家没有怀疑在前,而旧时包括《藏书纪事诗》在内的文献又每令人先入为主。

　　我认为这种钤盖伪印的目的至少有两种：一、明末清初之时，版本学尚处于起步阶段，人们虽然知道古刻旧椠具有文物价值，但真正精于版本鉴定者无多。而文徵明、王宠等属于明代中期版本学发端时的那一拨开山人物，若经他们这样的权威专家鉴藏，买书者或许会更加放心。二、即使版本不假，如果王、文二氏的印章亦真，其文物价值岂非更高。当年黄丕烈跋元本《东坡乐府》就说过，此书"前明迭经文、王两家收藏，本朝又为健庵（徐乾学）、沧苇（季振宜）鉴赏，宜此书之增益声价矣"（但我又注意到黄丕烈在其所藏宋本《管子》《冲虚至德真经》《朱庆余诗集》《碧云集》等题跋中，于文、王藏印却不着一词）。时至今日，人们不也都这么认为的吗（注三）？

　　那么，这些伪印究竟钤盖于何时呢？在我看来，应当是在清初大藏书家季振宜的生前或身后售书之时——因为上述所有版本都曾经季振宜收藏。至于钤盖伪印是季氏本人还是其后人或书估所为，以我的直觉，不太可能是季氏，因为他毕竟是内行，怎么会不讲章法将这些印章乱盖一气？而这些印章并非出现在所有季振宜收藏的宋元本之上，于是想到有无这样一种可能：凡无伪印者，散出于季氏生前；钤伪印者，售出于季氏身后。作出如此推断并非想当然，因为在台北"国家"图书馆所藏钱谦益原辑、季振宜重编的《唐诗》稿本上，竟然也出现同样的"玉兰堂"白文方印（图153），倘若是季氏本人所为，实在太不可思议了。

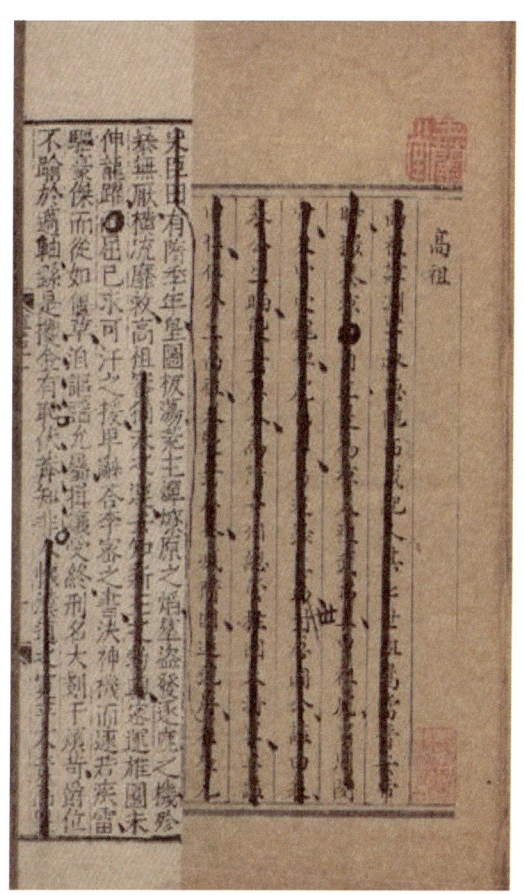

图 153　钱谦益原辑、季振宜重编的《唐诗》稿本

需要强调的是,出现文徵明、王宠等伪印,并不意味否定他们当年曾热衷收藏、鉴定宋本的故实,恰恰反映出他们是那个时代人们心目中鉴定版本的翘楚。至于宋本《东观余论》原有丰坊、项元汴的题跋,以及清代季振宜、徐乾学、惠兆壬、韩泰华、潘祖荫等收藏钤印则皆真,没发现问题。

▼ 馆臣失考——元刻本《韵府群玉》与《新增说文韵府群玉》

《韵府群玉》二十卷,是现存最早以字韵编撰的类书,由元代阴时夫根据其父阴应梦所拟《凡例》纂辑、其兄阴中夫注释而成。在此之前,宋末山西平水人刘渊曾纂《壬子新刊礼部韵略》一书,将宋代《礼部韵略》的二百零六个韵部归并同用各韵为一百零七部,而阴氏《韵府群玉》又并为一百零六部,后来诗韵多沿用之,通称为"平水韵",也称"阴韵",故《韵府群玉》在音韵学史上具有重要地位。然而,此书出版的直接功用,是作为辅助读物帮助举子科考,市场需求接连不断,从而导致翻刻本与重编本迭出,因而亦是研究古代类书、科举文化、福建坊肆刻书乃至鉴定版本等方面的重要实证文献。

是书首有滕玉霄(宾)序,次至大庚戌(三年,1310)姚江村(云)序,次翰林承旨赵子昂(孟頫)题识,次大德丁未(十一年,1307)阴竹埜(应梦)序(时年八十四岁),次延祐改元甲寅(1314)秋乡试后五日阴复春(中夫)自序,次阴劲弦(时夫)自序。时夫序曰"书成而失怙","谨奉遗训质正于儒林巨擘,爰锓诸梓,用广其传"。《四库》馆臣于此有所忽略,谬谓该书刊刻于大德年间,于后来多有误导,杨守敬尝以阴时夫之序言予以纠正(注四)。其实,可驳馆臣判断版刻年代无稽者至少还有两条硬性理由:其一,元代恢复科举考试是在仁宗皇庆二年(1313),次年即延祐元年举行乡试,延祐二年(1315)举行会试,若该书早在大德雕版,实用价值不显,当然也不会有较大市场需求。这也是元代重编或翻刻宋人类书如《新编古今事文类聚》《山堂先生群书考索》等皆出现在延祐以后的原因。其二，赵孟頫题识原本就有，虽未题年月，但署"翰林承旨"官衔，而其拜翰林学士承旨在延祐三年（1316）七月（注五），故该书不可能刻在大德。

延祐本《韵府群玉》失传已久，今所见最早传本是元统二年（1334）梅溪书院所刻（图154），业已对阴氏原本作增补修改，并于《凡例》有所说明。阴氏之书《凡例》原本九条，梅溪书院本增加四条，故题作"增修韵府群玉凡例"。

迨至二十二年后之至正十六年丙申（1356），为更好迎合科考

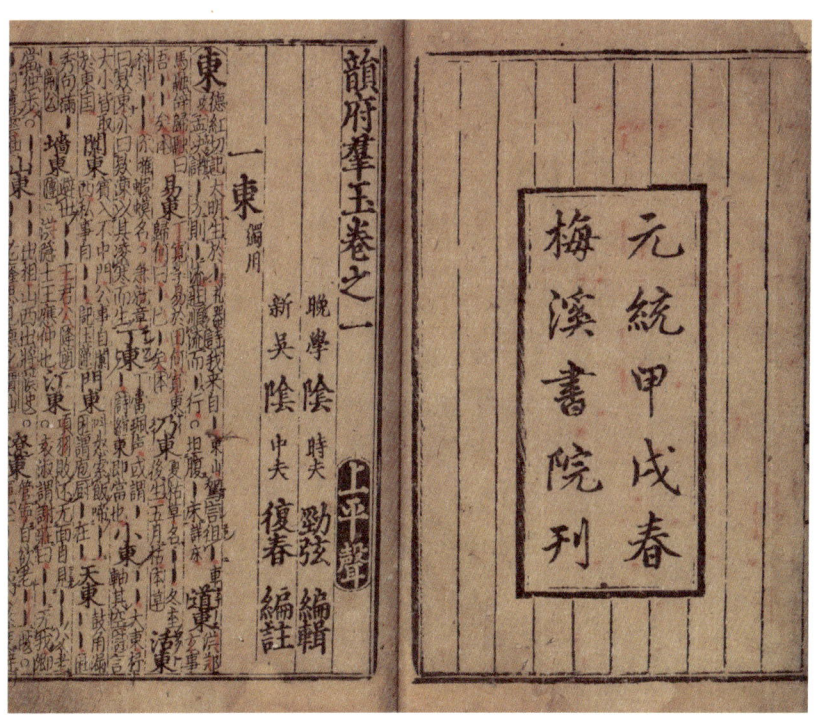

图154　元元统二年（1334）梅溪书院刻本《韵府群玉》

需要，争夺出版市场利润，刘氏日新堂据梅溪书院本再事增益重编，以"新增说文韵府群玉"题名刊行。其《凡例》末有牌记云：

"瑞阳阴君所编《韵府群玉》，以事系韵，以韵摘事，乃韵书而兼类书也，检阅便益，观者无不称善。本堂今将元本重加校正，每字音切之下续增许氏《说文》以明之，间有事未备者以补之，韵书之编诚为尽美矣。敬刻梓行，嘉与四方学者共之。至正丙申莫春，刘氏日新堂谨白。"

该牌记所云"元本"，并非阴氏之延祐刻本，而是梅溪书院本，因其翻刻之《凡例》，与梅溪书院本无异。由此可知，延祐本在刘氏刊刻此书时已难以寻觅，梅溪书院与刘氏日新堂对阴氏之书的传承与扬播之功不可或没。

刘氏日新堂乃福建名肆，元明两代刻书颇伙。其根据梅溪书院本《韵府群玉》所作的增修重编是否合理，仁者智者，难以评判，而从书板一印再印，流传于世之本皆为后印本，以及直到明代还屡加翻刻的情况看，该书广受举子欢迎，极有影响。惜乎时至今日，欲求一足本而不可得。根据《善目》著录，仅辽宁省图书馆、四川师范学院图书馆藏有该书残本。《善目》著录上图藏有一部"大德本"，实即刘氏日新堂本，因卷一缺失而配明刻本，当时受客观条件所限，编目者失考，误以为即《四库》馆臣所言之"大德本"。如此，则中国公藏仅有三部残本，上图藏本相对完整。2012年，曾闻见私人藏家胡氏广韵楼有一部完帙流诸市场，该本得之日本，虽有破损，人们已惊为宝物，惟后来不知其下落。

孰料2017年,博古斋也征集到一部刘氏日新堂原本(图155),不特二十卷完足,书品也好于广韵楼本及上图本。以其与上图本相较,有同有异。同者是,全书多为半叶十一行,惟卷十第十五叶始至卷十五末为半叶十行;卷十尾、卷十一至十四首尾、卷十五首,皆题"韵府群玉"而不是"新增说文韵府群玉";凡十行之叶,文字同梅溪书院本《韵府群玉》而无《说文》增入。两本刷印风格皆前后统一,并非配补,则当时刘氏所刻乃未完稿耶?异者是,此本第十一、十二两卷与上图本并非同版,如果因该两卷版刻漫漶而重

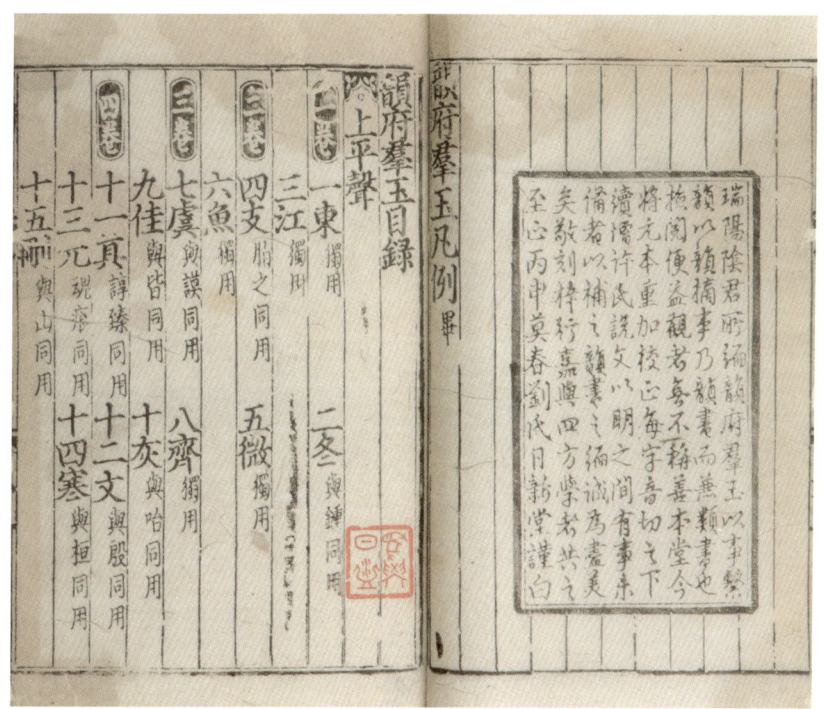

图155 三井文库旧藏元至正十六年(1356)刘氏日新堂刻本《新增说文韵府群玉》

刻，或许可能，问题是此本从整体上看，比上图本刷印稍早，若需修版或重刻应当是上图本，但上图本似乎也没有重刻迹象。如果严绍璗先生所撰《日藏汉籍善本书录》著录无误，则日本国会图书馆、大谷大学附属图书馆及御茶之水图书馆也藏有刘刻足本，未知其藏本面貌又是如何。总之，此本与上图本之同异现象，牵涉到该书之刊刻原始状况与流布过程中的变化，有待作进一步研究。

此本亦曾流入东瀛，旧为三井文库插架之物。人们皆知三井文库以收藏碑帖著称于世，其实它亦富藏中国古籍善本，只是在"二战"以后，由于战败国所造成经济衰退的影响，三井财团于1950年代初，将文库所藏之全部中日韩书籍出售给成立于1947年的伯克莱加州大学东亚图书馆，其中有一批中国古籍善本，多为吴兴刘氏嘉业堂旧藏，不乏宋元旧本与名家稿抄校本（注六）。从时间上推算，这部刘氏日新堂刻本《新增说文韵府群玉》的散出当在三井财团整体售书之前。

▼ 再谈不可迷信牌记——明嘉靖翻宋刻本《春秋经传集解》鉴定

有一部明刻本，因为翻刻了宋本的牌记，致使清初以来，许多专家学者不辨其版本面貌，它就是明嘉靖翻宋刻本《春秋经传集解》（图156）。上图藏有一部，在清代先后经扬州季振宜、仁和朱学勤收藏，他们和清代其他大收藏家、学问家一样，对此版本都看走了眼，误认为是宋淳熙三年（1176）阮氏种德堂刻本，而主要依据就是卷末刊刻的牌记（图157）。

若仔细审视此本卷末牌记，可发现首行"谨依监本写作小字"

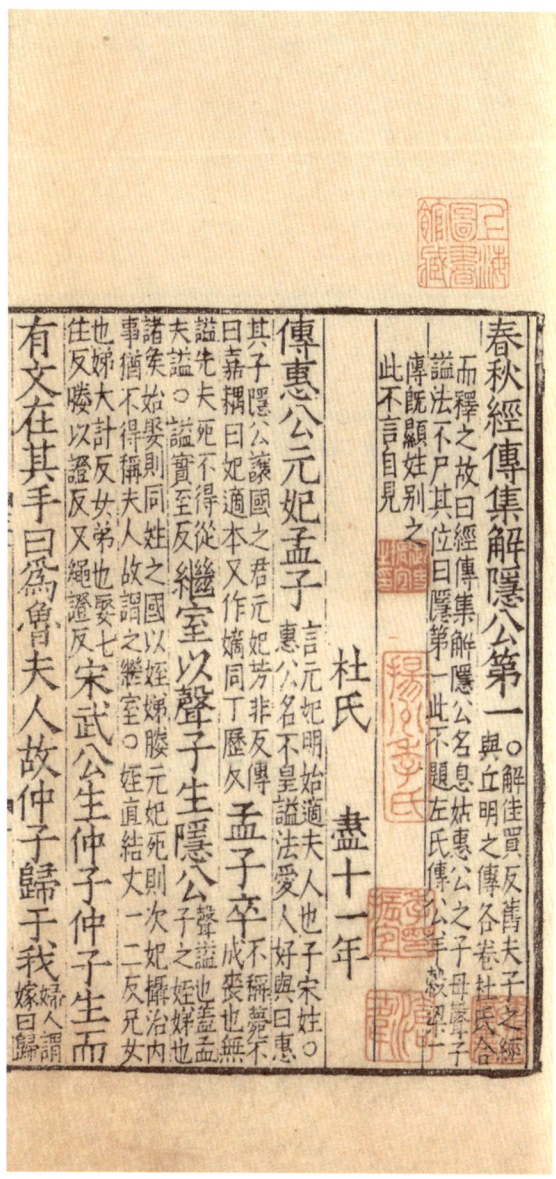

图156　明翻宋淳熙三年（1176）阮氏种德堂刻本

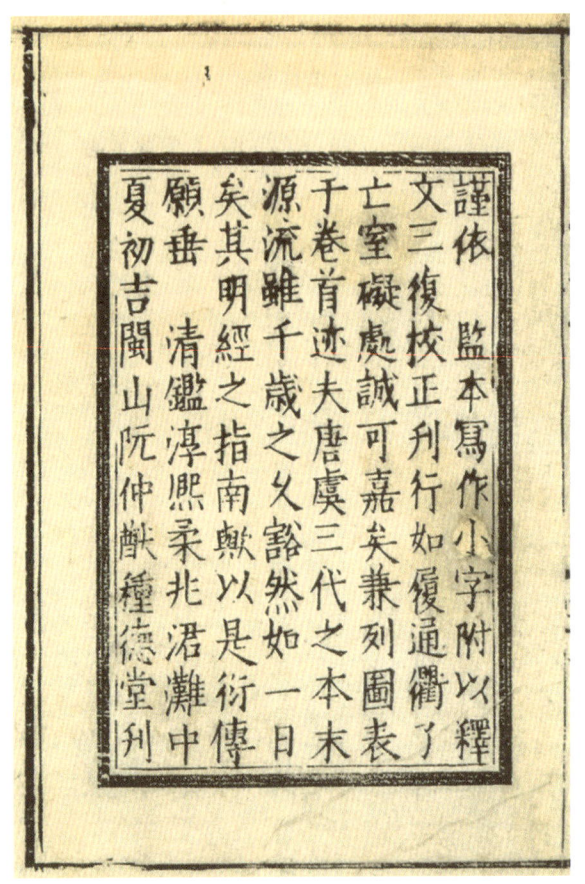

图157 明翻本卷末版记

之"小"及二、三行"了亡窒碍处"之"窒"有被剜改的痕迹,而从纸背看则很清晰,两字背后均用薄纸粘补过。由于剜补技术精到,读者很容易疏忽。凭直觉分析,剜补的"小"字原当为"大"字,之所以改为"小"字,乃欲使牌记与版本的实际面貌相符,因为该刻本属小字本而不是大字本。

这种想法果然在清人杨守敬辑刻的《留真谱》中得到了证实。《留真谱》卷二也收有"宋淳熙种德堂刻本"《春秋经传集解》，并依样刻有牌记以供人们借鉴，而牌记首行正是"谨依监本写作大字"。这就清楚地表明，宋淳熙三年种德堂所刻乃大字本，小字本当为后来翻刻，而从版刻字体风格判断，翻刻时间应在明代嘉靖时期。

那么《留真谱》所据的底本是否即种德堂大字本呢？回答是否定的。理由有两条：一是《留真谱》的牌记高广尺寸与此本相同；二是杨守敬在牌记旁注有"此即阮氏《校刊记》所称淳熙小字本也，今藏枫山官库"一条，显然，其所见日本枫山官库藏本也是小字本，自然亦是明代翻刻本，只不过牌记未经剜改而已。

杨氏于版本之学有很高的造诣，他出此失误，是轻信了阮元《宋本十三经注疏并经典释文校勘记》中所谓"淳熙小字本"的存在。而在此之前，常熟瞿氏铁琴铜剑楼已将其所藏明代翻刻本误认为南宋种德堂原本，并称"与阮氏《校勘记》所载淳熙小字本正同"。而将《铁琴铜剑楼宋金元本书影》所印宋本《春秋经传集解》书影与此本比对，属同一版本。《铁琴铜剑楼藏书目录》在当时颇具权威，显然杨守敬又受到了瞿目的影响。

无独有偶，与杨氏同时的另一名版本学家缪荃孙，在所著《艺风藏书续记》中也将明翻刻本当作宋本，并直言不讳承袭瞿目的观点。可见阮元的《校勘记》障碍了瞿、杨、缪三家的法眼。此外，官私书目著录"种德堂本《春秋经传集解》"者尚有《天禄琳琅书目后编》及《经籍访古志》两家，应当也是明代翻刻之本。

至于"窐"字,明本误刻作"窒"字,故此结一庐旧藏本剜改为"窐"。于是有一个问题便自然产生,即宋淳熙阮氏种德堂刻本的牌记是否原来就将"窐"字误刻为"窒"?而从上述分析,清初季振宜已将明本误作宋本,之后几乎没人真正见到过宋刻原本,当今亦未闻有真宋本传世,那么这个问题只能存疑。而叶德辉《书林清话》与张秀民《中国印刷史》(包括增订版)皆批评宋代阮氏种德堂本牌记误将"窐"刻作"窒",并以此为例,讥讽宋代刻书者为了牟利而往往夸大其词宣传刻书之精。现在看来,他们的说法未免武断,因为他们所依据的文献无非从明翻本或上述诸家中来,不可能亲眼见过宋刻原本。然而,叶、张两氏之书的影响很大,有的大学老师沿袭叶、张之说作为典型教授学生,这种脱离实际的"版本学"实在不学也罢。

须指出的是,日本宫内厅书陵部也藏此明翻本,同样定作宋本,2010年初我去访问时曾直言其错误。近年来日本学界有普查善本之举,2018年汲古书院出版的《图书寮汉籍丛考》,其于该版本的解题虽注意到我的意见(图158),但仍然承袭长泽规矩也等前辈旧时所作的鉴定,著录为宋刻本。

此外,台北"国家"图书馆亦藏有两部,一本牌记"窒"剜改为"窐";另一本牌记缺失,可能被人故意撕去,钤有"项子京家珍藏"朱文长方印,则当年项元汴购买时可能也误认为是宋本,不然,以他这么有地位的大收藏家,不会对一部新近刻本钤盖珍藏印。

我有一个看似想当然却符合实际的经验与书友们分享:除了明

陳先行氏は上海図書館蔵本について詳しく検討し、同本刊記の「大」が「小」に、「室」が「窒」に書き改められていること（いずれも訂正後の字が正しい）、本文にも、本来なかった闕筆を作為的に作っている箇所があることを指摘し、これらの改竄は、明版を宋版に見せかけるためのものであると断じている。髙橋智氏は小川如舟旧蔵国立歴史民俗博物館蔵本（重要文化財）や、静嘉堂文庫蔵明覆刻本（無刊記）などをも紹介し、多数の同版本が日中両国に存在する事実から、宋刊本とすることに疑問を投げかけている。

图158 《图书寮汉籍丛考》有关解题文字

代南京国子监的那批宋刻元明递修本（俗称"三朝版"）存世较多者外，通常而言，如果一部"宋本"你有我有大家有，便要怀疑其是否为真宋本了。

还有一件事必须要作说明：2009年我曾随北京有关同仁去云南大学图书馆鉴定一部《春秋经传集解》（图159），虽与这部明翻本不同版，但视其字体相仿佛，可能是据此翻本再事翻刻，质量较差。书中钤有朱元璋的开国文臣宋濂（1310—1381）及嘉靖时著名常熟藏书家七桧山房主人杨仪（字梦羽，1488—1560）的印章，两者前后相距百余年，其篆刻与印色却完全相同，显然是伪印；且纸经染色做旧，未染匀称，每呈斑驳状。在未与对方领导见面之前，我当场提出系明翻本的鉴定意见，惜未被采纳，最终该本被误定为宋刻，列入第二批国家珍贵古籍名录（见《第二批国家珍贵古籍名录图录》02584号），这是需要纠正的。

▼ **重视刻本初、后印与原、翻刻现象——以两部明本《诗外传》为例**

版刻的初印与后印、原刻与翻刻现象宋代就有，只是因为宋本

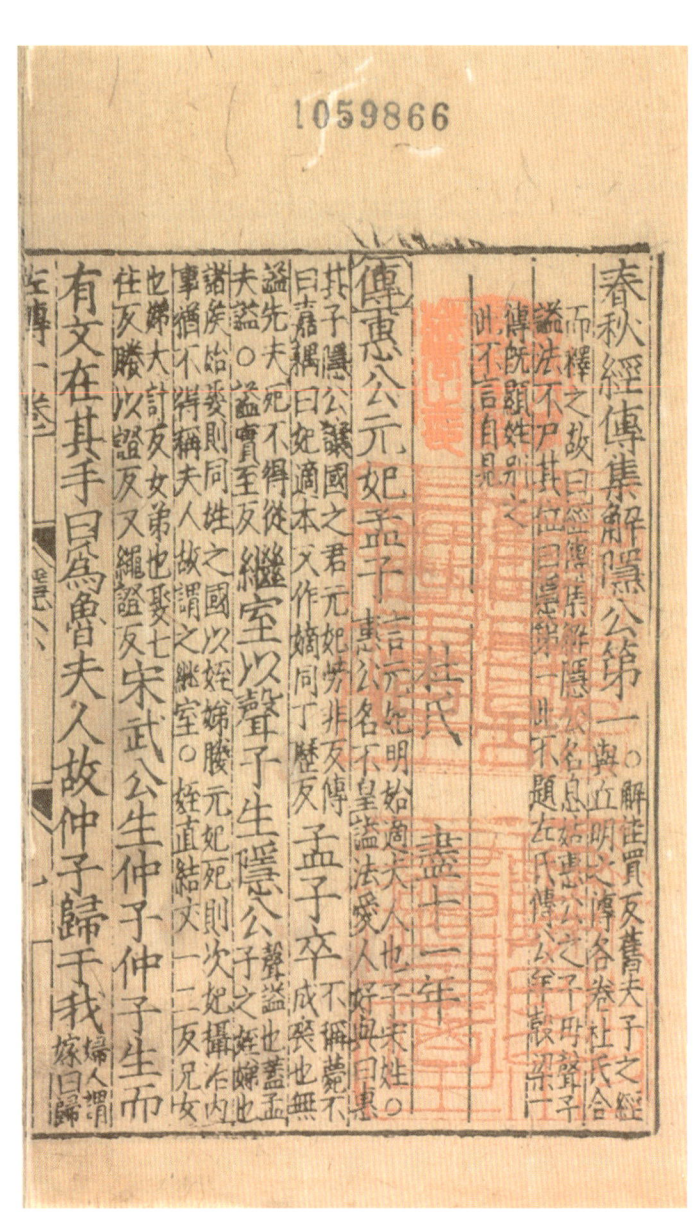

图159 云南大学图书馆藏明翻本《春秋经传集解》

传世稀少，往往缺乏版本比对的条件。所以这里举明刻本为例，让书友对这种版刻现象有一个认识，并不表示这种现象只有明刻本独有，其实在宋元明清各时代的刻本中普遍存在。

在2000年编纂出版《中国古籍稿抄校本图录》之后，我曾想着手增订1941年潘景郑、顾廷龙先生编纂出版的《明代版本图录初编》。当年他们起初想编纂稿抄校本图录，因受客观条件的制约，转而编纂明代版刻图录。由于资料主要来源于由叶景葵、张元济等创办的上海私立合众图书馆，能利用的版本品种毕竟有限，数十年之后，予以修订，不仅是顾老的遗愿、潘老的嘱咐（当时潘老尚健在），也是出于客观实际的需要。版本学界对明代版本的鉴定作专门研究的并不多，不少版本，甚至是较为有名的版本，是原刻抑或翻刻，是初印还是后印，人们并没有搞清楚。常在市场上看到将翻刻本当原刻本拍卖的情况，有的公藏目录同样也存在着著录错误。因为缺乏版本比对资料，确实难以把握初、后印与原、翻刻的鉴定，那么图录的作用就显示出来了。2003年我曾提出，版本图录的编纂应该有所突破，对一些容易搞错或有争议的版本，应尽可能提供不同版本的比对资料，而不是像以往的图录仅提供一种自认为是可以依据的版本，这样才能更加突出图录的功用，使人们达成共识（注七）。当时我就是按照这个思路准备对《明代版本图录初编》进行增订的（可惜至今没做成）。这里举《明代版本图录初编》中著录《诗外传》一书的例子，可能说明点问题。

《诗外传》十卷，汉韩婴撰，又称《韩诗外传》，在明代七八种刻本中，以嘉靖十四年（1535）吴郡苏献可通津草堂刻本最为有名（图160）。《明代版本图录初编》因文字异同，说通津草堂本有原刻与翻刻本的区别。但是我们就现在看到的本子，认为不是原刻本与翻刻本的区别，而是初印本与后印本的区别。有的后印本有嘉靖十七年仙居人林应麒《刻韩诗外传序》，这篇序虽为后印时添刻，但与苏献可刻此书并无关系，不能像《善目》所著录的那样认为是林应麒重修通津草堂本，有可能是通津草堂版片转让，时林应麒任吴江知县，得版者请其撰序以张帜重印。此与苏氏嘉靖十四年刻《论衡》，后印本也有十七年林氏序文情况相同。我们将初印本与校改重印本作比对，发觉两者的文字出入是因为初印本有错误，后印时予以校改。最明显的是卷三第二十叶上的"昔者江于汶"之"汶"字，后印本改为"渍"，左半"氵"保留，将右半"文"改为"贲"，字体结构局促，与版面整体文字不谐，望而便知是后印时剜改所致（图161、图162）。

与通津草堂本相关联的沈与文野竹斋刻本也有问题。过去流行一种说法，认为沈氏野竹斋本是得到了通津草堂版片后剜去版心"通津草堂"四字，增刻了野竹斋的牌记，据为己有。其实并非如此，只要将两本仔细相较，就能看出野竹斋本是沈氏自己所刻。又有人根据苏刻与沈刻的文字异同，并且野竹斋的牌记上有"校雕"两字，便认为它优于通津草堂本，但实际上沈氏并没有做校勘工作，而是依照通津草堂的校改后印本翻刻，当然与通津草堂的初印本是有文字出入的。此外，野竹斋本本身亦有原刻本与翻刻本的区别，这在《明代版本图录初编》与《善目》中均未作反映。从上

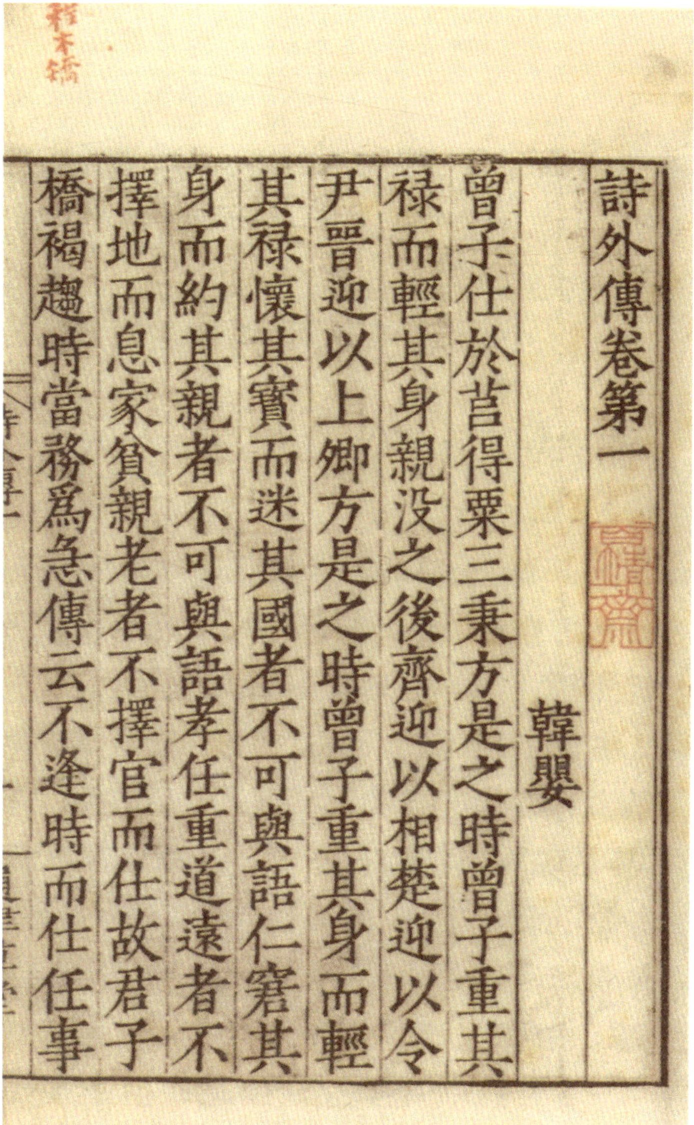

詩外傳卷第一

韓嬰

曾子仕於莒得粟三秉方是之時曾子重其祿而輕其身親沒之後齊迎以相楚迎以令尹晉迎以上卿方是之時曾子重其身而輕其祿懷其寶而迷其國者不可與語仁窶其身而約其親者不可與語孝任重道遠者不擇地而息家貧親老者不擇官而仕故君子橋褐趨時當務爲急傳云不逢時而仕任事

图160　明嘉靖十四年（1535）吴郡苏献可通津草堂刻本《诗外传》

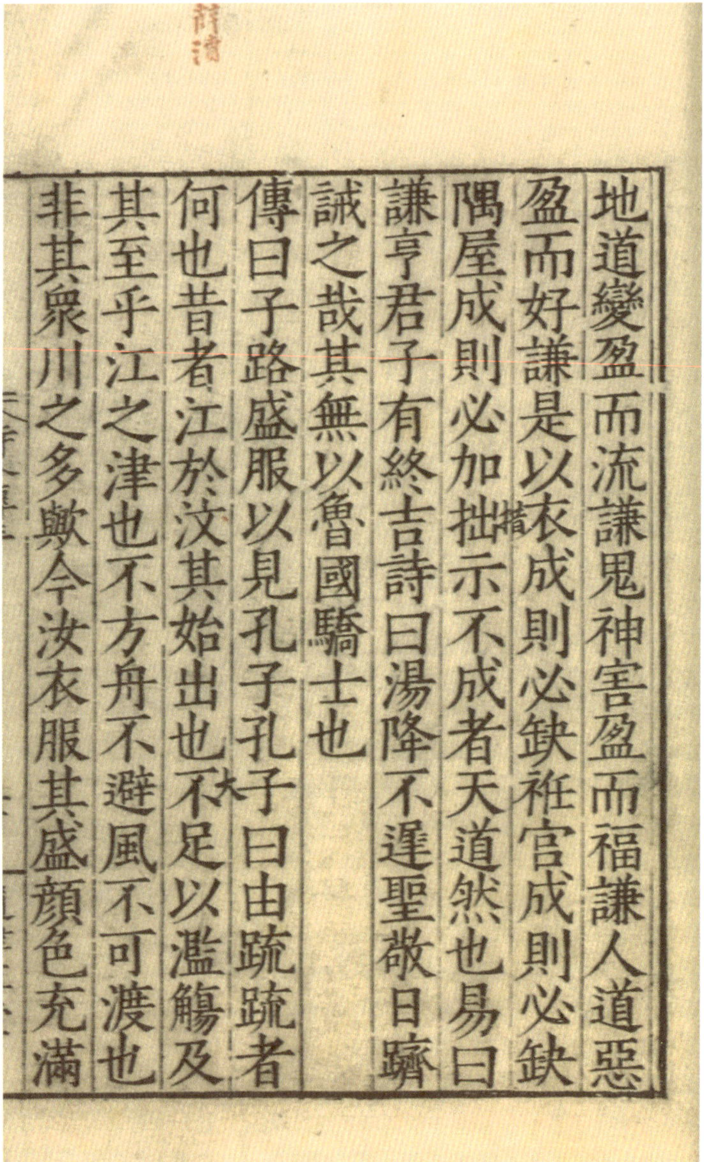

地道變盈而流謙鬼神害盈而福謙人道惡
盈而好謙是以衣成則必缺祂宮成則必缺
隅屋成則必加拙示不成者天道然也易曰
謙亨君子有終吉詩曰湯降不遲聖敬日躋
誠之哉其無以魯國驕士也
傳曰子路盛服以見孔子孔子曰由踈踈者
何也昔者江於汶其始出也不足以濫觴及
其至乎江之津也不方舟不避風不可渡也
非其衆川之多歟今汝衣服其盛顏色充滿

图161　明嘉靖通津草堂刻《诗外传》初印本

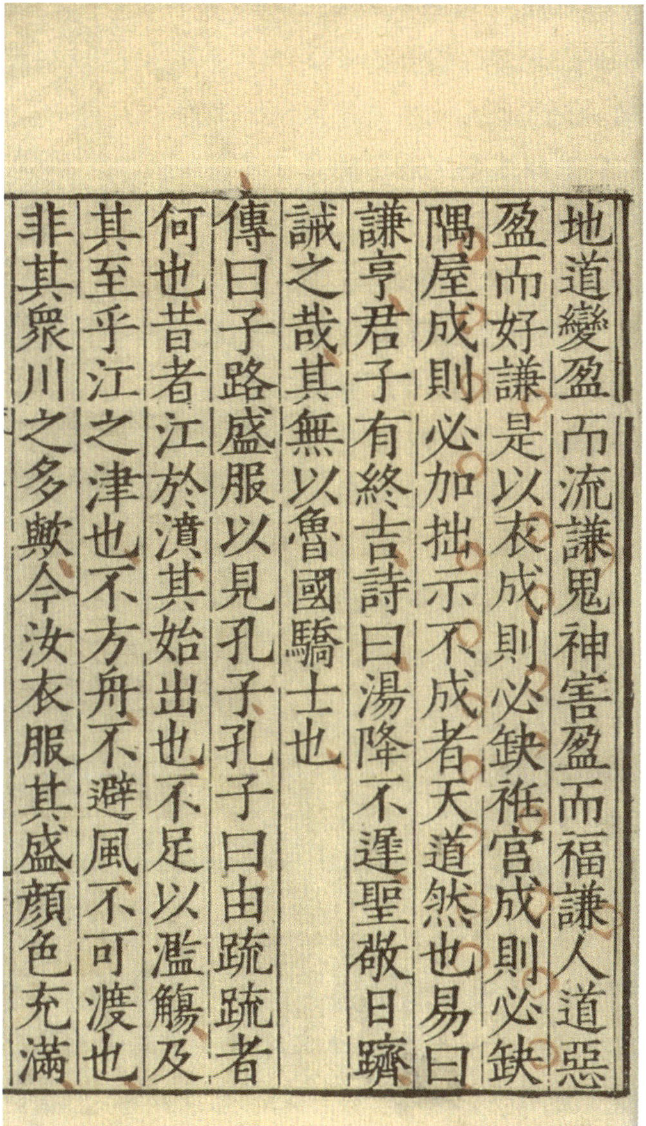

地道變盈而流謙鬼神害盈而福謙人道惡
盈而好謙是以衣成則必加衽官成則必缺
隅屋成則必加拙示不成者天道然也易曰
謙亨君子有終吉詩曰湯降不遲聖敬曰躋
誠之哉其無以魯國驕士也
傳曰子路盛服以見孔子孔子曰由疏疏者
何也昔者江於㟧其始出也不足以濫觴及
其至乎江之津也不方舟不避風不可渡也
非其衆川之多歟今汝衣服其盛顏色充滿

图162　明嘉靖通津草堂刻《诗外传》校改后印本

图原来无论原刻或翻刻均作野竹斋本著录的情况看,《善目》中著录各家所藏可能也会有翻刻本混入。在这里交代一下两者的主要区别:原刻本卷端匡高19.8厘米,广13.7厘米,翻刻本卷端匡高20.5厘米,广13.7厘米;原刻本首叶(即钱惟善序第一叶)版心下镌"王良智刻",翻刻本在第三叶(即钱序末叶)版心下镌刻工名"宇"字;两本均有"吴郡沈辨之野竹斋校雕"亚字形篆文牌记,但字体既不同,亚字牌记图型亦异,凡四角开口者乃原刻本(图163),闭口者为翻刻本(图164),这就需要借助图版比对了。

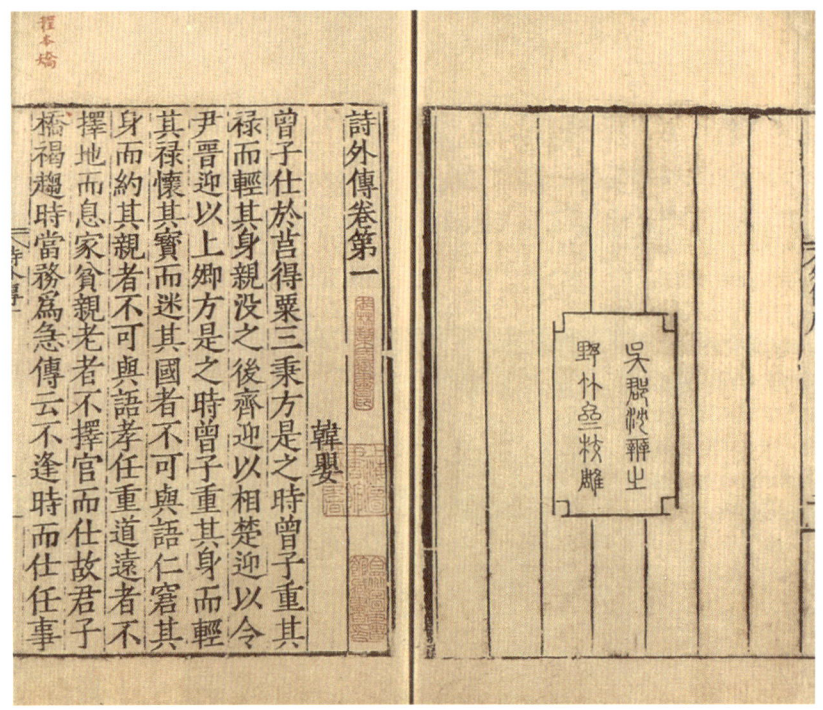

图163 明沈与文野竹斋刻本《诗外传》

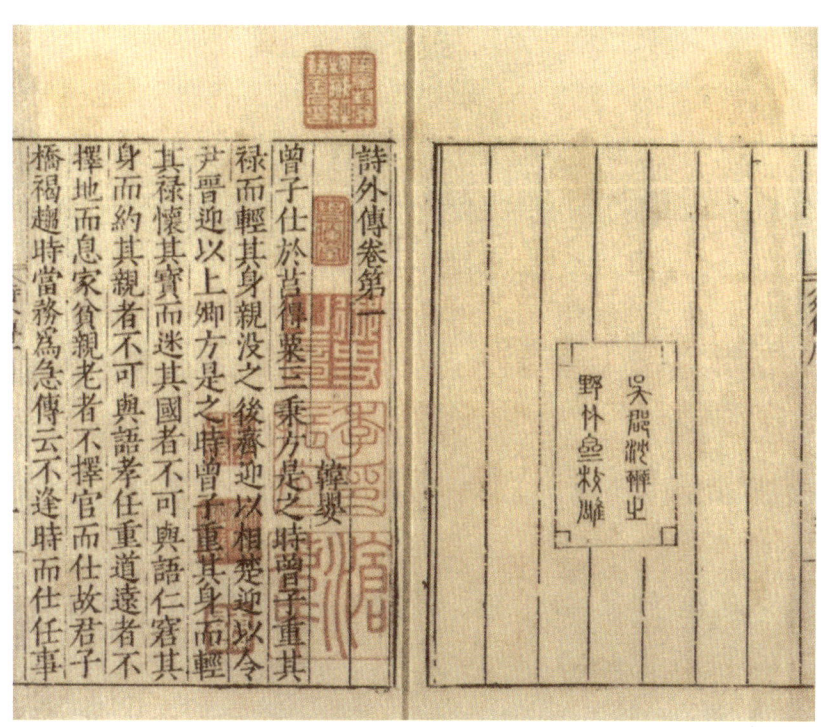

图164　明翻刻野竹斋本《诗外传》

至于还有人撕去野竹斋牌记而冒充通津草堂本的情况，就另当别论了。

▼ "观风望气"——俄罗斯国立图书馆所藏《玄玄棋经》鉴定

经常遇见这样的情况：有人一讲起鉴定版本，总是一套一套的，可是若付诸实践，其套路就玩不转了，问题出在哪里呢？关键是缺乏"观风望气"的本领。大较而言，每朝每代都有其刻书或抄书风气，体现风气的元素或有多种，但最重要者是字体。如果忽略对字体的把握，以为牌记、刻工、避讳等才是鉴定版本的硬性依据,那鉴定版本难免陷于盲目。

尝闻国内多位专家介绍,俄罗斯国立图书馆藏有一部元刻孤本《玄玄棋经》。2012年7月初我有机会访问该馆观览原书,视其版刻风气,觉得其刊刻应在两百多年后的明代万历年间(图165),其字体是颇为典型的万历写刻本字体,相对万历间发明并流行的呈横

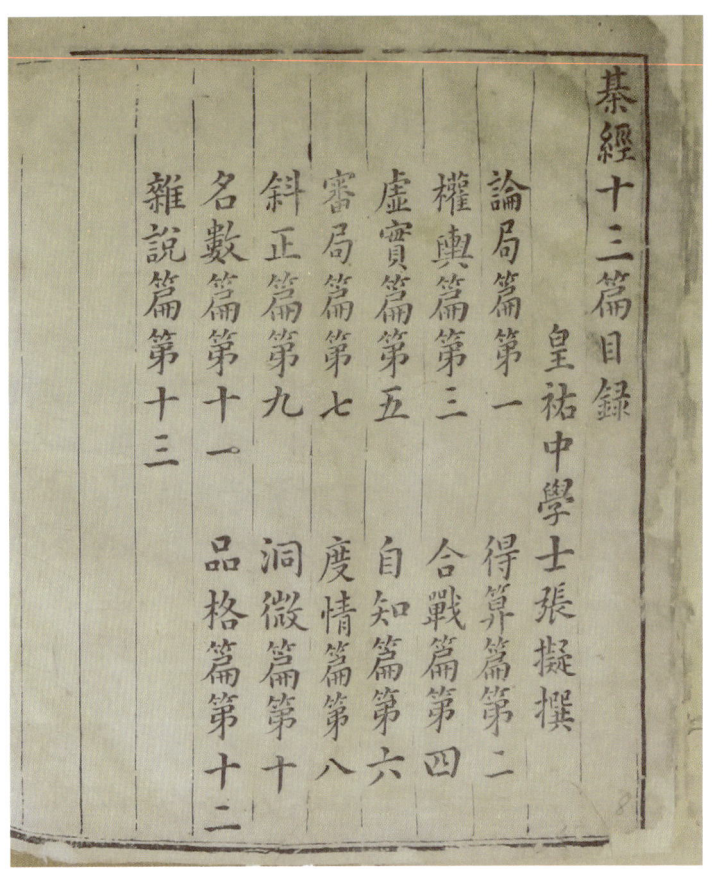

图165　俄罗斯国立图书馆藏后印本

细直粗状的仿宋硬字，这种字体又俗称软体字。倘若对这种字体风格不太熟悉，往往会将其与元代及明代前期刻本流行的赵孟頫字体相混淆，或许这是他们鉴定此本为元刻的依据之一。至少一开始我是这么认为的。

我当场询问俄方接待人员，有没有学者对该版本提出过不同意见，他们说从来没有。于是我把我的判断直言相告，对方并不接受。回国后我又将意见告诉曾经看过此本的同行，没想到他们也不接受。看来有必要辨明是非。

《善目》著录明刻本《玄玄棋经》一卷（该本虽然没有明确分卷，但以"六艺"即礼、乐、射、御、书、数编次分为六册，应当以六卷著录为妥），有上图等十六家单位收藏，虽未一一经眼，颇疑与俄罗斯国立图书馆藏本是同一版刻，只是刷印有先后而已。此外，浙江省图书馆也收藏该本，因残缺"射"字一册，《善目》没收。而上图有足本三部，其中两部藏在普通古籍书库，则版刻是元或明姑且不论，至少俄罗斯国立图书馆所谓的孤本，并不属实。

《善目》将所著录的这批"明刻本"排列在浙江省图书馆另藏嘉靖汪栻刻本之后，说明编目者根据版刻字体风格所作的判断，亦认为此本刊刻于万历年间，只是碍于没有直接证据，加之当时有责疑"观风望气"之声，便模糊地以"明刻本"著录，识者当能领会。

万历本《玄玄棋经》还有一个别名，叫作"坐隐斋先生自订棋谱全集"，因为在某些印本上冠有该名称的封面。这叶封面左右两行镌有大字"坐隐斋先生自订棋谱全集"，中间一窄行镌小字"书林王公行梓行"，故该本过往又俗称"王公行刻本"（图166）。"坐隐斋先生自订棋谱全集"之名称看似一部丛编，故台北《"国立中央"图书馆善本书目》及其《"国家"图书馆善本书志初稿》，将《玄

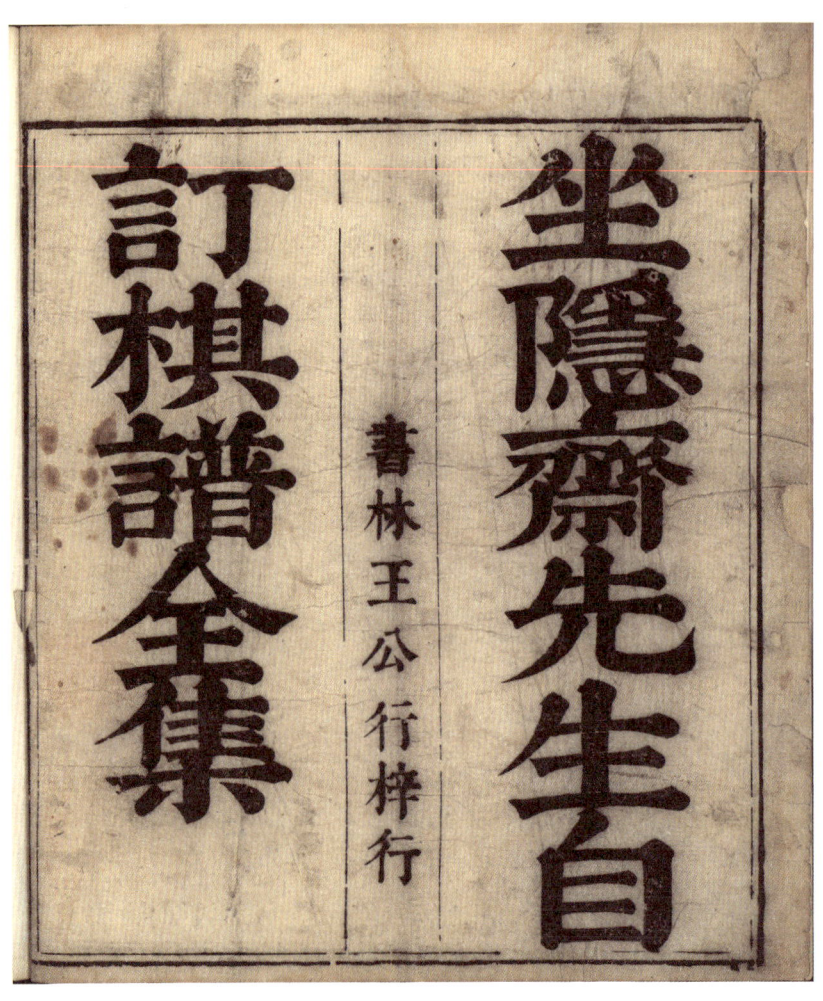

图166　镌有"书林王公行梓行"封面的后印本

玄棋经》著录为"存一卷六册"。但检览多部有封面的印本，都只有《玄玄棋经》一种书而已，并无丛编的其他依据。

"坐隐斋先生"即明人汪廷讷（1573—1619），是著名戏曲家，于围棋也颇有心得。国家图书馆别藏其所撰《坐隐先生订棋谱》二卷，乃万历三十七年（1609）汪氏自刻本，版心下镌有"环翠堂"三字。由于该本流传稀见，加之可能原藏国图普通书库，后来"提善"时才发现，以致《善目》没有著录，至2004年印入国家图书馆出版社出版的《中国历代围棋棋谱》，方为世人知晓。是书又名"坐隐先生订谱全集"，故容易与所谓"坐隐斋先生自订棋谱全集"相混淆，实则内容与《玄玄棋经》完全不同。虽然《玄玄棋经》的某些印本有"坐隐斋先生自订棋谱全集"的封面，但并没有汪廷讷纂辑的其他凭据。

就本人经眼，现存万历本《玄玄棋经》刷印精美者，当推浙江省图书馆藏本（图167），其字体圆润，笔画纤毫未损，无一处修版，属初印之本。其次是藏于上图善本书库中的一部足本，刷印稍晚，较之浙图藏本，神采宛然（图168）。其他所见皆为后印本，味道便差了许多。不过，后印本也有刷印早晚、版损程度不同之区别。细审之下，发现一个过往鲜为人所道及的现象：浙图之初印本以及其他相对较早的印本包括俄罗斯国家图书馆藏本，并无镌有"坐隐斋先生自订棋谱全集"的封面；凡有封面者，有的版片已漫漶，笔划细瘦脱形，不仅修版，甚至还有换版。上图藏本（书号399761-6）又有这样的情况：其封面字体清晰完好如初印之本，正

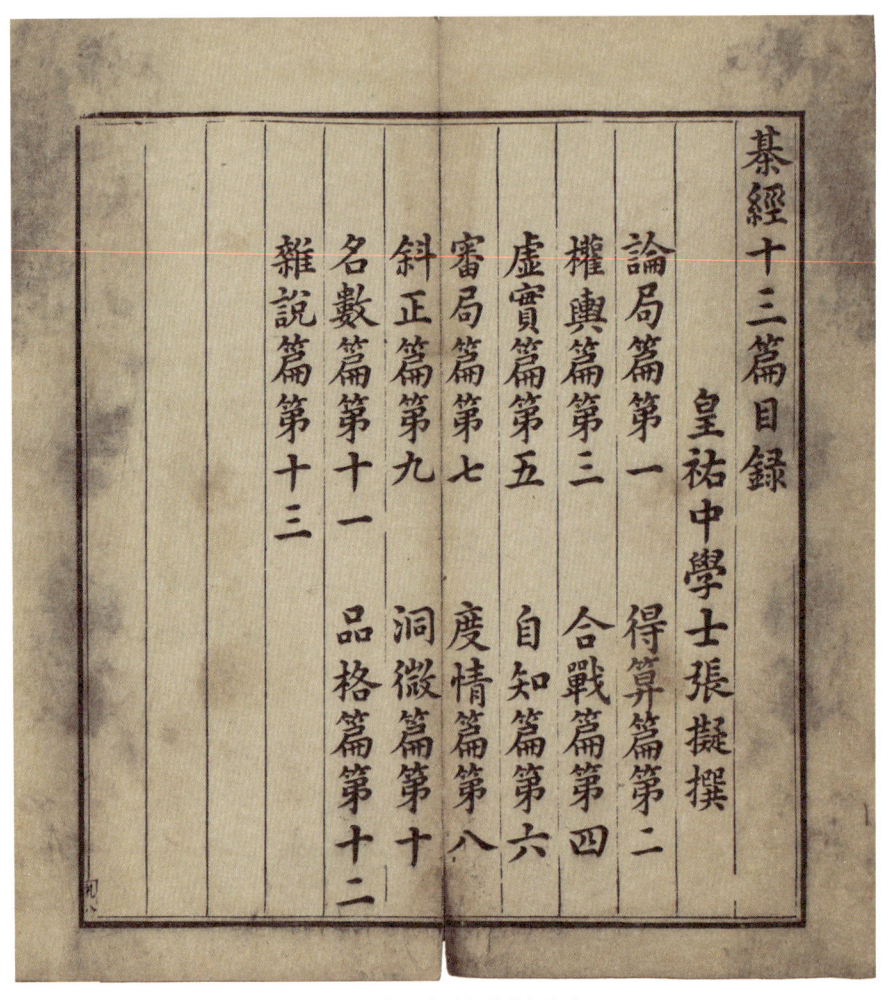

棊經十三篇目錄　皇祐中學士張擬撰

論局篇第一　　得算篇第二
權輿篇第三　　合戰篇第四
虛實篇第五　　自知篇第六
審局篇第七　　度情篇第八
斜正篇第九　　洞微篇第十
名數篇第十一　品格篇第十二
雜說篇第十三

图167　浙江省图书馆藏初印本

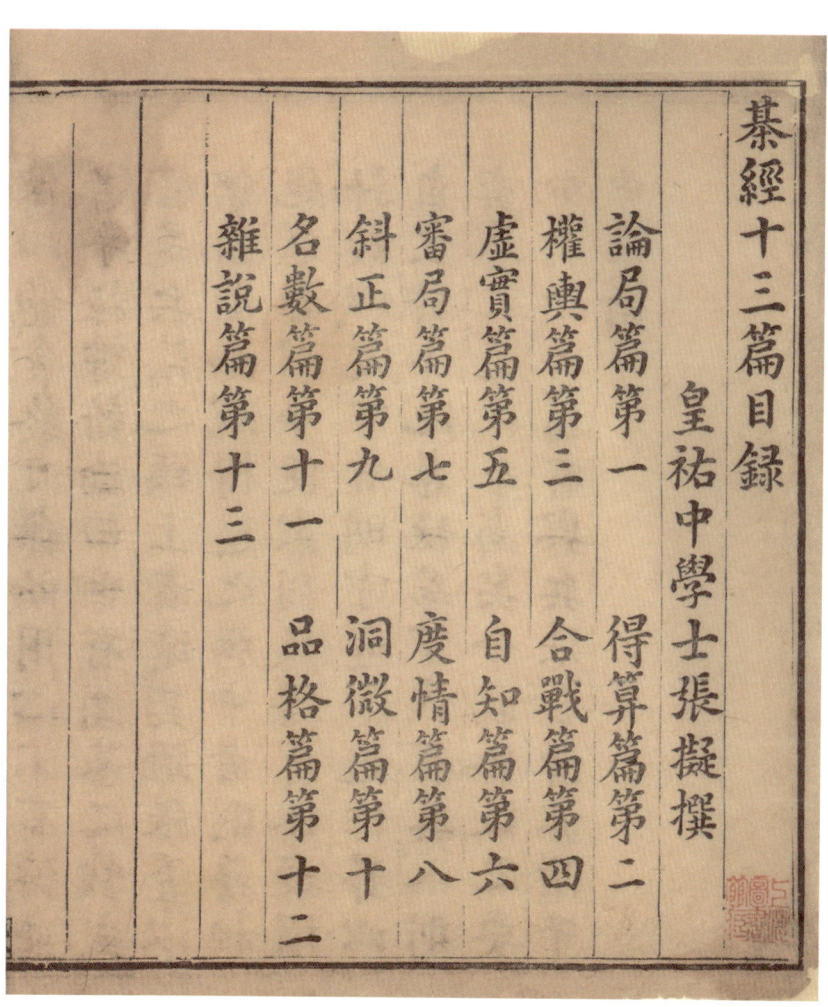

图168 上海图书馆藏本

文却是字或损、版或断之后印本。由此可得出结论，王公行并没有刊刻过此书，他是获得这部书版，在重新印刷时添刻了封面，为了推销牟利，借助汪廷讷之名，才有所谓"坐隐斋先生自订棋谱全集"之说，原本与汪廷讷毫不相干。更有趣的是，王公行后来居然又将书版转手，上图另有一本（书号020086），封面新刻，题为"书林聚玉堂梓行"（图169），然其书版残损厉害，修版也十分马虎（图170）。曾阅北京德宝拍卖公司2013年秋拍古籍图录，见168号拍品明陈仁锡刻本《资治通鉴纲目》有清康熙四十年（1701）王公行梓行封面，实也为王氏得版印本，知王氏乃清人，则《玄玄棋经》凡有王氏所镌封面者皆清前期印本，聚玉堂所印则更在其后。

在我的潜意识中，鉴定这样的万历本并不困难，不料后来应北京大学邀请，在日本大仓集古馆鉴定北京大学图书馆所购书时，我发现日本人也将所藏万历本当作元刻本，早在1949年就被列为日本国之重要美术财，因而没有出让给北大。令人感到遗憾的是，我国《第一批国家珍贵古籍名录》所收中国文化遗产研究院所藏的"元刻本"《棋经十三篇》（编号00734），实际就是万历本《玄玄棋经》的一部分，是个残本。

至此我明白了，因为该书的这些传本只有元人序文，没有明人刊刻的"硬性凭据"，才是他们定为元刻本的理由，若与他们讲字体，根本没有达成共识之基础。可是，这种缺乏鉴定版刻"硬性凭据"的现象偏偏在古籍版本中随处可见。因此有必要告诉初学的书友，研究版本之学要注重学习"观风望气"定夺版刻（包括抄写）

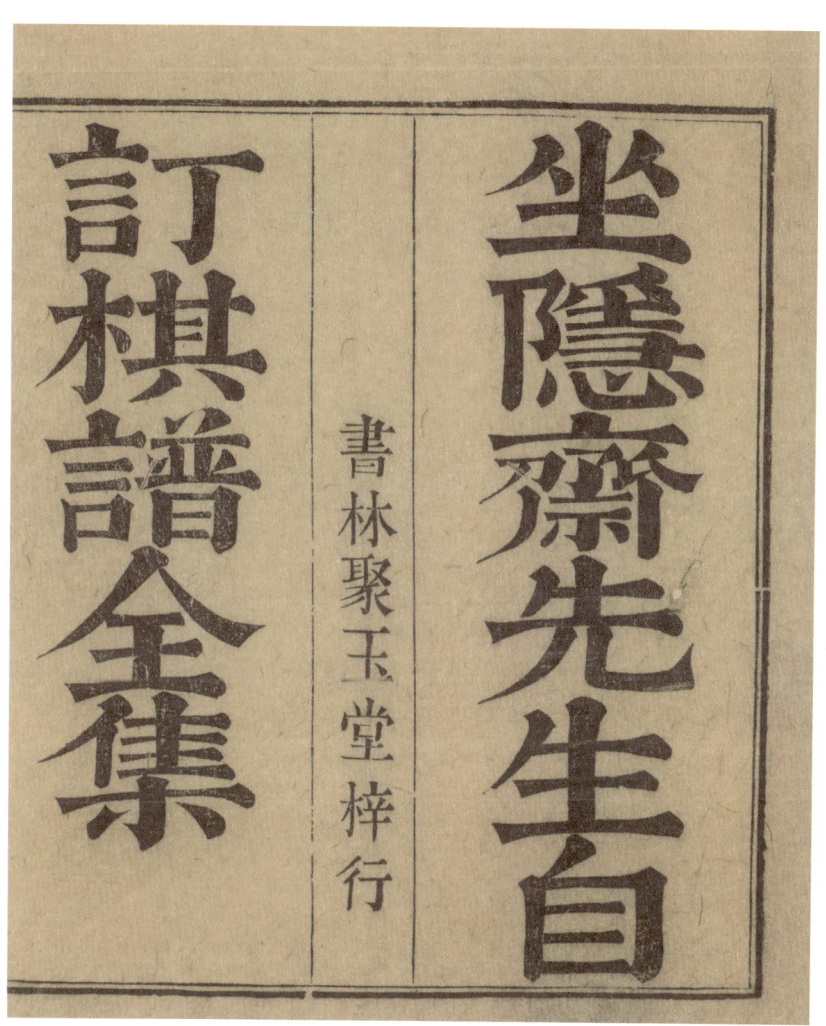

图169　镌有"书林聚玉堂梓行"封面之印本

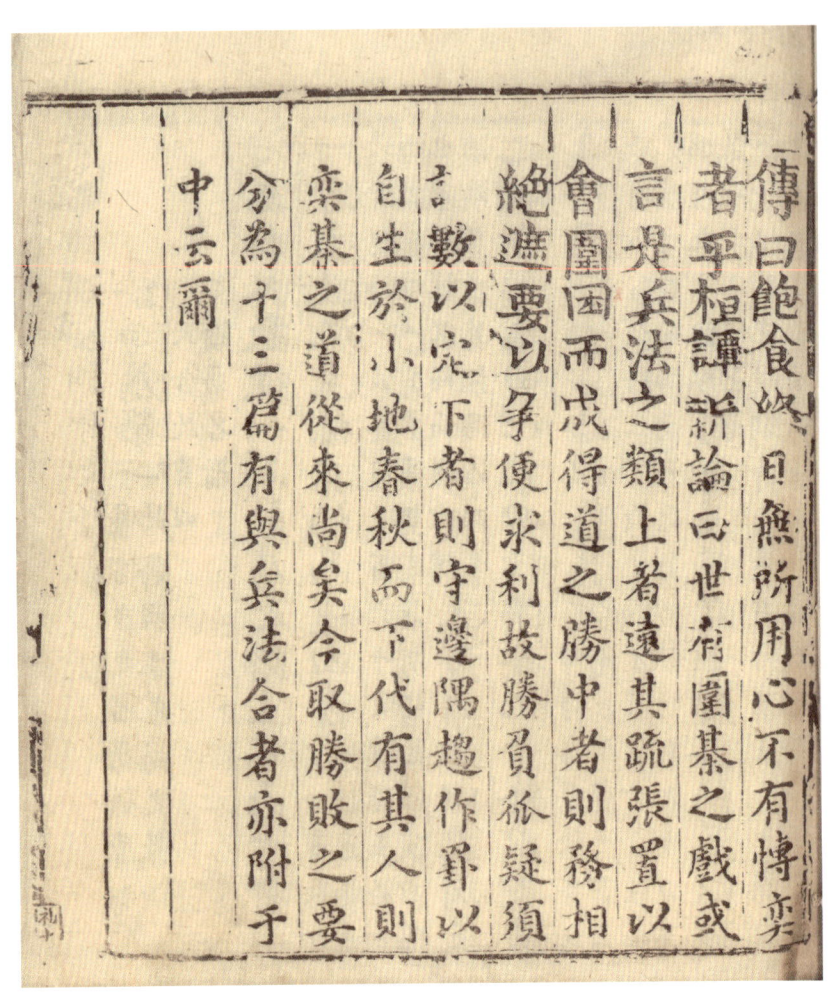

图170 聚玉堂印本的修版面貌

年代的本领，如果掌握了这种本领，哪怕临时在缺乏参考文献的条件下仓促目验版本，也能成竹在胸。相反，即使坐拥书城，也未必能将版本看明白，说清楚。当然，要掌握这种本领，并不像翻翻书看看有无牌记、刻工、避讳字那么简单，而是需要花功夫，从大量版本比较实践中积累经验才能获得，一旦掌握这种本领，便会认识到其实字体才是最硬性的凭据，辨识不了字体遑论鉴定版本。

▼ 清本充宋——汪亮采刻本《司马氏书仪》鉴定

清雍正二年（1724）汪亮采刻宋司马光《司马氏书仪》十卷，源出影宋抄本，写刻精致，书贾每以冒充宋本，即便是专家，也不免受骗；又有翻刻之本，与原刻如出一手，不易辨识。

该书宋代曾两度刊刻，但流传不广，元明两代未曾再刻，即使抄本亦极稀见。到了清雍正年间，归安人汪亮采得一影宋钞本，用为刊印，遂使该书通行（图171）。汪刻本匡高19厘米，广12.8厘米，半叶十一行，行十九字，小字双行，行二十四字，左右双边，下细黑口，单鱼尾，汪氏自序的版心双鱼尾，宋人序及汪序上下均细黑口，版心上刻大小字数，目录后有汪郊跋，卷末有汪郯、汪祁两跋，每卷末都刊有"后学汪郊校订"一行，汪祁跋末行镌"湖城甘棠桥潘大有刊"小字一行。据该本所刻宋人序言，知此书初刻于南宋孝宗淳熙年间，因缺裂不全，故重付雕版。序末题"时岁子菊月圆日序于传桂"，旁刻"传桱书堂""稚川世家"两印，则重刻者当为东晋葛洪后裔；而书中避讳至"敦"字，又知刊刻于光宗绍熙年间。

清代皇家《天禄琳琅书目后编》著录有宋绍熙三年（1192）

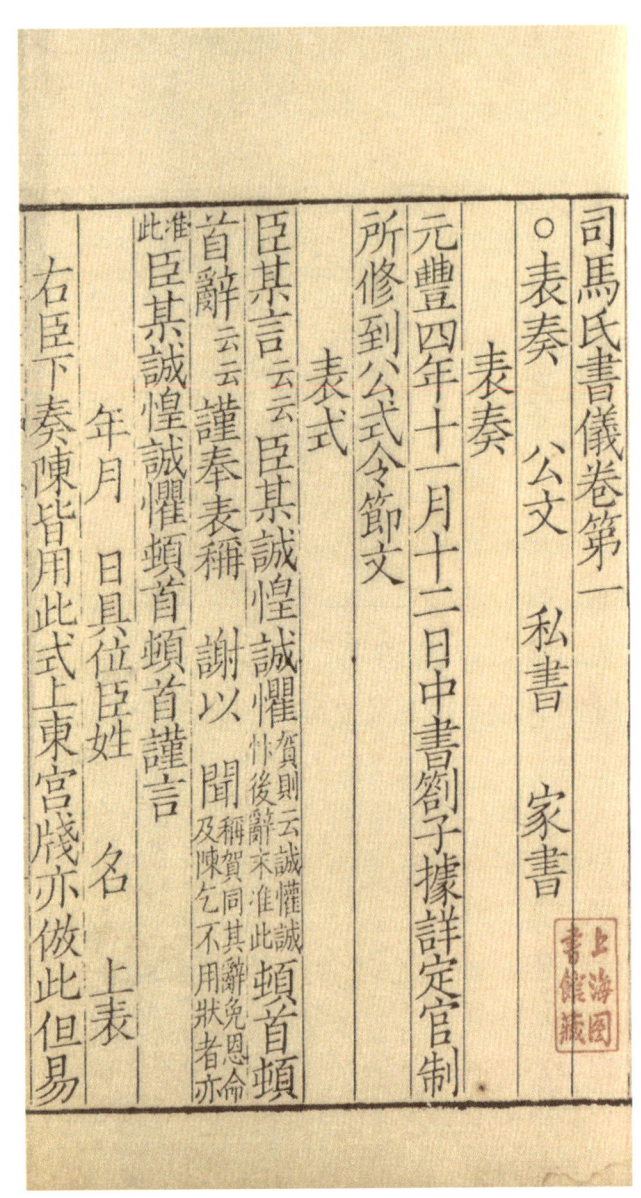

图171 清雍正间汪亮采刻本《司马氏书仪》

刻本，说汪刻即从此本出。该目录时有讹误，识者皆知，但因其本不知所终，未敢断言真伪。而清末潘祖荫延聘叶昌炽编纂的《滂喜斋藏书记》，也著录有宋本《书仪》，则确确实实是汪亮采刻本而不是宋本。1951年，上海市文物保管委员会从潘祖荫后人手中购得滂喜斋藏书七十六种（后归上图），《书仪》一书也在其中，因得寓目。此本汪亮采序与郊、郯、祁三跋皆被撕去，每卷末"后学汪郊校订"一条亦被刮铲，惟留宋人序言，皮纸精印，较显旧气，加之旧藏成亲王府，钤有"诒晋斋印"（朱文方）、"永瑆私印"（白文方）、"皇子永瑆之印"（白文方）、"永瑆之印"（白文方）、"皇子章"（白文方）诸印，叶昌炽遂误作宋本。叶氏是有声望的版本学、金石学家，富收藏，熟谙书林掌故，著有《藏书纪事诗》，为治版本学者案头必备之书。这样的名家居然遭受蒙骗，足见汪刻本的传神之处。无独有偶，1999年曾在上海朵云轩拍卖行看到一本，其作伪手段与滂喜斋藏本相似，并将纸张染旧，若不知有汪刻本的存在及滂喜斋的故实，极易上当。

  有趣的是，滂喜斋藏本并不是汪刻本的初印本而属后印本。初印本卷二首叶第八行"敦"字、第三叶第三行四行与第十二行"让"字、卷三首叶第十二行"慎"字、卷八第二叶第五行与十一行等多处"殷"字皆避宋讳缺末笔，而滂喜斋藏本则不缺笔，应当是后来添刻上去的；而卷二首叶第三行小字"冠仪"之"仪"，滂喜斋藏本作"义"，可见后印本在刷印前作了校改。但就其改宋讳字而言，或有遗漏，如卷二第三叶第二十行之"慎"字，仍呈缺末笔面貌。又检上图另外两部后印本,都刊有题"研香书屋藏版"的封面,但两部的封面并不是一个版子。颇疑研香书屋并不是汪家,因为初印无封面,而有封面的后印本与初印本文字有出入,已失"影宋"旧观。

更有意思的是,还有翻刻汪氏本(图172),版式、行款、字体、序跋一依汪本,每卷末也刊有"后学汪郊校订"一行,而所据底本则为汪刻后印本。因逼肖酷似,若不同案比较,真无法判别。上图过去误将翻本都著录为汪亮采刻本,那么其他公私书目著录为汪氏刻本者,究竟是原本还是翻本就难说了。兹将翻刻本的主要特征告知读者,以资辨识:一、匡高18.3厘米,广12.7厘米;二、卷末无"湖城甘棠桥潘大有刊"一条;三、卷一左边栏下及卷八左右边栏之外有刻工甘可龙、杭光顺、王元美、杨直先、邵保林、宋修斋、王明荣、王敬喜、端贤荣、王至斌、木正球、邓定才、吴登祥、王建功、吴以才、周世功、许国方、杨广有,这些刻工是清代人,并非宋本所有。

▼ 误将稿本作抄本——明清名家著作鉴定二例

① 明陆治手稿本《王注孔子家语考证》

上图藏清惠栋评点、王鸣盛题跋本《孔子家语》十卷,《善目》定作"明嘉靖四十三年陆治抄本",排列在明崇祯毛氏汲古阁刻本之后,乃著录失当。

该本并非如王鸣盛题跋所言只是陆氏的手抄本,而是一部经陆氏悉心考证、重订而成的王肃注《孔子家语》新的版本,是陆氏手稿本(图173),确切的著录可以有两种:一、"孔子家语十

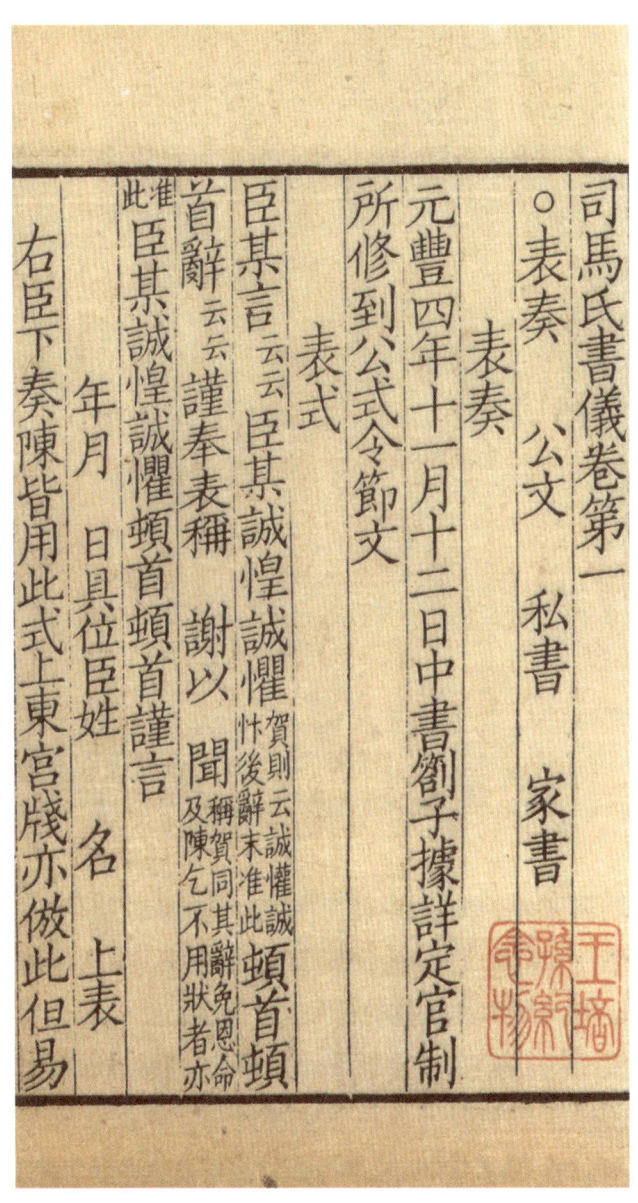

图172 清翻刻汪氏本

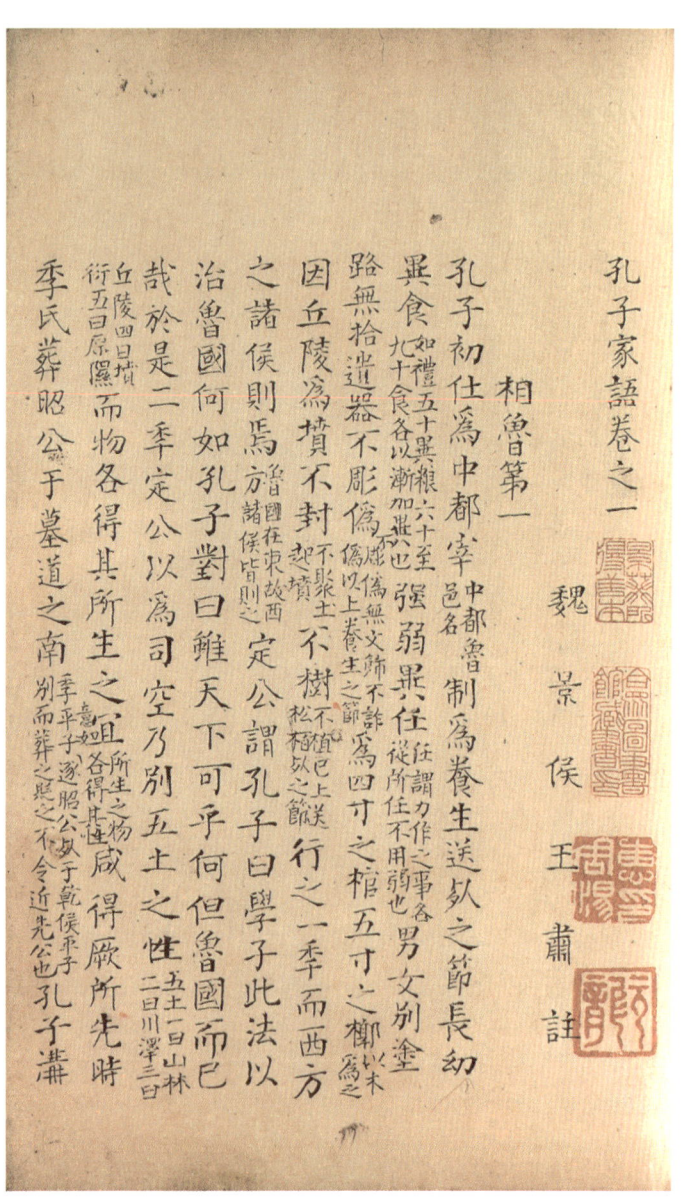

图173 明陆治手稿本《王注孔子家语考证》

卷　魏王肃注　明陆治考证　手稿本"；二、"王注孔子家语考证十卷　明陆治撰　手稿本"。

按陆治之考证，见诸其在书中之按语、夹注，内容包括改正传本讹误、补苴缺文、诠释王注、补注王注所未及、考具人物名氏事迹、考订六书本义以厘正今文写本等，并撰有《考证凡例》《每篇古文辨义总目》及《刻家语题辞》。此本为其初稿，成于嘉靖四十三年甲子（1564），卷末有陆氏自跋云："余之知学也晚，而得此编又晚，考定甫成而年已七十矣，而复难于亲书。又一年而后书成，余岂老而忘倦、愚而好自用哉？念圣典之幸存者重，望述作于将来者深也，故并为一帙，以备遗亡，致慎焉尔。后之得斯编者，其慎保之。嘉靖甲子季冬后学陆治识。"越二年丙寅又跋曰："余初考定王注，惟正其传写之讹谬，其文虽有繁而不要者，皆仍其旧。及其登梓之时，重加考订，间有不合经传而义不相蒙及辞之繁衍者，据而易之，则此本之所未备也，观者又当以刻本为正。后丙寅九月陆治重题。"据此，则陆氏当有另一待刻之修改稿。而其修改之稿可能并未及时刊刻，这从今存隆庆六年（1572）刻本可窥端倪。该刻本整体与此稿相同，卷末有徐祚锡跋云："《孔子家语》多异同，文恪王公谓王肃注本独为近正，其他皆舛戾，殊非孔氏所传之旧也。以今考之，诚然。公尝欲锓梓而未逮，其子延素授之包山陆治。治思欲竟公之志，乃校雠其间，凡篇章错乱及杂见他书者，并为补次其下；又以传写今文或非当时安国改定之旧，更为考订六书本义，厘而正之，为卷有十，藏之箧笥久矣。祚锡生也晚，世讲治之门,得与观焉,以是知肃有功于圣门,治有功于肃也。然此书校肃所注加十之六七,而治又不敢自居,其谦德不可及哉。祚锡以治之功不在肃下,不可以泯泯已也,请以付之梓人,而并著其所自云。隆庆壬申仲夏望,长洲后学徐祚锡谨识。"粗检徐跋刻本,确有与此稿出入之处,如《相鲁第一》中"匹夫荧侮诸侯者罪应诛"之"荧",此稿注"户顶切",徐本作"乌迥切";"若其不具是用粃稗"下之小字注,徐本多"言享不备礼也"六字;"于是乃归所侵鲁之四邑及汶阳之田"下之小字注,徐本多"按春秋传及史记郓讙龟阴为三邑今讙亭龟山及郓皆在汶北岂并汶而言之乎"三十二字。则徐跋刻本所依据者,或即陆氏之修改稿,惜今不传,而此初稿之幸存,又何其珍贵也。又,陆治卒于万历四年(1576),刻徐跋本时其尚健在,玩味徐跋"请以付之梓人"之言,或此本实即陆氏自刻,徐氏为其鼓吹,也未可知,则《善目》将此刻径著录为徐氏刻本,盖可商榷。而无论如何,自王鸣盛以降,无视陆氏之考证成就而将其手稿当作抄本,《善目》复将隆庆六年刻本排列在此稿本之前以致版本源流尽失,应予以纠正。

值得一提的是,《孔子家语》一向被认为是王肃伪造之书。自1973年,河北定县八角廊西汉墓出土的竹简《儒家者言》,内容与今本《家语》相近;1977年,安徽阜阳双古堆西汉墓也出土了篇题与《儒家者言》相应的简牍,内容同样和《家语》有关,说明《孔子家语》自有来历,并非伪书,则其相关传本定会引起人们的重视。因此,对上图这个本子予以重新鉴定,有其学术价值。

② 清陈鳣手稿本《经籍跋文》

鉴定名家名著的稿抄本并不容易，前辈或抱谨慎态度是可以理解并值得借鉴的。但正因为是名家名著，对其相关版本的鉴定更不能躲闪，否则其价值不能得到准确的揭示与利用，殊为可惜。所以，对上图藏清陈鳣撰《经籍跋文》一卷系稿本还是抄本，尽管有不同鉴定意见，我仍然想表明自己的看法。

此本《善目》著录为清抄本（图174），有叶景葵、顾廷龙先生题跋。前有管庭芬所编目录，又附钱泰吉致蒋光煦手札一通。前辈或谓此本系陈鳣写定原稿，有吴骞题跋（图175）；或认为钱札系亲笔，而陈鳣之作及吴骞题跋为摹本。《善目》即据后者意见，并隐去吴骞题跋不作著录。

按此本旧为管庭芬所藏，目录乃管氏手书编定，钤有"臣庭芬印"白文方、"培兰一字芷湘"朱文方二印；卷端钤有"芷湘书画"朱文方印；卷末（即吴骞题跋之叶）钤有"管庭芬印"白文方、"培兰"朱文方二印。细审正文字迹与文本面貌，确如钱泰吉、叶景葵所言，乃陈鳣手稿。陈氏先是工楷誊录旧文，复作修改，凡修改者约四十处，大多非出自抄写之误，而系文字内容之增损。如《宋本尚书孔传跋》"盖宋时婺本群经并刻也。是书每册前后有彭城楚殷氏读书长方印"，点去"也是书"三字，增入"九经三传沿革例云婺州旧本即婺所从出也"十八字；又如《宋本礼记注跋》"按所谓或据芳传者，盖指孙颐谷侍御《读书脞录》，有云：王制虞庠在国之西郊，据《北史·刘芳传》引作四郊，盖西字误也"下增入"侍

宋版周易注疏跋

孔穎達等周易正義據序云十有四卷,新唐書藝文志及郡齋讀書志同,惟直齋書錄解題作十三卷,引館閣書目亦云今本止十三卷。按序所云十有四卷者,蓋兼略例一卷而言。若正義原本止十三卷,舊唐書經籍志誤作十六卷,後皆作十卷,又為妄人所并也。原本單疏並無經注正經注語,惟標起止,而疏列其下,注疏合刻起于南北宋之間,至于音義舊皆不列本書,附刻音義又在慶元以後,即九經三傳沿革例所謂建本有音釋注疏是也。以其修版至明正德間止,亦偁正德本,以其

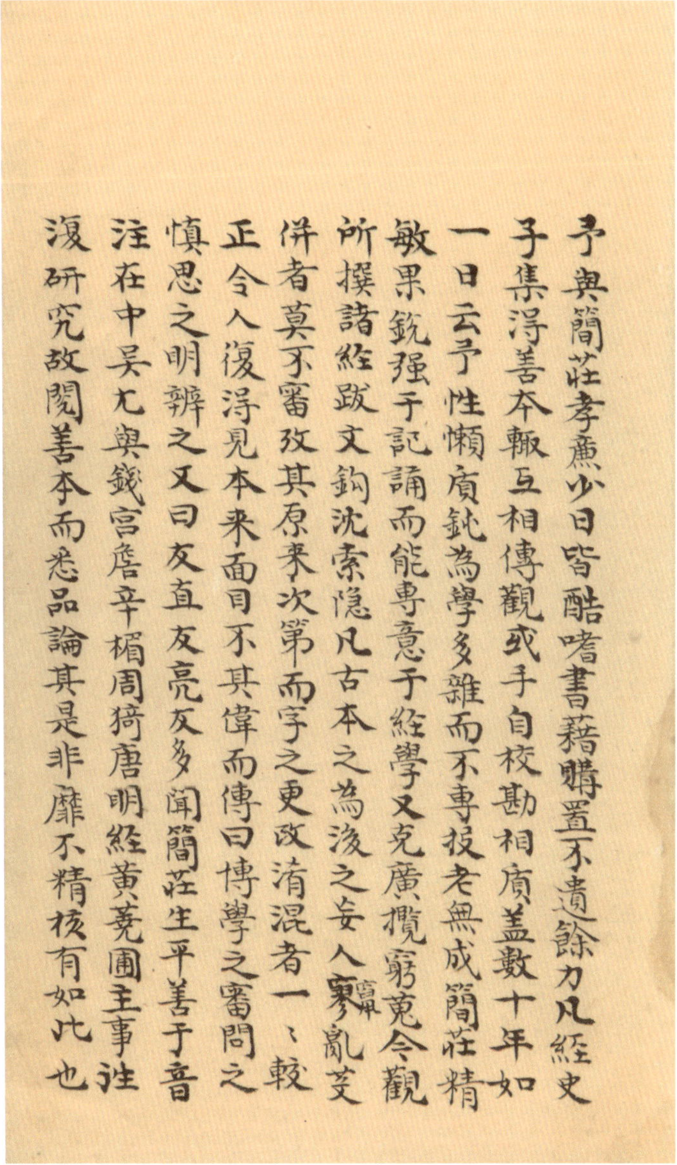

予與簡莊孝廉少日皆酷嗜書籍購置不遺餘力凡經史子集淨善本輒互相傳觀或手自校勘相質蓋數十年如一日云予性懶質鈍為學多雜而不專投老無成簡莊精敏果銳強于記誦而能專意于經學又克廣覽窮蒐今觀所撰諸經跋文鈎沈索隱凡古本之為後人妄人麥亂芟併者莫不審攷其原來次第而字之更改混者一、較正令人復浮見本來面目不其偉而傳曰博學之審問之慎思之明辨之又曰友直友亮友多聞簡莊生平善于音注在中吳无與錢宮詹辛楣周猗堂唐明經黄蕘圃主事注復研究故閱善本而悉品論其是非靡不精核有如此也

图175　清陈鳣手稿本《经籍跋文》吴骞题跋（一）

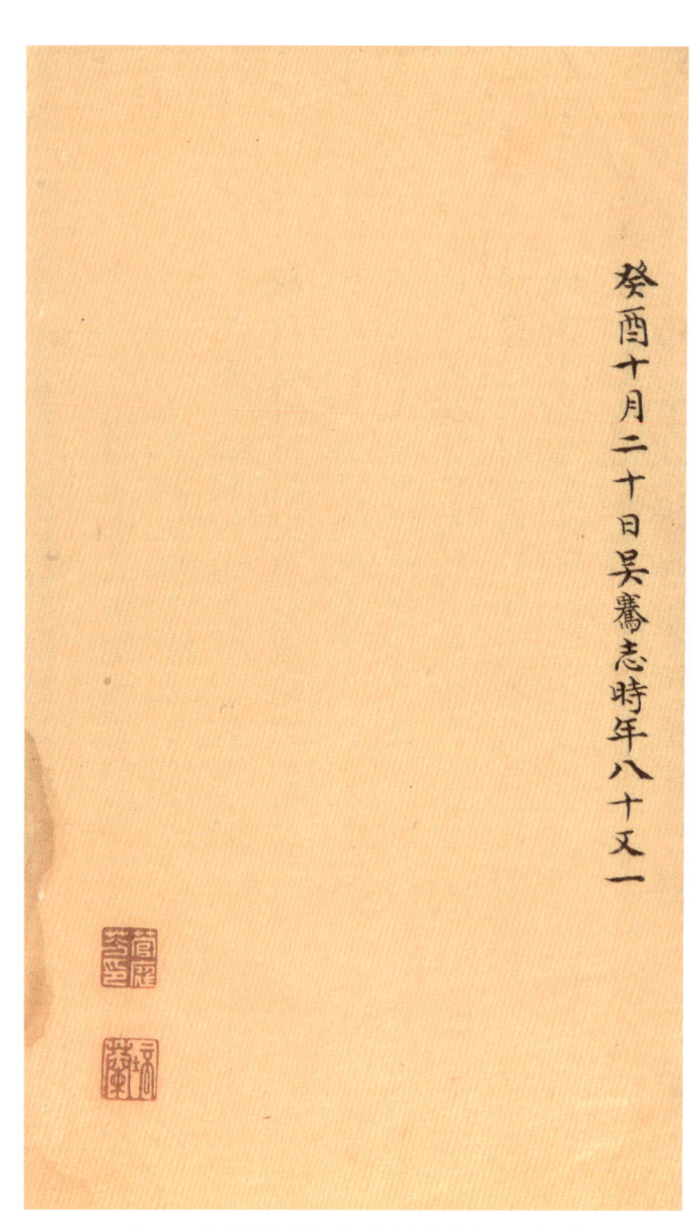

图175　清陈鳣手稿本《经籍跋文》吴骞题跋（二）

御此论曾亲告诸余"九字。又，检蒋氏《别下斋丛书》本，有道光十七年（1837）管庭芬跋，谓其从西吴书舫以善价购得此本后，钱泰吉"读而称善，手录一通，藏诸学舍。今夏命芬校定数字，将属同门蒋君光煦刻入《别下斋丛书》"，则蒋氏别下斋刻本所据乃钱氏抄录、复经管氏校正之本（该本今藏国家图书馆），而非此稿本。稿本之吴骞题跋与蒋氏刻本也有个别出入，如"友直、友亮、友多闻"，蒋本改"亮"为"谅"；"钱宫詹辛楣"，蒋本改为"钱辛楣宫詹"，似亦管氏校改。稿本与刻本的差异还有：一、稿本每篇末皆有陈氏撰写年代题记，刻本删去。二、稿本卷末附《干氏考》一篇，刻本未收。若如《善目》，将此手稿本著录为抄本而列于国图藏本之后，则此本之价值不显矣。

意者《善目》之所以定此为抄本，可能因为：一、吴骞之题跋非寻常所见行书之体，而是端楷；二、陈、吴二氏皆未钤印章，稿本证据不足。然而，陈文用红格纸写，吴跋则别书于无格纸上，若是抄本，似无换纸必要。而吴跋以楷书，未必不出其手；或因故请人代书，也不无可能。检台北《"国立中央"图书馆善本题跋真迹》（1982年该馆印行）收录吴骞校本《千顷堂书目》，有吴氏所题两跋，题于乾隆乙未（1775）者为端楷，题于嘉庆丙寅（1806）者为行书。因有行书题跋在焉，其端楷之跋（书迹与此本非出一手）即使出于代笔，要非伪作。类此，上图所藏清初抄本《霏雪录》更能说明问题。该本经鲍廷博、吴骞校，有吴骞楷书题词、楷书抄录《镏绩传》，又有行草书题跋，谓"余既手校《霏雪录》，复从万季野先生《明史列传稿》见《镏绩传》，亟录于卷首"云云（图 176），则题词与《镏绩传》皆吴骞手书，而其楷书与此《经籍跋文》题跋字体完全相同（图 177）。由此证明，《经籍跋文》既为陈鳣手稿，吴骞题跋亦非过录或作伪。顺便指出，《善目》以有无印章定吴骞楷书题跋真伪的例子尚多，如上图藏元刻明印本《图绘宝鉴》，有吴骞、陈鳣、黄丕烈等题跋，吴骞跋为沈树代笔；吴昂驹辑稿《虫获轩笔记纂》（《善目》作"拜经楼抄本"未妥），吴骞题跋亦楷书，《善目》却皆著录，因有其印章之故。《善目》此法虽谨慎，但欠客观。

▼ 鲍正言抄本《近光集》《扈从诗》之价值——兼论鲍抄之真伪

清代藏书名家抄本不在少数，声誉最隆者，当推乾嘉间鲍廷博（1728—1814）知不足斋，前贤素以"鲍抄"与"顾（广圻）校""黄（丕烈）跋"相提并论，惜乎后人或未作深入研究而无端轻视，或不识"鲍抄"面目而真伪失辨。2012年中秋，市场曾出现一部鲍廷博之孙正言手抄之《近光集》《扈从诗》（图 178），颇为难得，遂记述愚见如下。

《近光集》三卷《扈从诗》一卷，元周伯琦撰。《扈从诗》卷末，有其门生贾祥麟跋，谓伯琦"短章大篇奚啻千百，未遑铨次，预以是集锓梓传播，以备史氏纂一代之雅颂职方为全书者有所稽焉"。但贾氏之后，并无其他周氏别集整理本面世，而此书之元刻本也久淹无闻，端赖抄本以传。

今存抄本见诸《善目》者，以明代山阴祁氏淡生堂本为最早，另有清抄本若干部。此外尚有杨复吉辑《艺芳阁艺海奇钞》本（藏

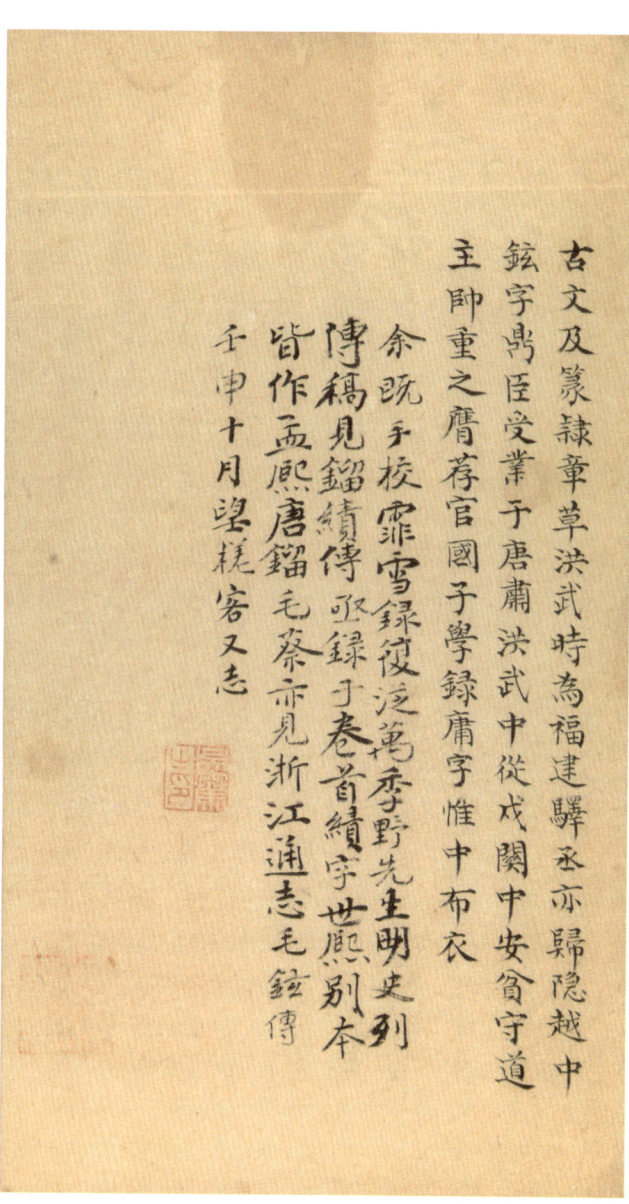

图176 清抄本《霏雪录》吴骞行书题跋

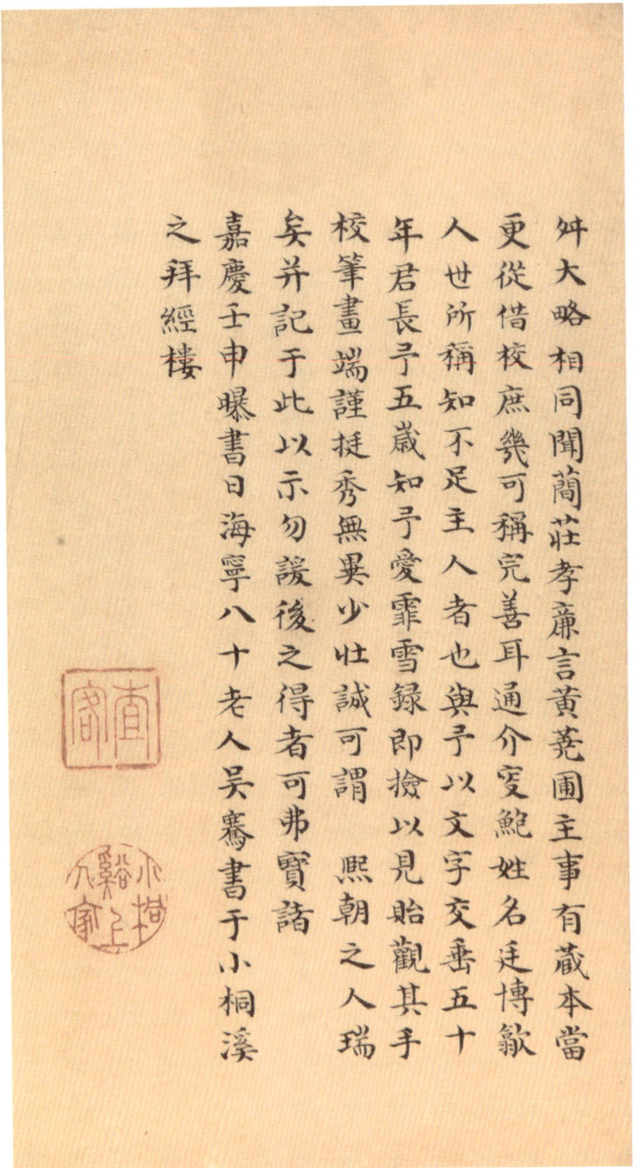

卄大略相同聞蕑莊孝廉言黃堯圃主事有藏本當
更從借校庶幾可稱完善耳通介叟鮑姓名廷博歠
人世所稱知不足主人者也與予以文字交垂五十
年君長于五歲知予愛霏雪録即撿以見貽觀其手
校筆畫端謹挺秀無異少壯誠可謂 熙朝之人瑞
矣并記于此以示勿諼後之得者可弗寶諸
嘉慶壬申曝書日海寧八十老人吳騫書于小桐溪
之拜經樓

图177　清抄本《霏雪录》吴骞楷书题词

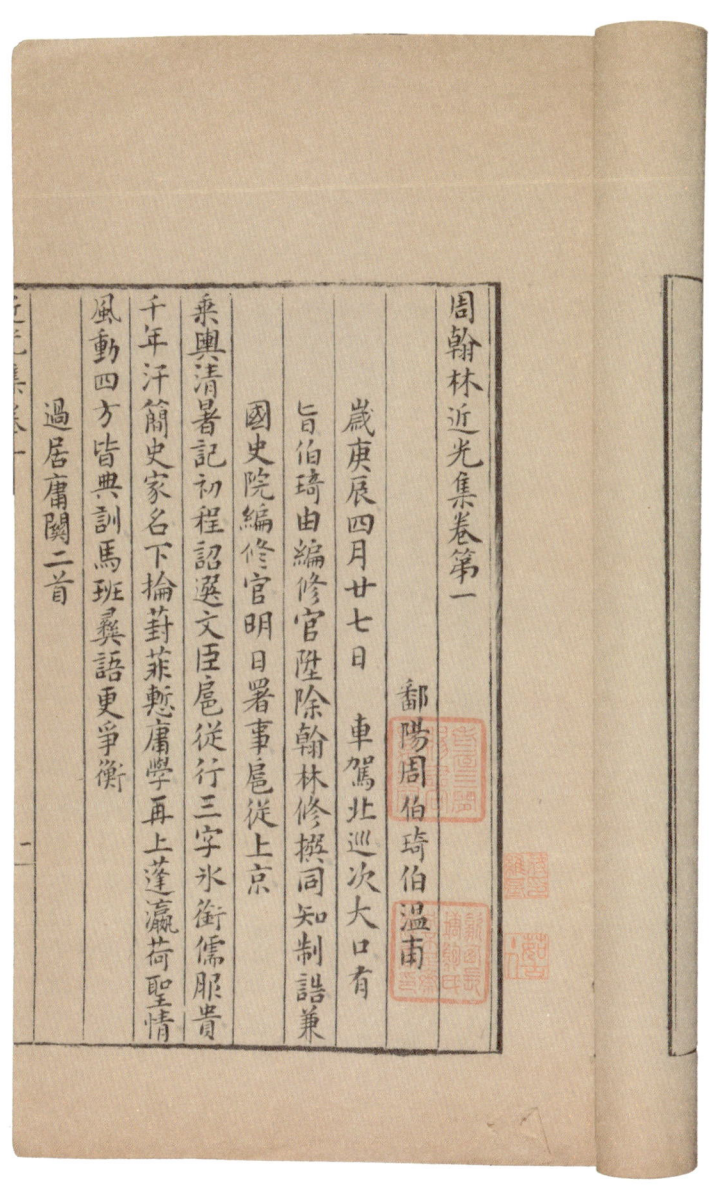

图178　清嘉庆鲍正言抄本《近光集》《扈从诗》

北京师范大学图书馆），仅有《近光集》三卷。1982年至1991年，我主持编纂上图普通古籍目录时，曾发现《善目》失收之劳权、劳格昆仲校本，有傅增湘题跋，未见《藏园群书题记》著录，亦是研究整理此书不可或缺之本。傅氏尝以《近光集》卷三之末是否存有《至正辛卯礼闱纪事》诗第四首、《凤麟榜纪事》诗一首、《清华亭雅集》诗一首判断抄本之优劣（见《藏园群书题记》）。曾阅南京图书馆所藏淡生堂抄本，诸诗祁氏原抄皆缺，后由清人校补以完。其他经眼之本，或有傅氏所谓之完本者，如黄丕烈题跋本（藏上图）；或有类似淡生堂抄本原缺者，如劳氏校本。窃以为，这两种情况之存在，并不意味该书有不同版本系统，而是其各自所据元刻本皆为版片损泐之后印本，刷印有先后，则残损有多寡（当然也不排除印本破损及辗转传抄生发讹夺之可能）。因业经清人校勘，这些抄本除个别文字有出入者外，其整体文本已大致相同。最明显之特征，乃卷三《题右丞相亲写墨竹赠集贤大学士吴行可》以下有四首残字之诗（《藏园群书题记》言及），诸抄本残缺情况皆相一致。而这部湖州蒋氏密韵楼先人蒋维基旧藏之鲍正言抄本，却别具面貌，令人瞩目。

在鲍正言抄本之前，知不足斋藏有另一抄本，即今藏南京图书馆、《善目》著录为丁丙跋之清抄本。该本旧为惠栋插架之物，钤有"惠栋之印"白文方、"定宇"朱文方、"红豆山房校正善本"白文长方、"春草闲房"白文方四印，鲍氏复钤"歙西长塘鲍氏知不足斋藏书印""老屋三间赐书万卷"两朱文方印。丁内手书题跋（此跋《善本书室藏书志》未录）有云："余家藏有祁淡生抄本，兹为惠定宇、鲍以文先后所藏，足称双璧。"然而，该抄本面貌丁氏并未识得真切。此本"玄"字不避讳，实抄于清初；更有鲍廷博朱笔据别家抄本校勘，丁氏《藏书志》及《善目》皆失录。意者鲍正言所抄，当据此本。但抄毕之后，复得元刻本相校。今观四首残字之诗中，凡以朱笔增补之字，皆鲍氏据元刻本新校者。这些增补文字，系其他抄本所无。虽鲍氏于嘉庆十年乙丑（1805）题记云"惜元刻亦有漶漫处，未能悉补"，但相对而言，其本比他人所见之元刻本刷印要早，故存字也多。

鲍正言抄本胜于他本并非只此一端，该本更有鲍廷博纂辑周伯琦遗诗、遗文各一卷，题曰《周翰林集补遗》，为他本所不备。诚然，纂辑周氏遗作不仅鲍氏一家。检祁氏淡生堂抄本之末，即附有补遗一卷，凡录诗文各五首，吉光片羽，较别家抄本自有可珍之处。惟未详何人纂辑，要非山阴祁氏所为，因该补遗之卷不是淡生堂抄本所固有，乃清人辑录抄写后装池于祁氏抄本之后者，《善目》未能区别著录，是一疏忽。而观鲍氏纂辑之本，录有诗三十首、文十八篇之多，凡附于淡生堂抄本之补遗内容皆包含在内（因各自所注出处异同，故可判断非一家所为，也无相互利用之可能），堪称周氏之功臣。尤其值得关注者，所辑遗文之末三篇乃鲍廷博于嘉庆乙丑（1805）、壬申（1812）先后亲笔补录；《理公岩记》《杭州三生石题名》两篇则采自石刻。1973年5月至1974年底，我曾随金石、版本学家潘景郑先生整理"文革"中暂存上图的碑帖，略知石刻文献之重要，欲将世人不太留意之宋辽金元石刻文献编成专目，以便士人利用，旋因工作项目屡有变更，迄今未能如愿。检北京师范大学所编《全元文》，石刻资料不及采掇，识见固有未至，与图书馆、博物馆未能提供相关资料也不无关系。于两百多年前之鲍氏面前，今人恐难掩愧色。除此两篇，尚有《石鼓赋并序》《书钱翼之四体千文卷》《书米襄阳书易说后》《书朱文公与侄六十郎帖》《至正庚辛倡和诗序》《题五老图》《跋康里巙巙草书柳子厚谪龙说》《圭塘欸乃序》《梧溪集序》《王库使遗训赞并序》《启圣庙新建宗鲁书塾记》《题范成大田园杂兴绝句后》《戴九灵先生画像赞》等十三篇遗文可补《全元文》未备。

《周翰林集补遗》搜采所从之书，汰其重复，依次有《岭南五朝诗》《狮子林纪胜集》《写林类集》《澹游集》《珊瑚木难》《吴都文粹》《虎邱志》《金兰集》《天平山志》《麟溪集》《六研斋笔记》《式古堂书画汇考》《续吴都文粹》《铁网珊瑚》《至元庚辛倡和诗》《书画题跋记》《圭堂欸乃》《梧溪集》《名迹录》《石湖三录》《九灵山房集外编》等二十余种之多；此外，每篇除注明辑录出处，还记有日期，早自乾隆二十五年庚辰（1760），晚至嘉庆十七年壬申，前后相距长达五十二年之久，其于古籍整理用力之勤，鲜有能比肩者。由此可见，鲍抄之优胜于其他藏书家抄本之处，不仅在于校勘精审，更在于辑佚遗文使文本完足，而这又正是《知不足斋丛书》的特点之一。可以推断，鲍氏抄书、校勘及辑佚之举，与刊刻《知不足斋丛书》关系密切，许多知不足斋抄本凡有鲍氏校勘并辑录佚文者，实即刊刻《知不足斋丛书》之底本，应视为鲍氏辑稿，而非寻常抄本。也有的鲍抄，已整理成刊刻底稿面目，因故未能付梓，愈加值得关注，如上图收藏的《胡澹庵先生文集》《巴西邓先生文集》等。同样，此书校辑完毕已至鲍廷博晚年，其精力衰竭，财力支绌，未能付梓，不免令人遗憾，但也因为如此，这部鲍正言抄本能幸存至今，更显珍贵。

鲍抄既然可宝，便有市场效应，坊间假冒伪劣之物时有出现。已为人熟知者，有题名"巴西文集"之黑格抄本，卷端钤有"遗稿天留""知不足斋钞传秘册"两伪印，后一印乃白朱文方，前四字白文，后四字朱文。此外，类似而至今仍被误假为真者，尚有浙江大学图书馆所藏《周此山先生诗集》抄本（图179），卷端钤有"知不足斋抄册"朱白方印，前四字朱文，后两字白文，其定为鲍抄者，或即据此印。然审视其卷端书影，篆刻、印色皆劣，抄写纸墨亦新，与寻常所见鲍抄迥异。据该馆及《善目》著录，该本有鲍士恭、张煜题跋，因未见该本全貌，不详所以，然印章既伪，鲍氏题跋亦可知矣。此本已收入国家《第二批珍贵古籍名录》，应予以纠正。

此鲍正言抄本不特有文献价值，还具有版本鉴定功用，不可忽略。熟悉其抄写、用纸、钤印诸端，则伪造之本或不难识别。而通过墨迹比对，即使无鲍氏题记，也可知有的知不足斋抄本实出鲍正言之手，有的鲍廷博校跋系鲍正言代笔。譬如台北"中央"图书馆所藏知不足斋抄本《重雕足本鉴诫录》，即有部分内容为正言手抄；又如该馆别藏鲍抄《丁鹤年诗集》，不仅由正言抄写，连廷博之题跋亦正言代书。

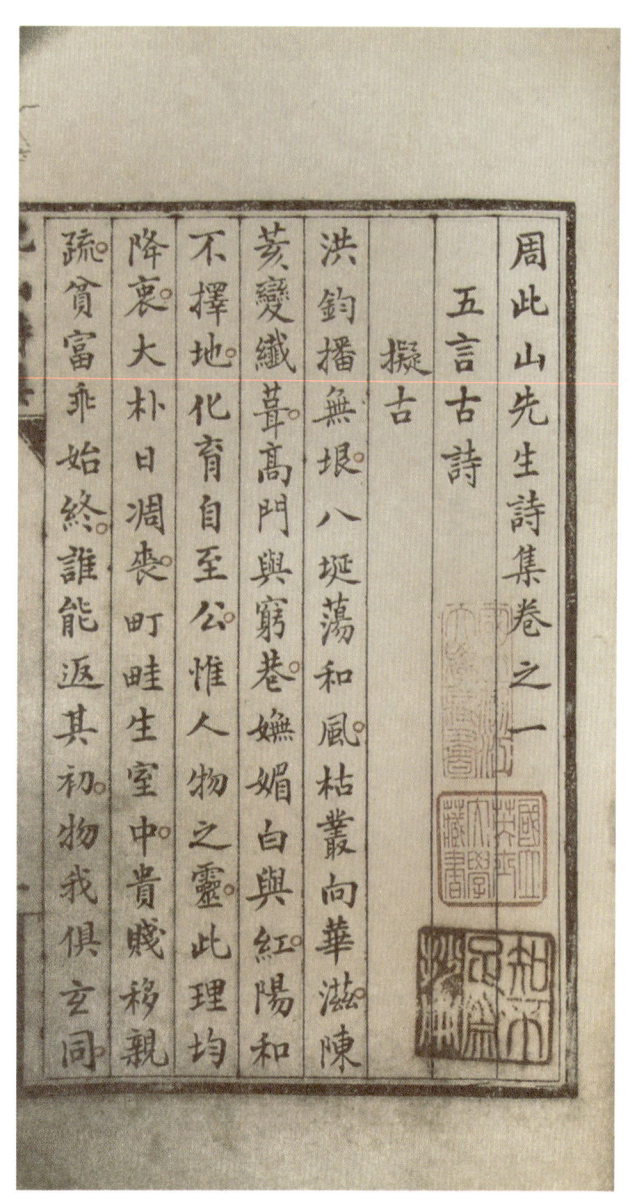

图179 浙江大学图书馆藏伪造鲍氏知不足斋抄本《周此山先生诗集》

▼ 真迹抑或过录——名家批校本鉴定二例

① 何焯批校本《华阳国志》

上图藏明万历吴琯刻《古今逸史》本《华阳国志》十二卷（卷十上、中配清抄本），《善目》著录为"佚名过录清何焯校，清惠栋跋，邓邦述、叶景葵跋"（集部2301）。事实上此本既有何焯校语，还有其题跋（图180）。何氏未钤印章，惠氏钤有"惠栋之印"白文方、"定宇"朱文方印。何氏校跋与惠氏题跋（图181），究属真迹抑或他人过录，先后阅此本者邓邦述、叶景葵、徐森玉、赵万里、顾廷龙诸先生意见相左。邓氏题有两跋，民国十一年壬戌（1922）之跋云何氏校跋乃真迹；翌年癸亥之跋则云系何氏弟子过录，且谓惠氏之跋亦真假难辨。叶氏认为惠栋之跋乃真迹，而何氏之校跋系惠氏所临。1950年元旦，徐森玉、赵万里先生到合众图书馆阅书，定此本何氏校跋为真迹，顾廷龙先生表示赞成并题识数语，似已成定论（注八）。但数十年之后，《善目》复定何氏校语为过录，并隐去其题跋，不作著录。前后反复，不禁令人感叹鉴定批校题跋本之难有如此。

按邓氏癸亥（1923）跋有云："此书底本藏吾乡图书馆中，为钱唐丁氏故物。今年余来金陵，亲检对之，唯无松厓跋语。"所谓丁氏本，亦《古今逸史》本，今藏南京图书馆，《善目》也著录为"佚名录清何焯校跋"，与邓氏所云抵牾。我因此专往南图检览，所得结论适与邓氏相反。该本校跋字体与何焯不类，确系过录，而其底本实即上图本，惟其过录何氏校跋时间在惠栋题跋上图本之前，

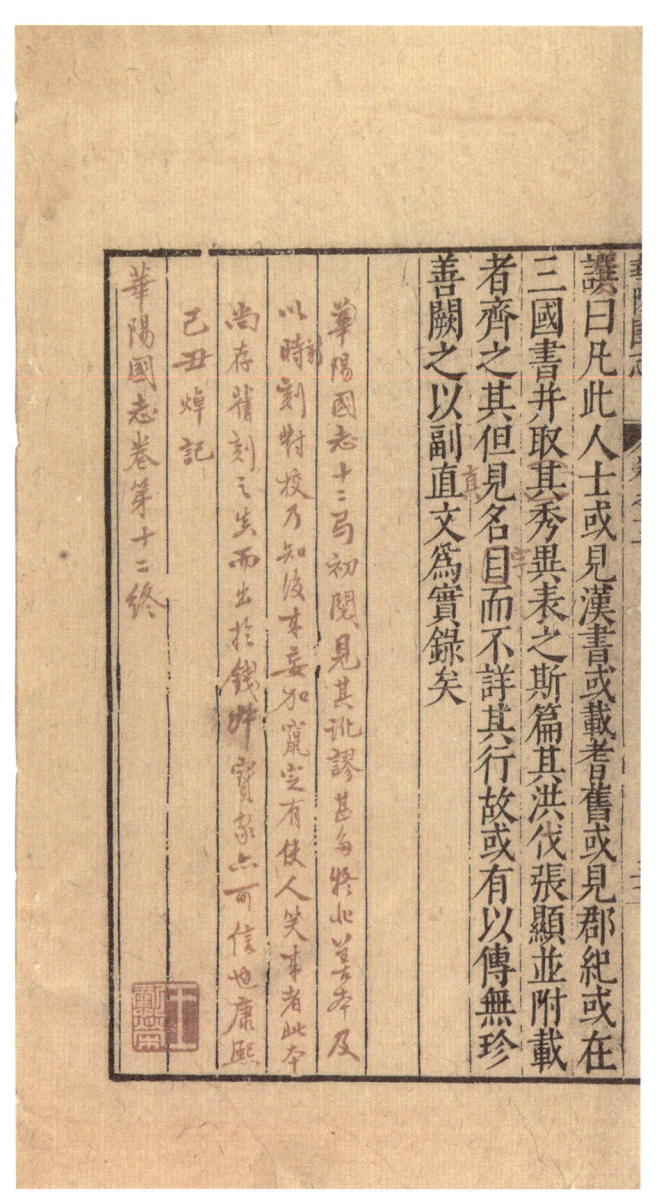

图180 清何焯跋《华阳国志》

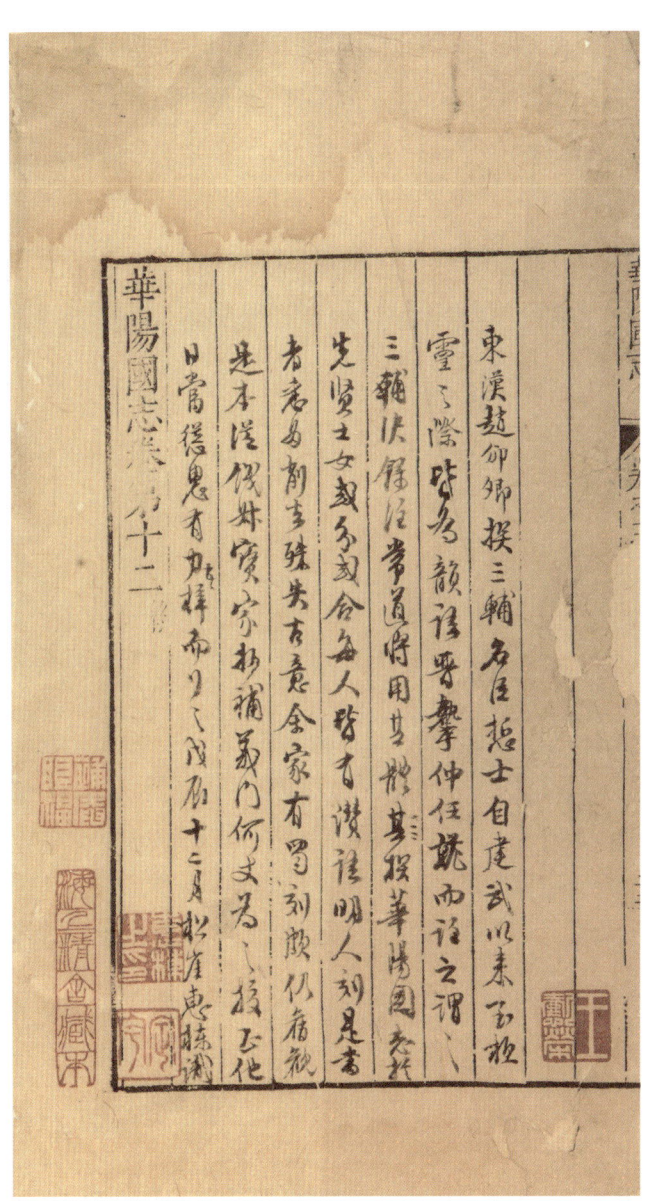

图181　清惠栋跋《华阳国志》

故无惠氏跋耳。至于惠氏临何氏校跋之说,若刻意临摹,不免露呆滞痕迹,难能如此流畅;若信手写来,则必显惠氏书风,而观其字体,即可作出否定之判断。故上图本之何氏校跋与惠氏题跋皆系真迹,应无问题。又,此本目录之叶为楷书抄配,并题有"华阳国志目录,照钱叔宝所藏影宋抄本录出,煟记"一条(图182),前辈们似皆避而不谈,我认为亦何氏手书真迹,由此可知其校勘之依据,则此本之价值较《善目》著录的其他版本为高。

② **过录鲍廷博校跋本《侨吴集》**

上图藏清抄本《侨吴集》十二卷《附录》一卷《补遗》一卷,旧藏叶景葵卷庵,《善目》著录为清鲍氏知不足斋抄本,鲍廷博校跋(集部5942)。此本朱墨笔校上百处,卷二、三、五、六、七、八、十、十一及《附录》后皆有题记,无鲍氏印章,笔迹极似鲍廷博(图183),原定为馆藏二级藏品,天津图书馆刘尚恒先生撰《鲍廷博年谱》曾用其书影作封面。然而我们在编纂《上海图书馆善本题跋真迹》时,发觉鲍氏墨迹不真,系别人临写,该本也非知不足斋所抄,故不予以收录。事有凑巧,2013年底北大图书馆购得大仓集古馆藏书,真正的鲍抄鲍校《侨吴集》恰在其中(图184),证实我们之前对上图藏本所作的鉴定是正确的。说实话,要纠正前辈的鉴定错误,我们颇为谨慎,甚至战战兢兢,起初外界并不知道,但刘尚恒先生很敏感,曾向我询问《上海图书馆善本题跋真迹》为何失录此本鲍氏题跋,以及该本与大仓集古馆旧藏本的关系,我只得如实相告。

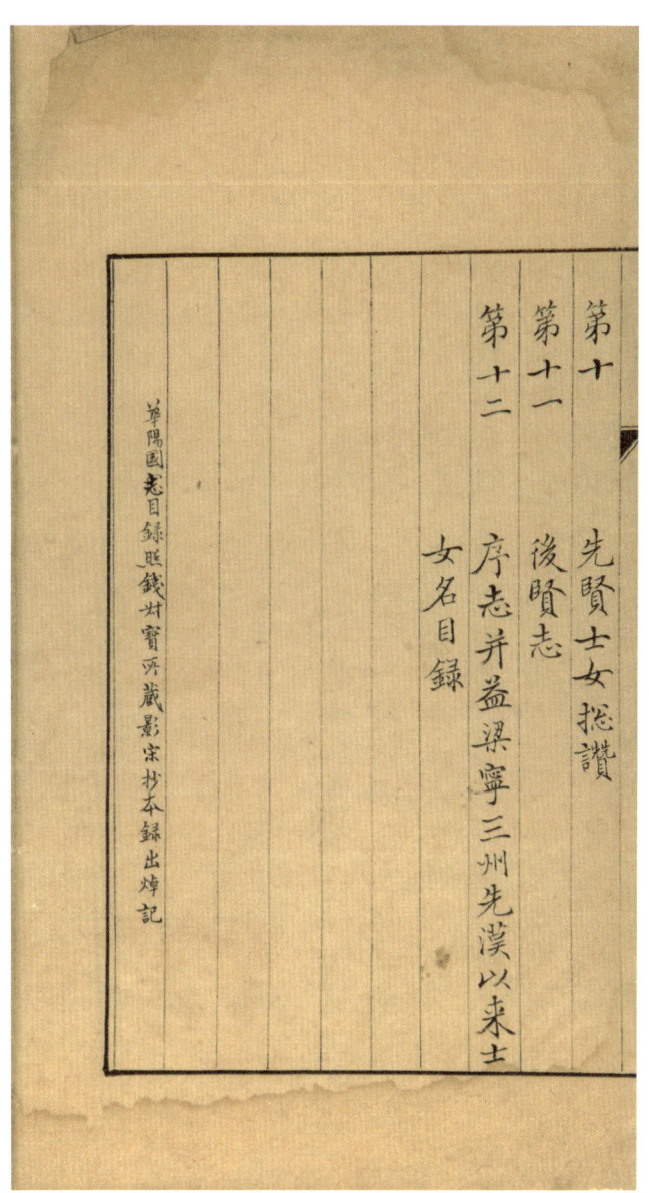

图182 清何焯题记

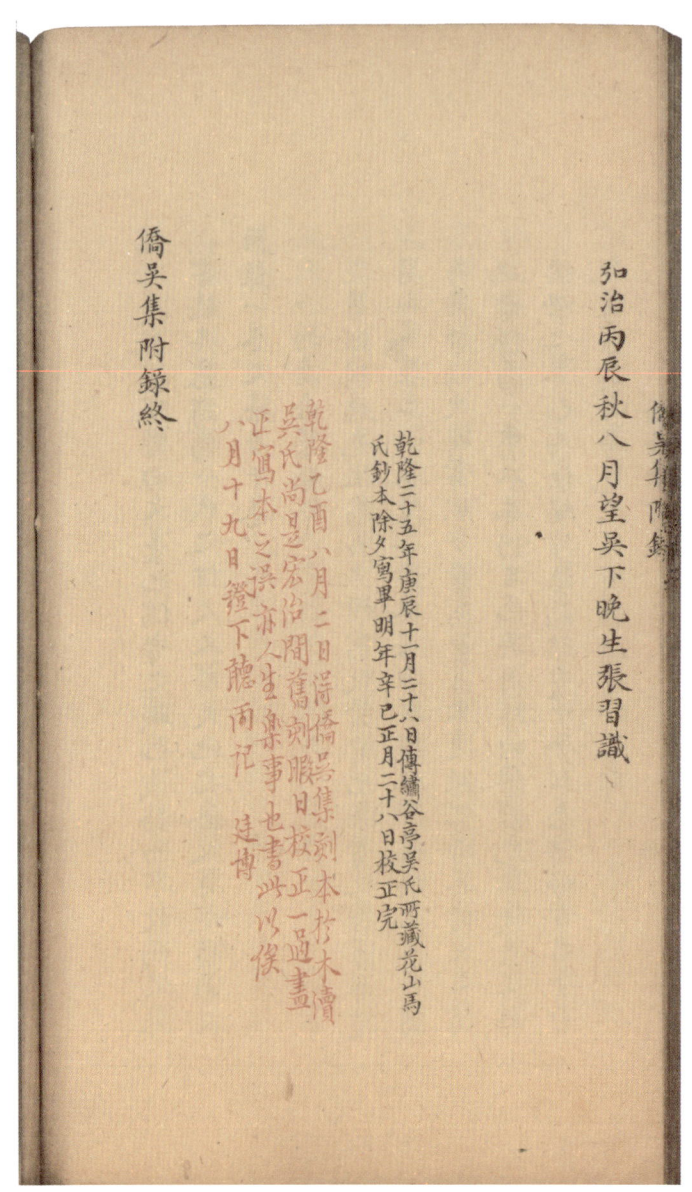

弘治丙辰秋八月望吴下晚生張習識

乾隆二十五年庚辰十一月二十八日傅繡谷亭吴氏所藏花山馬氏鈔本除夕寫畢明年辛巳正月二十八日校正完

僑吴集附錄終

乾隆乙酉八月二日得僑吴集刻本於木瀆吴氏尚是宏治間舊刻眡日校正一過畫正寫本之渙㳺人生樂事也書此以俟
八月十九日鐙下聽雨記 廷博

图183 上图藏清抄本《侨吴集》

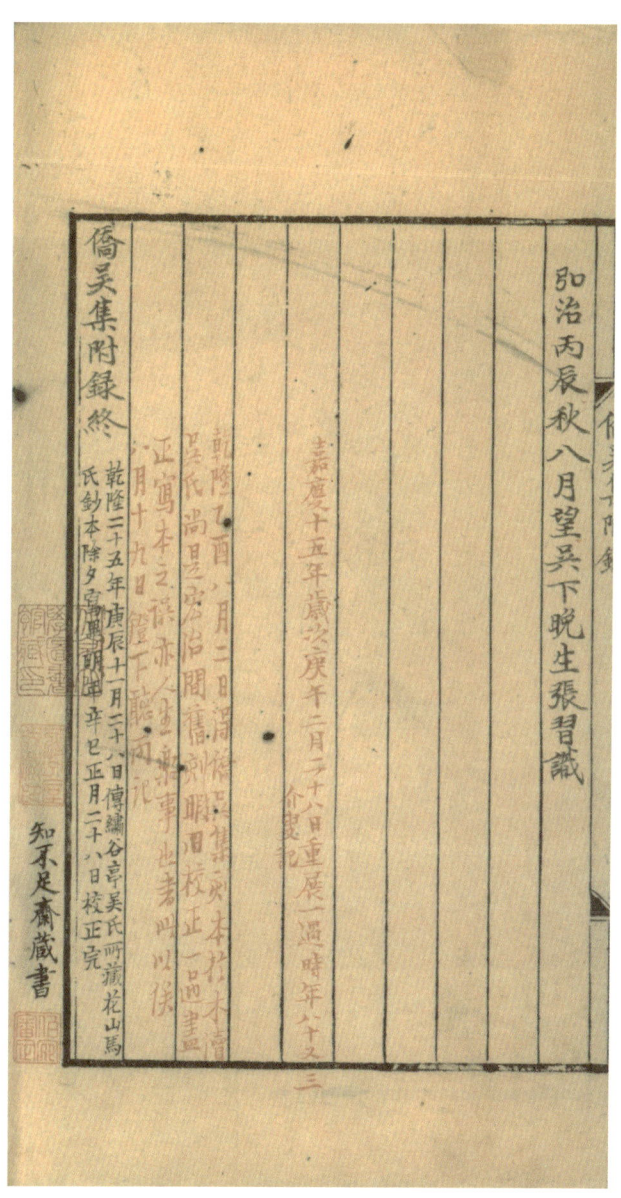

图184 清鲍廷博校跋知不足斋抄本《侨吴集》
（旧藏日本大仓集古馆，今藏北大图书馆）

以上图本相较《北京大学图书馆藏大仓文库善本图录》与《书志》（2014年北京中华书局出版），有所不同：鲍氏于《附录》末之嘉庆十五年（1810）朱笔题识、卷六末之嘉庆十六年蓝笔题跋、卷九末之乾隆二十五年庚辰（1760）朱笔校记，上图本无；而大仓本无《补遗》一卷。按鲍氏之嘉庆两题系其晚年重展该本时所为，相距其于乾隆庚辰校勘此本历五十余年，意者上图本过录鲍校在此之前，故缺此两跋；至于卷九乾隆庚辰校记上图本亦缺，则疑过录时疏漏耳。大仓本无《补遗》一卷亦不难理解，盖卷八末乾隆二十八年癸未（1763）鲍氏题记有云，"予于先生《侨吴集》外得遗文逸诗甚多，既别为一册矣"，可知大仓本无《补遗》并非残缺，上图本之《补遗》当后来从鲍氏别册补得，前后字体也不相同。上图本卷端钤有"香圃藏书"朱文、"三間草堂"朱白文两方印（图185），则此本之抄写与过录鲍廷博校跋，很可能是与鲍氏里居相近之萧山藏书家陆芝荣所为。

▼ 真相揭示——上图藏黄跋本《石屏诗集》鉴定及其他

《善目》著录国家图书馆藏有清黄丕烈题跋明弘治十一年（1498）宋鉴、马金刻本《石屏诗集》（集部4216），紧挨着又著录上图藏有同样的一部刻本，有佚名过录黄丕烈题跋（集部4217）。这样的著录使读者理解为后者的黄跋系从前者过录，一般不会产生怀疑，其在客观上造成的后果当然是，上图本的价值因不如国图本而被忽略。然而，《善目》的著录是错误的，上图本的黄跋并非过录，乃开门见山之真迹（图186），所钤"士礼居藏"白文方、"丕

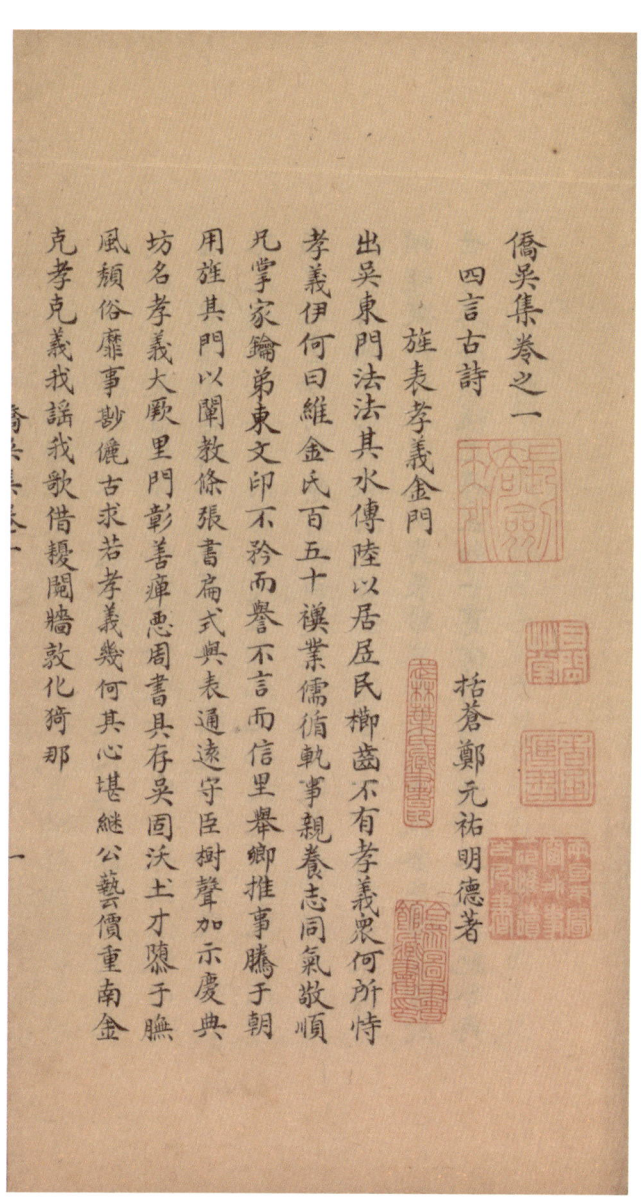

图185　上海图书馆藏清抄本《侨吴集》

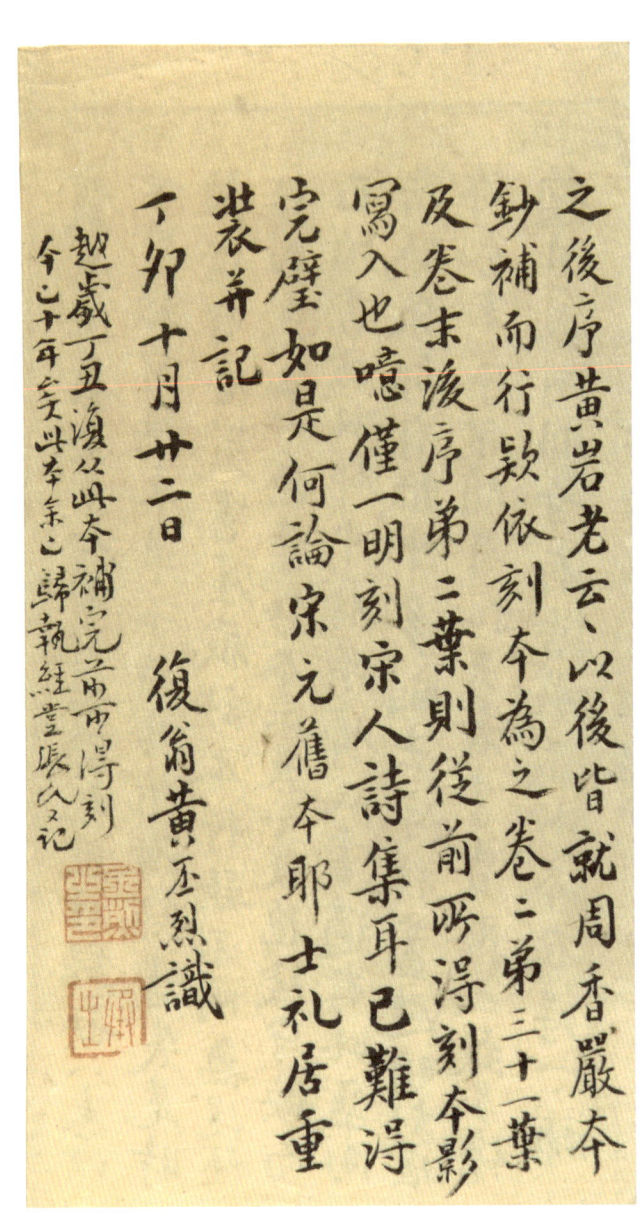

图186 上海图书馆藏本《石屏诗集》黄丕烈跋

烈之印"白文方、"承之"朱文方诸印亦皆好，且题跋时间早于国图本。我没有比较过两部刻本的刷印面貌，若就黄跋而言，《善目》应将上图本著录在国图本之前。

发生这样的事情是令人吃惊的，故有必要作一下说明，否则读者会以为负责编纂《善目》的前辈竟然连黄跋也鉴定不了。

上图此本乃朱氏结一庐旧物，后为张佩纶收藏。"文革"中入藏上图，1980年1月，张佩纶之孙张子美先生将此本连同其他四百余种善本正式捐赠上图。之前最早做编目卡片的是顾廷龙先生，该卡片现尚在供内部公务用的善本目录柜中，上面明白著录"黄丕烈跋并补抄缺叶"，并注明"北图亦有黄跋明刻石屏集，此帙黄跋未见著录"（图187）。再查当年上图向《善目》编纂委员会交付油印

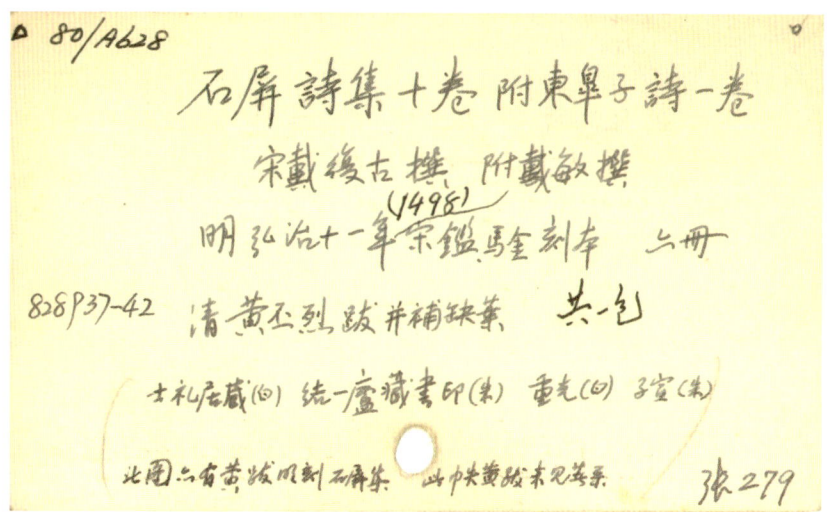

图187、顾廷龙手写《石屏诗集》卡片
（左上装箱号、版本项公元及"共一包"三字系后人添加）

卡片的副本，发觉起初确是按顾老的著录，但是略去了顾老的注语，已是无知之举，问题更出在，另有一位参与编校工作的于姓先生在卡片上写了"黄跋须再研究"六字，就有大麻烦了。当时正式上交的那张卡片是否已被于先生改为过录黄跋，抑或于先生仅将自己的意见提供给统稿汇编者参考，今已不得而知，但《善目》的著录错误是客观存在的。作为同样参与过《善目》上图部分编校工作的我，有一点必须要告诉读者，那套上交的卡片并未经顾廷龙、潘景郑二老逐种审核过，因为上图有两万多种善本，他们不可能有精力一一把关。

我想除了受于先生的意见影响外，可能还有两个因素导致统稿汇编时出现判断失误：一是两家所藏为同一种刻本，一般的思维定势就是一为原迹，一为过录；二是缪荃孙编纂的《荛圃藏书题识》所录的黄跋就是根据国图本，所以主事者想当然地以为真黄跋在国图，上图藏本之黄跋为过录。

其实两本黄跋并不相同：国图本黄跋虽未经寓目，但该本旧藏常熟瞿氏，其《铁琴铜剑楼藏书目录》明言"前后均有黄荛圃跋"，而上图本仅卷末有黄跋；复据上图藏徐钧过录黄丕烈、邵渊耀题跋本，知铁琴铜剑楼旧藏本之黄跋，一题于嘉庆二十二年丁丑（1817），一题于道光二年壬午（1822），而上图本黄跋题于嘉庆十二年丁卯（1807），嘉庆二十二年丁丑又记，显与国图本不同。上图本黄跋云："《戴石屏集》，余于七年前始得之，然目录缺八卷以下，目录前无《东皋子诗》，其所附录皆失。是时虽借有香严书屋藏钞本，行款不同，无从补录；即卷三中缺叶，钞本亦失之，故抱残守缺而已。顷书坊收郡中蒋辛斋氏书，适有此集，向所缺失都有，惟中多剜去字样，盖避明刻痕迹；卷末序亦间有扯去者，书贾欺人，致多伤损，甚为可恨。幸有香严藏抄本在，得一一补之。后序'黄岩老'云云以后，皆就周香严本钞补，而行款依刻本为之。卷二弟三十一叶及卷末后序弟二叶，则从前所得刻本影写入也。嘻，仅一明刻宋人诗集耳，已难得完璧如是，何论宋元旧本耶。士礼居重装并记。丁卯十月廿二日，复翁黄丕烈识。越岁丁丑，复从此本补完前所得刻本，已十年矣。此本余已归执经堂张氏。又记。"按此本钤有"重光"白文方、"子宣"朱文方二印，即黄跋所云蒋辛斋（1708—1768），名重光，字子宣，辛斋其号，是康雍间苏州藏书家蒋杲从弟，也喜蓄书。检书中补抄之叶，亦与黄跋所言相符，且皆系黄氏手抄。

此篇黄跋既可补《荛圃藏书题识》所未备，知缪荃孙当年未见或抄撮漏略者尚多。因此，不能简单将是否收入《荛圃藏书题识》作为鉴定黄跋的凭据，鉴定版本最直接的凭据在于该版本本身。就此本而言，首先自己要能够识别黄跋的真伪，前人的著录至多作为参考而已。如果具备这样的前提，那么对某些现象会有自己的思考与认识。

譬如2018年北京嘉德公司拍卖过一部宋拓残存十二卷本《历代钟鼎彝器款识法帖》，有黄丕烈嘉庆十七年壬申（1812）题跋（图188），《荛圃藏书题识》同样未收，本不足为怪。但我却发现了另

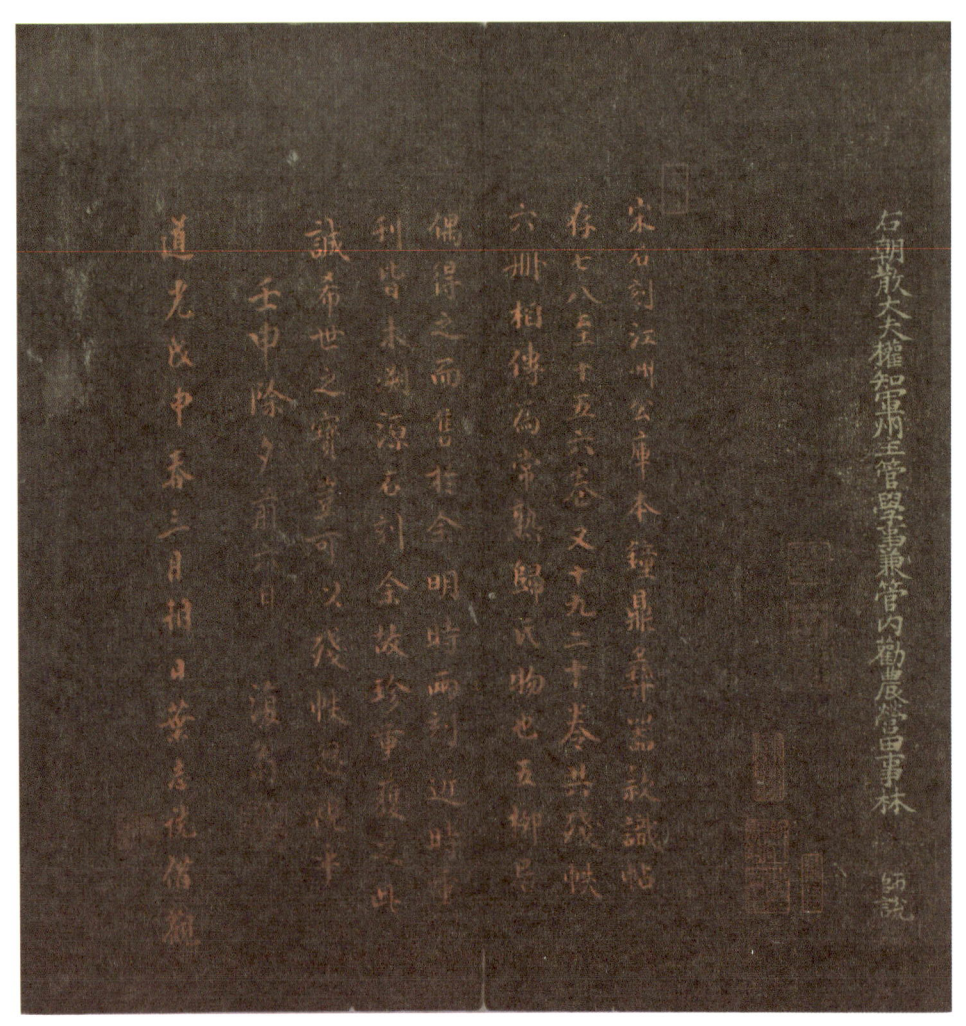

图188 清黄丕烈跋宋拓本《历代钟鼎彝器款识法帖》

一个问题：缪荃孙声称，在民国三年（1914），他曾以六种不同的本子校核清康熙陆友桐临写汲古阁抄本《历代钟鼎彝器款识法帖》，列于第一种校本便是该黄跋宋拓本，而且缪氏校勘的这部书于民国五年由古书流通处正式影印出版，但是，这篇重要的黄跋却不见于民国八年缪氏辑刻的《荛圃藏书题识》[仅有嘉庆十八年（1813）黄丕烈题康熙九年（1670）黄公禾手抄本跋文数则，今藏台北"国家"图书馆]，那就非常奇怪了。说老实话，我难以相信这是缪氏的疏漏，而是怀疑其只是耳闻有黄跋宋拓本，并没亲眼见过，当然也不存在作为校本的可能。至于为什么要这样做，只有问他与古书流通处了。

注 一：详见拙著《古籍善本》修订版，2020年上海人民出版社出版。
注 二：详见《藏书纪事诗》卷二。
注 三：参见《中华再造善本总目提要》相关版本介绍。
注 四：见《日本访书志》卷四。
注 五：见《元史》卷172列传第59。
注 六：详见《伯克莱加州大学东亚图书馆中文古籍善本书志》。
注 七：见拙著《古籍善本》，2003年上海文艺出版社出版。
注 八：详见《上海图书馆善本题跋真迹》，2013年上海辞书出版社出版。

五 附 录

1. 常见古籍用纸

▼ 麻纸

制作原料以麻为主，故名。有黄、白两种。白麻纸正面光润，背面略为粗糙，有草梗纸屑粘附。质地细薄坚韧，耐风吹日晒，不受潮则久不变质。黄麻纸性质与白麻纸相仿，但稍粗糙。六朝写本用白麻纸为多，宋代印书两种麻纸兼用，金代及元代初期用黄麻纸为多。宋代麻纸纸纹（即帘子纹）或有两指宽，也有的纸纹不明显。元代中后期印书所用麻纸纸纹变窄，仅一指宽。

▼ 硬黄纸

唐代制作，以树皮为原料，在成纸上浸染黄檗汁液，使之呈现天然黄色，再在纸上均匀涂蜡，经砑光后，纸张表面光莹润泽，韧度好，透明性强，又可防蠹，用以写经和摹写古帖。

▼ 藏经纸

色黄褐，近茶色。质地厚硬，略有棉性，不透明。因唐人写经及宋、元刻印佛、道藏多用这种纸，故名。

▼ 麻沙纸

产自福建建阳麻沙镇，故名。色稍黄，纸纹不明显，质地逊于麻纸。宋版"麻沙本"多用此纸。

▼ 罗纹纸

横纹明显，状如丝织罗网，故名。颜色有洁白、浅黄两种，质地细薄柔软。出产年代久远，宋、元、明、清各代都用以印书，但宋、元罗纹纸印本至今已属罕见。

▼ 棉纸

南方又称"皮纸"。有白、黄两种。白棉纸质地细柔，纤维多，韧性强。黄棉纸呈黑黄色，韧性较差。明嘉靖以前所产较为细薄，隆庆、万历以后则显粗厚。明代前期印书多用此种纸，后期减少。清初尚有少数棉纸印本，以后更为少见。

▼ 桑皮纸

制作原料中含桑皮成分，故名。质地坚固。有黄、白两种。宋、元、明三代曾用以印书，今存者少见。

▼ 竹纸

制作原料以竹为主，故名。因颜色微黄，亦称"黄纸"。韧性逊于棉纸，年代久远易变脆。宋、元及明代初期，或有用于印书，但为数不多，嘉靖以后直至清代，则很普遍。

▼ 开化纸

相传产自浙江开化县，故名（近有学者对产地提出质疑）。亦称"桃花纸"。质地细腻，薄软柔韧，洁白如玉，没有纸纹。

▼ 毛边纸

属竹类纸，相传为明毛晋所造，故名。色呈米黄，正面光，背面稍涩，质地略脆，韧性较差。

▼ 毛太纸

属竹类纸，相传为明毛晋所造，故名。色与毛边纸相似，但较薄，质亦次之，纸幅小，厚薄不匀，纸纹明显。

2. 常见古籍装帧形式

▼ 卷轴装

此为纸本书最早装式，流行直至五代。

简单的装法是：把抄写或刻印的纸叶从右向左依次粘连成横幅，将横幅左端粘裹在圆轴（大多采用木棒）上作为轴心，轴的上下两端各露出纸叶1厘米左右，由左向右卷成一卷。

讲究的装法是：轴与纸高齐平，采用象牙、玉、琉璃等做成圆薄片镶在轴的两端，而在横幅的右端粘接一段与纸高相同、长约30厘米（要能包裹纸卷）的空纸或绢、绫、锦，称为褾，也称为包首、护首，护首的右端粘裹一根半圆或扁方的细木棒或竹篾，称为天轴，天轴的正中接（或粘或缝）一根丝带，丝带的另一端接一个骨制（也有用玉、竹、木者）的签，也称别子，然后将横幅依轴心从左至右卷束，护首正好将抄写或刻印的纸叶裹住，最后以丝带捆绕，用骨签固定成一卷。为方便取阅，护首的外端往往粘贴一张书签，用写书名、卷数等。随着书籍装帧形式的演变，宋代以后的书籍很少采用卷轴装，而书画装裱则至今沿用此法。

▼ 经折装

唐代佛教盛行，为免卷轴装展开、卷起的麻烦以方便诵读，佛教徒将长幅佛经卷子按一定宽度折叠起来，形成长方形的一册，在前后粘以硬纸版作为封皮，是为"经折装"。以后的佛教经典、碑帖、尺牍等大都采用此种装式。

▼ **蝴蝶装**

宋代欲兴盛雕版印刷，以刻本取代写本，在写、刻、印与装帧设计诸端皆极下功夫。故蝴蝶装的发明，不仅仅是为适应一版一叶的特点，方便阅读与保存，更是从艺术美感出发，达到令读者喜爱刻本的目的。

其装法为：书叶反折，即有字的纸面以版心为中缝相对折叠，将中缝之背口用浆糊粘连，再以厚纸包裹作书面。展开阅读时，版心如蝴蝶之躯干，书叶如双翅飞舞，故名。《明史·艺文志序》有云："秘阁书籍皆宋元所遗，无不精美。装用倒折，四周向外，虫鼠不能损。"可知蝴蝶装在宋、元时代极为流行。

此装式因版心不外露，可使免受损伤。但每掀一叶要遇到两个背面，版心折缝处又容易脱落，是其不足之处。

▼ **包背装**

为克服蝴蝶装的不足，南宋后期又出现了包背装。其装法为：书叶正折，使版心折缝朝左向外，版匡外左右两边余幅朝右成书脑，在书脑处打眼，以纸捻装订成册，外裹书皮，用浆糊包背粘连。凡书脑太窄而又不便接书脑的书，可用包背装的方法予以装修。包背装使版心在形式上成为了书口，于是版心又有书口之称，名称的改变，意味着装订的不同，后来又成为鉴定版本的一种依据。

▼ **线装**

包背装虽较蝴蝶装便于阅读、收藏，但毕竟是纸捻装订，包裹书背，若反复翻阅，也容易散脱，于是线装逐渐流行，并成为明清两代书籍的主要装帧形式。其装法与包背装基本相同，区别在于包背装用整幅书皮裹背，线装则前后各加书皮，然后订孔穿线成册。此装式翻阅方便而不易破散，又便于整修与保管。

由于明代以来书籍逐渐以线装为主（在明代前期仍流行包背装，而明内府刻本曾长期采用包背装），人们遂认为线装发明于明代，其实不然。如今藏在大英图书馆的敦煌遗书中，就有若干件唐五代与北宋初年的线装本，如S5534号、S5536号、S5646号三种《金刚般若波罗蜜经》，其装法即在书脑部位打三个孔眼，用绳线沿书脊横竖穿索，最后在中眼处打结系固，人称缝缋装。仅就名称而言，缝缋装与线装的含义是相同的，只是明代以来的线装在工艺上更为讲究。

缝缋装有两个基本要素（特征）不能忽略：一是册式，二是线装。我们不能以固化的眼光只接受后来的线装而无视缝缋装亦是用线装订成册的现象，因为彼此间的内在关系与变化是客观存在的。或谓缝缋装本是先装订再抄写，与后来的线装本系先抄写再装订者不同，故否认两者存在关联；殊不知明清间的不少稿本（如随身携带的日记本）、抄本亦是先装订成册再事抄写的，因而这种说法并无道理。